国家社科基金
GUOJIA SHEKE JIJIN HOUQI ZIZHU XIANGMU
后期资助项目

颜之推思想研究

A Study on Yan Zhitui's Thoughts

洪卫中　著

全国百佳图书出版单位
时代出版传媒股份有限公司
黄山书社

图书在版编目(CIP)数据

颜之推思想研究/洪卫中著. —合肥：黄山书社，
2017.3

ISBN 978-7-5461-6334-5

Ⅰ.①颜… Ⅱ.①洪… Ⅲ.①颜之推(531—约 595) -
思想评论 Ⅳ.①B235.9

中国版本图书馆 CIP 数据核字(2017)第 047871 号

策　　划　韩开元
责任编辑　刘莉萍
装帧设计　钱志刚
出版发行　时代出版传媒股份有限公司(http://www.press-mart.com)
　　　　　黄山书社(http://www.hspress.cn)
地址邮编　安徽省合肥市蜀山区翡翠路 1118 号出版传媒广场 7 层 230071
印　　刷　安徽新华印刷股份有限公司
版　　次　2017 年 4 月第 1 版
印　　次　2017 年 4 月第 1 次印刷
开　　本　720mm × 1020mm　1/16
字　　数　400 千
印　　张　22.25
书　　号　ISBN 978-7-5461-6334-5
定　　价　69.00 元

服务热线　0551-63533706

销售热线　0551-63533761

官方直营书店(http://hsssbook.taobao.com)

国家社科基金后期资助项目出版说明

后期资助项目是国家社科基金设立的一类重要项目，旨在鼓励广大社科研究者潜心治学，支持基础研究多出优秀成果。它是经过严格评审，从接近完成的科研成果中遴选立项的。为扩大后期资助项目的影响，更好地推动学术发展，促进成果转化，全国哲学社会科学规划办公室按照“统一设计、统一标识、统一版式、形成系列”的总体要求，组织出版国家社科基金后期资助项目成果。

全国哲学社会科学规划办公室

目　录

绪　论

一、选题意义

颜之推，字介，本籍琅邪临沂（今山东临沂），出生于建康城郊之长干。颜氏乃以儒学传家之门第。在魏晋南北朝时期，尽管颜氏算不上高门，却也是江左有名气的文化士族。因此，颜之推十九岁即入仕，从此步入梁末士大夫行列。他经历过侯景之乱，也经历过西魏对梁江陵政权的侵灭，并和当时江陵的一大批士人一同被西魏侵略军蛮横地驱掠至长安①。不过，在西魏他并没有居留多长时间，即逃奔到北齐。在北齐，颜之推度过了一生最辉煌的时期，做出了他一生最主要的成就。然而，正当他积极致力于北齐政权建设时，北齐已然处于衰落颓败时期，鲜卑贵族长期干预政治、把持朝政，使这个几乎接收了北魏全部汉化成果的政权，最终不但丢失了团结各民族一道前进的基础和保证，也丧失了继续前进的动力，最终只是使自身更快地走进了灭亡，成为了过往。北齐被北周灭亡后，颜之推依凭在北齐政权下的才华表现、敬业精神和实干业绩被选作"十八学士"征入长安。这是他第二次被俘入关中。尽管颜之推一生两度被俘进入宇文氏统治之下，可在西魏、北周政权中，他都事迹平平，少有活动，反而在周隋禅代后、为隋之朝臣时，历史上却多了几笔有关他活动的记载，其间的浮沉颇耐人寻味。入隋后，颜之推虽努力展开他的政治和文化活动，却在开皇年间去世。可以说，颜之推的一生几乎经历和见证了南北朝后期政局的所有重大变化和社会变革，也见识和感受了这一时期南北大多数士人面临生死时的思想决策和行为演变，同时也体会了北方鲜卑族主导下的政权对待汉族人的心理以及汉族士人在这一过程中的心态变化。在他身上既有魏晋以降秉持儒家思想为安身立命原则的士人对儒家思想道德坚持的影子，也有士人因时权变为个人和家族利益而顺世享世的影响；既有南方士族精研文化、锐意进取的精神，也有北方士人经世致用、务实尚功思想的体现。总之，颜之推的身上集中体现了这一时期大多数士人的品格、人生追求和面对政权变革时的矛盾心理。

在魏晋南北朝这个政权更迭频繁、帝王转眼相代时期，作为与统治集团

---

① 这次江陵被掳掠人口文献记载不一，笔者对此有分辨，参见拙文《后三国梁末北迁士人研究》之"江陵政权破亡后的士人分流"，北京：中国社会科学出版社 2014 年版，第 67 页。

天生就联系在一起的士人却经历着一个积极参与政权、主导政权到最后与政权疏而不离的过程。于这一过程中，士人追求也由治国、平天下渐退至修身、齐家，由把国家利益放在首位渐过渡到以个人和家族利益为重。因而，在这一时期，我们既可以看到那些因为愤恨统治者打着儒教名义篡权夺位而避官不仕或辞官归隐的士人，也可以看到尸位素餐、不谋其政但为家族谋利而“自取身荣，不存国计”①的士族，那些“与时推迁，为兴朝佐命，以自保其家世”②“将一家物与一家”③者，甚而为个人和家族前途屈膝异族者，不可一一而举。总的来说，这一时期出现了“当时衣冠世族，积习相仍，其视高资膴仕，本属分所应得，非关国家之简付”，在“易代之际，莫不传舍其朝”，“纪传所载，遂无一完节者”④之现象。清人赵翼此论可以说概括出了当时士人阶层的一种主要心态和现象，然此论对当时士人的评判又并非完全正确。自曹魏立九品中正制后，虽然其主观上力图通过“州都郡正”⑤为朝廷选拔品行和才华兼优的人才⑥，但其由中正定品评状的规则却又为世家大族滥用提供了可能⑦，以至于在发展过程中“中间渐染，遂计资定品，使天下观望，唯以居位为贵，人弃德而忽道业，争多少于锥刀之末，伤损风俗，其弊不细”⑧。“其弊不细”说明九品中正制发展到曹魏后期已然有了诸多突出弊端，而对此，篡魏而立的西晋政府并没有进行改革，反而在立国后优容世家大族，不仅在经济上实行有利于世家大族的占田制、荫客制，同时在选官用人上继续不变地遵行曹魏九品中正制。而西晋执行九品中正制时，更加

---

① 《陈书》卷6《后主纪》，第120页。

② （清）赵翼著，王树民校证：《廿二史劄记校证》，北京：中华书局1984年版，第230页。

③ 《南史》卷28《褚彦回传附炤传》，第756页。

④ （清）赵翼撰：《陔余丛考》，北京：中华书局1963年版，第318页。

⑤ 《宋书》卷94《恩幸传》，第2301页。

⑥ 如《晋书·卫瓘传》载卫瓘等论九品中正制目的就是：“其始造也，乡邑清议，不拘爵位，褒贬所加，足为劝励，犹有乡论余风。”沈约在《宋书·恩幸传》中也指出魏立九品中正是“盖以论人才优劣，非为世族高卑”。此外，今人唐长孺先生在《九品中正制度试释》（唐长孺著：《魏晋南北朝史论丛》〈外一种〉，石家庄：河北教育出版社2002年版，第81—94页）、张旭华在《九品中正制研究》（张旭华著：《九品中正制研究》，北京：中华书局2015年版，第99—102页）中也都论述了“经明行修”即事实上的品德和才能相对皆优者是九品中正制的选官标准。而日本的宫崎市定则认为九品官人法的意图“在于对官吏的资格审查，特别是对革命之后想在魏朝当官的东汉官吏的资格审查”。“为了建立新的魏朝，有必要清除浊流官吏和反魏分子，九品官人法就是为此目的而设计的官吏资格审查制度”。（〔日〕宫崎市定著，韩昇、刘建英译：《九品官人法研究：科举前史》，北京：中华书局2008年版，第7—8页）此论可作为一说备参考。

⑦ 日本的宫崎市定也认为，魏朝九品官人法：“在其实施的层面，从一开始就具有贵族的色彩。亦即高官的子弟无论其才德如何，都能获得高的乡品，并因高品而身居高官之列。”（〔日〕宫崎市定著，韩昇、刘建英译：《九品官人法研究：科举前史》，北京：中华书局2008年版，第8页）

⑧ 《晋书》卷36《卫瓘传》，北京：中华书局1974年版，第1058页。

偏向于势族，正如时人段灼所说："今台阁选举，涂塞耳目，九品访人，唯问中正。故据上品者，非公侯子孙，则当涂之昆弟也。二者苟然，则荜门蓬户之俊，安得不有陆沉者哉。"①这和曹魏时期初设九品中正制的意图大异其趣。如果再结合当时刘毅所谓："今之中正，不精才实，务依党利，不均称尺，务随爱憎。所欲与者获虚以成誉，所欲下者吹毛以求疵；高下逐强弱，是非由爱憎。随世兴衰，不顾才实。"就可知西晋对九品中正制的执行导致此后朝廷为官者"上品无寒门，下品无势族"②，也就不足为奇。而西晋这种明显带有保护士族特征的九品中正制格局此后不但为东晋继承，也为南北朝甚至隋朝所沿袭。由此，它带来了此后东晋南朝政坛上的一种从高门士族权贵到一般贵族士大夫堕政、怠政之怪异现象，即如颜之推所说："晋朝南渡，优借士族；故江南冠带，有才干者，擢为令仆已下尚书郎中书舍人已上，典掌机要。其余文义之士，多迂诞浮华，不涉世务。纤微过失，又惜行捶楚，所以处于清高，盖护其短也。"③也导致了另一极为重要结果，即世家大族渐渐取得了不完全依赖皇权的骄人的政治、经济和社会地位，并在较长一段时间形成相对独立于皇权之外的势力。④ 譬如士庶之隔，皇权就无法干预和改变，而东晋的门阀政治某种程度上更可以说是这种趋势发展过程中的突出表现。⑤ 到南朝时，皇权虽有某种程度上的强化，但世家大族的特权却并没有

---

① 《晋书》卷48《段灼传》，第1347页。

② 《晋书》卷45《刘毅传》，第1274页。

③ （北齐）颜之推撰，王利器集解：《颜氏家训集解》（增补本），第318页。以下皆简注为《颜氏家训集解》（增补本）。

④ 内藤湖南认为："六朝至唐中叶，是贵族政治最盛的时代。""这个时期的贵族制度，并不是由天子赐予人民领土，而是由地方有名望的家族长期自然相续，从这种关系中产生世家，亦就是所谓郡望的本体。"（〔日〕内藤湖南：《概括的唐宋时代观》，黄约瑟译，刘俊文主编：《日本学者研究中国史论著选译》第1卷，北京：中华书局1992年版，第10—18页）笔者以为，内藤氏的看法若指这时期部分贵族的形成不无道理，但若指六朝时期整体贵族阶层则失之偏颇。因为任何制度或地方势力的形成都与政权或国家的制度和政策有很大的相关性，六朝士族（或叫贵族）的形成发展很大程度上乃是魏晋以来政府政策执行下的结果。那些从乡村自然发展起来的贵族，如果离开了政权中的制度规定也难以成为一个地方的郡望。而所谓贵族，不仅在于拥有大片的土地和财富，还在于有爵位、权势或相应的文化身份等，而这些都离不开皇权天子。在这点上，川胜义雄的论说似乎超过内藤湖南，其曰："所谓贵族，一般而言是地方的名望家，也即是地方的豪族。""应该说，豪族不一定就是贵族。如果要成为贵族，豪族就必须首先成为地方的名望家，而且在成为贵族的过程中，还需要被赋予某种高贵性的东西。这，就是官位，就是经由政治权力保障的一种身份上的高贵性。"（〔日〕川胜义雄著，徐谷芃、李济沧译：《六朝贵族制社会研究》，上海：上海古籍出版社2007年版，第4页）

⑤ 内藤湖南也认为："在这样的贵族时代"，"高官是根据门第理所当然地得到的，因而不必对天子充满感激之情。这些现象是国家组织中的一大缺陷，它成为削弱国家统一力量的原因"。（〔日〕内藤湖南：《中国史通论》，夏应元、刘文柱等译，北京：社会科学文献出版社2003年版，第308页）

多少损伤和削弱，相反，不少统治者如齐明帝、梁武帝等甚至还采取措施巩固士族在朝廷上的特权①。因此，赵氏所谓“当时衣冠世族，积习相仍，其视高资膴仕，本属分所应得，非关国家之简付”是有道理的②。但魏晋以降，政权更迭频繁，每一个朝代立国时间都不是很长，因而不少士族一生都经历或臣仕了两至三个政权，这在中国古代崇尚一家一姓的“家天下”政治格局和依然奉行儒家思想为圭臬的社会环境下，是不能算作纯臣行为的，然而现实使这些士族又不能不如此。一如李延寿评梁末萧捴所说：“方武陵拥众东下，任捴以萧何之事。君臣之道既笃，家国之情亦隆。金石不足比其心，河水不足明其誓。及魏安之至城下，旬日而智力俱竭，委金汤而不守，举庸蜀而来王。若乃见机而作，诚有之矣；守节没齿，则未可焉。”③在时人看来，在这样不断禅代的政权变革中，由臣仕先朝转而侍奉新主没有什么不合理，也无所谓背叛失节，从而被视为明智和当然，甚至还认为：“夫爵禄既轻，有国常选，恩非己独，责人以死，斯故人主之所同谬，世情之过差也。”④另外，其时最高统治者也并没有把殉节旧朝行为看作“忠”的唯一表现，或把臣仕新朝看作不义之举，反而对转仕新朝者予以尊视。这点在司马氏建立西晋后之行为中尤见分明，在以后的东晋南北朝亦复如是，甚至如梁武帝更认为皇权的更迭和士大夫的利益本属于不相干的事件，所以在听到颜见远因为他禅代之事绝食而死时，即悻悻说道：“我自应天从人，何预天下士大夫事？而颜见远乃至于此也。”⑤这种情况在北朝亦多相同，如宇文泰对江陵灭亡之际主动表达降意的王褒等人宠以高位，隋文帝对陈未亡就已表达归向之心的裴蕴也“超授仪同”，“以为夙有向化之心”⑥。可以说，尽管这时期南北朝社会中仍然还存在崇尚忠臣不侍二主（姓）、羡慕夷齐之节的理念，但这已经不是士大夫的主流意识，而以行为履行者就更少，一如后人所谓：“偶有一二

---

① 不过，这也导致了世族政治权力的逐渐丧失并使其逐步走向政治边缘化。刘宋以后，寒族士人开始在朝廷上被重用，尽管梁武帝不断优容士族，抬高其地位，但一如日本学者川胜义雄所说：“贵族从梁代开始仅仅只在政治的边缘受到礼遇，进入陈代以后，更是完全脱离了政治的中枢。”（〔日〕川胜义雄著，徐谷芃、李济沧译：《六朝贵族制社会研究》，上海：上海古籍出版社2007年版，第308页）

② 事实上这种情况在东汉末年就已存在，唐长孺先生因此认为“东汉后期州郡进用‘衣冠子弟’是通例，他们获得职位也认为理所当然，不会感谢进用他的长官”。（唐长孺著：《魏晋南北朝史论拾遗》，北京：中华书局1983年版，第25页）这种情况发展到魏晋南北朝时，因士族制度的成熟也就显得更突出了。

③ 《北史》卷29《萧大圜传》，第1066页。

④ 《南齐书》卷23《王俭传》，第438页。

⑤ 《梁书》卷50《颜协传》，第727页。

⑥ 《隋书》卷67《裴蕴传》，第1574页。

耆旧不忍遽背故君者即已啧啧人口，不必其以身殉也。”①以身殉节者被视为奇特而不被人理解。可见南北朝时期，尽管不乏对忠主殉节者的某些讴歌和称赞，但士人乃至帝王的意识多已因时而有很大改变，那就是臣仕新朝是理所当然，并非不义不忠之举，“节”并不被人们太看重。以此而言，赵氏再以“节”来论士族而谓“遂无一完节者”也就并不太恰当。

故而在这样一种社会环境之下，一生辗转南北、历仕四朝的颜之推，其行为和思想不仅和当时的社会现象紧密相连，也和政治变革、社会理念、文化意识和经济状况息息相关，很大程度上他的思想和心理不仅是社会政治、思想、文化意识的反映，也是当时士人阶层或其衍生思想的体现，因而也就颇具有典型意义和代表性。在他身上既浓缩了这时期中古士大夫由正常到裂变、扭曲再到正常的社会心态，又凝聚了魏晋以来南、北不同地域文化思想对士人的影响。因而考察颜之推的社会心态和文化思想，不仅可以看出魏晋南北朝时期这个特殊社会状态下士人求生存、求发展的行为方式和思想变化，也可看出自两汉以来儒家思想被确立为思想界统治思想后，它对社会意识形态和士人心理的影响；而且通过对颜之推思想的考察，还可观察出乱世下中国古代士人对待家国的态度、对待社会的态度，以及传统文化对士人乃至一般民众心理意识的深刻影响，并由此可看出社会政治影响下的士人生存状况和他们面对社会改变所作出的反应。因而，从学术而言，对颜之推作政权变迁下的社会心态和文化思想研究，不仅有助于对这个时代的社会进行考察，有利于中古史领域研究的深化，更好地揭示中古士人的精神世界，更充分地发掘研究《颜氏家训》这部著作，也有益于学者们在这方面作出更深入、更广泛的探讨，此其一。其二，从现实而言，拙文对颜之推思想的研究，对更好地传承传统文化，以及发挥文化为地方社会发展服务的优势等，也有着积极作用。颜之推虽然一生坎坷，辗转于南北政权之下，但他坚持儒学的传播，坚持儒家的伦理道德，坚持文化学术的探讨等，都值得后人学习和借鉴。

---

① （清）赵翼撰：《陔余丛考》，第322页。

二、国内外相关研究的学术史梳理及研究动态①

《颜氏家训》大约撰成于隋朝，在普遍重视家谱撰写和家训确立的魏晋南北朝与隋唐年代，尽管各地有名望的士族众多，家训不乏于世，谱牒更是林林立立充斥甚至泛滥于社会，但真正流传下来或被其他文献记载的并不多，而《颜氏家训》却是其中的翘楚。它不但没有湮没于历史的尘埃，反而渐显突出，在唐朝就已逐渐流传。如王利器先生就指出："此书在唐代，即有别本流传，如《归心》篇'儒家君子'条以下，《广弘明集》卷二十八引作'《诫杀》《家训》'，在《广弘明集》卷二十六《慈济篇》也列有《齐光禄颜之推诫杀家训》，而《法苑珠林》卷一百十九且著录《之推诫杀》一卷，则唐代且以此单行了。凡此都是唐代有别本之证。"②寻《大正藏》本《广弘明集》，在卷三《归正篇》也确实列有"归心篇北齐光禄颜之推"之文，而在《法苑珠林》卷一百中也确记有"承天达性论、《冤魂志》一卷、《诫杀训》一卷，右三部，齐光禄大夫颜之推撰"③。当然，这时期颜之推的《颜氏家训》单行本流传虽主要表现在他的《归心篇》被佛教徒编撰著作所收录，但不难看出，《颜氏家训》完全本在社会上也有较大影响力并开始流行。钱大昕《竹汀先生日记钞》卷一就说："读《颜氏家训》，淳熙刊本凡七卷，前有序一篇，不题姓名，当是唐人手笔。"④这说明唐时《颜氏家训》已在民间刊印。此后翻刻《颜氏家训》便代不乏人。如宋时张运即"刻《续颜氏家训》《四时纂要》等书，散之民间，使之修德而务本"⑤。而宋司马光之《家范》、袁采之《袁氏世范》等也都以《颜氏家训》为蓝本，甚至宋董正功仿《颜氏家训》而撰《续颜氏家训》。《颜氏家训》之所以广为翻刻流传，从《宋吕祖谦杂说》《明嘉靖甲申传太平刻本序》

---

① 关于《颜氏家训》研究的学术史和动态，学界已有不少人撰文论述之，如刘国石的《八十年代以来〈颜氏家训〉研究概述》(《中国史研究动态》1997年第4期)、程尊梅的《〈颜氏家训〉文化研究综述》(《东方企业文化》2007年第5期)、孙丽萍的《近十年来〈颜氏家训〉研究概述》(《华夏文化》2009年第1期)和《〈颜氏家训〉版本概述》(《科技致富向导》2010年第5期)，以及以《颜氏家训》为选题的研究生毕业论文中的相关研究综述，甚至王文娟的硕士毕业论文直接就以《二十世纪以来〈颜氏家训〉研究综述》(东北师范大学)为题，但以上综述皆未提及唐至宋明时有关《颜氏家训》的情况。有关清人对《颜氏家训》的研究情况，卓志峰在其硕士毕业论文"研究综述"和"《颜氏家训》版本及笺注"中有所论述，此外，孙丽萍在《〈颜氏家训〉版本概述》一文中也有论述。笔者在诸成果基础之上以本研究方向为主体再择要梳理之。

② 《颜氏家训集解·叙录》(增补本)，第11—12页。

③ (唐)释道世撰，周叔迦、苏晋仁校注：《法苑珠林校注》，北京：中华书局2003年版，第2874页。

④ (清)钱大昕撰，陈文和点校：《竹汀先生日记钞》，陈文和主编：《嘉定钱大昕全集》(八)，南京：江苏古籍出版社1997年版，第28页。

⑤ 《宋史》卷404《张运传》，第12220页。

《明万历甲戌颜嗣慎刻本序跋》和于慎行的《颜氏家训后叙》等来看，除了颜氏后人有意传播之外，世议都认为《颜氏家训》有益于子孙、百姓的教化，可以之为修身读本。一如宋陈振孙在《直斋书录解题》中所说“古今家训以此为祖”①，又如宋嘉兴沈揆曰：“此书虽辞质义直，然皆本之孝弟，推以事君上，处朋友乡党之间，其归要不悖六经，而旁贯百氏。”②

不过，《颜氏家训》涉及内容广泛，因而除了作为家教读本之外，也被后人作为研究之用，如宋时欧阳修《集古录》、王应麟《汉艺文志考证》、范成大《吴郡志》、陈思《宝刻丛编》，元朝的袁桷《延祐四明志》和张铉《至大金陵新志》，明曹学佺《蜀中广记》等，都引用过《颜氏家训》。只不过，这些研究都是征引《颜氏家训》之文句用之或辨别之。此外，也有对《颜氏家训》作考证校勘者。如宋沈揆在重刻《颜氏家训》时即对其进行考证校勘，并在重刻本后列有《考证》一卷。③ 到清时，时人对《颜氏家训》关注的重点依然是《颜氏家训》立身、处世、治家的训教功用，如卢文弨说：“呜呼，无用之言，不急之辩，君子所弗贵。若夫六经尚矣，而委曲近情，纤悉周备，立身之要，处世之宜，为学之方，盖莫善于是书，人有意于训俗型家者，又何庸舍是而叠床架屋为哉?”为此，清代有不少人为《颜氏家训》作注，如卢文弨在《注颜氏家训序》中就说：“余友江阴赵敬夫先生……八十外就钟山讲舍，取宋本《颜氏家训》而为之注。书成未几，而先生捐馆矣。余感畴昔周旋之雅，又重先生惓惓启迪后人之意至深且挚，乌可以无传？就其孙同华索是书，一再阅之，翻然变余前日尚简之见，而更为之加详，以从先生之志。”④卢氏在提及赵氏注《颜氏家训》的同时，也表明了他在赵氏《颜氏家训》注基础上增加了不少新注。而卢本《颜氏家训》刊成后，“召弓学士自为补注重校者再，嘉定钱辛楣少詹又为补正十余事。仁和孙颐谷侍御《读书脞录》、海宁钱广伯《明经读书记》亦续有校补，兴化李审言复为补注，而余所见遵义郑子尹征君父子校本，又有出诸家外者。近荣进县赵尧生侍御、成都龚向农、华阳林山腴两舍人皆笃嗜是书，各有笺识”⑤。事实上，从王利器先生《颜氏家训集解》增补本中附录所收历来刊印的序、跋和题记中可看出，清人对《颜氏家训》除了做考证、校补、注释外，还有研究性评论。

---

① (宋)陈振孙撰：《直斋书录解题》，上海：上海古籍出版社 1987 年版，第 305 页。

② 转引自《颜氏家训集解·附录》(增补本)，第 612 页。

③ 参见《颜氏家训集解·附录》(增补本)，第 612 页。

④ (清)卢文弨：《清乾隆五十四年卢文弨刻抱经堂丛书本序跋及其他》，转引自《颜氏家训集解·附录》(增补本)，第 628—629 页。

⑤ (清)严式诲：《颜氏家训补校注题记》，转引自《颜氏家训集解·附录》(增补本)，第 641—642 页。

到了近代，学者关注《颜氏家训》，除了从教育上继承清人，着眼于它的立身、处世教化功用，或从文献学上继续做些校补、注释外，也从文学、史学、文字学等方面对《颜氏家训》作出研究。如章太炎、周作人等在文学方面就评说和征引过《颜氏家训》①，刘盼遂、周祖谟从文献学角度对《颜氏家训》作了注补②，周一良先生从史学角度对《颜氏家训》作出了考证③，而郭绍虞、罗根泽、朱东润、黄海章则从文学批评理论的角度来审视《颜氏家训》④。此外，日本学者兴膳宏在《六朝文学论稿》（长沙：岳麓书社 1986 年版）、铃木虎雄在《中国诗论史》（南宁：广西人民出版社 1989 年版）也专门就颜之推文论进行过研究评说。

20 世纪 60 年代后，对《颜氏家训》和颜之推研究最多的要算缪钺和王利器先生。缪先生先后发表了《颜之推的文学评论与作品》⑤《颜之推评传》⑥《颜之推的文字、训诂、声韵、校勘之学》以及《颜之推年谱》⑦，既从文献学、文学角度论及颜之推的贡献，也从史学角度对颜之推的一生作了述评。这些为研究《颜氏家训》在文献学上的意义和颜之推的思想提供了参考。而王利器先生则在前人对《颜氏家训》注释基础上又作出了详细地考证、注释、校补，形成了目前关于《颜氏家训》注释最好的研究本。本研究所采用的就是他的集解增补本。

此时国内有关颜之推或《颜氏家训》的研究成果已远远超过以往，不论是就其内容来说还是就其研究成果来说，都已非常丰富。就其研究成果形式而言，大体上可分为论文、著作和毕业论文三大类。其中论文和毕业论文大约有 600 篇，大致又可分为四个方面，即颜之推和《颜氏家训》教育思想的研究、颜之推和《颜氏家训》文学和文献学方面的研究、颜之推的人格心理的

① 参见章太炎《国学讲演录》（上海：华东师范大学出版社 1995 年版，第 237 页）、周作人《夜读抄》之《颜氏家训》（石家庄：河北教育出版社 2001 年版，第 107—112 页）以及他的《风雨谈》之《关于家训》（石家庄：河北教育出版社 2001 年版，第 64—67 页）。

② 周祖谟著有《颜氏家训音辞注补》，刘盼遂则有《颜氏家训校笺》《颜氏家训校笺补正》论文。

③ 参见周一良：《魏晋南北朝史论集》，北京：北京大学出版社 1997 年版，第 309—312 页；《魏晋南北朝史札记》，北京：中华书局 1985 年版，第 419—420 页。

④ 郭绍虞在《中国文学批评史》（北京：中华书局 1961 年版）中的"北朝的文学批评"、罗根泽在《魏晋六朝文学批评史》（上海：商务印书馆 1947 年版）中第十章第三节、朱东润在《中国文学批评史大纲》（桂林：开明书店 1944 年版）中第十五节、黄海章在《中国文学批评简史》（广州：广东人民出版社 1962 年版）中的第六篇第三章都对颜之推的文论有论述。

⑤ 载《文学遗产》1961 年第 348 期。

⑥ 参见《中国历代著名文学家评传》（续编一），济南：山东教育出版社 1989 年版。

⑦ 参见缪钺：《读史存稿》，北京：生活 · 读书 · 新知三联书店 1963 年版，第 95—103、207—228 页。

研究、其他方面有关颜之推和《颜氏家训》的研究。这其中，唐长孺先生的《读〈颜氏家训·后娶篇〉论南北嫡庶身份的差异》①一文旁征博引，结合正史文献对《颜氏家训》提到的南北嫡庶差别从社会地位、家庭地位、出仕等方面原因作出了详细分析和论述，对研究这时期女性地位、社会风俗无疑有很好的参考价值。梁宗华的《继周孔之道，绍家世之业——略论颜之推的家教理论》②论述颜之推教育思想是基于培养"应世经务"教育的目的，从家庭教育的重要性、幼童教育为家庭教育基石、贵在早教、家庭教育内容、教育方法和原则等方面分析了颜之推的教育思想，论文对颜氏教育思想的把握较全面，尤其对颜氏教育基于人性论的分析较为独到。李宗长的《由〈颜氏家训〉看颜之推的心态》③则通过保全性命、立身扬名、谨小慎微、贵学求实四个方面分析了颜之推的心态，抓住了颜之推心态的基本面，但所论仍存在不少研究余地。王允亮的《颜之推与南北文学交流》④从文林馆的设立、与北方文人文学交流唱和、南北文本用字词的歧义、南北不同的审美趣味、南北不同士风等方面分析颜之推在北方的文学活动，并指出了颜之推独到的文学见解，对颜之推在南北文学交流中作用的论述较为详细。其余如孙明君的《颜之推传笺证》⑤则从文史互证角度对颜之推传作了阐释，顾向明和王大建的《〈颜氏家训〉中南北朝士族风俗文化现象探析》⑥则结合史料条分缕析了《颜氏家训》涉及的南北朝时期士族阶层的风俗和文化现象。在相关毕业论文方面，河北师范大学田雪的硕士毕业论文《乱世沉浮中的挣扎——从〈颜氏家训〉看颜之推文化心理之矛盾性》（2009 年 3 月）从选择生还是义、儒士还是佛徒、进还是退三方面揭示了颜之推对待生死、儒佛、忠君与保全性命、立身扬名、谨小慎微、"情"与"礼"的变通等矛盾的心态，论文一定程度上涉及了颜之推的某些思想，但并不够全面。而其博士毕业论文《〈颜氏家训〉中的士族文化研究》（2013 年 6 月）在硕士毕业论文基础上以士族文化为切入点分析了颜之推的佛教、文学两方面思想，所论比硕士论文要稍深入，其亮点则是引入了《袁氏家范》作对比，对士族因缺乏经济因素退出历史舞台的因素作出了论述。其他如山东大学续晓琼的《颜之推研究——从〈颜氏家训〉探讨颜之推的内心世界》（2007 年 5 月）则从学术渊源、思想内涵、民俗观、文艺理论、文献学贡献等方面来研究颜之推思想，其中在文献学和

① 载《历史研究》1994 年第 1 期。
② 载《民俗研究》2000 年第 4 期。
③ 载《东岳论丛》1999 年第 1 期。
④ 载《中州学刊》2010 年第 3 期。
⑤ 载《郑州大学学报》2014 年第 2 期。
⑥ 载《郑州大学学报》2006 年第 4 期。

民俗观上有不错的论述,但在颜之推心态分析的全面性和深度上皆略显不足。著作方面,高光新的《〈颜氏家训〉词汇研究》(中国社会科学出版社2013年版)和刘光明的《〈颜氏家训〉语法研究》(合肥工业大学出版社2006年版)都是从文字学角度来探讨《颜氏家训》的用词和语法的,而颜艳燕的《教子有方:〈颜氏家训〉现代解读》(江苏教育出版社2008年版)则以通俗性文学语言结合当今教育视角,从早教、健康、心态、道德、节俭、礼仪等方面来解读《颜氏家训》,谋篇布局迥异于一般学术论文,实为目前所见普及性读物中的最好读本。

而就颜之推思想整体研究来说,台湾林文宝教授的《颜之推及其思想述要》(载《台东师大学报》1977年4月第5期,第1—146页)算是论文中对颜之推思想论述较为全面的一篇,值得关注。该文从学术、教育、文学、宗教、社会、政治等方面对颜之推的思想进行了分析,基本上把握了《颜氏家训》所蕴含的颜之推思想内容,但论文缺乏对各方面的深究。韩国朴汉济先生的《南北朝末羁旅诗人庾信之轨迹——与颜之推的情况比较》(载《东南文化》1998年增刊第2期)在揭示庾信的人生轨迹过程中也对颜之推的某些思想如忠节观等有所揭示,但多只是一笔带过,没有作深论。著作方面,尤雅姿的《颜之推及其家训之研究》(台北文史哲出版社2005年版)则从颜之推生活时代、生平事迹和《颜氏家训》的版本研究、《颜氏家训》的思想研究、《颜氏家训》文学理论研究、《颜氏家训》之散文艺术分析和《颜氏家训》之价值及影响等七个方面进行了探讨,其中对颜之推的思想论述分为家庭伦理、社会伦理、教育、宗教、养生思想等方面,在颜之推思想研究著作中是对颜氏思想涉及较多的一部著作,然而其研究多为诠释性,似可再深入探讨。秦元的《颜之推研究》(齐鲁书社2012年版)则对颜之推的儒释思想、心态、入北后的文化和文学活动、教育思想等作出了研究,但综观其文,其对颜之推思想发掘的新意并不多,有较多可待深入研讨之处。秦永洲的《颜之推与〈颜氏家训〉》(山东文艺出版社2004年版)则结合时代背景对颜之推的儒家思想、治学思想、家教思想、治家思想等作出了一定深入论述,但所涉及颜之推思想仍然较为有限,而且有的看法值得商榷。而日本的吉川忠夫《六朝精神史研究》(王启发译,南京:江苏人民出版社2010年版)则专门用第九章"颜之推论"来讨论颜之推。该章从江南贵族社会的悲惨结局、颜之推的江南社会批判、颜之推与华北社会、颜之推与学问、作为政治人的颜之推五个方面论述了颜之推的经历和他对人、对学问、对政治的态度,但吉川氏更多的是对颜之推经历和《颜氏家训》《观我生赋》某些内容作注释性论述,兼及从社会学角度来看待和分析问题,其视角、思维方式虽颇有新意,往往能发人所未发,并在史料运用上多能着眼大的角度,但有关颜之推思想、心理或精神方面,吉川氏事实上并没有给予深入而全面的阐述,而且探究的其实并不多。即使有所涉及,又由于吉川氏缺乏对中国文化思想和文人思想的了解,使得所论存有似是而非之嫌。尽管如此,在颜之推思想研究中,吉川氏、尤氏、秦氏之著却是值得关注和参考的。此外,国外有关颜之推研究论著还有韩国朴汉济的《南北朝末—隋初过渡时期的士大夫像——颜之推之〈颜氏家训〉为中心》(载《东亚文化》1979 年第 16 卷)、日本胜村哲也的《关于〈颜氏家训·归心篇〉与〈冤魂志〉》(载《东洋史研究》26 卷 3 号)、小南一郎的《关于颜之推〈冤魂志〉——六朝志怪小说的性格》(载《东方学》65 辑)、吉川忠夫的《颜之推小论》①、日本佐藤一郎的《颜之推传研究》、宇都宫清吉的《〈颜氏家训〉译著》等,惜无缘拜读,不便置喙。

在研究生论文方面,湖南师范大学曾永胜的《〈颜氏家训〉思想研究》(2001 年 4 月)从教育、文学以及宗教、校勘学方面讨论了颜之推的思想和观点,其中的"选举制和《颜氏家训》"不失为对《颜氏家训》研究的新视角。山西师范大学卓志峰《颜之推思想研究》(2010 年 3 月)从宗教和学术、社会思想方面对颜之推思想作出了探讨,但其所论颜之推学术思想着眼的却是经学、文献学,所论颜之推社会思想也仅在家族观念和社会风俗上,这些固然可作为颜之推思想来看待,但并非现有文献中所展现颜之推思想的主体。南京大学魏明哲的《颜之推思想之复杂性初探》(2012 年 4 月)从对儒家文化的继承、对道家文化的批判、对佛教文化的融摄、心理困境分析等几方面也探讨了颜之推思想和心态,论文在具体阐述中有一定新看法,但在深入和全面研究颜之推思想上仍有欠缺。总体而言,目前这些研究生论文虽然对颜之推某些思想作出了有益探讨,但基本上都存在论述不深、内容单薄和对颜之推思想把握不全等三方面问题。

颜之推所著《颜氏家训》中提供了魏晋南北朝时期诸多方面的社会资料,举凡政治、宗教、教育、妇女、文化、文学、养生、习俗、用词、音韵等都有一定的论说,并在诸多层面也反映了颜之推这位南北朝后期历经艰辛坎坷的士大夫的为人、处世、治学、教育等多种思想。一如明人张稚圭所说:"乃公当梁、齐、隋易代之际,身婴世难,间关南北,故幽思极意而作此编,上称周、鲁,下道近代,中述汉、晋,以刺世事。其识该,其辞微,其心危,其虑详,其称名小而其指大,举类迩而见义远。"②而这些资料和思想不但反映了当时社

① 〔日〕吉川忠夫:《颜之推小论》,《东洋史研究》,1962 年 3 月第 20 卷第 4 期,第 1—29 页。

② (明)张稚圭:《重刻颜氏家训序》,《颜氏家训集解》(增补本),北京:中华书局 1993 年版,第 616 页。

会的各种风貌、士大夫对动乱社会的观点,也反映出了由南入北的南方士人在北朝生活后的人生思想和社会心态转变,同时还反映了南北朝后期的社会政治、外交和文化的发展状况。不过,综观目前学术界有关颜之推之研究可知,一如上文所揭,尽管成果非常丰富,但主要集中在教育、文化和文学方面以及对有关《颜氏家训》的文学创作、语言文字、校勘、档案学等方面的探索上,在颜之推思想研究方面虽也有论文和著作作出过探讨,可其中主要关注的仍然为颜之推的教育思想、文学思想及其某些心态研究,其他方面涉及的虽有伦理思想、养生思想、人才思想、哲学思想、宗教思想、文献思想、治学思想等,但事实上并没有突出《颜氏家训》所提供的通过颜之推表现出来的有关魏晋南北朝社会变化方面的主要思想和社会心态,而且不少研究对某些问题的看法也有进一步探讨的必要①,因而有关颜之推的思想及《颜氏家训》所折射出来的这一时期社会方面的内容也就仍然有很大有待探索的空间,特别是将颜之推放在政权变迁下来探索他的社会心态和文化思想的研究,目前尽管也不乏一些文章,但仍然研究不足或不全面,深度也有待进一步加深。因此拙著在这方面作出探讨无疑对颜之推思想更广泛更深入的研究是一个有益的积极探索和尝试,为后来者对颜之推和《颜氏家训》乃至这一时期士人社会心态作更全面更深层次的研究也可提供一个参考。如此,拙著在学术上也就具有了实践意义和理论意义。

三、研究思路、研究方法

(一)研究思路

拙著研究的主要对象是颜之推的思想,是将颜之推放在魏晋南北朝政权变迁这样一个时空大背景和南北朝后期政局变化这样一个具体形势下,对颜之推作为一个士人的社会心态变化作全面考察。基于此,拙著的研究范围和研究思路如下。

总体思路:围绕政权变迁下的颜之推面对政局变革和社会变化的心态或思想为中心来进行研究,对目前已有成果进行吸收,并在他人已研究过的方面尽量从新的角度来研究,或作更深入的研究,对他人没有研究过的则作详细探讨,力求在通过对颜之推言行的分析、比较中揭示出他的不同社会心态或思想,以揭示出文化思想、家族利益和政权变革对南北朝后期士人在生存发展过程中的影响程度,以及士人在求生存、发展过程中对待它们的态度。

---

① 对上文提到的涉及颜之推思想方面的某些文章,笔者将在后面颜之推思想研究中适时征用或辩说。

具体研究思路如下：

首先，研究颜氏家族在魏晋南北朝时期的发展。颜之推生活在南北朝后期，而整个魏晋南北朝都是一个重视家族利益发展的时期，因而研究颜之推也就不能不涉及他的家族发展。事实上，一个人的成长与他的家庭背景有着密切关系，而家庭背景又和家族紧密相连，故而研究颜之推，对颜氏家族的考察也就必不可少。当然，这里考察颜氏家族并不是考察颜氏大家族的发展，从《颜氏家训》也可看出，颜之推所重视的只有他这一支颜氏家族的发展而不关乎其他颜氏分支的兴衰，所以拙著所考察的颜氏家族也就仅限于颜之推这支。而对颜之推发生直接影响的并不是颜氏家族在每一个朝代有多少成员、做了多大的官和有多大规模，而是这个家族在长期发展过程中所建构起来的一种家风，而历史上大家族的发展延承靠的都是家风维系，因而拙著对颜之推所属这支颜氏家族发展的考察，也就只论其在魏晋南北朝时期形成的家风如何及对其成员的影响，其他方面则不涉及。

其次，考察梁末政局的变迁对颜之推的影响。颜之推的生活与梁末后三国政局①的变化密切相关，甚至在很大程度上正是南北朝后期政局的变化才导致他“一生而三化”经历的形成，而这种经历对颜之推的认知及其某些思想如政治、伦理、学术、女性等的看法的形成，有着很大的影响和作用，因而对颜之推所生活的梁末后三国局势演变作一定交代也就有所必要，成为解读颜之推思想形成必需的社会背景。但因为梁末后三国政局的变迁笔者已经在此前一本著作《后三国梁末北迁士人研究》中有较为详细的论述，因而为避免重复，这里也就从简，而只重在对梁末后期政权的变迁之交代以及对颜之推因此在北朝仕宦经历和文化活动的论述。

再次，具体研究颜之推被迫北迁后的思想或社会心态。这部分为研究重点，总体上分为五大方面：颜之推的儒家思想、颜之推的伦理思想（包括政治思想）、颜之推的释道思想、颜之推的学术思想和颜之推的社会思想。考察颜之推的这些思想或社会心态并揭示其内容究竟如何固然是一个重要方面，但探究这些思想形成之因也是研究中不可忽视之处，而拙文适当将颜之推思想与同时代其他士人思想进行比较，则为揭示颜之推思想形成之因作了较好补充。

---

① 关于这时期“三国鼎立”的说法见之于时人和后人的记载较多，如庾信的《周上柱国齐王宪神道碑》《陈书·孔奂传》《周书·杜杲传》《周书·静帝纪》《周书·王悦传》《周书·侯莫陈崇传》等都有记载，清王鸣盛《十七史商榷》中也有论述。今人牟发松先生在《魏晋南北朝的天下三分之局试析》（载《历史教学问题》2005 年第 1 期）中以“后三国”这一概念来直接指称这段历史，笔者以为恰当，故在相关研究中沿用之。

最后为结语，对拙著研究内容作一小结。

(二)研究方法

因为拙著研究的主要是颜之推的思想，是一种基础性研究，其资料来源主要为正史、《颜氏家训》和相关的其他历史文献，因此在研究方法上主要是以马克思历史唯物主义和辩证法为基础，采取宏观理论阐述和微观具体实证相结合、一般论证和具体研究相结合、史料引用和考证相结合、文献研究和文物考古相结合、分析归纳和比较论证相结合，并结合政治学、心理学、宗教学等方面知识来论证。

第一章　颜之推家世与颜氏家风

第一节　颜之推家世概述

颜之推，字介，生于梁武帝中大通三年(531)，卒于隋文帝开皇十年(590)左右。祖籍琅邪临沂孝悌里，即今山东沂南县砖埠镇常桑杭村①。西晋永嘉之乱，其九世祖颜含随司马睿东渡，安家在建康城郊之长干②，官至侍中、右光禄、西平侯。时长干隶属晋元帝侨置的琅邪郡③，从此颜氏便在侨置的琅邪郡生活了八世，直到第九世颜之推、颜之仪，他们在江陵灭亡后被迫北迁，最后死于长安④。有关颜氏的世系追述⑤，颜真卿在《唐故通议大夫行薛王友柱国赠秘书少监国子祭酒太子少保颜君庙碑铭》即《颜氏家庙

---

① 今山东临沂颜氏故居有两处，一在费县方城镇诸满村，一在沂南县砖埠镇常桑杭村，诸满村虽有部分颜氏家族墓群，但村庄人口主要为明代护林人繁衍而成(秦永洲著：《颜之推与〈颜氏家训〉》，济南：山东文艺出版社 2004 年版，第 6—8 页)，而常桑杭村则有颜氏族谱碑、颜氏孝悌里故居，故笔者以为颜氏故居当为常桑杭村。

② 颜之推在《观我生赋》中说："长干旧颜家巷"，"靖侯以下七世坟茔皆在白下"。据宋张敦颐《六朝事迹编类》卷十一《长干寺》条曰："长干是秣陵东里巷名。江东谓山陇之间曰'干'。建康南五里有山冈，其间平地，庶民杂居，有大长干、小长干、东长干，并是地名。"(张敦颐著，张忱石点校《六朝事迹编类》，上海：上海古籍出版社 1995 年版，第 110 页)1958 年考古发现的南京挹江门外东北老虎山的四座晋墓，其中 1 号墓有墓志一方，上刻曰："琅邪颜谦妇刘氏年卅四以晋永和元年七月廿日亡九月葬"二十四字；2 号墓为合葬墓，除了陶器、青瓷器和铜器外，有铜印一个，六面刻字，所刻字中有"颜綝""臣綝""颜綝白事""颜綝白笺""颜文和""白记"等；3 号墓除了陶器、青瓷器、铜器和金银器外，有石印一枚，上有"零陵太守章"五字；4 号墓除了随葬品外有铜印一枚，六面刻字，字有"颜镇之""镇之言事""颜镇之白事""颜镇之白笺""臣镇之"等。对照《晋书·孝友传·颜含传》和《金陵通传》等可知，此处墓葬为颜氏家族祖茔，其中"颜镇之"当为"颜靖之"。见南京市文物保管委员会：《南京老虎山晋墓》(《考古》1959 年第 6 期)以及周萼生：《南京老虎山晋墓的地理佐证》(《考古》1960 年第 7 期)。

③ 颜之推在《观我生赋》中说"经长干以掩抑，展白下以留恋"，并自注曰："靖侯以下七世坟茔皆在白下。"按张敦颐《六朝事迹编类》所记载白下县城、琅邪郡城、临沂县城位置(见张敦颐著，张忱石点校《六朝事迹编类》，第 40—43 页)，可推知长干、白下其时皆隶属于侨置的琅邪郡管辖。

④ 《唐书》卷 198《颜师古传》载："祖之推，自高齐入周，终隋黄门郎，遂居关中，为京兆万年人。"而秦永洲在书中则具体指出："颜之推之子颜思鲁居万年敦化坊。唐初，颜思鲁之子颜师古居长安县通化坊。"(秦永洲著：《颜之推与〈颜氏家训〉》，济南：山东文艺出版社 2004 年版，第 18 页)

⑤ 颜氏家族的大致源流可参见缪钺《读史存稿》(北京：生活·读书·新知三联书店 1963 年版，第 207 页)之"颜之推年谱"，此外李文玉《琅邪颜氏家族与颜回关系考论》(《成都教育学院学报》2003 年第 3 期)中也有涉及，可参考。

碑》中有一定详细的记载[①],结合曲阜《颜氏族谱》《陋巷志》《颜鲁公文集》,西晋李阐《颜含碑》,《颜勤礼碑》,颜师古《急就篇·颜文章注》和正史等相关资料可知,颜氏出自于颛顼之孙祝融。祝融生陆终。陆终生六子,其第五子曰安,为曹姓,周武王封其苗裔于邾,为鲁附庸,在鲁国邹县。春秋时邾武公名仪甫(夷甫或夷父),字颜,即《春秋公羊传》中的颜公。其子友因功被封在郳,为小邾,为不忘祖宗,子孙便以颜为姓。

因为郳是鲁国的附庸国,所以颜氏世代仕鲁为卿大夫。春秋时期,孔子最为著名的七十二弟子中,颜氏著名者有八人:路、回、辛、骄、仆、哙、祖、何。从颜回开始,传至第二十三代到汉末颜敫。颜敫有二子,即三国时的颜斐、颜盛。颜斐,字文林,三国魏时京兆太守,治民有政绩,被称为"良二千石"[②],生有二子:鲁、欢,但都失于记载。颜盛,三国时为青、徐二州刺史,爵关内侯,始自鲁迁居琅邪孝悌里。盛生子颜钦,钦"精《韩诗》《礼》《易》《尚书》,学者宗之"[③],曾担任过广陵太守、给事中,封葛绎贞子。颜钦生颜默,默"学素相承,有声邦党"[④],官至汝阴太守、护军。颜默生颜含,为颜之推九世祖,时任"镇东琅邪王参军事"[⑤],"从晋元东渡,官至侍中、右光禄、西平侯"[⑥]。含以"孝义儒学名家"[⑦]。"东宫初建,含以儒素笃行补太子中庶子,迁黄门侍郎、本州大中正,历散骑常侍、大司农"[⑧]。颜氏家族最迟自颜含开始已跻身于士族行列。

颜含生三子:颜髦、颜谦、颜约。颜谦、颜约都任职太守。其中颜约生子颜显[⑨],官至护军司马。显生子延之,官为尚书仪曹郎、太子中舍人、始安太守、金紫光禄大夫,以文学显,史称:"延之与陈郡谢灵运俱以词彩齐名,自潘岳、陆机之后,文士莫及也,江左称颜谢焉。"[⑩]颜延之有四子:竣、测、奠、跃,

---

① (唐)颜真卿撰:《唐故通议大夫行薛王友柱国赠秘书少监国子祭酒太子少保颜君庙碑铭》(下文为行文、注释简明皆注为《颜氏家庙碑》),《颜鲁公集》,上海:上海古籍出版社1992年版,第102—105页;(清)董诰等编:《全唐文》,北京:中华书局1983年版,第3448—3452页。

② 《三国志》卷16《仓慈传》注引《魏略》,北京:中华书局1959年版,第513页。

③ (唐)颜真卿撰:《颜氏家庙碑》,《颜鲁公集》,第102页。

④ (南宋)周应合主编:《景定建康志》卷43,《宋元珍稀地方志丛刊》(甲编),成都:四川大学出版社2007年版,第1794页;(清)严可均辑:《全上古三代秦汉三国六朝文》(三),北京:中华书局1958年版,第2225页。

⑤ (南宋)周应合主编:《景定建康志》卷43,《宋元珍稀地方志丛刊》(甲编),第1794页。

⑥ 《北齐书》卷45《颜之推传》,第617页。

⑦ (宋)留元刚编:《颜鲁公年谱》,《颜鲁公集》,第113页。

⑧ 《晋书》卷88《颜含传》,第2286页。

⑨ 《宋书》卷73《颜延之传》作"显",《南史》卷34《颜延之传》,《建康实录》卷14《颜延之传》作"顯"。"顯"与"顯"形近,不知孰是。

⑩ 《宋书》卷73《颜延之传》,第1904页。

颜竣官至侍中、丹阳尹、东扬州刺史，爵建城县侯，后因“言朝事违谬，人主得失”①被杀；颜测官至江夏王义恭大司徒录事参军，早卒；颜臭，官至济阴太守、中书侍郎；颜跃，无任官记载。

颜髦做过黄门侍郎、侍中，职至侍中光禄勋、西平定侯；颜髦生颜綝和颜畅。畅生邵，为领军司马、咨议参军，后因参与谢晦反事而饮药死；邵有三子：师伯、师仲、师叔，其中师伯，官至征虏将军、太子中庶子、尚书仆射，因贪贿而被处死，六子并见杀；师仲，官至中书郎，晋陵太守；师叔，官至司徒主簿，南康相。綝职至西曹骑都尉、西平侯。颜綝生靖之，靖之担任过宣城太守、御史中丞。靖之生腾之，腾之生炳之。腾之官至巴陵太守、度支校尉，炳之曾为辅国江夏王参军。从腾之开始，颜氏在书法上有了专门研究，并取得独到成就。炳之生见远，“见远，博学有志行。初，齐和帝之镇荆州也，以见远为录事参军，及即位于江陵，以为治书侍御史，俄兼中丞。高祖受禅，见远乃不食，发愤数日而卒”。颜见远生颜协，“协幼孤”，“博涉群书，工于草隶”。“又感家门事义，不求显达，恒辞征辟，游于蕃府而已”②。时为湘东王萧绎镇西府咨议参军，著有《晋仙传》五篇、《日月灾异图》两卷、《文集》廿卷。颜协有三子颜之仪、颜之推、颜之善。之仪有二子寇、昶，皆失传；之善也有二子，同样也失传。颜之推仕梁为散骑侍郎，仕北齐为黄门侍郎、平原太守，仕北周为御史上士，仕隋为太子东宫学士。

颜之推生三子：颜思鲁、颜愍楚和颜游秦。思鲁仕隋为司经局校书、东宫学士，后为长宁王侍读，唐武德初为秦王府记室参军；曾编订其父文集，并为之作序。愍楚仕隋为内史省通事舍人，大业中，因事被贬，居南阳，朱粲攻占邓州后，引为宾客；后遭饥馁，愍楚合家为朱粲兵所食③。愍楚著《证俗音略》二卷。游秦，隋时典校秘阁，唐高祖武德中，为廉州刺史，封临邑县男，为百姓所爱戴，迁郓州刺史，卒于任所，撰《汉书决疑》十二卷，为学者所称。

颜思鲁生四子：师古、勤礼、相时和育德。长子籀，字师古，博览群书，尤精训诂，解褐秘书郎，曾与弟颜勤礼同时为弘文馆学士，仕至秘书监，有《文集》六十卷，注《汉书》与《急就章》，撰《匡谬正俗》八卷。相时，字睿，亦以学闻，为天策府参军事。贞观中，曾为唐太宗文学馆著名的“十八学士”④之一，“累迁谏议大夫、拾遗补阙，有诤臣之风。寻转礼部侍郎”⑤。育德为司

① 《宋书》卷75《颜竣传》，第1965页。
② 《梁书》卷50《颜协传》，第727页。
③ 《旧唐书》卷56《朱粲传》，第2275页。
④ 《新唐书》卷102《褚亮传》，第3976—3977页。
⑤ 《旧唐书》卷73《颜师古传》，第2595—2596页。

经校书。勤礼为著作郎、崇文馆学士，赠虢州刺史，生子昭甫、敬仲、殆庶、无恤、辟强、少连、务滋。昭甫为高宗侍读、曹王属；卒，赠华州刺史。昭甫生子颜元孙、颜惟贞，早在襁褓之中即养于舅舅殷仲容之家，直至成立[①]。元孙，垂拱初登进士第，考功员外郎刘奇榜，其词策"文瑰俊拔，多士耸观"[②]，"铭赋音律，既丽且新，时务五条，辞高瞻理"[③]。历官长安尉、太子舍人、秘书监、朝议大夫，卒于濠州刺史任，撰《干禄字书》一卷，有《颜元孙集》三十卷，生子颜春卿、颜杲卿、颜曜卿、颜旭卿和颜茂曾。颜惟贞为薛王友，赠秘书少监、国子祭酒、太子少保[④]，生子颜阙疑、颜允南、颜乔卿、颜真长、颜幼舆、颜真卿、颜允藏。颜杲卿与其兄颜春卿、弟颜曜卿在唐玄宗开元中，"并以书判超等"使"吏部侍郎席豫咨嗟推伏"[⑤]，不久杲卿摄常山太守，与弟颜真卿首举义旗反对安禄山，被玄宗加为卫尉卿、御史大夫和恒州刺史。后被安禄山肢解而死，赠太子太保。曜卿为缁州司马，旭卿为胤山令，茂曾为犍为司马。颜真卿任官殿中侍御史、东都畿采访判官，转侍御史、武部员外郎，出为平原太守，后加户部侍郎。至德元年(756)，授宪部尚书，寻加御史大夫。代宗嗣位，拜利州刺史，迁户部侍郎，除荆南节度使，寻除尚书左丞，累进封鲁郡公，后迁为太子太师，为杨国忠所谮，出为平原太守，为叛将李希烈所杀，赠司徒。在颜真卿兄弟中，除真长早逝外，颜阙疑官至杭州参军，允南官为左补阙，后封为殿中膳部司郎中、国子司业、金乡男，乔卿官为富平尉，幼舆为左清道兵曹，允藏被授侍御史。可见，在颜杲卿、颜真卿这一代颜氏子孙中，他们二人为同时期颜氏子孙中出类拔萃者，且颜真卿书法卓绝当世，为后世楷模。

关于颜氏世系，《元和姓纂》也有记载，其曰："颛项之后。陆终第五子曰安，为曹姓。裔孙挟，周武王封郳。至武公字颜，《公羊》谓之颜公，子孙因以为氏。出圈称《陈留风俗传》及葛洪《要字》。又王俭《谱》云，出自鲁侯伯禽支庶，食采颜邑，因氏焉。真卿尚书《谱》云，未验何所凭。今依圈、葛二家及旧谱为定。仲尼弟子达者八人，路、回、仆、哙、何、祖、辛、(骄)也，见《书》传。颜叔子、颜丁、颜鸰鹋、颜高、颜息，《谱》，鲁人。颜子涿聚，齐大夫，子晋。颜芝，河间人；生贞，秦末藏《孝经》者也。汉大司农颜异，济南人也。颜驷，江都人。后汉袁绍将颜良。后汉临沂人魏徐州刺史颜盛，始自鲁琅邪。

① （唐）颜真卿：《谢赠官表》，《颜鲁公集》，第15页。

② 《旧唐书》卷187《忠义下·颜杲卿传》，第4896页。其中"文瑰"《旧唐书》补校云："瑰"疑"理"之误。

③ （唐）颜真卿：《赠濠州刺史颜元孙墓志》，《颜鲁公集》，第108页。

④ （宋）留元刚编：《颜鲁公年谱》，《颜鲁公集》，第113页。

⑤ 《新唐书》卷192《忠义传·颜杲卿传》，第5529页。

曾孙含，西平靖侯，晋永嘉过江居丹阳，生髦、约。髦生綝、畅。畅孙师伯，宋侍中、左仆射。约孙延年，光禄勋。延年生竣、测、奂。竣，吏部尚书。奂，五兵尚书。綝五代孙协，生之仪、之推、之善。之仪，后周御史大夫、平阳公①。五代孙温之，司门郎中。之推，北齐黄门侍郎，生思鲁、愍楚、游秦。思鲁，记室，生师古、相时、勤礼、（育德）。（师古）为侍郎、秘书监，（一子名扬庭），（又）生趋庭，职方郎中。曾孙迢，元孙庶。相时，秦府学士、礼部侍郎，生益期。期曾孙交。勤礼生显甫。显甫生元孙、惟贞。元孙，滁州刺史，生杲卿，常山太守，赠太保、司徒、忠节公，孙证，右庶子，生纵览。惟贞生允南、真卿、允臧。允南，司封郎中。真卿，工部尚书、太保、赠司徒、鲁文忠公。允臧生颎，楚州刺史。育德（为太子通事舍人，）元孙防，同州刺史。游秦，郓州刺史，生元胜，右补阙。之善孙有意，沔州刺史。真卿生頵、硕。南昌，状云，与师古同承綝。唐虞部员外谟有，生昭、粹。”②

不难看出，《元和姓纂》的记载多本于前人对颜氏之相关记录，相对于颜真卿所撰《颜氏家庙碑》而言，其中个别地方有增加，也有某些地方有少许出入。如《家庙碑》只记载颜髦生子綝，而《元和姓纂》则曰“髦生綝、畅”；《元和姓纂》补游秦子、之善孙，又补颜师古之子等。就颜氏世系考述来说，可作参考。而就颜之推以前世系来说则无多少意义。它和李阐《右光禄大夫西平靖侯颜府君碑》及颜真卿的《颜氏家庙碑》等一样，虽然能追述颜氏始祖之源起，在三国魏颜斐、颜盛之前也能约略说出战国、秦、汉时期颜氏成名者，但于其世系承接关系则记载模糊不清。现根据《右光禄大夫西平靖侯颜府君碑》（李阐）《颜氏家庙碑》《颜氏家训》和相关正史，并参阅王伊同的《五朝门第》（金陵大学中国文化研究所 1942 年版）和日本矢野主税的《魏晋百官世系表》（长崎大学史学会 1960 年版）等，将魏晋隋唐颜氏能有确切记载的世系排列如下表③：

① 颜真卿撰《颜氏家庙碑》中作“新野公”。

② （唐）林宝撰，岑仲勉校记，郁贤皓、陶敏整理：《元和姓纂》（附四校记），北京：中华书局 1994 年版，第 519—525 页。其中括号中文字为笔者根据吕思勉先生的注所加。

③ 其中颜綝之子颜靖之，依据 1958 年在南京挹江门外东北老虎山考古发掘的四座晋墓中的 4 号墓中的印章，似就是“颜镇之”。墓葬中实物不会错，而文献记载中的“颜靖之”之“靖”当是“鎮”的笔误传写。这样也颇符合老虎山四座晋墓的彼此关系，即颜镇之就是文献中误写的“颜靖之”，为颜綝的儿子。

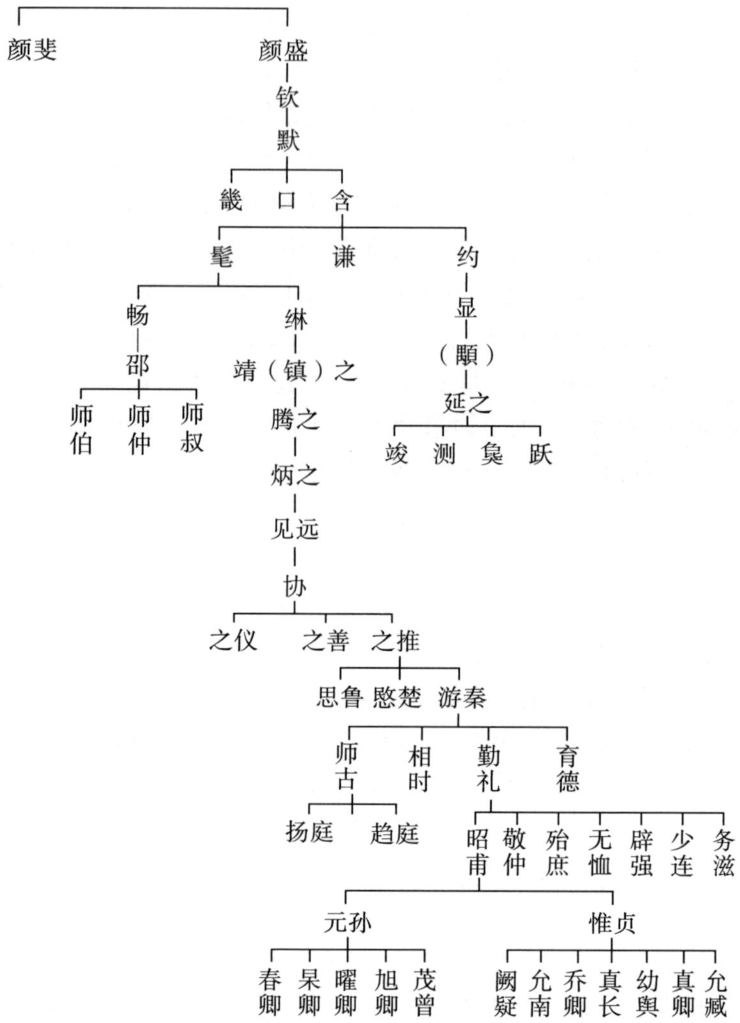

第二节　颜氏家风的形成

魏晋南北朝时期士人思想的形成离不开当时的社会影响，更离不开其家族发展的渊源，因而要较为正确地理解和解读颜之推在南北朝后期的各种行为、心态和思想，就不能不考察这一时期颜氏家族在发展过程中所形成的某些理念，换句话说，也就是颜氏家风。而要考察颜氏家风，必然要稽之以有清晰记载和传承关系的颜氏家族成员活动。但如上所述，颜氏在三国颜斐、颜盛之前，也就是在他们迁到琅邪孝悌里以前，对其祖先世系述说的并不是很多，也不清晰、具体，直到颜斐、颜盛以后，颜之推所在的这支颜氏家族延续情况才述说得稍清晰和详细。这其中一方面可能即如李阐所说因为“汉末丧乱，旧谱沦亡”①，即颜氏家谱在汉末丧乱迁徙中遗失、散佚，一方面可能是颜氏在此前分支迁徙中无暇或无意识于谱牒之类的记载和保护，故而也就难以述说清楚。更为重要的一点是，此前社会上对谱牒的重视也非如魏晋南北朝隋唐时期，以之为出仕做官和争取社会地位的依据。因而，颜氏在此之前没有对世系的传承发展作较好记载或予以较好保存，以至“汉末丧乱，旧谱沦亡”也就不足为奇。

汉魏嬗替，曹魏统治者为收拢人心，也为重新厘定汉末以来选官用人制度，以使天下世族和士人归心，从而完成对汉统治权的全盘接收并稳固统治，采纳了颍川士人陈群上奏的九品中正制这一深刻影响魏晋南北朝的选官用人制度。自魏以降，除了传统的察举制和经学策试外②，依门资定品任官也就成了这一时期选官用人的主流。而门资即家世又多由一个家族在当地的门望或门第（家世官位和爵位的高低、在当地社会上的地位和影响等）所决定③，由此门望或门第也就成为了士族步入政治仕途和领袖乡里的一个最重要依据，加上魏晋以来至南朝选官基于士籍谱牒④，这也就使得这时期家族谱牒随着士人对家族利益发展的空前重视而得到了长盛不衰的发展，凡为士族和能追述家族名望的士人莫不重视建设和保留家族的谱牒。一如今人韩昇所说：“魏晋隋唐历史时期，士族在政治舞台上扮演着主要的角色。正因为如此，执政者必须深入了解士族，从其来龙去脉到当时的社会地位与影响，弄得一清二楚，据此给他们定位，纳入国家政治秩序之中。士族与国家共同维护谱牒，是双方的政治基石。”⑤谱牒已成为魏晋南北朝时期士族参与政治的一个显著特色。

而自汉魏嬗代至曹魏统治建立，时颜氏家族正传承到颜盛、颜斐一代，

① （南宋）周应合编：《景定建康志》卷430，《宋元珍稀地方志丛刊》（甲编），第1794页；（清）严可均辑：《全上古三代秦汉三国六朝文》（三），北京：中华书局1958年版，第2225页。

② 参见陈长琦著：《战国秦汉六朝史研究》（广州：广东人民出版社1997年版）中的《魏晋九品官人法再探讨》相关论述，第249—260页。

③ 唐长孺先生说：“中正品第人才根据德、才、家世三项，家世亦即所谓‘簿阀’‘簿世’，在品第中所占分量愈来愈重，终于成为唯一的标准。”又说：“卫瓘指出九品中正制的流弊是‘计资定品’，所云‘计资’计的就是门资，指当前官爵。”（唐长孺著：《魏晋南北朝史论拾遗》，北京：中华书局1983年版，第54、57页）《晋书·卫瓘传》也说，九品之制，“其始造也，乡邑清议，不拘爵位，褒贬所加，足为劝励，犹有乡论余风。中间渐染，使天下观望，唯以居位为贵”。陈长琦因此也说：“一个人的家庭地位及父兄官爵，即‘资’，在品评中占据非常重要的地位。”（陈长琦：《战国秦汉六朝史研究》，广州：广东人民出版社1997年版，第222页）

④ 唐人柳冲说：“魏氏立九品，置中正，尊世胄，卑寒士，权归右姓已。其州大中正、主簿，郡中正、功曹，皆取著姓士族为之，以定门胄，品藻人物。晋、宋因之，始尚姓已。然其别贵贱，分士庶，不可易也。于时有司选举，必稽谱籍，而考其真伪。故官有世胄，谱有世官。”（《新唐书》卷199《柳冲传》，第5677页）

⑤ 范兆飞著：《中古太原士族群体研究·序》，北京：中华书局2014年版，第2页。

二人皆在曹魏统治时取得二千石官职，甚至颜斐还得“良二千石”[①]称号。尽管这时期颜氏还算不上是高门望族，但朝廷选官用人制度引发的社会上谱牒兴盛发展的趋势，应该还是给这个家族带来了很大影响，毕竟这也紧密地关乎着颜氏家族的政治前途和以后的兴旺发展。颜斐因迁官致抑郁生疾而亡，其家族发展可能因此遭受重创，以至于湮没无闻。而颜盛却因此迁家孝悌里，开始有意识地发展着家族，这应该说是颜盛这支颜氏家族对这时期乃至以后谱牒记载具体详明并予以保存较好之主要原因了。

一、颜氏家风构建缘起

自颜盛迁到琅邪临沂后，颜氏在家族发展上始进入一个新的发展时期。[②] 如前所论，曹魏实行九品中正制后，选举用人主要都依据州郡中正给予的品和状[③]，以此定出“资品”[④]，然后吏部再据此给出仕者定出起家官品[⑤]。虽然最初和表面上，九品中正制有着为政权揽用才德兼备的优秀人才之宗旨，但实质上也有为维护和巩固那些为曹氏天下建立做出贡献者之利益的因素在内。[⑥] 这样，随着制度的实行，九品中正制在选举用人上也就渐渐偏向了对士族利益的维护。一如唐长孺先生所论：“九品中正制保证了士族的世袭特权，而首先保证的是当代显贵家族的世袭特权。”[⑦]事实上，九品中正制的实行在社会和文化层面上也有全面宣扬儒家德教思想的成分，从而客观上促使那些当朝权贵和士族即“当代显贵家族”更多地在德（忠、

① 《三国志》卷16《仓慈传》，北京：中华书局1959年版，第513页。

② 据清乾隆二十四年所修的《颜氏族谱》载：“颜氏之传自复圣祖以下单传者二十二世，至二十三代祖敫公，乃有二子，曰：斐、盛。斐公二子鲁、欢，失传。自是之后，颜氏子孙皆盛公之后矣。盛公传至三十三代有七公，唯见远子协公有传，余具失传。自是之后，颜氏子孙皆协公之后矣。协公有四子：之仪、之推、之奇、之善。之奇失传，之仪二子寇、昶失传，之善二子颐隋、□失传。自是之后，颜氏子孙皆之推公之后矣。”

③ 陈长琦在《魏晋九品官人法再探讨》中指出，魏晋南朝除了九品中正制外，如察举、考试、赐爵等也可获得出仕做官的相应资品。（陈长琦著：《战国秦汉六朝史研究》，第249—260页）

④ 可参见陈长琦：《魏晋南朝的资品与官品》相关论述，见陈长琦著《战国秦汉六朝史研究》，第221—223页。

⑤ 日本学者宫崎市定认为，九品官人法中，中正所给出的士人乡品与出仕为官的官品之间相差四品（宫崎市定著，韩昇、刘建英译：《九品官人法研究：科举前史》第二篇之第二章“魏晋的九品官人法”，第55—102页），但陈长琦认为：“曹魏时期，资品与起家官品间，大致对应关系是相差三品。西晋以后，资品与起家官品间的对应关系发生变化：资品二、三、四品的起家官品与其资品间的差距，由相差三品变为相差四品；资品五品的起家官品，在与资品相差三至四品间浮动；而资品六品的起家官品则仍然保持着与其资品相差三品的距离。”（陈长琦著：《魏晋南朝的资品与官品》，《战国秦汉六朝史研究》，第240页）

⑥ 从这点而言，日本宫崎市定所谓“毫无疑问，实行九品官人法的意图，在于对官吏的资格审查”确有一定的道理。（〔日〕宫崎市定著，韩昇、刘建英译：《九品官人法研究：科举前史》，第7页）

⑦ 唐长孺著：《魏晋南北朝史论拾遗》，北京：中华书局1983年版，第60页。

孝、仁、义、信、礼）和才（经学上的钻研，即智）方面下功夫，提升自身素质，这使得士族由此开始了对家族利益的注重和经营。处在这样一种社会环境下，在曹魏取得二千石地位的颜盛（曹魏政权的新贵）从此有意识地构建自己的家风来发展家族也就成为势所必然，也由此他开始将家由鲁迁往琅邪孝悌里①。不难看出，颜盛在三国时举家迁徙并非心血来潮，而多有依照和遵行曹魏九品中正制谋取家族发展的意图，即力求后世子孙在儒家的德、才方面发扬光大而闻名，以此不断累积声望和资品。颜盛迁家之举可以说更多的是努力让自己的家族后人的言行切合九品中正制的要求，从而踏上士族之路。

相比于汉末的弘农杨氏、汝南袁氏、颍川荀氏等大族而言，颜氏其时既无显赫的政治地位，也无多少盘根错节的社会关系，它只是一个新出门户。尽管如此，颜氏并没有因此就甘于寂寂无闻地生存，如同汉末以来大多数显名的望族一样，它也选择了以文化立家扬名，以不断地累积资望。陈寅恪先生说："所谓士族者，其初并不专用其先代之高官厚禄为其惟一表现，而实以其家学及礼法标异于其他诸族。""士族之特点，既在其门风之优美，不同于凡庶。而优美之门风，实基于学业之因袭，故士族家世相传之学乃与当时之政治社会有极重要之影响。"②"故魏、晋、南北朝之学术、宗教皆与家族、地域两点不可分离。"③田余庆先生也说："士族的形成，文化特征是必要条件之一。非玄非儒的纯以武干居官的家庭，罕有被视作士族者。"④由此我们可看出，文化传家成了汉末魏晋南北朝士族发展兴旺的一个显著特点，也成了他们身份和特征的标志。

事实上，在中国古代能兴家扬名、居官于朝廷的唯有文、武两个途径⑤，其中以武功一途得封官赏爵者，其家世兴盛往往不能久长，大多只能延续一二代就寂灭无闻了，所以史上有"夫为将三世者必败"⑥之教训总结。因此，

---

① 据《陋巷志》载："颜盛，字叔台，为汉尚书郎，魏历青、徐二州刺史，关内侯，始自鲁国徙居琅邪临沂，代传孝恭，因号其居为孝悌里。"（秦永洲著：《颜之推与〈颜氏家训〉》，第6页）笔者以为《陋巷志》所记孝悌里村名由来有颠倒之错误，孝悌里并非因为颜氏在此居住而"代传孝恭"才"号其居为孝悌里"，而是原名即为孝悌里。何以如此说，下文笔者对此有辨析。

② 陈寅恪著：《隋唐制度渊源略论稿唐代政治史述论稿》，北京：生活·读书·新知三联书店2001年版，第259—260页。

③ 陈寅恪著：《隋唐制度渊源略论稿唐代政治史述论稿》，第20页。

④ 田余庆：《论东晋门阀政治》，《北京大学学报》1987年第2期。

⑤ 以商致富虽自古有之，但历来皆为各朝代所鄙视，中国自古为农耕之国，以农立天下，视商为末业，因而尽管商业能为人快速地带来财富，也有不少官员贵族去暗地经商，但很少有商人因此能谋取到一官半职，更少有以商传家者。因此以商传家在中国古代几乎是不存在的。

⑥ 《史记》卷73《王翦传》，第2341页。

中国人大多选择的是耕读传家。而于魏晋南北朝士族而言,亦复如是。这可以说也是魏晋南北朝时期不论南、北都一直存在的社会现象,也是中国古代一直都存在的社会现象。虽然这时期大多士族很少再去亲自劳动或管理生产,但不断占有土地和以文化传家依然是他们不变的追求和理念,即如后来东晋时南渡至江南的北方大族也莫不如此。不同的只不过是土地占有的多少而已。当然,这其中也有例外,那就是这时期也有不少士族或追逐对土地的需求、占有而忽视对文化的继承,如颜之推所说,他们"饱食醉酒,忽忽无事,以此销日,以此终年。或因家世余绪,得一阶半级,便自为足,全忘修学"①,以至于出现像任昉后人一样,"有子东里、西华、南容、北叟,并无术业,坠其家声。兄弟流离不能自振,生平旧交莫有收恤"②。类似这样的士族后代在离乱之时也就只能是"千载冠冕,不晓书记者,莫不耕田养马③"。同样,也有忽视对土地的经营而主要依靠文化传家、入仕而以仕禄之资维持生计的,这些士族也多以南渡的北方士族为主。如颜之推就说:"江南朝士,因晋中兴,南渡江,卒为羁旅,至今八九世,未有力田,悉资俸禄而食耳。"④

因此,对于本不是势族强宗和世代公卿的三国颜氏来说,它就必须更加注重结合已有资源来发展家族。而这其中它能利用的最好资源且引以为豪的莫过于春秋时期以颜回为代表的颜氏八儒了⑤,其他如近世秦汉时颜氏者皆不足称道,也无助添加颜氏家族多少荣耀。这其中,颜回不仅以文化更以德行为孔子所赞并闻名于世,地位颇为崇高,且东汉时期,士人皆争崇之,因而作为颜氏后人也就更不能不尊祖敬宗了。而孔子又说:"里仁为美。择不处仁,焉得知?"对此《刘氏正义》曰:"《大戴礼·王言》云:'昔者明王之治民有法,必别地以州之,分属而治之,然后贤民无所隐,暴民无所伏。使有司日省,如时考之,岁诱贤焉,则贤者亲,不肖者惧。'是故有别地居民之法,故居于仁里即已亦有荣名,是为美也。求居而不处仁者之里,不得为有知者。"⑥此外荀子也说:"故君子居必择乡,游必就士,所以防邪僻而近中正也。"⑦更何况历史上还有孟母三迁以教其子的传说,所以颜盛举家迁往琅邪孝悌里,既有让子孙世守孝悌发展家族之意,也有以颜回为代表的颜氏八

① 《颜氏家训集解》(增补本),第143页。

② 《南史》卷59《任昉传》,第1455页。

③ 《颜氏家训集解》(增补本),第148页。

④ 《颜氏家训集解》(增补本),第324页。

⑤ 即上文颜氏家世叙述中所提到的路、回、辛、骄、仆、哙、祖、何。

⑥ 《论语·公冶下》,见程树德集释:《论语集释》(一),北京:中华书局1990年版,第326—327页。

⑦ (战国)荀子撰,(清)王先谦集解,沈啸寰、王星贤点校:《荀子集解》,北京:中华书局1988年版,第6页。

儒为颜氏远祖而重振颜氏儒者之风,并本着遵祖之志以拉近与儒家之间渊源关系之主要意图。此举在新政权下更好地彰显了颜氏与儒家的特殊关系,并由此奠定颜氏文化传家、立德修身、以礼相传的发展家族的基调。应该说正是因这样的理念及其传承,此后琅邪颜氏也就世代在尊祖敬宗中孜孜于儒学的研习,以《礼》《传》为传家之学,并因颜回、颜路、颜仆、颜哙、颜何、颜祖、颜辛、颜骄等曾为孔子得意弟子而将颜氏家族与孔圣人及儒学世代捆绑在一起。而颜氏家族也从此以儒家思想及其伦理道德为安身立命之依据,开始形成一种可延续传承的良好家风①。这种家风在其不断形成发展的过程中,不但使颜氏得以长期兴旺,长久著称于世,而且使得在魏晋南北朝这个政权更迭频繁、兴亡转眼相继的时代,当某些士族汲汲于"易代之际,莫不传舍其朝,而我之门户如故也,甚且以革易为迁阶之地"②,"禅代之际,先起异图"③时,颜氏家族中却出现了以身殉节的忠义行为和傲视王侯、不媚权势等让人敬仰的高贵品格,与同时期著名士族在品格上形成了鲜明对比。特别是在随后的大一统唐朝,颜门既表现出了可歌可泣的忠节壮举,也涌现出了留名于世的才子佳人。因此,不管从颜盛的儿子和孙子来观察,还是从其曾孙颜含之孝友举止来看,乃至此后的颜氏子孙来审视,颜盛之举不但具有里程碑的价值,也具有开宗立训之意义。

二、颜氏家风的内涵

如上所论,从可考证的颜氏较为详细的家族延承情况来看,颜氏家族从迁往琅邪孝悌里时就已经有意识地开始构建其家风,在此后的家族发展中,颜氏成员在遵守家风过程中也在有意识地不断去发展和完善之。通过考察,笔者认为在魏晋南北朝隋唐时期,颜氏家风内涵主要表现在以下几个方面④:

其一,以儒学传家。如上所揭,颜盛举家迁往琅邪孝悌里时即有遵祖之

---

① 马凤岗的《论颜氏家族的家风与学风》(《临沂师范学院学报》2004 年第 4 期)、程时用和刘福英的《六朝时期颜氏家族的家风与文化》(《湖北广播电视大学学报》2006 年第 1 期)虽在某些方面概括了六朝时期的颜氏家风,但都未能探讨其形成缘由,其余一些以《颜氏家训》为对象的硕士毕业论文也都未涉及这点。

② (清)赵翼:《陔余丛考》,北京:中华书局 1963 年版,第 318 页。

③ 《北齐书》卷 24《杜弼传》,第 354 页。

④ 马凤岗在《论颜氏家族的家风与学风》中将颜氏家风概括为"好学、尚德、孝悌、淡泊四个方面",程时用和刘福英在《六朝时期颜氏家族的家风与文化》则从"儒雅传家""忠君孝悌""淡泊勤俭""博物多通"四方面论颜氏家风,两文虽都论及颜氏家风的主要方面,但考颜氏家族在六朝时期为官情况可知,他们都积极入世出仕,立名扬名,因而两文所论"淡泊"是否能作为六朝时期颜氏家风值得商榷。

志以文化发展家族之意图。在颜氏先祖中,颜回为春秋时期孔子最为得意的大弟子,在孔子眼里:"语之而不惰者,其回也与?"①"回也,其心三月不违仁。其余则日月至焉而已矣。"又曰:"贤哉,回也!一箪食,一瓢饮,在陋巷。人也不堪其忧,回也不改其乐。贤哉,回也!"②颜回以勤俭、淡泊的操行和忠实地履行孔子的"仁"为后人所称道,成为世代敬仰的道德模范。自西汉"罢黜百家,独尊儒术"以来,儒学和孔子一直为统治者乃至被统治者所顶礼膜拜,儒家思想也成了至高无上的正宗大一统思想。孔子是儒家的创始人,而颜回则是孔子最为得意的大弟子,对颜氏来说,有这样一个被孔子盛赞的祖宗无论如何都是值得引以为豪的。因而走先祖的足迹,不仅利于家族的发展,更切合现实之需,可凭之出仕为官、建业扬名。以此故,颜氏迁往孝悌里后,也就有意识形成敬祖敬宗名义下传习儒学并以之为家业的传统,儒学因此被颜氏世代相传和发展着。如颜盛子颜钦即秉遵父之意图,研习儒学,"精韩诗、礼、易、尚书",为"学者宗之"③,而颜钦子颜默也是"学素相承,有声邦党"④,继承了乃父颜钦之学问。其后颜含又以"儒素笃行"⑤被补为太子舍人,颜延之也以儒学显名⑥。事实上,此后在颜氏家族的延承中,儒学一直为这个家族所世习,并以之为根本家学,所谓"世善周官、左氏"⑦。特别是颜之推,不但坚定不移地遵循着家族传统,"早传家业"⑧,还鉴于自己乱世见闻,面对儒学在社会上普遍式微之情况,力图振兴之,不仅以儒家思想为指导著《家训》,且于其中大力宣扬儒学和儒家思想。以此,颜氏世传的儒学这个"家业"被推至一个新的高度,而颜之推也因此被后人称为"海内大儒"⑨。颜氏这种对儒学的锲而不舍的执着相传,不但使颜氏家族得以世代在朝廷为官,也使后来士人和帝王对之刮目相看,或称之为"门传儒行,代

---

①　《论语·子罕下》,见程树德集释:《论语集释》(二),第613页。

②　《论语·雍也上》,见程树德集释:《论语集释》(二),第378、386页。

③　(唐)颜真卿:《颜氏家庙碑》,《颜鲁公集》,第103页。

④　(晋)李阐:《右光禄大夫西平靖侯颜府君碑》,(南宋)周应合编:《景定建康志》卷43,第1794页。

⑤　《晋书》卷88《颜含传》,第2286页。(晋)李阐:《右光禄大夫西平靖侯颜府君碑》也曰:"朝议谓君正性端素,学行通深,有命太子中庶子。"见(南宋)周应合编:《景定建康志》卷43,第1794页。

⑥　《南史》卷34《颜延之传》载:"(宋)武帝受命,补太子舍人。雁门周续之隐庐山,儒学著称。永初中,征诣都下,开馆以居之。武帝亲幸,朝彦毕至。延之宫官列卑,引升上席。上使问续之三义,续之雅仗辞辩,延之每以简要连挫续之。上又使还自敷释,言约理畅,莫不称善。"

⑦　《北齐书》卷45《颜之推传》,第617页。

⑧　《北齐书》卷45《颜之推传》,第617页。

⑨　(唐)令狐峘:《颜鲁公集神道碑》,《颜鲁公集》,第133页。

挹公才”①,或称之为“颜氏儒门”②。因此,以世传儒学、服膺儒教来概括颜氏一门应毫不为过。可见,颜盛迁家之目的得到了很好地实现。

其二,“世以儒雅为业”。颜氏在家族延续过程中,其主流诚如颜之推所说:“颜氏之先,本乎邹、鲁,或分入齐,世以儒雅为业,遍在书记。”③这就是说,颜氏不仅世代以儒学传家,而且世代也以儒者文人形象出现在世人面前,所从事职业亦多为“儒雅”性质。考颜氏家族发展,事实也正如此。且不论孔子著名七十二弟子中的颜氏八人以儒为业,从颜斐、颜盛开始也可看出这点。颜斐在曹操时被召为太子洗马,黄初中转为黄门侍郎,后又为京兆太守;颜盛为青、徐二州刺史,颜盛子颜钦为广陵太守,颜钦子颜默为汝阴太守。晋时颜含为侍中右光禄大夫,颜含子颜髦为侍中光禄勋,颜谦至安成太守,颜约为零陵太守,而颜髦孙颜靖(镇)之为宣城太守和御史中丞,颜靖(镇)之子腾之为巴陵太守,颜腾之子炳之为江夏王参军,颜炳之子颜见远为侍书御史兼中丞,颜见远子颜协释褐梁湘东王国常侍,兼府记室,后转为正记室。而颜之推仕梁为散骑侍郎,仕北齐为黄门侍郎、平原太守,仕北周为御史上士,仕隋为太子东宫学士;之推兄之仪为北周御史中正大夫,弟之善为隋朝叶县县令。之推子思鲁在隋为东宫学士、入唐为仪同;愍楚在隋为内史、入唐为通事舍人;游秦入唐为廉州刺史。特别是思鲁和愍楚兄弟在隋时不仅被誉为“一时人物之选”,在学业上也做到了“颜氏为优”④。其后思鲁子师古在唐也任职中书侍郎、秘书监,师古弟相时在唐任职谏议大夫、礼部侍郎,弟勤礼为崇文馆学士。其间师古、勤礼和相时三兄弟还一度同时为唐太宗时弘文、崇贤学士,被时人赞为:“鹤鑰驰誉,龙楼委质。”⑤可见,颜氏一门以儒雅为业兴盛不绝。而在颜氏以儒雅为业过程中,不少人也都留下了文化和学术著作。如颜延之著有《论语颜氏注》⑥,颜协撰有《晋仙传》五篇、《日月灾异图》两卷和《文集》廿卷,颜之推著有《家训》廿篇、《冤魂志》三卷、《训俗文字略》一卷、《证俗音字》五卷、《稽圣赋》二卷、《文集》三十卷等,颜之仪也著有文集十卷,颜愍楚著有《证俗音略》二卷,颜游秦撰有《汉

① (唐)颜真卿:《谢户部侍郎表》,《颜鲁公集》,第14页。

② (宋)陈思:《书小史》,(清)纪昀等编:《四库全书》(文渊阁本),台北:台湾商务印书馆1968年版,第6卷。

③ (北齐)颜之推撰,王利器集解:《颜氏家训集解》(增补本),第348页。

④ 《旧唐书》卷61《温大雅传》,第2362页。

⑤ (唐)颜真卿:《颜氏家庙碑》,《颜鲁公集》,第103页;(清)董诰等编:《全唐文》,第3455页下。

⑥ 缪钺先生在《读史存稿》(北京:生活·读书·新知三联书店1963年版)之《颜延之年谱》中说:“皇侃《论语义疏》引之,马国翰辑得十五条,合订一卷,刊于《玉涵山房辑佚书》中。”

书决疑》十二卷，颜师古撰有《文集》六十卷、《匡谬正俗》八卷、注《汉书》与《急就章》等，颜元孙著有《干禄字书》一卷、《颜元孙集》三十卷，颜真卿也撰有不少文章，后被人编为《颜鲁公文集》等。这一系列文化学术上的成就既可以说是颜氏继承儒学在文化上发展的结果，也可以说是颜氏在“世以儒雅为业”中治学的产物。

在承继以“儒雅为业”的过程中，颜氏对于儒雅之外的职业如武略、兵事等则很少去涉及和参与，即使有此者，也多为后来颜氏家族所不取和鄙夷。颜之推在《家训》中就说：“秦、汉、魏、晋，下逮齐、梁，未有用兵以取达者。春秋世，颜高、颜鸣、颜息、颜羽之徒，皆一斗夫耳。齐有颜涿聚，赵有颜最，汉末有颜良，宋有颜延之①，并处将军之任，竟以颠覆。汉郎颜驷，自称好武，更无事迹。颜忠以党楚王受诛，颜俊以据武威见杀，得姓已来，无清操者，唯此二人，皆罹祸败。”②

其三，忠孝立门。颜氏家族在传承中，确立了以儒学传家，这不但决定了颜氏在此后发展中所从事职业的性质，也决定了颜氏自此后必然在儒家思想“学而优则仕”中与现实政权发生密切关系，这种关系和儒家所宣扬的“人之行莫大于孝，孝莫大于严父”“资之于事父以事君，而敬同”等理念，又必然决定着颜氏在家族的教育和延续中注重对孝悌仁爱、忠义诚信的坚守，从而使居家尽孝悌、事国以忠义、仁爱行于世、诚信以立身成为颜氏家风德行的中心内容。而魏晋南北朝各政权因立国根本不正，多为巧取豪夺而来，因而“孝”便被作为一个极重要的政治理念在社会上宣传、推广着，一如唐长孺先生所论：“自晋以后，门阀制度的确立，促使孝道的实践在社会上具有更大的经济上与政治上的作用，因此亲先于君，孝先于忠的观念得以形成。”“孝道的提倡也正是所有的大族为了维护本身利益所必需的”，且“自晋之后”，“大体上孝的实践远重于忠节”③。

① 按《宋书》卷73《颜延之传》和《南史》卷34《颜延之传》皆无颜延之任职将军记载，不知颜之推何作此说。倒是颜延之子颜竣在孝建元年曾为吏部尚书，“领骁骑将军”，后又为“右将军”，最后因怨谤朝廷被收付廷尉，于狱中赐死；其子辟强也在被遣送交州道中被追杀。沈约也曰颜竣“取衅于世”，不知之推所言“宋有颜延之”是否说的是颜延之儿子颜竣。但“领骁骑将军”“右将军”等并非真正领兵，乃文官挂名而已，因此之推所指似又非颜竣。而有宋一朝颜氏真正处将军之任的为颜师伯。在世祖孝武帝时他曾因平臧质叛乱被迁为右卫将军，后因与北魏作战有功进为征虏将军。孝武帝临崩，颜师伯受诏辅幼主。而颜师伯也因此“居权日久，天下辐辏，游其门者，爵位莫不逾分。多纳货贿，家产丰积，伎妾声乐，尽天下之选。园池第宅，冠绝当时，骄奢淫恣，为衣冠所嫉”。（《宋书》卷77《颜师伯传》）最后被废帝处死，“六子并幼，皆见杀”。揆之推所言，其所谓颜延之实应是颜师伯。

② 《颜氏家训集解》（增补本），第348页。

③ 唐长孺著：《魏晋南北朝史论拾遗》，第238、245页。

因此,我们可看到这时期颜氏家族成员基本上都能切合这种政治环境,不同程度地做到居家以孝,事国尽忠。特别是把孝悌、友爱之德发挥得淋漓尽致,乃至遐迩闻名。如晋时颜畿为医家所误,病瘫在床,不省人事,“阖家营视,顿废生业,虽在母妻,不能无倦矣”,但其弟颜含却坚持侍奉汤药,绝弃人事,“足不出户者十有三年”①,直至颜畿去世。其后其二哥又去世,二嫂樊氏又因疾病失明。屡遭家庭不幸,哀伤痛楚之下的颜含却恪守孝道,尽心奉养。以此故,感动幽冥送药,从而使寡嫂双目得以医治而恢复如初。至于萧梁时武帝还慨叹曰:“纯臣孝子,往往感应,晋时颜含,遂见冥中送药。”②因此,后人在论及颜含时便以“孝义儒学名家”③目之。而梁时,颜协幼孤,为舅家所养,后舅舅陈郡谢暕卒,颜协“以鞠养恩,居丧如伯叔之礼”④;又因父亲愤恨梁武夺权而死,故而从儒家所谓“三年无改于父之道,可谓孝矣”⑤这一思想出发,“感家门事义,不求显达”,在萧梁一朝“恒辞征辟,游于蕃府而已”⑥。可见,孝已为颜门基于儒家思想为立身之本下的内在家风。

“夫孝,始于事亲,中于事君,终于立身”⑦。无论是对儒学本身而言,还是对利用儒学的统治者来说,强调孝亲并不是孝的终点,只不过是通过孝亲达到事君以忠之目的,所谓“事亲孝故忠可移于君,是以求忠臣必于孝子之门”⑧,从而在社会上最终形成士庶皆能自觉以忠孝立身的风习。以儒学传家的颜氏恪守儒家精神,不仅以孝传家,在学而优则仕的理念指导下,他们也世代依凭自己所掌握的儒学知识和技能进入朝廷,为国家作出自身应有的贡献,并在这一过程中完成着家国同构下的“君子之事亲孝,故忠可移于君;事兄悌,故顺可移于长;居家理,故治可移于官”⑨这样一个由家到国的思想对接,完成着家庭内的孝亲向国家层面上的忠义、家庭内的仁爱向社会层面上的诚信这种伦理思想的提升与转化。魏晋南北朝隋唐时期,颜氏家族成员,将家国同构下的个体行为思想转化和提升为对国家的忠义、诚信思

---

① 《晋书》卷88《颜含传》,第2286页。(晋)李阐《右光禄大夫西平靖侯颜府君碑》也曰:“兄畿,患亡更生,君弃绝人事,蓬首屏气以就晗养者十有三年。”见(南宋)周应合主编:《景定建康志》卷43,《宋元珍稀地方志丛刊》(甲编),成都:四川大学出版社2007年版,第1794页。

② 《梁书》卷47《江纤传》,第656页。

③ (南宋)留元刚:《颜鲁公年谱》,《颜鲁公集》,第113页。

④ 《梁书》卷50《颜协传》,第727页。

⑤ 《论语·学而》,见程树德集释:《论语集释》(一),第42页。

⑥ 《梁书》卷50《颜协传》,第727页。

⑦ 《孝经·开宗明义章第一》,见李学勤主编:《十三经注疏·孝经注疏》,北京:北京大学出版社1999年版,第4页。

⑧ 《后汉书》卷26《韦彪传》,第918页。

⑨ 《孝经·广扬名章第十四》,见李学勤主编:《十三经注疏·孝经注疏》,第46页。

想，其完成度要远超于同时代其他高门士族，如琅邪王氏、颍川庾氏、谯国桓氏等，也因此，颜氏一门不仅代出孝子，在必要的时候颜氏家族内也必然产生忠君之臣。如颜见远，仕萧齐为治书侍御史兼中丞，自感为萧齐之臣，受萧齐之禄，因此在梁武受禅后便愤而不食，数日而卒，以实际行动向世人证明了他对萧齐王朝的忠心贞节。[①] 此后的颜之推身处后三国特殊政治环境之下，在所仕江陵政权被西魏侵灭、所侍梁元帝备受屈辱而死后，他虽没有像其祖父颜见远那样刚烈地去做主辱臣死的行为，但“小臣耻其独死，实有愧于胡颜”[②]的内心挣扎，以及被俘西魏后仍心存故国、一有机会即想逃回南方梁政权[③]等思想和举动，莫不说明了颜之推心中依然存有对故土、故国之忠之恋。与同时屈膝西魏甘心为奴的江陵士人如王褒等“德薄任隆”[④]的高门士族相比，与臣仕侵略者西魏后反辱故国和故主的名闻南北的才子庾信相比，颜之推在操守上不知要胜出多少。[⑤] 不过，颜之推的这种“忠”之操守既区别于历史上夷齐之节的那种“忠”，也不同于苏武在匈奴时所持的“节”。颜之推的“忠节”应放在特定的历史条件下来看。首先，其时与颜之推同朝为官的江陵士人包括萧梁宗室成员很少有为君尽节为国尽忠者。其次，其祖父颜见远为萧齐尽忠殉节后并没有引起士大夫的多少同情和响应，更没有得到朝廷的称赞，士大夫更多的是与时迁移，所以清人赵翼说“六朝

---

① 当然，颜见远的这种行为也不排除夹杂有他的某些私人因素在内。当初，齐和帝坐镇荆州时即以他为录事参军，及齐和帝即位，又以他为治书侍御史，俄兼中丞。于颜见远来说，齐和帝对他可谓向有眷顾，亲宠有加，因而就私而言，齐和帝不但对他有知遇之恩，也有君臣之义，而就公而言，齐和帝和他更是君臣名分昭昭。故而当梁武帝篡夺齐和帝大位时，受儒家思想深刻影响的他不论于公于私在情感上都难以接受，以致愤懑难平，感慨古今，他在梁武帝受禅后效仿夷、齐绝食而死，虽不免偏激，却也体现了中国古代士大夫的忠义行为和殉道精神。不过，齐和帝知遇选拔士大夫并非颜见远一人，而最后反对梁武帝夺位受禅的，史记却只有颜见远一人，并且是绝食而死，这颇让人深思。因而颜见远之死也就排除了他仅仅为了回报齐和帝知遇之恩和单纯愤恨梁武帝夺位之因素，如果结合当时社会特质，考虑到魏晋以降政权嬗替频繁、政治斗争不断、衣冠士族于政治上多随波逐流却锐意经营家族利益、视家族利益至上这点，那么颜见远绝食而死之行为就不免多有为颜氏家族博取声名、提高其社会地位之因了。

② 《北齐书》卷45《颜之推传》，第623页。

③ 尽管从今天看来江陵破灭和梁元帝之死标明了萧梁政权的实际丧失，但对于其时梁士大夫及其民众而言，只要梁元帝的后人或梁武帝的后人有被继续奉为君主并被社会普遍认可，就说明梁政权至少在表面上依然存在，这点事实上在魏、晋、宋、齐政权嬗替时已被证明。

④ 《陈书》卷34《何之元传》，第465页。

⑤ 在江陵政权里，高门士族王褒官拜右仆射，为元帝“深相委信”，然江陵陷落之际元帝以之为使者出仕西魏军营时，他却在敌酋万纽于谨儿子面前恬然写下“柱国常山公家奴王褒”之语。而“鸿名重誉，独步江南”的庾信臣仕西魏后，也在官登显宦的同时反辱故国，于《贺平邺都表》中竟然说：“二十八宿，止余吴、越一星，千二百国，裁漏麟洲小水。”（见倪璠注，许逸民校点：《庾子山集注》，北京：中华书局1980年版，第507页）在论及故主梁元帝时，他又颇多贬抑之辞甚至人身攻击，如“沉猜则方逞其欲，藏嫉则自矜于己”，“既言多于忌刻，实志勇于刑残”（《周书》卷41《庾信传》）。可见，于故国之忠而言，王褒、庾信远逊于颜之推。

忠臣无殉节者"[①]。因此就这点来说，颜之推"一生而三化"[②]，先后仕宦于南、北四朝而依然言"忠"也就不可苛责，也无可厚非，其有忠的理念和行为已经算不错了，自"不必其以身殉也"[③]。

颜氏忠孝思想深深影响着后人，继颜之推之后，进入唐朝的颜氏家族在忠义诚信方面表现得更加壮烈。安史之乱中颜杲卿被俘，安禄山予以诱惑，但颜杲卿"瞋目而报曰：'我世为唐臣，常守忠义，纵受汝奏署，复合从汝反乎。且汝本营州一牧羊羯奴耳，叨窃恩宠，致身及此，天子负汝何事而汝反耶？'禄山怒甚，令缚于中桥南头从西第二柱，节解之，比至气绝，大骂不息"[④]。唐肃宗因此在批答颜真卿谢赠表时，赞曰："羯胡猖狂，入我河县。所在官吏多受迫胁。卿兄以人臣大节，独制横流，或俘其谋主，或斩其元恶。当以救兵悬绝，身陷贼庭，旁若无人，历数其罪。手足寄于锋刃，忠义形于颜色。古所未有，朕甚嘉之。"[⑤]后颜真卿被唐叛乱节度使李希烈留禁时，也不苟合其意，守节而死。唐德宗因此赞颜真卿曰："公忠杰出，出入四朝，坚贞一志。"[⑥]至此，颜氏一门的忠节诚信已彰显得光彩夺目。

颜氏一门不过是中国众多以儒学传家的士大夫家族中的一个，但在宣扬和践行儒学和儒家思想中，像其这样一直能将知、行较完美地结合在一起，坚持以孝悌仁爱、忠义诚信立门而传承久远的家族却不是很多。譬如魏晋南北朝时期的高门琅邪王氏、颍川庾氏、汝南袁氏、兰陵萧氏等家族中就或多或少出现了"是非颇谬于圣人"[⑦]的现象。从这点来说，颜氏无愧于以儒学为家传之学的文化世家。也因此，颜氏后人才能骄傲地说："由汉、魏，迄隋唐，忠孝节义，功业文章，代不乏人。"[⑧]而儒门、忠义也成为颜氏最为显著之门风。

其四，不媚权贵，正直守道。颜氏家族在延续传承中，除了确立以儒学为家学的文化理念以及在此基础上形成的以儒雅为业、忠孝立门之家风外，基于儒学本身的思想精神，这时期颜氏家族在传承中还形成了不媚权贵、正直守道的品格，并且使这种品格内化为颜氏世代相传的为人处世准则。这种基于儒家思想文化上的品格，其孕育和形成，据现有资料记载，应始于春

① （清）赵翼撰：《陔余丛考》，第322页。
② 《北齐书》卷45《颜之推传》，第625页。
③ （清）赵翼撰：《陔余丛考》，第322页。
④ 《旧唐书》卷187下《忠义传下·颜杲卿传》，第4898页。
⑤ （唐）颜真卿撰：《颜氏家庙碑》，《颜鲁公集》，第104页。
⑥ 《旧唐书》卷128《颜真卿传》，第3597页。
⑦ 《后汉书》卷40《班固传》，第1386页。
⑧ 见山东沂南县砖埠镇常桑杭村《颜氏谱碑》之文。

秋时期的颜回。孔子曰:“贤哉,回也!一箪食,一瓢饮,在陋巷。人也不堪其忧,回也不改其乐。贤哉,回也!”①颜回的这种安贫乐道精神不仅得到孔子的深深叹美,也为历代服膺儒教者传颂不息,为士人所景仰、学习,同样也成了后世颜氏家族成员正直守道、不媚权势品格的缘起和坚守的原则。三国时期,颜斐即以自身行为向世人展现了这一品格。史载:“青龙中,司马宣王在长安立军市,而军中吏士多侵侮县民,斐以白宣王。宣王乃发怒召军市候,便于斐前杖一百。时长安典农与斐共坐,以为斐宜谢,乃私推筑斐。斐不肯谢,良久乃曰:‘斐意观明公受分陕之任,乃欲一齐众庶,必非有所左右也。而典农窃见推筑,欲令斐谢。假令斐谢,是更为不得明公意也。’”②颜斐为民请命,迫使司马懿杖责军市候而不谢,无疑为颜氏树起了不媚权贵、正直守道的形象。颜盛为颜斐之弟,虽然缺少有关他事迹的记载,但从其选择山东孝悌里这一闻名远近的孝悌之乡作为举家迁居之地,也可知他追求的也是人格的高尚和对道的坚守。

正是颜氏这些先人的表率举动,使得颜氏家族此后一直把高尚的人格和美德作为内在的精神和追求。西晋时,颜含不仅以孝悌垂名青史(见上文所论),也同样以刚直公正、不附权势而闻名。如:“于时论者以王导帝之师傅,名位隆重,百僚宜为降礼。太常冯怀以问于含,含曰:‘王公虽重,理无偏敬,降礼之言,或是诸君事宜。鄙人老矣,不识时务。’既而告人曰:‘吾闻伐国不问仁人。向冯祖思问佞于我,我有邪德乎?’人尝论少正卯、盗跖其恶孰深。”又桓温其时为东晋著名将领,但“桓温求婚于含,含以其盛满,不许。惟与邓攸深交”。时中原世族南下者十之六七,或群聚或党结,多有攀权贵而蝇营狗苟者。当然,于其中也不乏为东晋政权谋虑者、为道义传播而奔走者。或问江左群士之优劣,颜含答曰:“周伯仁之正,邓伯道之清,卞望之之节,余则吾不知也。”可见,颜含立身既不趋炎附势,也不巴结权贵,一生言端行正,清廉有节操,一如其说:“年在天,位在人,修己而天不与者,命也;守道而人不知者,性也。”③他坚持的是修身、守道,而这也正是儒家一直倡导儒者、士人立身应追求的品格。因而,颜含的行为不仅使颜氏门户确定了高贵的地位,也为颜氏家族带来了清誉和声望。

颜含不仅自身立格如此,还把这种品德作为家风传给后人。他教育后

---

① 《论语·雍也上》,见程树德集释:《论语集释》(二),第386页。
② 《三国志·魏书》卷16《仓慈传》,第515页。
③ 《晋书》卷88《颜含传》,第2287页。

人曰:“汝家书生门户,世无富贵,自今仕宦不可过二千石,婚姻勿贪势家。”①此训被颜氏后人严格遵守,既不在婚姻上趋炎附势,也不因仕宦而贪求冒进。正因是以文化和精神内核来维系家风而不是在物质、权势上孜孜追求,所以颜氏后人才能淡泊处世,品学兼优,不断秀出。如颜见远不为自身利益去臣事、巴结和交好掌控天下的梁武帝,便是不因外界因素影响内在高尚人格者;颜之推虽然“三为亡国之人”,但不论仕宦于南北朝哪个政权,他一样以祖宗训示规束自己,并以忠孝仁义立身;而颜之推哥哥颜之仪也同样严遵家风,在周隋禅代之际,不但没有如刘昉、郑译那样邀宠取媚去帮助杨坚,反而在杨坚索取玉玺时正色厉斥:“此天子之物,自有主者,宰相何故索之?”由此赢得隋文帝由衷称赞:“见危授命,临大节而不可夺,古人所难,何以加卿。”②到唐时,颜真卿一样以自己的行为彰显着颜氏的这种家族高尚品格。其在朝为官,对权势者从不奉迎苟合,更不奴颜屈膝,也因此,其仕宦之途迭经起伏,并且最后因其刚直公正而被杨国忠谗害出使唐叛将李希烈处,最后惨遭杀害。可以说,在颜氏家族延承过程中,这种不媚权势、正直守道的高尚人格一直为其家族内在的品格被继承和发扬着。孔子所谓“巧言、令色、足恭,左丘明耻之,丘亦耻之”③,“富与贵是人之所欲也,不以其道得之,不处也”④等理念,在颜氏家族发展中不仅在实践中被体现着,也被其内化为不媚权贵、正直守道之品格被很好地传承着、发展着。

其五,书法传名。汉魏晋南北朝,士人在文化学习之余,对书法开始有了一种持续不断的爱好和钻研,并形成了一种文化时尚,不少人既因此著名,也以之为家族文化的一个体现,故而每个朝代都出现了不少学习书法者,甚而出现一批善书者。齐王僧虔曾就这时期善书者论曰:

> 宋文帝书,自言可比王子敬。时议者云:“天然胜羊欣,工夫少于欣。”王平南廙,右军叔,过江,右军之前以为最。亡曾祖领军,右军云:“弟书遂不减吾。”变古制今,惟右军、领军,不尔,至今犹法钟、张。亡从祖中书令书,子敬云:“弟书如骑骡,骎骎恒欲度骅骝前。”庾征西翼书,少时与右军齐名,右军后进,庾犹不分。在荆州与都下人书云:“小儿辈

① 《颜氏家训集解》(增补本),第343页。(晋)李阐《右光禄大夫西平靖侯颜府君碑》也载:“桓温,君夫人从甥也,求君小女婚,君并不许。曰:‘尔家书生为门,世无富贵,终不为汝树祸。自今仕宦不可过二千石,(阙文)婚嫁不须贪世位家。’”(清)严可均辑:《全上古三代秦汉三国六朝文》(三),第2225页。

② 《周书》卷40《颜之仪传》,第720页。

③ 《论语·公冶下》,见程树德集释:《论语集释》(一),第348页。

④ 《论语·里仁上》,见程树德集释:《论语集释》(一),第232页。

贱家鸡，皆学逸少书，须吾下当比之。"张翼，王右军自书表，晋穆帝令翼写题后答，右军当时不别，久后方悟，云："小人几欲乱真。"张芝、索靖、韦诞、钟会、二卫，并得名前代，无以辨其优劣，唯见其笔力惊异耳。张澄当时亦呼有意。郗愔章草亚于右军。郗嘉宾草亚于二王，紧媚其父。桓玄自谓右军之流，论者以比孔琳之。谢安亦入能书录，亦自重，为子敬书嵇康诗。羊欣书见重一时，亲受子敬，行书尤善，正乃不称名。孔琳之书，天然纵放，极有笔力，规矩恐在羊欣后。丘道护与羊欣俱面受子敬，故当在欣后。范晔与萧思话同师羊欣，后小叛，既失故步，为复小有意耳。萧思话书，羊欣之影，风流趋好，殆当不减，笔力恨弱。谢综书，其舅云："紧生起，是得赏也，恨少媚好。"谢灵运书乃不伦，遇其合时，亦得入流。贺道力书亚丘道护。庾昕学右军，亦欲乱真矣。①

此后梁萧子云也"善草隶书，为世楷法，自云善效钟元常、王逸少而微变字体"。梁武帝尝论子云书曰："笔力劲骏，心手相应，巧逾杜度，美过崔寔，当与元常并驱争先。"②

不难看出，自汉灵帝设立鸿都门学，将书法视为独立的一门学科并作为取士标准之一以来，书法作为儒学经典、诸子之学以外的文化即被越来越多的士人学子所认同，并渐形成一种技艺和学问，善书已成为自兹以降士人的另一种文化追求。以此故，追求较为完善的书法艺术而不单单是书写，已为士人阶层内在文化水平体现之要求。颜氏既立格以文化传家，对士人阶层中出现的这种文化现象自然不陌生，因而追求书法也成为颜氏家族在发展中的一种内在文化要求和体现。

颜氏在家族延续发展中，以书法修习著名的，据上文所引颜真卿的《颜君庙碑铭》，应始于颜腾之这一代。颜腾之"善草、隶书，有风格"③。尽管上引王僧虔对历代善书者评论的文字中没有提到颜腾之，但他确实赞过颜腾之的书法。《书小史》卷六就曰："王僧虔云：'颜腾之、贺道力并便尺牍。'"④可见，颜腾之的书法不可小觑，别具风格，在当时也占有一席地位。(梁武帝在《草书》中便盛赞颜腾之书法曰："颜腾之、贺道力，并便尺牍，少行于代。"⑤)与颜腾之同时的颜延之及其儿子颜竣，据陈思的《书小史》记

① 《南史》卷22《王昙首传附僧绰弟僧虔传》，第603—604页。
② 《梁书》卷35《萧子恪传附子显弟子云传》，第515页。
③ (唐)颜真卿：《颜氏家庙碑》，《颜鲁公集》，第103页。
④ (北宋)陈思：《书小史》卷6，《四库全书》(文渊阁本)《子部·艺术类》，第14页。
⑤ (唐)颜真卿：《颜氏家庙碑》，《颜鲁公集》，第103页。

载，也颇善于书法，颜延之被认为“尤善书翰”，颜竣也被评为“善行书”①。此后颜氏在继承儒学家业中便不废书法研习，颜腾之儿子颜炳之“以能书称”②，炳之孙颜协则以“工于草隶”③著称。据陈思《书小史》载，颜协“工草隶飞白。吴人范怀约能隶书，协学其书，殆过真也。荆楚碑碣，皆协所书。时有会稽谢善勋，能为八体六文，方寸千言。京兆韦仲，善飞白，并在湘东王府”，“府中以协优于韦仲，而减于善勋”④。而颜之推在《家训》中也说自己“幼承门业，加性爱重，所见法书亦多，而玩习功夫颇至”⑤，虽然他认为书法难以达到佳境，然而依然能以“工尺牍”⑥称。到颜之推孙子颜勤礼时，颜氏在书法研习范围上有了拓宽。颜勤礼除了善一般书法外，还“工于篆籀”，而其子昭甫更是“工篆、籀、草、隶书，与内弟殷仲容齐名，而劲利过之”⑦。昭甫子颜元孙和颜惟贞虽早孤，养于舅氏殷仲容家，但据《书小史》载，殷仲容善正书，为天下所宗，而元孙和惟贞“蒙教笔法，家贫无纸笔”，乃“以黄土扫壁木石画而习之”⑧，最后二人皆以善隶书著名。颜惟贞更是被唐肃宗赞为：“德行优著，学精百氏，艺绝六书。”⑨颜元孙的儿子曜卿和旭卿继续以善草隶著名，颜惟贞的儿子颜允南不仅以辞藻擅名，也工草隶书。其弟颜真卿，据《书小史》载：“善正、行书，结笔浓秀，尤尚字学，可谓书之大雅矣。陆羽尝论，其体得羲之之筋骨心肺也。”⑩他成功地创造了独有的书法门路而成为一代书法大师。可见，颜氏在家传儒学之外，于汉魏晋南北朝时期流行的书法也深有修习，并且对这种书法技艺代代相习钻研，以至于颜氏每代都有善草隶或工尺牍者。书法可以说是颜氏以儒学为“家业”擅名之外的另一种传名之“门业”。

其六，内在的积极进取精神。颜氏以儒学传家，“世善《周官》《左氏》”，但其后人在继承家业的基础上，并不是就此裹足不前，满足于对已有成绩的继承，而是在不断扩展对儒学乃至相关文化的研究范围。如颜协除了擅长家传儒学外，又撰有《晋仙传》五篇、《日月灾异图》两卷和《文集》廿卷，因之将治学范围扩大至道家、天文、五行、文学等方面；到颜之推时又将治学范围

---

① （北宋）陈思：《书小史》卷 6，《四库全书》（文渊阁本）《子部·艺术类》，第 11 页。
② （唐）颜真卿：《颜氏家庙碑》，《颜鲁公集》，第 103 页。
③ 《梁书》卷 50《颜协传》，第 727 页。
④ （北宋）陈思：《书小史》卷 7，《四库全书》（文渊阁本）《子部·艺术类》，第 8 页。
⑤ 《颜氏家训集解》（增补本），第 567 页。
⑥ 《北齐书》卷 45《颜之推传》，第 617 页。
⑦ （唐）颜真卿：《颜氏家庙碑》，《颜鲁公集》，第 102 页。
⑧ （北宋）陈思：《书小史》卷 9，《四库全书》（文渊阁本）《子部·艺术类》，第 13 页。
⑨ （唐）颜真卿：《颜氏家庙碑》，《颜鲁公集》，第 104 页。
⑩ （北宋）陈思：《书小史》卷 10，《四库全书》（文渊阁本）《子部·艺术类》，第 7 页。

扩展到音辞学、文字学、史学；到颜师古时又将学问扩展至金石学、姓氏学；而到唐颜昭甫时则能读“三坟五典、八索九丘”①。昭甫对文字的研究尤闻名当时，如“尝得古鼎廿余字，举朝莫识”②，而他却能将之顺利读出。自颜之推后，颜氏在文字学、史学方面相继取得了不俗的成就。如颜之推著有《证俗音字》五卷、《颜氏家训·书证》《颜氏家训·音辞》，颜愍楚著有《证俗音略》二卷，颜游秦撰有《汉书决疑》十二卷，颜师古撰有《匡谬正俗》八卷，颜元孙撰有《干禄字书》一卷等。这些成就既是颜氏在文化上自我不断发展的结果，也是在能力上追求自我提升的产物。而以才学显名的人也不在少数，如颜勤礼、颜师古和颜昭甫都以精于训诂而显名一时。颜协在湘东王府和吴郡顾协同名，“才学相亚，府中称为‘二协’”。梁元帝曾作《怀旧诗》赞叹颜协曰：“鸿渐殊未升，上才淹下秩。”③而颜思鲁和颜愍楚兄弟在隋唐时也为一时学业之秀。史载：“初，(温)大雅在隋，与颜思鲁俱在东宫，彦博与思鲁弟愍楚同直内史省，彦将与愍楚弟游秦典校秘阁。二家兄弟，各为一时人物之选。少时学业，颜氏为优，其后职位，温氏为盛。”④其后颜师古、颜勤礼和颜相时又同为太宗时弘文、崇贤学士，以至被赞为：“依仁服义，怀文守一。履道自居，下帷终日。德彰素里，行成兰室。鹤鑰驰誉，龙楼委质。”⑤可以说，在颜氏家族的发展延续中，一直有一种内在的积极进取精神，正是这种内在的积极进取精神，才使颜氏家族于这时期在文化上始终立于不败之地。

综上，颜氏家族在长期延续的历史中，特别是在颜盛迁居到琅邪孝悌里后，不但坚持走以儒立家之路、发扬儒家思想，以《礼》《传》为家传之业，在适应时代变革和发展中还形成自己独特的家风。正是在这种严谨家风的熏陶下，颜氏才得以不坠先人之名声，奋发有为，至少在唐以前都做到了代有名人。

第三节　《颜氏家训》在颜氏家族发展中的作用

在颜氏家族的发展历史中，颜之推所著《颜氏家训》对颜氏家风起到了一种固化和发展作用。虽然此前颜延之著过《庭诰》，但相比而言，颜之推的《颜氏家训》不论在内容上、形式上、结构上和儒家精神的贯彻上，还是在对

① (唐)颜真卿：《颜氏家庙碑》，《颜鲁公集》，第15页。

② (唐)颜真卿：《颜氏家庙碑》，《颜鲁公集》，第104页。

③ 《梁书》卷50《颜协传》，第727页。

④ 《旧唐书》卷61《温大雅传》，第2362页。

⑤ (唐)颜真卿：《颜氏家庙碑》，《颜鲁公集》，第103页。

后世的影响和作用上都要远远超之。

颜之推生活在动乱频仍的南北朝，在战争不断的南北对峙下，因政权的变迁，他被迫辗转南北，历经坎坷艰辛。虽然隋统一南北后，他安居了数年，但总的来说，他的一生大半都是在战乱中度过。而能在乱世生存下来并且在不同政权下获得朝廷任职，这除了因颜之推拥有丰富的文化知识和处世技巧外，便是得益于他这种非同寻常的人生经历以及因此而有的对世事的洞察，对世故人情的了解、掌握和运用。所以劫后余生的颜之推为了保证后人亦能如自己一样即使经历风雨也能身安无事、仕宦不坠甚至否极泰来，从而保证颜氏家族的延续发展，他撰写了《颜氏家训》，将自己于乱世中形成的保命、立身、仕宦、发展家族之思想传授给子孙，以期后人也能走出一条较好的立身、发展之路。颜之推的一生经历是其先人所没有经历过的，因此他的思想也就比其先人所触及的要更多、更全面、更实际，也更利于颜氏家族的发展。可以说，《颜氏家训》的产生有利于继承和巩固颜氏固有家风。而综观颜氏家族的整个发展，《颜氏家训》中渗透着的颜之推思想更是影响后人修身、齐家、立身、处世的重要因素，《颜氏家训》因此也就成为了颜氏家族和家风发展道路上的一个里程碑。

其一，《颜氏家训》是对固有颜氏家风的继承与巩固。前面已经说过，颜氏自颜盛迁往琅邪孝悌里始，就已有意识地树立文化传家之基调以及遵用儒家思想来立身和处世之规范，这种基调和规范在其儿子颜钦和孙子颜默身上都得到了很好地实现，如颜钦“精《韩诗》《礼》《易》《尚书》”，颜默也是“学素相承，有声邦党”①。到晋颜含时，这种倾向则更加明显。在他身上儒家思想和文化已经内化为实实在在的忠孝友悌、正直守道、不媚权势等品格和行为，而在随后的颜见远、颜协身上，以儒学为家学的文化表征和以儒家思想为精神内核的品质也一直被义无反顾地继承着。儒学不但被颜氏家族作为世代承传之文化，其精髓更被世代作为严格修身、立世和塑造品格之思想。由此再审视《颜氏家训》就会发现，它在颜氏家风发展中正起了一个承上启下之关键作用，不但保证了颜氏家族对儒学这个家业予以更好继承，且使颜氏家族此后在发展上从不偏离儒家思想和颜氏家风。具体而言，表现在：

一是强调儒学和儒家思想在家族发展中的地位及其作用。在《家训》中颜之推指出，颜氏以儒学传家，“世善《周官》《左氏》”，多以“儒雅”为业，并因之延宗兴族；习儒学、传儒学为颜氏家族内在延续、发展之路以及仕宦通

---

① （南宋）周应合编：《景定建康志》卷43，《宋元珍稀地方志丛刊》（甲编），第1794页。

泰之路。因此，颜之推积极要求子孙“务先王之道，绍家世之业”①，继续走好这条路。为此，在《家训》开篇他就说：“夫圣贤之书，教人诚孝，慎言检迹，立身扬名，亦已备矣。”②于书的开头即首先捧出儒家圣贤之书来定下教导基调，而后在《家训》中又用了大量文字论说了儒学对士人的重要性：学习儒学可以用之取官成名，如“公孙弘四十余，方读《春秋》，以此遂登丞相；朱云亦四十，始学《易》《论语》；皇甫谧二十，始受《孝经》《论语》，皆终成大儒”③；学习儒学可以在乱世中求生，所谓“自荒乱以来，诸见俘虏。虽百世小人，知读《论语》《孝经》者，尚为人师；虽千载冠冕，不晓书记者，莫不耕田养马”④；学习儒学可以自足为人，济世益物，等等。最后在《家训》结尾又强调：“汝曹宜以传业扬名为务。”⑤读过《家训》都知道，颜之推所说的“传业”其实就是传承“儒学”。可以说，在整部《家训》中，从头至尾，从里到外，颜之推都在有意识地将他以之为人生观、价值观以及处世标准的儒家思想贯穿其间，并把儒学的学习、教育放在了人生中首要位置，放在了他训教后人的核心地位。一如前文所揭，颜之推这种重儒思想极大地影响了其后人，所以无论在隋或唐，他的子孙后代也都以儒学立身、入仕，也都以儒家思想作为人、处事、做官的指导思想。

《家训》所作目的并非仅仅用于教训子孙，乱世阅历使颜之推这个儒学门徒对儒学的衰微大为遗憾和惋惜，因而他自觉地担当起了振兴儒学重任。故而他立“家训”还在于通过《家训》传播儒家思想，并发挥其在家族发展中的巨大作用，让人们认识到：人活在这个世上，不仅要修身、治家，也要立世扬名；不仅要孝亲，也要对国忠心；不仅要务实多艺能生存，还要处世能益物而不“费人君禄位”⑥；不仅自身要发展，也要使家族昌盛。名要得，但不能沽名以钓誉；官要做，但不可“贾诚以求位，鬻言以干禄”⑦；书要读，但儒家经典不可缺；艺要多，但不可沉溺而误事，等等。他希望以此达到“劝一伯夷，而千万人立清风矣；劝一季札，而千万人立仁风矣；劝一柳下惠，而千万人立贞风矣；劝一史鱼，而千万人立直风矣”⑧的目的。不难看出，颜之推的用意就在于向世人说明无论兴家延族也罢，还是立身入仕也好，都离不开儒学的学习和儒家思想的指导，只有重视儒学的学习和以儒家思想为立身之

① 《颜氏家训集解》(增补本)，第204页。
② 《颜氏家训集解》(增补本)，第1页。
③ 《颜氏家训集解》(增补本)，第173页。
④ 《颜氏家训集解》(增补本)，第148页。
⑤ 《颜氏家训集解》(增补本)，第608页。
⑥ 《颜氏家训集解》(增补本)，第315页。
⑦ 《颜氏家训集解》(增补本)，第330页。
⑧ 《颜氏家训集解》(增补本)，第313页。

本,才能济世益物,立身扬名。

二是对婚嫁和仕宦祖训的坚持。颜氏在魏晋南北朝时期能以文化传家立族而不断延续发展,除了坚持以儒学为"家业"外,还与其每代成员遗留的教训分不开。晋时颜含在将儒家思想内化为自身品质和日常言行标准后,不但自身做到了不趋炎附势、不巴结权贵,人品著立于官品、官品彰显着人品,他还特立家教于后人:"汝家书生门户,世无富贵,自今仕宦不可过二千石,婚姻勿贪势家。"颜之推在《家训》中将这种训诫重申宣明,并说他本人也是"终身服膺,以为名言也"①,甚至不厌其烦地列举大量实例说明仕宦冒进和婚姻攀权附势之危害,其意不仅在于要求子孙遵守和传承颜氏之祖训,还在于彰显、宏大其先祖的高尚人格,向世人显明颜氏家族作为文化传家者,其素养、品格向来规范、严格、高洁,且渊源有自。可以说,对于颜氏祖训乃至颜氏家族发展中累积起来的经验,颜之推不但予以了很好继承,也予以了很好传播。

三是对家族中其他文化学业等的传承。颜氏家族在发展中,除了立儒学为家业之外,随着时代的发展,其成员也在不断适应社会变化,拓展学习的范围和成名的途径,所以到刘宋时颜延之、颜腾之都能精研书法,成为书法名人。与此同时,颜氏也格外注重魏晋以来诗、赋等文学体裁的创作,颇为用功于文章。如颜延之就是"文章之美,冠绝当时"②,后人更评之为"延之与陈郡谢灵运俱以词彩齐名,自潘岳、陆机之后,文士莫及也,江左称颜谢焉"③。而由颜之推所谓"吾家世文章,甚为典正"④可看出,颜氏家族不但一直坚持文章创作,且相沿承袭形成别具一格的"典正"风格,而且这种"典正"风格也一直为后人所继承,并由此留下不少著作,如上文所揭。可以说,颜氏在不断追求输入新的文化因素来促使家族发展的同时,也在扩充着家族文化的内涵和底蕴。

经历过乱世的颜之推从家国变迁中愈加认识到了文化的作用,所以他继承了家族的文化传统,除了把儒学作为主体对象来研习之外,对其他诸子学说、百家技艺也多有涉及和研究。于这其中,他还把诗、赋等文学创作作为一个重点来论说,要求后人重视各种文体的练习和撰作。于书法,作为六艺之一,颜之推也颇下功夫,虽未能成为名家,但在《家训》中也仍然让子孙继续研习。只不过,惩于北来以后王褒因善书法而为北朝贵族不断驱使奔波之现实教训,他要求子孙不要过分在这上面花功夫。

---

① 《颜氏家训集解》(增补本),第 343 页。

② 《宋书》卷 73《颜延之传》,第 1891 页。

③ 《宋书》卷 73《颜延之传》,第 1904 页。

④ 《颜氏家训集解》(增补本),第 269 页。

除了文化学业上的继承外，颜之推在《家训》中还把家族对释教的信仰作为传承内容之一，要求子孙继承之。他说："家世归心，勿轻慢也。其间妙旨，具诸经论，不复于此，少能赞述，但惧汝曹犹未牢固，略重劝诱尔。"①因此，他不但在《家训》中论说了释教因果之论、戒律之重，还以日常所认知事物为据阐述了释教建构的宇宙观的正确性，从而要求子孙对释教经典"留心诵读，以为来世津梁"②。

其二，《颜氏家训》对颜氏家训、家风的发展。颜氏家族在魏晋南北朝时期能得以持续发展的一个重要因素就是重视对家族的延续予以不断地思想传导，所以我们不但看到晋时颜含立有家戒，还看到颜延之为教育子女作了《庭诰》，继而到颜之推又撰《家训》。可见，颜氏在发展家族过程中，其思想是随着社会变化在不断调整和发展着，这使得颜氏家训和家风也经历了一个由简单到丰富的不断演变过程。相对于以前的颜氏家训类而言，颜之推所作《颜氏家训》除了对以往颜氏家训、家风的继承外，更注重对之作出新的发展，即注入了诸多因时而变的新思想。

首先，使颜氏家训的思想内容更加丰富、完整。在颜延之之前，颜氏在传家兴族过程中对子孙的教训和家风的建设，几乎都是耳提面命似的教导，并未形成正式的文字之类。到颜延之作《庭诰》，始笔之于纸端。不过，《庭诰》虽从多个方面讲了些对子孙的要求和指导，诸如"欲行孝友，先行慈悌""才高慎处""清心寡欲，恬淡生活""流言谤议，反悔在己"③等，但总体上不外乎处世、为政、做人三大类。其涉及的思想虽不离儒本却乍玄乍释，道人心险恶、世情浇伪却又认为"君子道命愈难，识道愈坚"④，从而要求其子含仁为义体人情、以礼节欲防谮言、心存高远避庸识等，此其一。其二，《庭诰》文字虽不乏文采，但过于修饰、晦涩，其论没有多少普遍性，让人难以卒读。相比之下，颜之推的《颜氏家训》不但文字通俗易懂、体系完整、篇目分明、内容翔实，且思想丰富、明确，尤其是颜之推围绕修身、齐家将自己的立身、为人、处世、为官、交往、养生、信仰、治学等思想从多个方面和层次作了论说，而且引经据典、南北兼论，从形式、内容到思想上都有了一个质和量的提高。可以说，到颜之推的《家训》时，不仅颜氏家训已经形成完整的理论体系，颜氏家风也已基本定型。从颜之推以后，颜氏后人虽有遵循家训和家风之行为，而于家训、家风思想本身则没有多少新的发展。

其次，将儒家的中庸思想融入家训和家风之中。颜之推在使颜氏家训

---

① 《颜氏家训集解》(增补本)，第364页。
② 《颜氏家训集解》(增补本)，第396页。
③ 徐少锦、陈延斌：《中国家训史》，西安：陕西人民出版社2003年版，第257—259页。
④ 《宋书》卷73《颜延之传》，第1898页。

理论化、系统化和完整化时，承继以往的基础又加入新的内容，那就是把他自己所理解的儒家中庸思想较为普遍地融入到家训和家风中。在以往的颜氏家族发展过程中，我们可发现，颜氏对家人和家族有严格要求，即始终以儒学传家并以儒家思想来修身。从颜髦、颜含、颜见远、颜延之、颜竣、颜协等行为来看，他们确实在立身于社会时没有偏离儒家思想，也没有做出任何有辱颜氏家族的行为来，甚至于颜延之在《庭诰》中某种程度上也提及了中庸思想①，但他们大多过于耿直、宁折不弯，甚至不分场合、不辨形势地遵行儒家思想及其伦理道德，一句话，即过于呆板地执着坚守儒家思想，即使懂中庸却不能用之。而这不但不符合儒家思想本身的特质，如孔子曰“邦有道，不废；邦无道，免于刑戮”，“邦有道则知，邦无道则愚”②，“邦有道则仕，邦无道则可卷而怀之”③，也不符合现实社会发展的需要。因而颜之推鉴于魏晋南北朝时期政权更迭频繁之现实，又鉴于祖父颜见远殉节萧齐等教训，他学会了在实践中以中庸理念处世，从而生逢乱世，几经危难，却能有惊无险。为此，他在《家训》中将他的中庸处世理念作了多方论说，并谆谆告诫后人要谨遵之。

再次，对家族发展作出某些新规定。经历南北，频见大族转眼消亡之现实，加上来自对历史的认识，所谓：“周穆王、秦始皇、汉武帝，富有四海，贵为天子，不知纪极，犹自败累，况士庶乎？”所以颜之推为家族发展立下了不少新规。譬如在家庭财产和规模发展上，他要求“常以二十口家，奴婢盛多，不可出二十人，良田十顷，堂室才蔽风雨，车马仅代杖策，蓄财数万，以拟吉凶，不啻此者，以义散之，不至此者，勿非道求之”④。在家庭妻妾问题上，他则坚决反对娶后妻，并且要求兄弟之间不能因为娣姒、妻妾等关系而有任何疏离。在与人交往上，他要求慎言慎行，多向贤者学习而远离恶人，等等。可以说在《颜氏家训》中颜之推以因时之变思想所立新规颇为不少，如“慕贤”“风操”“文章”“涉务”“省事”“止足”“养生”等篇中阐发的思想皆为其新立。

复次，对家风品格和家族人员职业的要求更加严格。颜之推对颜氏家风的发展，另一表现就是对颜氏家风的品格和颜氏家族人员所从事职业作了更为严格的要求。就颜氏家风品格而言，自颜斐始，颜氏家族就已经自觉

① 如颜延之在《庭诰》中就说：“声乐之会，可简而不可违，违而不背者鲜矣，背而非弊者反矣。既弊既背，将受其毁。必能通其碍而节其流，意可为和中矣。”（《宋书》卷73《颜延之传》，第1897页）此处颜延之所谓“意可为和中矣”就是以儒家中庸思想来论说的。

② 《论语·公冶下》，见程树德集释：《论语集释》（一），第287、340页。

③ 《论语·卫灵公上》，见程树德集释：《论语集释》（一），第1068页。

④ 《颜氏家训集解》（增补本），第345页。

地在以儒学传家的同时，按照儒家的人生观和价值观来严格进行自身修养，并选择儒雅文职为职业。此后颜氏家族成员也基本上遵行这一家风，但到颜延之时，固然也安贫乐道，不趋炎附势，耿直方正，一生"居身清约，不营财利"，并一直以儒雅为业，但他又有"讼田不实，妄干天听，以强凌弱"①以及行为不慎的表现，以至于授人以口实。特别是其子颜竣虽满腹经纶，却热衷权力，得势骄横，失势则怨恨腹诽，以至于最后落得个身死、子灭、家亡的地步。这些不能不对颜氏家族后人有深远影响，故而颜之推对颜延之及其儿子的行为很不以为然，把他们和颜氏祖上那些以武取名而致"颠覆"者相提并论。由此，颜之推不但重提先祖所谓"仕宦不过二千石"之教训，更从品格上要求子孙慎行、慎为，以仁义为怀、以忠信立身，以确保颜氏家族的良好品德。同时又在《家训》中立"诫兵"篇告诫后人避免参与武事、担任武职，以保持颜氏从事儒雅职业这一门风，绝除此后颜氏以武职谋名、取官而致蹉跌的危险，从而使后人更好地"务先王之道，绍家世之业"。

当然，颜之推告诫后人不担任武职、不参与武事可能也与当时南方社会风气有很大关系。自东晋以降，北方大族南迁辅佐司马氏在江南建立政权，中原地区文明因此被带入南方，南方的文明礼仪制度建设因之有了一个很大提高，社会风习随之也有了根本性改变。虽然此前吴越之地遗留下的尚武习俗还在一定程度上存在②，但江南社会主体风习的文明程度却已提高，武事、武职、武人遂逐渐被边缘化。而且东晋一朝，"在荆扬之争中，长期处于劣势的建康高门士族，普遍存着抑武人、贬武事的事情，并由此而在心理深层中积淀下轻武鄙武的观念"。这种理念在南方士族阶层得到了普遍认可和流传，从而"使轻武观念成为普遍的社会意识"，"进入南朝，此风愈演愈烈，连武人将门都已经被压得抬不起头来"③，以至于到了梁"大同末，人士竞谈玄理，不习武事"④成为社会普遍现象。事实上，南朝社会这种世家重文抑武的深层原因并不单因为"荆扬之争"，还因为东晋以降的贵族社会制度。东晋的建立虽然少不了军事武力的支撑，但在政权日常运转中真正起主导作用的却是南渡的中原士族，这些士族不但在政治上高居机要重位，在经济上也主导和控制着东晋政府政策，以此继续形成政府对世家大族的优待，而西晋的占田制、荫客制这种维护、巩固贵族经济和社会利益的政策也被继续坚定执行，甚至还被不断扩大，至于刘宋时还出现了保护贵族的占

① 《宋书》卷73《颜延之传》，第1902页。

② 参见拙文：《论政治视域下吴越文化的霸性——以隋唐之前为主要考察》，《中南民族大学学报》2011年第6期。

③ 曹文柱：《魏晋南北朝史论合集》，北京：商务印书馆2008年版，第19—21页。

④ 《梁书》卷56《侯景传》，第863页。

山制。而在用人上，东晋以降政府实行的也是保障士族利益的九品中正制，这一切使得六朝时期士族无需付出什么努力，即可依凭祖荫门资获得优厚官爵和地位①，从而使得他们由此愈加不重视武事和武职②。可以说，正是这种社会贵族制度及其形成的贵族特权的世袭导致了南朝重文轻武社会习俗的形成，以致最后“也只有寒人才能立军功，因为士族不但不服兵役，南朝时甚至已不能统帅军队，而且以立军功为耻”③。南朝这种特殊的社会环境对生活于其中且又以儒学为业的颜之推来说自然影响颇巨，故而他也就绝不会让儿孙习武事、任武职。

此外，还有一个不可忽视的原因，那就是当初颜盛举家自鲁迁往琅邪孝悌里时，就已经在行为上表明了此后他的这支颜氏要以春秋时期颜氏八儒尤其是颜回为远祖，以文化来传家，行儒学之路，以儒家的伦理道德为安身立命之准则。而且这种意识一如前论，也和曹魏以降实行的九品中正制有莫大关系，且自魏以来到南北朝，政治制度和格局并没有多大的改变，九品中正制不但被一直执行，且到后来被执行得更加严格④。这固然在很大程度上维护和巩固了士族利益，同时加强了政权和文化之间的关系，从而也使某些积极进取的次等士族和寒族更加注重在文化方面来加强自身修养。如此，颜氏家族成员在魏晋南北朝乃至以后的隋唐时期，不走武事之路也就成为家族发展的主要的甚至是必然选择。

最后，对知识和能力拓展的引导。颜之推在宣扬学习儒学终身受用的同时，也要求后人多涉猎“百家之书”，认为这样“纵不能增益德行，敦厉风俗，犹为一艺，得以自资”⑤。何以如此？一方面，东晋以降，南渡士族自恃身份，对农业等实务很少过问，发展到后来，他们多成为“治官则不了，营家则不办”⑥的寄生群体；而另一方面，南方从刘宋时开始，寒族即不断依凭自身能力跻身朝廷，而颜之推入北后生活时间最长的北齐政权也是“自天保以

① 不过南朝士族对这种世袭特权制的继承大多随着家族的衰落而相应减少或失去，这种现象在侯景之乱后表现得似乎更为明显。日本学者川胜义雄从货币经济的角度对六朝贵族的衰落有一定论述。可参见〔日〕川胜义雄著，徐谷芃、李济沧译：《六朝贵族制社会研究》之第四章“南朝贵族制的崩溃”，上海：上海古籍出版社 2007 年版，第 290—305 页。

② 这点还可从北魏孝文帝改革中看出。孝文帝遵行汉制，模仿南朝门阀制度更改鲜卑贵族族姓、确定鲜卑贵族等级，实行世族门阀制，由此导致了朝廷用人普遍轻武、阻武入仕之现象，至于最后引发了边境的六镇起义。参见王仲荦：《魏晋南北朝史》，上海：上海人民出版社 1980 年版，第 566—568 页。

③ 唐长孺：《魏晋南北朝史论拾遗》，第 69 页。

④ 参见张旭华：《南朝九品中正制的发展演变及其作用》，《中国史研究》1998 年第 2 期。

⑤ 《颜氏家训集解》（增补本），第 157 页。

⑥ 《颜氏家训集解》（增补本），第 324 页。

后，重吏事，谓容止酝籍者为潦倒”①，加上“自荒乱已来，诸见俘虏。虽百世小人，知读《论语》《孝经》者，尚为人师；虽千载冠冕，不晓书记者，莫不耕田养马”②，这些现实让颜之推不能不思考士大夫的未来生存。由此他在立身上便要求后人要多学技术，在知识和能力方面也要有所拓展，强调“爰及农商工贾，厮役奴隶，钓鱼屠肉，饭牛牧羊，皆有先达，可为师表。博学求之，无不利于事也”③。颜之推希望因此使后人能更好地立足于社会，发展自身，走出一条不再单纯依靠俸禄之资发展家族之路。他的这种识见可以说是明智的，是居安思危的远见。东晋初以来的南渡中原士族虽然不同程度地都在东晋政府谋得一定的官爵，但他们中除了少数有识见者能在江浙、福建等地辟地发展外，不少人或驻足于建邺，或止步于江陵、荆州，“悉资俸禄”为生，从此成了寄生贵族，将自身和家族的命运依托在政权上，不愿从事土地和生产的经营，加上离开了华北故里，失去乡里的支撑，一旦遇到大的政治变故，他们往往即遭覆族之灾。这点由颜之推所记侯景之乱时所谓“中原冠带，随晋渡江者百家，故江东有《百谱》，至是在都者覆灭略尽”④中可见一斑。

当然，除了这种生存所必须具有的知识和技能之外，颜之推对其他知识和技能，譬如绘画、棋艺、数学、琴技等也要求尽量多掌握。虽然颜之推生活的环境及其经历使他认为不可将过多的精力和时间从事这些职业和以之谋生，但他还是认为这些技艺和能力在不妨碍周孔儒雅“素业”⑤发展的基础上是可以学习和掌握的。如他说：“算术亦是六艺要事，自古儒士论天道，定律历者，皆学通之。然可以兼明，不可以专业。”“医方之事，取妙极难，不劝汝曹以自命也。微解药性，小小和合，居家得以救急，亦为胜事。”⑥等等。考隋唐颜之推后人，如前文颜氏家风中所论，他们大多都遵从了颜之推的这种思想以立身、入仕、扬名。

总之，《颜氏家训》在颜氏家风发展上不仅有承上启下的作用，对以后颜氏家族的发展也起到了一个规范、指导和推动作用。在《家训》中，不论在治家方面，还是在修身方面，颜之推都贯之以儒家思想。一方面以儒家思想不厌其烦地对后人进行说教，一方面将自己践行儒家思想的行为述于其中，让其子孙学习之。正因如此，此后颜氏后人也就坚定地、心无旁骛地“绍家世

① 《北史》卷24《崔逞附崔赡传》，第876页。
② 《颜氏家训集解》（增补本），第148页。
③ 《颜氏家训集解》（增补本），第162页。
④ 《北齐书》卷45《颜之推传》，第621页。
⑤ 《颜氏家训集解》（增补本），第578页。
⑥ 《颜氏家训集解》（增补本），第587—588页。

之业”和旁及百家知识，走着“儒雅”之路，并在这条路上走得比较成功。一如前文所论，他们不但以儒学传家、入仕，且代以儒雅学业著称（唐以前）。可以说，《颜氏家训》在颜氏家族发展史上和颜氏家风承传上是一个重要的里程碑，它对后人的教育更为具体和系统，其立足也更为高远。因此明代人在《重刻颜氏家训序》中说：“乃公当梁、齐、隋易代之际，身婴世难，间关南北，故幽思极意而作此编，上称周、鲁，中述汉、晋，以刺世事。其识该，其辞微，其心危，其虑详，其称名小而其指大，举类迩而见义远。”①又说：“侍郎既著是训，继而其子讳思鲁，以博学善属文，官至校书东宫学士，愍楚直内史，游秦校秘阁”，“颜氏于斯为盛。谓非《家训》所自，不可也”②。

本章小结

魏晋南北朝时期是政治斗争极为残酷的时期，特别是在曹魏后期，随着司马氏对政权的控制加深，许多士族因为没有向司马氏妥协而被杀害，所谓：“魏晋之际，天下多故，名士少有全者。”③相反，那些在司马氏篡夺曹魏政权建立统治过程中，佐助其夺权禅代甚至中立者都被给予了利益的保证。于是，随着司马氏所谓“以孝治天下”政策的推广，士族或投机政治，或随波逐流，或少问朝政而“宅心事外”④，但都无一例外地将主要精力用于家族利益经营上。而随后“八王之乱”的爆发和五胡十六国及东晋政权的建立则进一步将这种家族利益至上的作用和理念突显出来。如琅邪王氏在西晋永嘉之乱危机之际，已位至太尉的王衍“虽居宰辅之重，不以经国为念，而思自全之计”，他想到的不是为国捍御，而是家族的前途发展，“说东海王越曰：‘中国已乱，当赖方伯，易得文武兼资以任之。’乃以弟澄为荆州，族弟敦为青州。因谓澄、敦曰：‘荆州有江汉之固，青州有负海之险，卿二人在外，而吾留此，足以为三窟矣。’”⑤如王氏这样自保发展家族者在当时非只一二，这也就使得西晋以降那些锐意经营家族利益而势大业大、文化层面上又有影响的士族被南北各个政权所争取⑥，再加上这时期南北政权更迭频繁，这一切使得但重家族利益而轻视国家利益的意识愈加成为魏晋南北朝社会的普遍现

① 《颜氏家训集解》（增补本），第 616 页。

② （明）广烈：《颜氏家训序》，转引自《颜氏家训集解》（增补本），第 621 页。

③ 《晋书》卷 49《阮籍传》，第 1360 页。

④ 《晋书》卷 43《乐广传》，第 1244 页。

⑤ 《晋书》卷 43《王戎附从弟王衍传》，第 1237—1238 页。

⑥ 参见范兆飞：《中古太原士族群体研究》之第四章“西晋末年的太原士族群与北方局势的演变”，北京：中华书局 2014 年版，第 82—115 页。

象。而且这时期不少家族因为成员的自身努力而获得了享誉州郡甚至天下的声望，并在这一时期获得了较高的政治、社会地位，如琅邪王氏、太原王氏、清河崔氏、谯国桓氏、陈郡谢氏，等等。同时为了家族的兴旺发展，这时期诸多大小家族也都建立了严格的家族谱牒，以确保家族的纯正性和社会地位。

山东琅邪颜氏渊源有自，但在曹魏之前，因为诸多原因，其家族发展并没有形成清晰的记载，因此也就未能形成一个明确的完整谱系，这也说明曹魏之前颜氏家族的发展是阶段性的、不完整的。曹魏之后，因为政府确立了九品中正制为选官用人的主要制度，使出仕朝廷者及其地位、前途与家族的声望、地位有了密切的关联，颜氏始注重其家族的发展及其连续性，并因此有意识地构建起颜氏家族发展的家风。而琅邪颜氏自认春秋时期的颜氏八儒为其远祖，而八儒中又以颜回事迹卓著，因而从颜盛将家迁往孝悌里可看出，颜氏不但确立了世代与儒家紧密相连之意图，也隐约有承继颜回品德之意向。事实上，在以后的颜氏家族发展中，我们也确实看到了不但颜回身上的诸多品质如忠孝仁义和安贫乐道被纳入到了颜氏传家教化之中，乃至儒家的尚礼、不屈权贵等精神也渐化为颜氏家族发展之门风。这种门风在颜含时有了一个发展，到颜之推时则更被推至发展的最高度。《颜氏家训》不但对以前颜氏家风作了继承、总结，还对颜氏家风作了整理，使之条理化、系统化、完整化。在更好地密切颜氏与儒家关系的基础上，又因时对颜氏家训作出新的发展。譬如强调对百家知识、技术的学习，对礼的继承和因时变化，对为人处世的中庸，对南北盛行佛道玄的取向，等等，颜之推在《颜氏家训》中都作出了详细论说。因此，《颜氏家训》对颜氏后人影响颇巨，此后就隋唐而言，颜氏后人不仅在言行处世上本着《家训》之教化而修身、齐家，且在忠孝仁义和文化学术等方面做得超越时人，为帝王和士人屡屡赞美。而另一方面，颜之推所撰《颜氏家训》不仅使其成为颜氏家族门户此后发展的家训，也成了颜氏力劝世人修善、修身的最好理论读本，以至《颜氏家训》不但被世代翻刻，也被认为是“本之孝弟，推以事君上、处朋友乡党之间，其归要不悖六经，而旁贯百氏”①，“谓当家置一编，奉为楷式”②。由此，《颜氏家训》也成了颜氏作为文化家族彰显自身厚重的文化、高尚的品格、儒教维护者的文化标志，从而永久地享誉于后世。

---

① 《颜氏家训集解·附录》(增补本)，第612页。

② 《颜氏家训集解·附录》(增补本)，第632页。

第二章　后三国政权的变迁与颜之推“三为亡国之人”

南北朝后期，北魏曾和梁长期对峙。永熙三年(534)，北魏因内政衰败而分裂为东、西魏两个政权。于是，南北对峙演变为南方政权和北方的东、西两个政权的鼎足对立，历史进入了后三国时期(534—577)①。后三国是一个动态的三国时期，它包括两个阶段三个变化。第一个阶段是梁、东魏、西魏对峙时期。这一时期，虽然西魏政权各方面实力呈现相对薄弱态势，但因其位于西北关陇一带，把持政权的宇文泰又因时进行了一系列改革②，所以一时也得以抗衡东魏和梁。然而这种三方大致平衡的局面却因侯景之乱的爆发而改变。侯景之乱造成了梁政权内部权力结构的混乱，更造成了都城建康的陷落、毁败和大量士民的死亡、流失。因此北方的东魏政权乘机大肆侵略梁的边境疆域，致使梁江北诸多领土为东魏占有。而建康陷落前后，时坐镇荆州的梁武帝第七子萧绎得以受诏“承制”，其所在的江陵也因此成为当时梁政权官宦士人所聚集的中心所在，并渐而成为了梁政权新的都城所在地。与此同时，东魏政权的控制者高澄遭刺杀而死，其弟高洋即兄之位，不久就以禅代方式建立了北齐政权，南北对峙因此演变成了梁江陵政权和北齐、西魏的对立。在江陵即位称帝的萧绎所建立的江陵政权，因为内政和外交处置不当，加上西魏宇文泰蓄谋侵略，在不到三年中，不但诸多领土为西魏所侵占，最后江陵也为西魏所攻陷。此后，萧绎的儿子萧方智虽得以继立为梁敬帝，但权力却先后被控制在王僧辩和陈霸先手上。效仿魏晋以来的禅代，永定元年(557)，陈霸先在建康即位建立起自己的统治。而西魏在宇文泰死后，宇文氏也通过禅让方式建立了取代西魏的北周政权，于是南北对立又过渡到陈、北齐、北周的对峙。于这期间，梁末江陵政权的灭亡不但使南方失去大片领土，大量士民也被掳掠至北，这其中就包括诸多精英文化士族在内的王公大臣。而颜氏家族这时期正家居江陵，因而也就无法逃

① 后三国名称的由来可参见拙著《后三国梁末北迁士人研究》，北京：中国社会科学出版社2014年版，第1—2页。

② 参见万绳楠整理：《陈寅恪魏晋南北朝史讲演录》之“第十九篇宇文氏之府兵及关陇集团”，合肥：黄山书社1987年版，第301—320页；陈寅恪：《隋唐制度渊源略论稿　唐代政治史述论稿》相关制度的论述，北京：生活·读书·新知三联书店2001年版。

脱这场灾难，其成员颜之仪、颜之推等皆为西魏军所掳掠。

第一节 颜之推的北朝仕宦经历

一、颜之推被俘西魏

西魏灭亡江陵政权后，除了占有梁元帝控制的江北领土和萧詧占有的雍州之地外，还掠夺了江陵府库及百姓私人的大量财物，临撤退时又将大批百姓包括一大批贵族掳掠而去。这其中就包括如王褒、宗懔、王克、萧大封、萧大圆、殷不害、沈炯等士族，史书所谓“得免者三百余家”①就是指这些士族的“三百余家”。从史载“江陵既平，衣冠仕伍，并没为仆隶。（唐）瑾察其才行，有片善者，辄议免之，赖瑾获济者甚众”②来看，这些被免士族应多为文化名族，甚至不少还是当时南方文化精英分子。侯景之乱，建康被围，不少士族逃出来后基本上聚集到了江陵，他们和荆州一带原有的土著士族、永嘉之乱迁徙而来的北方士族一起拥戴了萧绎在江陵即位称帝，这使得这时期江陵集中了南方很大一部分文化精英人才。江陵破灭，除了一部分士人逃走外，剩下的不是死于西魏军的屠杀，就是被掳掠入北，其时在江陵政权任职的颜之推及其兄颜之仪也在被俘之列。时值寒冬，西魏军又多残虐，被俘的南方人士不少死于途中，其惨状一如颜之推所记：“怜婴孺之何辜，矜老疾之无状，夺诸怀而弃草，踣于途而受掠。……云无心以容与，风怀愤而憀恨。井伯饮牛于秦中，子卿牧羊于海上。留钏之妻，人衔其断绝。击磬之子，家缠其悲怆。”③此外，在《冤魂志》中颜之推对江陵惨状还作了一具体个案的记载：

> 江陵陷时，有关内人梁元晖，俘虏一士大夫，姓刘。此人先遭侯景丧乱，失其家口，唯余小男，始数岁，躬自担负，又值雪泥，不能前进。梁元晖监领入关，逼令弃儿。刘甚爱惜，以死为请。遂强夺取，掷之雪中，杖棰交下，驱蹙使去。刘乃步步回顾，号叫断绝。辛苦顿毙，加以悲伤，数日而死。④

---

① 《资治通鉴》卷165《梁纪二十一》“元帝承圣三年”，第5123页。

② 《周书》卷32《唐瑾传》，第564页。

③ 《北齐书》卷45《颜之推传》，第622页。

④ 颜之推《冤魂志》中对此事的记载，《太平广记》也予以收录。参见（北宋）李昉等编：《太平广记》卷120《报应十九》，北京：中华书局1961年版，第842页。

被俘的数十万江陵人士被西魏军驱往长安后，除了一小部分高门士族和享有盛誉的名流为宇文泰立即赐官外，就是那些有幸被免的"三百余家"中的士族，大多也只是成为闲散人员①，至于"三百余家"之外的江陵人士则几乎不可避免地都沦为西魏政府和私人的奴婢。虽然此后北周政府对待奴婢的政策有所改进，即将奴婢身份提高到部曲②，但仍有一部分江陵人士未能摆脱奴婢身份③。

这其中颜之推算是比较幸运的，他以"工尺牍"被西魏大将军李显庆④看重，在北迁途中即被"荐往弘农，令掌其兄阳平公远书翰"⑤。按缪钺所著《颜之推年谱》，该年颜之推为二十四岁⑥。又史书载，颜之推奔北齐时乃是"将妻子来奔"⑦，可知他和被俘往长安的其他江陵士人大多是和家小一道被西魏军掳掠入北的。不难看出，宇文泰在掳掠这些南方文化士族入西魏时已尽量切断了他们的南归之望，因此后来真正坚持要求回南的也就只有那些家小仍在南方或在江陵陷落时逝去者以及心忠梁主者，如沈炯、王克、殷不害、司马嵩和颜之推等有限士人。

二、颜之推东奔北齐

颜之推北迁时虽幸免为奴，又幸免为闲散人员，被推荐到西魏阳平郡公李远处掌管书翰，但其内心并未因此有多欣喜，而是一直心系南方萧梁政权。所以敬帝绍泰元年(555)六月，当他听到"齐遣上党王涣率兵数万纳梁贞阳侯明为主""凡厥梁臣，皆以礼遣"后，他即有了回归故国之心，即其所

---

① 见拙著《后三国梁末北迁士人研究》，北京：中国社会科学出版社 2014 年版，第 7—207 页。

② 关于奴婢和部曲的区别可参见宫崎市定的《从部曲走向佃户》，刘俊文主编，索介然译：《日本学者研究中国史论著选译》(第五卷)，北京：中华书局 1993 年版，第 7—16 页。

③ 周武帝保定五年(565)六月诏："江陵人年六十五以上为官奴婢者，已令放免。其公私奴婢有年至七十以外者，所在官司，宜赎为庶人。"又建德元年(572)诏："江陵所获俘虏充官口者，悉免为民。"建德六年(577)又诏："自永熙三年七月已来，去年十月已前，东土之民，被抄略在化内为奴婢者，及平江陵之后，良人没为奴婢者：并宜放免。所在附籍，一同民伍。若旧主人犹须共居，听留为部曲及客女。"由此可知，江陵灭亡后被俘北方的南方人士虽经过北周政府屡次发诏释放，最后仍有相当一部分为奴婢者，只不过名字不再叫奴婢而为部曲或客女而已。(此点亦可参见宫崎市定的《从部曲走向佃户》的相关论述，刘俊文主编，索介然译：《日本学者研究中国史论著选译》(第五卷)，北京：中华书局 1993 年版，第 17—18 页)真正到长安后即为西魏所用者不过为被迫北迁的南方文化士人中的一小部分人，其余的人如萧大圆、萧大封等是被监控的闲散人员。可参见拙著《后三国梁末北迁士人研究》第一章第四节"江陵政权的覆灭与江陵部分士人入北"的相关文字，第 67—72 页。

④ 《北史》本传记之为李穆。

⑤ 《北齐书》卷 45《颜之推传》，第 617 页。

⑥ 缪钺著：《读史存稿》，北京：生活 · 读书 · 新知三联书店 1963 年版，第 214 页。

⑦ 《北齐书》卷 45《颜之推传》，第 617 页。

谓:“闻梁人返国,故有奔齐之心。”①这种归去之念一直萦绕其心,在等待一年后他终于有了机会,于是选择好时日,即率妻儿乘船经黄河由西魏逃奔到北齐。正如其所说:“窃闻风而清耳,倾见日之归心,试拂蓍以贞筮,遇交泰之吉林。譬欲秦而更楚,假南路于东寻。乘龙门之一曲,历砥柱之双岑。冰夷风薄而雷响,阳侯山载而谷沉。侔挈龟以凭浚,类斩蛟而赴深。昏扬舲于分陕,曙结缆于河阴。”冒着生命危险,颜之推携妻儿仅用一夜时间就飞渡了黄河七百里水路到了北齐境内,所谓“水路七百里一夜而至”②。而颜之推东逃之际正值黄河水暴涨,即史书所谓“值河水暴长,具船将妻子来奔,经砥柱之险”③,颜之推逃离西魏正是利用了这种机会和条件。如果再结合颜之推入西魏时受到的优待和他所述“追风飚之逸气,从忠信以行吟”之情志来看,颜之推逃离西魏实只是为着对故国的忠节和内心对儒家思想的坚守。事后,颜之推为此写下了《从周入齐夜度砥柱》诗,曰:“侠客重艰辛,夜出小平津。马色迷官吏,鸡鸣起戍人。露鲜华剑彩,月照宝刀新。问我将何去,北海就孙宾。”④在感受颜之推的勇敢、坦荡、机智品格和毅然决然的豪迈之气同时,我们对他追求忠节大义的牺牲精神表示由衷的敬佩。这年他二十六岁。

冒着生命危险的颜之推到达北齐后,北齐和南方政权之间的政治博弈局面已然不同往昔,南方政局经过激烈动荡,控制权已落入陈霸先手中⑤。而陈霸先坚拒北齐对南方政权的操控,因此颜之推不得不滞留于北齐而观时变。敬帝太平二年(557)十月,当陈霸先以禅让方式夺取帝位建立陈政权后,颜之推南归故国之心也因此失去。于他而言,故国已经不复存在,而妻儿又都在身边,南归既没有实质性意义,又不为北齐政府所允许,于是他也就只好选择留在北齐了。

---

① 《北齐书》卷45《颜之推传》,第623页。

② 《北齐书》卷45《颜之推传》,第623页。

③ 《北齐书》卷45《颜之推传》,第617页。

④ 《颜氏家训集解·附录四》(增补本),第720页。

⑤ 承圣三年(554)十一月江陵被攻陷后,梁元帝被杀死,梁之大将王僧辩和陈霸先于四年(555)二月共立梁元帝的第九子萧方智为帝,但此时的北齐政权却想趁机操控南方政权,于是在三月(也为敬帝绍泰元年三月)“遣其上党王高涣送贞阳侯萧渊明来主梁嗣”,王僧辩同意了北齐的建议,于五月(《资治通鉴》记五月庚子王僧辩“遣龙舟法驾迎之”,《梁书·敬帝纪》记为七月王僧辩纳萧渊明,今从《通鉴》,时间为五月)迎接萧渊明为梁帝而废萧方智为皇太子,而时为梁司空的陈霸先则借机在九月除掉王僧辩,黜萧渊明,复萧方智帝位,由此南方政权的实权就为陈霸先所控制了。梁敬帝太平二年(557)十月陈霸先效仿前代,以禅让方式夺取了帝位,建立了陈政权。

三、北齐政治及其灭亡

北齐是由鲜卑化的高洋通过禅让方式夺取东魏政权而来，而东魏政权又是由高欢在永熙三年（534）扶持北魏宗室元善见为帝而建立，因此东魏政权实际控制在高欢手中。

高欢发迹于北魏末年战乱之际，依靠北魏末年北方六镇起义遭到镇压的鲜卑化士兵起家，而随其一起东征西讨的大将也多为北魏末期的鲜卑人。就高欢本人而言，其远祖虽为汉人，但自北魏以来高氏就世代生活在北部边境，“习其俗，遂同鲜卑”①。陈寅恪说：“汉人与胡人之分别，在北朝时代文化较血统尤为重要。凡汉化之人即目为汉人，胡化之人即目为胡人，其血统如何，在所不论。”②由此不难看出，高欢及其创业者多为鲜卑人③，由此高欢所控制的东魏政权自然也是鲜卑人占多数而为鲜卑化政权了。

而北齐又是对东魏的直接继承，这种继承除了政权名号不同外，政权人员结构等几乎没有任何更改，因此东魏政权中鲜卑勋贵占据主要官职和部门的权力结构在北齐政权中并没有什么改变。虽然在高洋禅代之前，其兄高澄为加强中央权力、惩治政权内部严重的贪污腐败现象，一度重用崔暹和崔季舒等一批汉人，整顿了吏治，打击了一批专横违法的鲜卑权贵，但随着高澄被刺杀，这些政治成果在高洋称帝前后随着他对鲜卑勋贵的亲重而逐步消失。而“高氏生长于鲜卑，自命为鲜卑，未尝以为讳，鲜卑遂自谓贵种，率谓华人为汉儿，率侮诟之”④，加上即位为帝的高洋又在多种场合以鲜卑人自居和维护鲜卑贵族⑤，这样也就使鲜卑贵族在北齐朝廷上的地位不断上升，而汉人地位则不断下降。因此在东魏、北齐政权下不但形成鲜卑人对汉人的鄙视，甚至是仇视心理，也形成了鲜卑语颇为流行的趋势⑥。一如缪钺先生所说：“魏末六镇起兵，高欢、宇文泰乘机崛起，树立东西两大政权，后

① 《北齐书》卷1《神武上》，第1页。

② 陈寅恪：《统治阶级之氏族及其升降》，《隋唐制度渊源略论稿　唐代政治史述论稿》，第200页。

③ 这里的鲜卑人依陈寅恪先生所论，乃指那些文化、生活习惯和思维方式鲜卑化了的人。事实也确如此，如诸源本出于鲜卑秃发的鲜卑贵族高阿那肱，到北齐时却视之为汉人，参见《资治通鉴》卷171《陈纪五》“宣帝太建五年”，第5219页。

④ 《资治通鉴》卷171《陈纪五》“宣帝太建五年”条胡三省注，第5219页。

⑤ 《北史》卷55《杜弼传》载，“帝尝问弼：‘治国当用何人？’对曰：‘鲜卑车马客，会须用中国人。’帝以为讥己。”《北齐书》卷30《高德政传》载，高洋处死高德政后，对群臣说：“高德政常言宜用汉，除鲜卑，此即合死。又教我诛诸元，我今杀之，为诸元报仇也。”又《北齐书》卷5《废帝纪》也载：“文宣每言太子（高殷）得汉家性质，不似我，欲废之。”

⑥ 关于鲜卑语在东魏、北齐社会政治上的影响，严耀中撰有《述论东魏北齐社会政治中的鲜卑语影响》（载《第三届中日学者中国古代史论坛文集》），其中论述较多，可参见。

变为北齐、北周。高欢、宇文泰本人无论其是否原为汉人与南匈奴,要之均久已鲜卑化,其佐命功臣与所率士兵,大部分为鲜卑人,故自魏分东西至齐、周并峙,鲜卑语之势力复盛。"①由鲜卑语的流行再到生活习俗的胡化,可以看到北齐朝廷上弥漫着的是一种浓浓的鲜卑文化,因此汉人不得势、汉人学鲜卑语被重用也就不为稀奇,于追名逐利、攀附权贵的汉士族而言,教其子"鲜卑语及弹琵琶","以此伏事公卿","由此业自致卿相"②也就很自然了。

北齐朝廷被鲜卑勋贵控制,必然导致其政治上出现诸多与汉化背道而驰的东西。朝廷在权力结构的分配、制度的制定、政策的实施等各方面也就不得不为鲜卑贵族和鲜卑文化意识所掣肘。这样一来,在北齐的汉人处境往往就难于鲜卑人,汉族士人的地位也就低于鲜卑权贵。在朝廷上,汉族士人如果得不到皇权的支持,其话语权、人生权也就显得非常之轻,从而于北齐政权结构中处在权力的边缘。而一旦得到皇权的认可和肯定,他们也可由权力的边缘走进权力次中心的位置。这点不但由高澄执政东魏时崔暹和崔季舒等汉士族身上看出,也可由废帝初杨愔、燕子献、宋钦道等身上得到印证。

因此,若把北齐朝廷权力结构图形化,中心无疑是高氏皇权,紧包围着皇权的则是鲜卑勋贵,他们属于第一、二层次,此为权力的核心层次;在第二层次之外则是巴结鲜卑贵族的汉族权贵,他们属于第三层次,为权力的外层次;而在第三层次之外的则是一般的汉族士人,他们属于第四层次,为权力的边缘层次。可以说,北齐的政治就是在这样的权力结构中演进。在这种多层的权力结构中,汉族士人最多只能是处于第三或第四层次,他们无法真正走进北齐政权的中心即第一、二层次,这也就使得北齐的核心权力始终掌控在鲜卑勋贵之手。虽然汉人曾经几次想改变这种政治权力格局,突进皇权的中心层次即第一、二层次,如崔暹、崔季舒整顿吏治,祖珽执政等,但最后都以失败告终。

由于汉族士人始终在中心权力圈中站不住脚,这也就使得北齐皇帝几乎都是在鲜卑勋贵影响下行事。而终日围绕在高氏皇室周围的都是文化意识落后、没有长远眼光的鲜卑勋贵,那些积极进取、图谋政权长久存在、巩固政权建设的意识和建议也就无法被接受。除了高洋称帝的前一段时期重用汉人励精图治之外,其后期乃至其后继的几个皇帝,如武成帝高湛和后主高纬,大多是少理朝政、奢侈纵欲者。如高洋"始则存心政事,风化肃然,数年

① 缪钺:《北朝之鲜卑语》,《读史存稿》,第68页。

② 《颜氏家训集解》(增补本),第21页。

之间，朝野安乂。其后纵酒肆欲，事极猖狂，昏邪残暴，近代未有”①，“武成风度高爽”，“但爱狎庸竖，委以朝权，帷薄之间，淫侈过度”，而后主更是“任陆令萱、和士开、高阿那肱、穆提婆、韩长鸾等宰制天下，陈德信、邓长颙、何洪珍参预机权。各引亲党，超居非次，官由财进，狱以贿成”②，这样，北齐政权也就终因其最高统治者的昏暗和鲜卑勋贵的控政等原因，走向了灭亡。后主武平六年(575)，经过长期积蓄准备的北周联手南方陈政权大举进攻北齐，经过近两年的战争，最后灭掉了北齐。

四、颜之推西入北周

北齐灭亡后，北齐政权中的文化士人先后被征往关中。最先被征往关中的为北齐境内享有盛名者，主要有十八人，被称为“十八学士”，这其中就包括颜之推。史载：“周武平齐，与吏部尚书袁聿修，卫尉卿李祖钦，度支尚书元修伯，大理卿司马幼之，司农卿崔达拏，秘书监源文宗，散骑常侍兼中书侍郎李若，散骑常侍给事黄门侍郎李孝贞，给事黄门侍郎卢思道，给事黄门侍郎颜之推，通直散骑常侍兼中书侍郎李德林，通直散骑常侍兼中书舍人陆乂，中书侍郎薛道衡，中书舍人元行恭、辛德源、王劭、陆开明十八人同征，令随驾后赴长安。”③该年为北齐幼主承光元年即北周武帝建德六年(577)。这样，颜之推也就第二次作为俘虏被带往长安。该年颜之推四十七岁。这也就是说，颜之推二十五岁从西魏逃到北齐，到北齐灭亡，他在北齐生活了二十三年之久。

颜之推第二次以亡国士大夫的身份进入西魏、北周政权之下，其感慨自然很多，一如他在征往长安路上所作和阳休之诗所说：“红颜宿昔同春花，素鬓俄顷变秋草。中肠自有极，那堪教作转轮车。”④这次他虽然是以“十八学士”之一的身份被征入北周，但从《颜氏家训》中可知，他到北周后至少较长一段时间里并没有就任任何官职，所谓“邺平之后，见徙入关。朝无禄位，家无积财”⑤，以至于其大儿子思鲁因之想外出打工以贴补家用。而且按史书记载，颜之推只在大象末年才被授为御史上士，可见在周武帝、周宣帝统治时期，他应该一直赋闲在家。而同时期以“十八学士”身份与他一道征入关中的其他士人大多授以官职。如阳休之，入长安后“寻除开府仪同，依例封

---

① 《北齐书》卷6《孝昭纪》，第85页。
② 《北齐书》卷8《后主纪》，第112页。
③ 《北齐书》卷42《阳休之传》，第563页。
④ 《颜氏家训集解》(增补本)，第715页。
⑤ 《颜氏家训集解》(增补本)，第204页。

临泽县男”①。卢思道也是“周武帝平齐，授仪同三司，追赴长安”②。李孝贞“周武帝平齐，授仪同三司、少典祀下大夫”③。陆开明“至长安，授宣纳上士”④。辛德源也是“及齐灭，仕周为宣纳上士”⑤。袁聿修也是“齐亡入周，授仪同大将军、吏部下大夫”⑥。源文宗入长安后也被授位“仪同大将军，司成下大夫”⑦。元修伯入长安后，“周朝授仪同大将军、载师大夫”⑧。元行恭入长安后“稍迁司勋下大夫”⑨。崔达拏入长安后也为御府大夫，大象中曾为朝廷使节，出使到邺。薛道衡虽不及上述这些人，但也是“及齐亡，周武帝引为御史二命士。后归乡里，自州主簿入为司禄上士”⑩。而李德林待遇更是特殊，“周武帝平齐，遣使就宅宣旨云：‘平齐之利，唯在于尔，宜入相见。’仍令从驾长安，授内史上士，诏诰格式及用山东人物，一以委之”⑪。这其中除了李若、李祖钦、陆乂、司马幼之入长安后无记载外⑫，只有王劭“齐灭入周，不得调。隋文帝受禅，授著作佐郎”⑬。但这种情况和颜之推的似乎又有所不同。王劭在有周一代应类似于被禁绝入仕之类，其原因为何不得而知，所以史记有“不得调”之说，故而直到隋建立，他才被授为著作佐郎。而颜之推入北周情况如果和王劭一样，就不会在大象末被授为御史上士，因而他入北周后应该不属于“不得调”之类。而他何以在周武帝、周宣帝两朝

① 《北史》卷47《阳尼传附休之传》，第1728页。

② 《北史》卷30《卢玄传附卢思道传》，第1076页。

③ 《隋书》卷57《李孝贞传》，第1405页。

④ 《北史》卷28《陆俟传》，第1022页。

⑤ 《隋书》卷58《辛德源传》，第1422页。

⑥ 《北齐书》卷42《袁聿修传》，第566页。

⑦ 《北史》卷28《源贺传附源彪传》，第1032页。

⑧ 《北齐书》卷43《源彪传》，第579页。

⑨ 《北史》卷55《元文遥传附子行恭传》，第2006页。

⑩ 《北史》卷36《薛辩传附道衡传》，第1337页。

⑪ 《北史》卷27《李德林传》，第2505页。

⑫ 这里四人入周后无相关的任官正史记载，但并不等于周武帝没有授其官职。这四人文才都颇为不错，如陆乂被时人称为：“五经无对，有陆乂。”（《北史》卷28《陆俟传》）李若在北齐时就被人称赞曰：“京师灼灼，崔儦、李若。”（《北史》卷24《崔逞传附崔儦传》）而且他和司马幼之入隋后都分别为兼散骑侍郎和泗水刺史、眉州刺史，因而对颇为重视文学和文化建设的周武帝来说应不会在授其他学士官职时不授予他们官职。而李祖钦女为后主之左娥英，加上李氏家族在文化上向来颇有专修，故而不论是从才华上还是于礼节上周武帝似乎也应授李祖钦官职的。因而究竟是有周一朝未授他们官职还是只是因作史者未能给他们立传而导致缺乏对他们入周后情况的记载，不得而知。但笔者倾向于后者，否则史记者应多少会作出如同王劭、裴矩、房恭懿等人那样的“不得调”之记载。另查墓志，也无有关诸人记载，只有《大唐故梓州通泉县尉上柱国司马公墓志并序》（参见张红军：《唐代司马慎微墓志考》，《中国国家博物馆馆刊》2012年第10期）中提及司马幼之在北齐的官职，但没有提到他入周后的任官。

⑬ 《北史》卷35《王慧龙传附王劭传》，第1292页。

未仕，个中原因颇为耐人寻味。

上述已揭，颜之推因北齐灭亡被征往北周，这已经是他第二次进入关中西魏、北周政权之下，并且都是以亡国俘虏之身份，在他所著《观我生赋》中他也将由江陵政权灭亡被俘入西魏和北齐灭亡入北周看作两次亡国。既然将自身经历的这两次政权倾覆看作亡国并因此以亡国人审视自己，那么深受儒家思想影响的颜之推对灭亡自己国家的侵略者也就不免充满敌意而深怀仇恨，因而他内心应是尽可能不屈仕亡自己国家、辱自己君王的侵略者的。以此故，他第一次入西魏时虽被荐往阳平公李远处掌管其书翰，但在不久闻听“齐遣上党王涣率兵数万纳梁贞阳侯明为主，凡厥梁臣，皆以礼遣”①后即乘机逃入北齐，以求回归南方梁政权之下。同样，当第二次他再以亡国者身份入北周时，应也不会选择出仕北周政权的。因而尽管颜之推有“小臣耻其独死”②和“自春秋已来，家有奔亡，国有吞灭，君臣固无常分矣”③之变通思想和重家族利益发展之念，但他终没有在周武帝、周宣帝统治时出仕，而只是在周静帝时才为官北周。不过，这只是问题的一个方面。另一方面则可能是：其一，北周政权虽有对颜之推的官职任命，但周武帝对颜之推二次进入宇文氏政权可能有过某种轻视之态或讥诮论议之类，从而使颜之推打消了出仕北周之念头；其二，也有可能周武帝和周宣帝都视颜之推为缺乏对宇文氏政权忠心之人，因此尽管北周将颜之推作为北齐知名学士征至长安，却并没有授他任何官职。结合颜之推所谓“邺平之后，见徙入关”和“朝无禄位”④情况及其所谓“君子当守道崇德，蓄价待时，爵禄不登，信由天命”⑤来看，颜之推没有在周武帝、周宣帝时出仕，要么是他不愿出仕，要么则是北周未授给他官职，或者两方面原因都同时存在。然由周武帝平齐“山东衣冠多来迎，唯士文闭门自守。帝奇之，授开府仪同三司，随州刺史”⑥来看，周武帝应该还不至于狭隘到计较颜之推的过去，因此从这个角度来说，颜之推在北周武帝、宣帝时不仕应该还是他自己选择不仕的。由此，至少可以看出，在颜之推心里他对侵略江陵造成江陵政权倾覆、致梁元帝死难，而又再次侵灭北齐的宇文氏是深怀敌意的。可见，在颜之推身上很大程度上

① 《北齐书》卷45《颜之推传》，第623页。
② 《北齐书》卷45《颜之推传》，第623页
③ 《颜氏家训集解》（增补本），第258页。
④ 《颜氏家训集解》（增补本），第204页。
⑤ 《颜氏家训集解》（增补本），第334页。
⑥ 《北齐书》卷15《厍狄干传附子士文传》，第198页。

还是体现出了基于儒家思想为安身立命价值观下的"忠"的理念①,即对灭亡自己两个故国②的侵略者宇文氏政权,他是抱有相当成见甚至是敌意的。特别是对宇文氏当初侵略江陵时不但使江陵政权倾覆,还将江陵大量士民和财物掳掠入北之行为,颜之推更是非常反感和厌恶,其所谓"若乃五牛之旌,九龙之路,土圭测影,璇玑审度,或先圣之规模,乍前王之典故,与神鼎而偕没,切仙宫之永慕"③,在惋惜梁之文物被西魏掠夺的同时,还表达了对西魏这种肆无忌惮的掠夺行径的痛恨。可以说,正因这种对宇文氏的敌意和恶感,我们不但看到颜之推在西魏阳平公李远那里供职不到一年终还是选择了逃离入北齐,而且在他第二次进入宇文氏统治下的关中,没有选择主动出仕宇文氏的北周政权,更没有媚颜屈仕之④。颜之推的这种气节操守多少体现了颜氏家风所表现出来的风骨,也符合颜氏历代先人为人处世的品格和节操。因此,直到大象末年北周政权为杨坚实质上掌控后,他才出仕为北周御史上士。在颜之推看来,这时的北周已经不再属于宇文氏了。

不过,这里便又有了一个问题,那就是颜之推既然已经出仕北周为御史上士,他即是北周之臣,因而对于隋文帝取代北周政权之行为,他虽不至于效仿祖父颜见远那样绝食尽节,也应该和其兄长颜之仪一样表示出极为愤怒才是,或以为自己是亡国之人才是,这样也才符合颜氏家风熏陶下的颜氏成员行事风格。但事实上我们看到,颜之推非但没有将由北周到隋的政权演变即周隋禅代看作亡国,也没有将自己出仕北周政权后再变而为隋之朝

---

① 清人阎若璩在给南宋王应麟《困学纪闻》中说:"颜见远死节于萧齐,其孙之仪尽忠于宇文周,常山、平原之节义,有自来矣。"加注曰:"昔有历仕梁齐周隋之之推。之推,见远之孙,之仪之弟;父协,亦义士。"见(宋)王应麟著,(清)阎若璩、何焯、全祖望注,栾保群、田松青校点:《困学纪闻》,上海:上海古籍出版社 2015 年版,第 425 页。阎氏言下之意实指颜之推非为忠义之士,表面上看似正确,但实质上阎氏只是看到了事情表面。身处南北朝后期政权频繁更迭环境,颜之推不但有笔者文中所论行为上的"忠"的表现,更有在《家训》中宣扬的"忠节"理念。也正是在颜之推这样的家训理念教导之下,颜氏后人颜真卿、颜杲卿才得以在隋唐能继续秉持家风以忠义立身。

② 对一个人而言,故国只有一个,于颜之推来说,他真正的故国只有南方的梁,这点不论是在其所著《观我生赋》里还是《颜氏家训》中抑或是其所写《古意二首》的诗作里都有体现。但事实上,颜之推在江陵灭亡被俘北方逃入北齐后,在北齐生活了长达二十三年,因而于他而言,某种程度上北齐也可以说是他的第二故国。基于此,笔者才作宇文氏掌管的政权两度灭亡其故国之说。另一方面,亦为行文所需、方便论说而作此言,但并不一定妥当。

③ 《北齐书》卷 45《颜之推传》,第 623 页。

④ 日本学者吉川忠夫认为"颜之推在整个北周和隋朝的官界没有过任何明显的活跃,只是如同作为一节文化人而存在那样"的原因"也不是与他在北齐末年的行动曾经成为朋友们非难对象的情况无关的"。而颜之推在北齐为朋友们非难的原因,吉川氏认为是颜之推在崔季舒事件中背叛了朋友,并得到了后主的信任。(参见吉川忠夫著,王启发译:《六朝精神史研究》,南京:江苏人民出版社 2010 年版,第 228—231 页)吉川氏此看法虽不失为研究问题的一个视角,但他终因对中国士大夫的思想尤其是出生于颜氏家族的颜之推的精神思想缺乏必要的深刻理解,故而其看法非但不能触及问题的实质,也并非正确。

臣看作亡国再仕。这从他为自己“三为亡国之人”作注解时即可看出，所谓：“在扬都值侯景杀简文而篡位，于江陵逢孝元覆灭，至此①而三为亡国之人。”②原因何在？笔者以为即如上文所说，当时政权的名称尽管还叫北周，名义上也仍然为宇文氏天下，可在颜之推眼里北周政权实质上已不存在，政权已经为杨坚所据有，因而他臣仕的不是宇文氏而是杨氏，因此这时的北周被隋政权取代，在颜之推看来不过就是完成一个形式上的交接改换而已，并不存在亡国，故而他也就没有将自己由北周之臣转而为隋臣看作一次亡国之变，因而于周隋禅代的演变也就看不出颜之推对此有任何伤感之心，或对北周政权有任何留恋之意，同样也看不出他对隋政权取代北周政权有什么愤慨。在这里我们更多的是再次看到了魏晋以来大多数士人面对和经历政权禅代时表现出的无动于衷、淡然从容之态和“其视国家禅代，一若无与于己，且转借为迁官受赏之资”③思想的表现。因此，在颜之推看来，他终究并没有出仕两度侵灭其故国的宇文氏政权，他坚守了他赖以为人生指导思想的儒家道德思想，他也没有违背颜氏家风及其祖父的节烈之行。而且即使退一步说，就算大象末年他所出仕的仍是宇文氏的北周政权，按照其祖父、父亲对待梁政权的态度，他也是在侵略故国的统治者过去两代乃至三代后才出仕其政权的，这也可谓无愧于心、无背于颜氏之祖了。因此，尽管颜之推两度被俘入关中，进入宇文氏政权之下，但他不论是在西魏还是在北周都所为甚少，甚至几乎可以说他没有为西魏、北周政权作出过什么贡献。

五、周隋禅代与颜之推仕隋

北周武帝在建德六年(577)灭掉北齐，再度统一了北方。这使北周不论是在疆域领土的面积上，还是在所掌控的人口上，抑或是在军事实力上都已经远远超过南方政权，假以时日，北周必然会灭陈而统一南北。但这个历史使命却因周武帝的去世而不得不演变为由代北周的隋政权完成。宣政元年(578)周武帝去世，即位的宣帝宇文赟昏庸暴虐、淫邪废政，不到三年即死去。在周宣帝统治后期，隋国公杨坚利用与周宣帝幸臣郑译的同学关系结党营私，培植了一批私人势力。最后在周宣帝病危之际，他在郑译、卢贲、柳裘等人的帮助下，取得了完全掌控北周政权的权力和地位，史载：

> 帝(周宣帝)不悆，译遂与御正下大夫刘昉谋，引隋文入受顾托。既

① 指北齐被北周灭亡。

② 《北齐书》卷45《颜之推传》，第625页。

③ (清)赵翼撰:《陔余丛考》，第322页。

> 而译宣诏，文武百官，皆受隋文节度。时御正中大夫颜之仪与宦者谋，引大将军宇文仲辅政。仲已至御坐，译知之，遽率开府杨惠及刘昉、皇甫绩、柳裘俱入。仲与之仪见译等，愕然，逡巡欲出。隋文因执之。于是矫诏，复以译为内史上大夫。明日，隋文为丞相，拜译柱国、相府长史，行内史上大夫事。①

周宣帝死后，即位的静帝宇文阐才八岁，以外戚身份辅政的杨坚先后削平和镇压了反对派，最后于大定元年(581)二月以禅让方式废周静帝而登基称帝，建立了代替北周的隋政权。该年颜之推五十一岁，这也就是说，颜之推在北周政权之下生活了四年，并且在这四年里生下了第三个儿子颜游秦，而颜之推也在大象末年担任了御史上士。

隋政权是通过禅让的方式取得，因此其政权结构和人员几乎就都是北周政权的延续。这样在北周的朝官也就自然成为了隋政权的官员。颜之推入隋后的具体官职史无记载，据刘知几《史通》所记："齐天保二年敕秘书监魏收博采旧闻，勒成一史。……于是大征百家谱状，斟酌以成《魏书》，上自道武，下终孝靖，纪、传与志凡百三十卷。收谄齐世，于魏室多不平。既党北朝，又厚诬江左。性憎胜己，喜念旧恶，甲门盛德与之有怨者，莫不被以丑言。……由是世薄其书，号为'秽史'。至隋开皇，敕著作郎魏澹，与颜之推、辛德源，更撰《魏书》，矫正收失。澹以西魏为真，东魏为伪，故文、恭列纪，孝靖称传。合纪、传、论例，总九十二篇。"②由此可见，颜之推入隋担任过史职

---

① 《北史》卷35《郑羲传附诩弟译传》，第1313页。

② (唐)刘知几著，(清)浦起龙释：《史通通释》，上海：上海古籍出版社1978年版，第365页。

之类的官。而据隋陆法言《切韵·序》称颜之推为“颜外史”①,可知其于隋担任的史职为外史。

而后人又称颜之推为“颜内史”②,结合“开皇二年,齐黄门侍郎颜之推上言:‘礼崩乐坏,其来自久。今太常雅乐,并用胡声,请冯梁国旧事,考寻古典。’”③和隋中书省职责“管司王言,及司进御之音乐”④,以及隋因避杨忠

① 今人王利器也指出:“古逸丛书本则作‘颜外史’。”(《颜氏家训集解·叙录》(增补本),第14页)据陈寅恪先生引“故宫博物院影印唐写本仁煦刊误补缺《切韵》”载陆法言序文略云:“昔开皇初,有刘仪同臻、颜外史之推、卢武阳思道、李常侍若、萧国子该、辛咨议德源、薛史部道衡、魏著作彦渊等八人,同诣法言宿,夜永酒阑,论及音韵。”(参见万绳楠:《陈寅恪魏晋南北朝史讲演录》,合肥:黄山书社1987年版,第335页)可知,颜之推入隋所任官职为“外史”。但据王仲荦先生《北周六典》释“外史下大夫,正四命。外史上士,正三命”条,颜之推为“外史”一职当是隋以前之事。(参见王仲荦著:《北周六典》,北京:中华书局1979年版,第187页)但这和刘知几《史通》所载相矛盾,而且笔者据陈寅恪先生所引陆法言《切韵》序言所载八人中除颜之推外的其他七人官职来考查,也皆为入隋后官职,现列之如下表:

姓名	入隋前的官职	入隋后的官职	出处
刘臻	在北周为露门学士,授大都督,封饶阳县子,历蓝田令、畿伯下大夫	高祖受禅,进位仪同三司	《隋书》卷76《刘臻传》
卢思道	为掌教上士	入隋出为武阳太守	《隋书》卷57《卢思道传》
李若	在北齐为散骑常侍、中书侍郎,入周后不明	遣散骑常侍	《北齐书》卷42《阳休之传》 《隋书》卷1《高祖纪》
萧该	江陵陷入长安,官职不明	开皇初,拜国子博士	《隋书》卷75《萧该传》
辛德源	及齐灭,仕周为宣纳上士	高祖受禅,不得调者久之,后转咨议参军	《隋书》卷58《辛德源传》
薛道衡	周大定中,授仪同,摄邛州刺史	开皇八年,授淮南道行台尚书吏部郎,后除吏部侍郎	《隋书》卷57《薛道衡传》
魏澹	在北齐为殿中郎中、中书舍人。周武帝平齐,授纳言中士	高祖受禅,寻为散骑常侍、聘陈主使	《隋书》卷58《魏澹传》

注:陈寅恪先生所引陆法言《切韵》中的“魏著作彦渊”,考之于史,无有其人。在隋为著作的只有魏澹,字彦深。依此,“渊”为“深”之误,由此“魏著作彦渊”实应为“魏著作彦深”。

由此可见,陆法言在《切韵》序言中不会单称颜之推入隋前的官职,其所列颜之推官职应也为入隋后的官职,而非为颜之推在隋之前官职。而且隋承周而来,“改周之六官,其所制名,多依前代之法。置三师、三公及尚书、门下、内史、秘书、内侍等省”(《隋书》卷26《百官下》,第773页)。其“多依前代之法”除了隋初官职“依汉魏之旧”之外,当也有某些官职在过渡期间遵循魏周之处。由此,王先生所言“之推为外史,当是隋文帝未受禅前事也”一语似失欠妥,而颜之推入隋后担任过“外史”之官职并非虚语。

② 今人王利器在《颜氏家训集解·叙录》依泽存堂本《广韵》称颜之推入隋为“颜内史”。见《颜氏家训集解》(增补本),第2页。

③ 《隋书》卷14《音乐志中》,第345页。

④ 《隋书》卷27《百官中》,第754页。

讳，曾将中书省改名为内史省等资料，可知颜之推入隋后又担任过中书省的官职。但隋内史省“置令二人，侍郎四人，舍人八人，通事舍人十六人，主书十人，录事四人”①，颜之推究竟在内史省为何职，虽因资料缺乏不得而知，但由他能于朝廷之上建议采用梁之雅乐可看出，颜之推的官职应为侍郎、舍人、通事舍人三者之一，因为当时内史令为李德林，主书和录事只是内史省抄录者而很少能在朝廷之上直接上奏皇帝。此外，从“太子召为学士，甚见礼重”②，可知颜之推入隋后又曾为太子的文学之士。

按颜之推约死于开皇十年(590)，可知颜之推在隋政权下生活了近十年，担任过的官职至少有外史、内史、太子文学学士等。就颜之推在隋政权下历官而言，他还是多以文史著称。这不仅体现在他被太子召为文学之士，还体现在曾被诏为迎聘使上。史载，开皇五年(585)七月阮卓出使隋时，“隋文帝夙闻其名，遣河东薛道衡、琅邪颜之推等与卓谈宴赋诗，赐遗加礼”③。当然，在隋，颜之推的职位虽然比不上在北齐时的黄门侍郎那么令人荣耀，其地位和职位都有所降低，但总的来说还是很不错的。正如后来史家所评：“王褒、庾信、颜之推、虞世基、柳抃、许善心、明克让、刘臻、王贞、虞绰、王胄等，并极南土誉望，又加之以才名，其为贵显，固其宜也。”④

总之，颜之推由北齐进入北周，再由北周进入隋，其地位可能很尊贵，但官职并非荣耀，所起作用也不是很大，而在颜之推一生中其所作贡献最大的还是在北齐，其一生所取得的最高职务也是在北齐。因而一如王利器先生所论：“之推在梁为散骑侍郎，入齐为黄门侍郎，故之推于其作品中，一则曰‘忝黄散于官谤’，再则曰‘吾近为黄门侍郎’，其所以如此津津乐道者，大概是自炫其‘人门兼美’吧。”⑤

第二节　北朝政权下的颜之推

一、颜之推与北齐文化的发展

(一)颜之推在北齐的仕宦

如上文所述，梁敬帝绍泰元年(555)即北齐天保六年，颜之推经黄河冒

① 《隋书》卷28《百官下》，第774页。
② 《北齐书》卷45《颜之推传》，第618页。
③ 《南史》卷72《文学·阮卓传》，第1792页。
④ 《北史》卷83《文苑传·潘徽传附刘斌传》，第2817页。
⑤ 《颜氏家训集解·叙录》(增补本)，第2页。

险由北周逃到了北齐，高洋得知后非常高兴，引见颜之推，给予他奉朝请的待遇，并将他纳为自己的馆客让其侍从左右。这对刚到北齐的颜之推而言可以说是一项殊荣，至少让人感到高洋对颜之推比较敬重，他们之间的关系比较亲近。然而这只是表象，事实上，颜之推在北齐的仕宦很长时间内并不得意且多历波折。高洋对颜之推投奔北齐表面上看重，实质上并没有真正重视。他对颜之推要进行观察：颜之推由北周奔到北齐的真正意图是什么，他是否能真心留仕和效忠于北齐，这些都有待验证，因此高洋也就迟迟没有授予颜之推实际官职。直到天保九年（558）六月①，颜之推跟随高洋到天池，可能因为高洋认为颜之推考核通过了，这才决定授颜之推为中书舍人。然而命不逢时，颜之推偏偏在被授职的晚上于营外喝酒，受命授职于颜之推的段孝信见状赶紧回报高洋，高洋由此对颜之推又产生了某种疑虑，故而对颜之推的授官也因此停止。史载：“天保末，从至天池，以为中书舍人，令中书郎段孝信将敕书出示之推。之推营外饮酒，孝信还以状言，显祖乃曰：‘且停。’由是遂寝。”②此后颜之推便一直以所谓的奉朝请继续客留北齐。可以说，其时颜之推在北齐实质上是处于闲散状态，直到高洋死，这种现状都没有改变。

在颜之推闲散于北齐时，北齐政权内部也在为权力斗争着，鲜卑族对汉族仇视的种族意识延伸到了政治上，故而继位的高洋长子高殷，即位不到一年，就为高洋的弟弟高演和高湛伙同他们的母亲娄太后废掉，并因此处死一批汉族士人如杨愔、燕子献、宋钦道、郑子墨等。此后高演和高湛便相继为帝。在高湛即位两年后，即武成帝河清末年，颜之推才被任用为赵州功曹参军。这就是说颜之推逃奔到北齐后有近十年的时间都处在闲散状态，这也难怪颜之推曾感叹：“君子当守道崇德，蓄价待时，爵禄不登，信由天命。”“不知风云不与，徒求无益也。”③

后主即位，在政事上虽没有多少作为，却“颇好讽咏”，喜爱文学。武平初，后主欲采摘近代艳情诗以配屏风图画，颜之推因诗文颇佳才得以继萧放和王孝式，和萧悫一起被举荐入朝，所谓“追齐州录事参军萧悫、赵州功曹参

---

① 《北齐书·颜之推传》载颜之推“天保末，从至天池”，而据《文宣帝纪》记载，高洋曾在天保九年（558）六月“己巳，至祁连池”。匈奴语天为祁连。匈奴单于系统属东胡，即通古斯语族，鲜卑与之同。谭其骧先生主编的《中国历史地图册》第四册《东晋十六国·南北朝时期》之《地名索引简要说明》（第70页）也标注天池就是祁连池。而高洋在天保后期即颜之推来北齐后也就只这一次去过祁连池，故可知颜之推随高洋到天池是在天保九年（558）。

② 《北齐书》卷45《颜之推传》，第617页。

③ 《颜氏家训集解》（增补本），第334页。

军颜之推同入撰次”①。而颜之推因此由赵州功曹参军被调到朝中为官。此后,颜之推仕宦之运开始改变。在为后主选诗配画期间,颜之推和执政祖珽接近,并取得祖珽信任,从而得以在武平三年(572)由祖珽出面奏设文林馆②,和北齐的众多文士一道共修撰《玄洲苑御览》(后改名为《圣寿堂御览》,最后定名为《修文殿御览》)。于这过程中颜之推也由待诏文林馆升迁为黄门侍郎。不过,这时已经到了北齐政权的末期,北齐正遭致北周的大举侵略。当北周大举进攻北齐并取得并州之战胜利后,后主思逃命之计时,考虑到颜之推为官做事尽心职守又有忠心,于是授其为平原郡郡守,“据河津,以为奔陈之计”③。不过,因丞相高阿那肱等与北周早有勾结,最后后主为周军俘获,北齐因此灭亡。而颜之推随后也就和卢思道、薛道衡等“十八学士”一起被北周征往长安。

综观颜之推在北齐的仕宦经历,可知自天保六年(555)颜之推由西魏逃到北齐一直到北齐灭亡,他在北齐的二十三年中,实际任官时间只有十四年左右,而且是在北齐政权的后期,而他真正发挥才华并在政治仕途上春风得意的时间大约只有六年(572—577)。

(二)颜之推与北齐的文化发展

颜之推在北齐的仕宦生涯虽然只有十四年左右时间,而真正发挥其才华和能力的也只有六年左右的时间,但就是在这六年左右的仕宦生涯中,颜之推为北齐的文化发展做出了重大贡献。

在被后主由赵州功曹参军调入朝廷后,颜之推和萧放、萧悫等人专门做起了采录古名贤烈士及近代艳情诗以配宫廷装饰画的工作。这一工作虽然表面上是为后主的宫廷生活服务,但它却整理了北齐政权内外的古今诗歌,对北齐文化的保存和促进南、北文化的交流以及北齐政权下的诗体创作无疑有积极的作用。而且在做这个工作的同时,颜之推和萧放欲模仿梁元帝曾诏令江陵石渠阁校书而“意欲更广其事”,以更大规模地进行北齐文化整理,推动文化建设,“又祖珽辅政,爱重之推,又托邓长颙渐说后主,属意斯文”。以此故,北齐政权开始了兴盛一时的文化建设。在祖珽和邓长颙的帮助下,颜之推和众人共同奏立了整理北齐文化的专门机构文林馆。“之推本意不欲令耆旧贵人居之”,但阳休之等人“便相附会,与少年朝请、参军之徒

① 《北齐书》卷45《文苑传·序》,第603页

② 《北齐书·文苑传》记载文林馆设立于武平三年(572),而《资治通鉴》则将文林馆设立系之武平四年(573)二月(参见《资治通鉴》卷171《陈纪五》,第5315页),这里从《北齐书》。

③ 《北齐书》卷45《颜之推传》,第625页。

同入待诏”①,“于是更召引文学之士,谓待诏文林馆焉”②。于这期间,颜之推又和祖珽奏撰《御览》《续文章流别》等,北齐因此在较大程度和较广范围内对文化进行了一次系统的整理和创作。这次待诏文林馆和修撰《御览》几乎聚集了北齐文学之英才,据正史记载其人数达六十一人之多③,包括魏收、徐之才、阳休之、魏澹、卢思道、王劭、薛道衡等北齐著名文化士人。其中颜之推“大为祖珽所重,令掌知馆事,判署文书”。“帝时有取索,恒令中使传旨,之推禀承宣告,馆中皆受进止。所进文章,皆是其封署,于进贤门奏之,待报方出”,“帝甚加恩接,顾遇逾厚”④。可知文林馆事宜很大一部分主要都为颜之推掌管,一如其自己说:“齐武平中,署文林馆待诏者仆射阳休之、祖孝徵以下三十余人,之推专掌,其撰《修文殿御览》《续文章流别》等皆诣进贤门奏之。”⑤这也就是说,文林馆其他三十一人皆不为颜之推所掌管,其职责好像也不是修撰《修文殿御览》等。对此,司马光在文林馆设立中记曰:“祖珽奏置文林馆,多引文学之士以充之,谓之待诏。以中书侍郎博陵李德林、黄门侍郎琅邪颜之推,同判馆事。”⑥可知,这三十一人为李德林掌管,其主要职责为何,并不明晰。但待诏文林馆为一时盛事,其中很多人因此都有官职上的升迁。由此,李德林所掌管的这三十一人是否仅为谋取官职名誉而待诏文林馆?不管怎样,都不难看出,颜之推在北齐后期文化发展中起到了积极的推动和建设性作用,特别是在文林馆的设立及北齐文献的整理上,颜之推扮演了一个重要角色,起了举足轻重的作用。因文林馆的设立及在此期间的活动,颜之推不但有了更多机会和后主直接接触并表现突出,也因此被授为黄门侍郎。

文林馆的设立和《御览》等典籍的修撰,是北齐政府对文化的一次大规模而有系统地整理,也是北齐文化士人一次高规格的集体文化创作,它对北

① 《北齐书》卷42《阳休之传》,第563页。

② 《北齐书》卷45《文苑传·序》,第603页。

③ 宋燕鹏认为《北齐书》和《北史》中的《文苑传》记载“待诏文林馆”者为62人,不知何故;又认为《文苑传》未载的还有6人,共有68人。(参见宋燕鹏著《论北齐文士的地理分布——以“待诏文林馆”籍贯为考察中心》,《中国历史地理论丛》2006年第4期)事实上,如果另有《文苑传》未载的6人,总数应该也只有67人。而刘飞、李建栋认为“待诏文林馆”者为66人,也是不确记载。(参见刘飞、李建栋著《文林馆中南来士人对北齐文学的推进》,《文艺评论》2014年第4期)

④ 《北齐书》卷45《文苑传·序》,第617—618页。

⑤ 《北齐书》卷45《颜之推传》,第624页。

⑥ 《资治通鉴》卷171《陈纪五》“宣帝太建五年”条,第5316页。而《北齐书·阳休之传》则载:“及邓长颙、颜之推奏立文林馆,之推本意不欲令耆旧贵人居之,休之便相附会,与少年朝请、参军之徒同入待诏。”综合诸记载不难发现,文林馆的设立(意图和目的、组成人员等)主谋应是颜之推。只不过,颜之推为南方人,又由西魏投奔而来,在北齐虽有一定影响,但地位和官职都不高,因而仅凭其一己之力是很难成事的,于是颜之推便通过祖珽和邓长颙之力而共同奏立了文林馆。

齐境内的文化的保留和发展都具有历史性意义，叶适在《习学记言序目》中就称“自文林馆设，齐人风靡”①，足以说明文林馆在北齐境内产生的文化影响。事实上，文林馆的设立某种程度上也带来了北齐政权下士人的文化水平提高以及入北的南方士人地位的某种提高。譬如在这过程中，颜之推就获益匪浅，在提高文化、学术水平同时也奠定了他在北齐的文化地位，特别是他的官职由此得到了提升。其他如袁奭、韦道逊、江旰、眭豫等也都在待诏文林馆后官职有所升迁。

颜之推在北齐，除了参与采录古今名贤烈士及近代轻艳诗作以配图画，策划、奏立文林馆并担任文林馆的工作，参与《御览》的修撰外，在其他方面他也对北齐文化的发展作出了贡献。如积极奖导后学，经常与北齐士人进行学术上的探讨和交流等②。

东魏、北齐为继承孝文帝汉化改革之成果者，然观颜之推在《家训》中所载，至少北齐一朝士人在学问上总体逊于南朝很多。这点可从《颜氏家训·文章》篇和正史所载印证之。其曰：

> 邢子才、魏收俱有重名，时俗准的，以为师匠。邢赏服沈约而轻任昉，魏爱慕任昉而毁沈约，每于谈宴，辞色以之。邺下纷纭，各有朋党。祖孝徵尝谓吾曰：“任、沈之是非，乃邢、魏之优劣也。”

《北齐书·魏收传》也载曰：

> 始收与温子升、邢邵稍为后进，邵既被疏出，子升以罪幽死，收遂大被任用，独步一时。议论更相訾毁，各有朋党。收每议陋邢邵文。邵又云：“江南任昉，文体本疏，魏收非直模拟，亦大偷窃。”收闻乃曰：“伊常于《沈约集》中作贼，何意道我偷任昉。”任、沈俱有重名，邢、魏各有所好。武平中，黄门郎颜之推以二公意问仆射祖珽，珽答曰：“见邢、魏之臧否，即是任、沈之优劣。”

虽然北齐境内在文化上有成就者不乏其人，如魏收、卢思道、薛道衡、王劭等，而且他们作为使者出使南朝时还曾以诗文著名，譬如：

> （魏）收兼通直散骑常侍，副王昕使梁，昕风流文辩，收辞藻富逸，梁

① （宋）叶适：《习学记言序目》，北京：中华书局1977年版，第518页。
② 参见拙著：《后三国梁末北迁士人研究》，第208—214页。

主及其群臣咸加敬异。先是南北初和，李谐、卢元明首通使命，二人才器，并为邻国所重。至此，梁主称曰：“卢、李命世，王、魏中兴。”①

不过，像魏收、卢思道、薛道衡和王劭这样有才学者，在北齐境内并不是很多，北周灭北齐时被征往长安的“十八学士”中还有一个颜之推②。由此见，颜之推等南方士人入北齐后对北齐后期文化学术的推进有着积极的作用。

二、入北后的颜之推的故国情结

羁旅于北齐的颜之推早期十多年一直处于闲散状态，在他任职后，便积极地参与了北齐的政治和文化活动。无论在仕宦上，还是在学问上，颜之推在北朝的生活似乎都显得很充实。然而如果结合其所著《颜氏家训》和《观我生赋》及其所作某些诗来看，就不难看出颜之推生活的另一面，即他内心里依然怀有对故国的归属感、对故国的眷恋情结。

颜之推由北周逃入北齐，本因高洋在这阶段实行了对其政权下南方士人“皆以礼遣”这一政策，所以才意欲借道北齐而进入南方。然而事情的发展出乎颜之推意料，如前文所论，当他到达北齐时，南方政局已发生了变化，虽然梁元帝的儿子萧方智仍得以被立为帝（梁敬帝），但实权却由王僧辩之手转到了陈霸先之手，这使得南方政局增加了不确定的变数，颜之推因此不得不滞留于北齐而对南方政局持观望态度。当南方局面最后安定下来时，已经为陈霸先建立的陈王朝天下了，梁政权已经退入历史③。故国既已改变，萧氏已不再为南方之主，颜之推也由观望时局转而选择留在北齐并效力于北齐，此即其所谓：“至邺，便值陈兴而梁灭，故不得还南。”④尽管颜之推最后出仕了北齐政权，但他对故国的情结却一直未曾失去过。且不说他由北周逃奔北齐意欲回南本身就是他故国归属感的一个有力体现，即就他到北齐后所生两儿取名为思鲁、愍楚也可证明之：思鲁乃是对其祖籍山东琅邪的纪念，而愍楚则表明了他对故国的思念和追忆，以示“不忘本也”⑤。

同时，对自身羁旅身份的体认和无法忘怀，也使颜之推对故国始终有着

---

① 《北齐书》卷37《魏收传》，第485页。

② 有关北齐学术问题，陈寅恪先生在“南北学术的沟通”中有不少精论。他虽未点明北学不如南学，但从其经学、佛学、切韵三方面所论，我们还是能发现这点。可参见万绳楠主编：《陈寅恪魏晋南北朝史讲演录》，合肥：黄山书社1987年版，第330—340页。

③ 萧詧及其后人建立的政权虽也号梁，但并未被颜之推乃至其他南方人士所认同。

④ 《北齐书》卷45《颜之推传》引颜之推《观我生赋》中的自注，第624页。

⑤ 《北齐书》卷45《颜之推传》，第626页。

眷恋之情。对于北齐政府来说,因侯景之乱而进入北齐的梁末士人都是羁客,因而也就没有把他们真正看作政权中人,尽管其中有一部分人愿意一直效忠于北齐。这从天保六年(555)高洋所下诏书可知。其曰:“梁国遘祸,主丧臣离”,“越鸟之思,岂忘南枝,凡是梁民,宜听反国,以礼发遣”①。这就是说,因侯景之乱和江陵政权灭亡来到北齐的梁民(包括南方士人),在北齐政府看来,不管他们是否愿意回到南方,也不管北齐政府给予了他们怎样的待遇,他们仍都被视为滞留于北齐的羁客。因此当颜之推由北周逃到北齐,高洋固然很高兴,但他并不实授其官职,其中一个重要原因可能也在于此。因为对颜之推的到来,高洋一样会考虑到,像颜之推这样的文化士人,既然能从北周逃奔北齐(而意欲回国——颜之推的这个目的,即使他本人不说,高洋迟早也会明白),他也就很有可能随时从北齐逃回南方,所以高洋对颜之推逃奔北齐表面上非常高兴,但也只是给他奉朝请这样一个名义上的高规格待遇。而且后来当颜之推随他到天池时,仅因为于营外饮酒,高洋即立即停止拟授予颜之推的中书舍人一职。个中因由虽难以断定,譬如高洋可能认为颜之推能如此在营外喝酒,应为不慎,还不足以担当中书舍人这样的职务,或段孝信因此说了什么,等等,但至少与高洋依然把颜之推看作羁客而仍不能对他完全信任不无关系。而这一切自然会反作用于颜之推,从而使他会因现实的遭遇而将自身摆在与北齐政府有一定距离的位置上,并动辄感知和体认自己的羁客身份。譬如他在所著《颜氏家训》里就不断流露出这种心态,如:“计吾兄弟,不当仕进”,“播越他乡,无复资荫”,②“吾今羁旅,身若浮云,竟未知何乡是吾葬地;唯当气绝便埋之耳”③,“吾近为黄门郎,已可收退;当时羁旅,惧罹谤讟,思为此计,仅未暇尔”④。在《观我生赋》里他同样也用了“予一生而三化”“三为亡国之人”⑤等语言来表达自己的羁旅身份。一生大半生活于北朝,因而颜之推对羁客身份的感知和体认也就明确地表明了内心深处依然视己为南方人和为梁朝士大夫之心理。

对自身羁客身份的体认使颜之推因此也就有了长久的故土情思和对故国的追念,正如他在《古意》诗中写道:“璧入邯郸宫,剑去襄城水。未获殉陵墓,独生良足耻。悯悯思旧都,恻恻怀君子。”⑥这里颜之推即将自己身处北朝而屈仕他国以及深恋故国、故君情怀以及备受折磨的内心状态作了形

① 《北齐书》卷4《文宣纪》,第60页。
② 《颜氏家训集解》(增补本),第599页。
③ 《颜氏家训集解》(增补本),第608页。
④ 《颜氏家训集解》(增补本),第347页。
⑤ 《北齐书》卷45《颜之推传》,第625页。
⑥ 逯钦立辑校:《先秦汉魏晋南北朝诗》,北京:中华书局1983年版,第2283页。

象表达。事实上，颜之推尽管对陈霸先取代梁的行为不以为然，但在他的一生中却始终没有忘记南方那片故土，因此当北齐后主遭北周攻击急于逃命之际，他向后主的建议就是南奔陈国。虽然这个建议最后被后主身边的宠臣高阿那肱所否定，但由此不能不看到颜之推心目中的故土情结：故国虽不再存在，但故土依然是他灵魂栖息的最后归宿，故乡的情味依然是梦里回荡的主旋律。而且即使后来进入隋朝，颜之推也没有忘记消失在历史中的故国梁朝，所以开皇二年（582），他上言：“礼崩乐坏，其来自久。今太常雅乐，并用胡声，请冯（凭）梁国旧事，考寻古典。”①希望在隋这样一个新政权下发挥自己故国的文化。此足见颜之推对故土的思念、对故国的追想。然颜之推对故国怀念之深还不止此，在他所著《家训》和《观我生赋》中，他不但记载了故国世族的生活以及梁政权的衰落和灭亡的演变，也部分记载了西魏、东魏（北齐）对梁末政治的影响及其对梁的侵略等。这种对历史的记载不仅可看作士大夫高度自觉的史家意识，也反映出了颜之推对故国的深厚情感。

本章小结

永嘉之乱后，中国开始进入南北对立时期，经过东晋十六国长达一百多年的对立冲突，南、北政权的对峙冲突非但没有缓和，反而由于南北政治、军事、经济、自然条件等多方面因素综合影响变得愈加激烈，南北政局也因此变得愈加变化莫测。虽然这期间南北也有过某些短暂的平和，如宋文帝刘义隆统治大半时期、梁武帝统治前期，但南、北政权内部的政治演化又促使着南、北方政局各自不断变化着。这样，在南方也就有了宋、齐、梁、陈的禅代更迭，在北方也有北魏分裂为东魏、西魏，然后又有北齐、北周政权建立的演变。一直到北周武帝建德六年（577）灭北齐，而后杨坚在禅代周的基础上建立隋政权，于开皇九年（589）灭陈，始完成了对南北的统一。

生活在梁末后期的颜之推一生正处在南北战争频繁和政局多变并走向统一时期。因南北政局的变化，他被迫“三为亡国之人”，不得不辗转于南、北、东、西，几次经历着政权的灭亡和兴起。于这过程中，出生于儒学世家的颜之推尽管没有像其祖父颜见远那样在朝代更迭之际为一家一姓王朝去殉节，但在他心目中依然很大程度上秉持着忠于故国、故主的态度，从而在被俘长安途中，他尽管有幸被北周大将军李显庆荐往其兄弘农李远处为书记，却怀忠梁之心伺机由西魏逃入北齐，欲借道北齐而回南，甚至在无法回南而

---

① 《隋书》卷14《音乐志中》，第345页。

留仕北齐后，也一直有“独生良足耻”“小臣耻其独死，实有愧于胡颜”之心理；而且在北齐灭亡后他第二次被俘关中时，他选择的是“守道崇德，蓄价待时”，即使身处“朝无禄位”之处境，也没有主动去出仕侵灭故国的宇文氏政权。而且在北朝生活期间，颜之推还一直表现出了羁客心态和对故国的深深思念和追忆。对他而言，虽然其祖籍为山东琅邪，但颜氏自永嘉播越南迁建康已历八代，因而建康就是其故乡，南朝的梁政权就是其故国。也因此，颜之推在由南到北的过程中，虽能于北朝西魏、北齐、北周、隋四个政权中游于宦海，且职位和地位也显尊贵，但南北地理等自然因素的差别、政治环境等人文条件的不同、南北错综复杂的文化差异、汉人和鲜卑人的文化差异以及北齐政治中鲜卑贵族对汉士人的侮辱、欺凌等，这些都使他无法忘记自己的羁旅身份，无法忘记他是一个失去故国的南方士大夫。由此，他也就有了永远无法割断的故土、故国情思和因之而来的名节思想，从而生出难以对人言说的情怀和心境，所谓：“聆代竹之哀怨，听出塞之嘹朗，对皓月以增愁，临芳樽而无赏。”①

不过，魏晋南北朝时期因政权的更迭频繁也使得这时期的士人多注重对生命的养护和对家族的发展，因而这又使得颜之推留滞北齐后终选择出仕北齐。不过与一般北齐士人混迹朝廷的行为不一样，颜之推在机会来临被调入朝廷为喜爱文学的后主采古代艳诗、哲理诗配宫廷画过程中，即自觉地担当起文化建设和传播者的重任，积极参与到推动北齐文化建设中。事实上，这和他的“远绝圣而弃智，妄锁义以羁仁；举世溺而欲拯，王道郁以求申”②的思想应有很大关系。为了实现这样的宏图，他借重北齐执政祖珽和宦者邓长颙，奏设文林馆，以此把北齐的文化发展在结合众人力量的基础上推向了一个新的高度。而他也因不参与党派纠纷，并在文林馆中做出了成就，被升迁为黄门侍郎。这一时期应该说是颜之推一生中最为辉煌和得意的时期，由此颜之推尽管有时也会流露出羁旅之感和故国之思，却又津津乐道地将自己标志为北齐黄门侍郎，这可以说是颜之推内心和行为颇为矛盾的地方。事实上，颜之推身上这种自相矛盾之处还有不少，即一方面希望在北朝能不负所学，有所作为，并努力去追求之，从而传业扬名，兴旺家族，但另一方面亡国者身份又不断提醒着他已违背了儒家的忠节观，其行为已和先祖颜见远等人背道而驰。可以说，颜之推的这种矛盾心理，很大程度上也正是南北朝时期士大夫在乱世之下追求名、追求家族发展和坚守儒家伦理道德之间的一种矛盾思想反映。

① 《北齐书》卷45《颜之推传》，第623页。
② 《北齐书》卷45《颜之推传》，第625页。

第三章　颜之推的儒家思想及其他

自孔子以仁、义、礼、孝、信等道德观念为核心进行他的文化思想教育和传播时，颜氏便与之发生了密切关系，至于在孔门著名七十二弟子中，颜姓即占其八，所谓："仲尼弟子八人，路、回、仆、哙、何、祖、辛、(骄)也。"①随着孔门弟子的发展壮大和社会政治发展的需要，儒学在西汉武帝时被确立为统治阶级的唯一官方学说，儒家思想也随之成为统治阶级用以治国理民的主体指导思想。这一文化思想格局的形成奠定了此后中国封建帝王统治在文化思想和国家治理上尊儒用儒的总的路线和模式。基于与孔子和儒家的特殊关系，颜氏自春秋后就一直保持着与儒学的密切关系，从而与以儒学为国学、以儒家思想为统治思想的各个朝代政权也发生着千丝万缕的联系。因此，尽管在魏晋南北朝时期，儒学陷入衰微，颜氏家族并没有因此荒疏对儒学的学习和对儒道的坚守与传播。从前文所论可知，在这一时期他们反而比同时代其他家族更坚定地以儒家思想为家族发展理念，从而以儒学价值观和人生观为核心形成了独有的颜氏家风。出生于这样一个家族，颜之推自然从小就不得不接受儒学的学习以及对儒家的一套礼的规范的遵守，故而我们可看到，尽管时代变化给颜之推身上留下某些偏离儒家思想的痕迹，但他最终还是对儒家思想进行了不离不弃的坚守。

第一节　颜之推对儒家思想的坚守

一、儒学发展的低迷状态

东汉以来，儒学在学术上因烦琐、迂阔的章句释义使人既难以理解、卒读，也无益于自身的进步；在思想上因其掺杂谶纬而变得神幻，让其也难以完全用于实践指导。《汉书·艺文志》对此评曰："古之学者耕且养，三年而通一艺，存其大体，玩经文而已，是故用日少而畜德多，三十而五经立也。后世经传既已乖离，博学者又不思多闻阙疑之义，而务碎义逃难，便辞巧说，破坏形体。说五字之文，至于二三万言。后进弥以驰逐，故幼童而守一艺，白

---

① (唐)林宝撰，岑仲勉校记，郁贤浩、陶敏整理:《元和姓纂》(附四校记)，第519—525页。

首而后能言。安其所习,毁所不见,终以自蔽。此学者之大患也。"①究其原因,班固也有所论:"自武帝立'五经'博士,开弟子员,设科射策,劝以官禄,讫于元始,百有余年,传业者浸盛,支叶蕃滋,一经说至百余万言,大师众至千余人,盖禄利之路然也。"②自汉武帝立儒学为国学,又以儒家"五经"为考试内容选拔人才,经学从此得到了长足的发展和繁荣,一方面使儒学得以被更广泛地传播和世人竞以儒家思想为安身立命之精神依据,另一方面也造成了西汉后期经学发展出现烦琐穿凿的解释和延伸,事实上,这已经偏离了经学本身的要义和主旨。到东汉时,光武帝筚路蓝缕、披荆斩棘中兴了刘汉大业,百废待兴之中,东汉政府首先重视的就是发展儒学,而被派往各地治理的郡守基本上在发展经济的同时也都把儒学的推广作为优先发展对象,这使得东汉一朝儒学兴盛并不亚于西汉时期,甚至如颍川、汝南、南阳地区儒学还超过西汉时期发展水平,其他地区也多如此。③ 不过,东汉时儒学发展走的仍然是西汉后期烦琐解经之路,故而东汉时期经学发展也就没有什么高度可言,反而因刘秀登基称帝对谶纬的大加褒崇使得东汉时经学释义比西汉多了更多的神学附会。如此,本就僵化的经学在发展上愈加陷入僵局,一如今人所论:"东汉以后占统治地位的今文经学与谶纬迷信合流,日趋烦琐、空疏、荒诞,经学研究脱离政治,脱离现实,进入了死胡同。"④这样,儒学作为政治思想领域的经典理论,渐变得虚幻不切实际,失去了它应有的实践指导作用。正如时人所说:"斯道莫振,文武陵队。"⑤以此故,后来才有郑玄对经学的重新注解。而另一方面,东汉政治发展到中后期时,外戚、宦官交替专权,也使得选举用人名不副实,"窃名伪服,浸以流竞"⑥,至于"举秀才,不知书。察孝廉,父别居。寒清素白浊如泥,高第良将怯如鸡"⑦等现象大量产生,"选官制度进入了与原始儒学人才思想相反的境地"⑧,这又使不少士大夫对这时期儒学丧失信心。这样,儒学本身发展的僵局和以儒学为名选举用人的腐败最终导致了儒学在思想理论界不但失去权威性,也逐渐失去统治地位。

到魏晋南朝时期,儒学发展的这种颓势因玄、佛、道的兴盛进一步加剧。

---

① 《汉书》卷30《艺文志》第1723页。
② 《汉书》卷88《房凤传》"史臣赞",第3620页。
③ 参见卢云:《汉晋文化地理》,西安:陕西人民出版社1991年版,第497—540页。
④ 孙明君:《曹操与儒学》,《文史哲》1993年第2期。
⑤ 《后汉书》卷61《黄琼传》,第2043页。
⑥ 《后汉书》卷61《黄琼传》,第2042页。
⑦ (晋)葛洪撰,杨明照校笺:《抱朴子外篇校笺》,北京:中华书局1991年版,第393页。
⑧ 孙明君:《曹操与儒学》,《文史哲》1993年第2期。

三国时名士华歆就说“丧乱以来,六籍堕废”①,晋时名士荀崧也说“自丧乱以来,儒学尤寡”②。特别是到西晋末,因玄学炽热更形成“浮虚相扇,儒雅日替”“仁义幽沦,儒雅蒙尘,礼坏乐崩”③之局面。降至东晋,玄风更扇,社会上“谈玄说理不再局限于名士、帝王公卿、大臣逸士,乃至黄口小儿,都卷入了谈玄之风”④。以此,东晋儒学不兴又过于西晋,故而明帝司马绍下诏曰:“丧乱以来,儒雅陵夷,每览《子衿》之诗,未尝不慨然。”⑤甚至连道教首领人物葛洪也慨然叹曰:“世道多难,儒教沦丧”“礼教渐颓,敬让莫崇”⑥。南朝勃兴,政治状况在一定程度上有所革新,这使玄学热也在一定程度上有所降温。但社会相承,旧习难以卒改,虚浮仍然不绝,梁末大同时期,玄学再度兴盛,“人士竞谈玄理”⑦,儒学疲软不振现象依然存在。

当然,于这一过程中官方并非无所作为,而是也在积极努力地加强对儒学的建设和发展。譬如司马睿践阼后即修学校、立五经博士,宋文帝也先后三次下诏“大启庠序”“修复学舍”⑧,梁武帝即位后也“修饰国学,增广生员,立五馆,置五经博士”,甚至于天监初下诏撰修“吉凶军宾嘉五礼”⑨等,然而总体而言,魏晋南朝时官方这些举动非但力度有限,效果也并不是很明显。原因就在于,魏晋以来政治斗争残酷,政权更迭频繁,统治者于儒学建设心而余而力不足,这也就使得官方在学校教育、典籍整理和传播方面多流于短暂的恢复和昙花一现的应景点缀,政府层面上大规模推行儒学的社会教育始终无法全面实行,以至于官学衰退。加上这时期意识形态领域内佛、道普兴,社会各阶层人士大多对之又积极传播,这又深刻影响着许多人的世界观和价值观,使得许多世家大族乃至一般百姓将大部分精力由对儒学的学习、传播都转移到对玄学的清谈和佛、道的信奉上,这使儒学的发展不可避免地陷入衰微低迷状态。这样儒学基本上在魏晋南朝呈现的是一种跌入低谷的缓慢断续发展态势,而且对这种发展态势也不能作过高估计。《颜氏家训·勉学》中就说:梁朝全盛之时,“贵游子弟,多无学术,至于谚云:‘上

---

① 《三国志·魏书》卷13《华歆传》,第403页。

② 《晋书》卷75《荀崧传》,第1977页。

③ 《晋书》卷75《范宁传》,第1984页。

④ 曹文柱主编:《中国文化通史·魏晋南北朝卷》,北京:中共中央党校出版社2000年版,第60页。

⑤ 《晋书》卷91《儒林传·虞喜传》,第2348页。

⑥ (晋)葛洪撰,杨明照校笺:《抱朴子外篇校笺》,第134、601页。

⑦ 《梁书》卷56《侯景传》,第863页。

⑧ 《宋书》卷5《文帝纪》,第89页。

⑨ 《梁书》卷3《武帝纪》,第96页。

车不落则著作,体中何如则秘书'"①。虽然六朝贵族制社会下士族子弟可依凭门资和特权,不需付出任何努力即可获得清选之官,造成了他们的不学无术之普遍现象,但儒学在士族阶层不再被特别重视当也是其中原因之一。当然,在中下层寒士那里,儒学一定程度上还是被奉为必修经典而被修习着。②。

西晋永嘉以后,于北方而言,其儒教更几乎处于坠落之势。北魏中书侍郎高允即说:"自永嘉以来,旧章殄灭。乡间芜没雅颂之声,京邑杜绝释奠之礼。道业陵夷,百五十载。"③北魏立国后,虽有汉族儒士崔浩等人为之作儒学教化之倡导,但毕竟文明的进化与提升难可速成,"崔浩之狱"成,不但崔浩死之,也使其他立足于北魏朝廷的儒学大族不是因与崔浩相联而遭打击,就是噤若寒蝉,莫不小心谨慎求保性命于当世,无力宣扬儒学于北魏朝廷。及至孝文帝力图发展政权并摆脱鲜卑旧习而思不断改进本民族发展之进程,才于一系列汉化措施中实行振兴儒学之举。但好景不长,孝文帝死后,北魏跌入政治动荡时期,"河阴之变"使北魏汉化人士几乎丧失大半,这对北方的汉化进程是一个沉重打击。不久,北魏分裂为东、西两个政权互相斗争,儒学的发展在政治嬗代和斗争中再次被搁置一边。此后北周武帝虽一度兴儒重学,但也没有为北周统治下的北方文化水平的提高带来多少改变。而北齐儒学的发展由《颜氏家训》所载"博士买驴,书券三纸,未有驴字"不难看出其平庸之大概。可见,北方从北魏到隋的演进过程中,除了佛教一直兴盛外,儒学的发展也就是在孝文帝时有过一度辉煌时期,此外都是处在延续和起伏不大的缓慢前进。

不难看出,儒学这时期衰退的原因既有政治方面因素,也有儒学本身发展的偏差,此外还有魏晋时期宗教与玄学兴盛之因。正是诸多因素的综合作用,儒学的发展在魏晋南北朝时期才出现滞阻和衰微现象,并一直多处在低迷不振状态之中。

二、颜之推由尚玄到崇儒

魏晋南北朝时期儒学发展在社会上的式微、低迷使其发展势头难以和

① 《颜氏家训集解》(增补本),第148页。

② 牛润珍在《释"上车不落则著作"》一文中列举了萧梁一朝为著作郎和著作佐郎、史臣等人员,虽是为了说明萧梁时士族任著作郎仅为其后期现象,但由此也可看出,这些被任命为著作郎、著作佐郎和史官的基本上都非高门士族而为一般中下层的士族。这些人几乎都好学,学识渊博,有家学传统,因而由此可看出儒学在中下层士人那里仍然为走入仕途的必修之学。参见牛润珍:《释"上车不落则著作"》,《史学史研究》2001年第3期。

③ 《魏书》卷48《高允传》,第1077页。

这时兴盛的玄、道、佛相争锋,但儒学的许多思想理念诸如符合个人发展、奋斗以及利于家族兴盛的所谓修身、齐家、治国、平天下、孝亲、祭祀祖先等,在社会上依然还是为利己的世家大族、因儒学起家的士人以及一些以文化传家的世族等支持、拥护和传播。正如陈寅恪先生所说“盖自汉代学校废弛,博士传授之风气止息以后,学术中心移于家族”①,其原因大抵在此。而儒家思想中的君臣等级秩序、忠孝观念、礼仪的种种规定等也特别符合和有利于统治者的政权建设需要,而且从先秦发展到两汉,唯有儒家学说发展得最充分,并吸取各家学说中利于统治者需要的成分为己所用,从而形成一种较为完备的哲学体系和管理模式。相比之下,其他各派学说思想因种种原因不是夭折就是被儒学之徒所攻击、谮毁,从而难以发展成与儒学相匹配的体系以及符合统治阶级利益长久需要的理念。这在一定程度上又使儒学始终难以被统治者抛弃,终得以在统治思想中占有主导地位,由此也使得儒教发展虽不断遭受挫折而终不灭。正是在这种情况之下,出身于南北朝后期以儒学传家的颜之推一方面执着于对儒学的坚守和学习,一方面又因势利导积极开展着对儒家思想的传播。

不过,这中间颜之推也经历了一个心路历程。

颜氏家族世以儒学为传家之业,家族人员自幼就接受着儒家的伦理道德之教,在“素为整密”②的风教下他们对儒家思想的遵行也就颇为至诚。因而当梁武帝夺取萧齐政权后,时为齐和帝治书侍御史兼中丞的颜见远便愤而不食,以身殉节。在当时的社会环境里,尽管儒教趋衰,但政府选择的依然是把儒家思想作为社会的主要教化工具,而世家大族乃至一般士族也依然以儒学为传家文化,因此,颜见远的行为本应得到社会上普遍性的同情和声援,然而事实上,在正义和权力、公理和屠杀面前,大多士人都选择了对权力的忍让、对公理的舍弃:世家大族所做的就是将一家物与另一家,以保证自身能“市朝亟革,宠贵方来,陵阙虽殊,顾眄如一”。在其影响之下,其他士人自然也就会“殉国之感无因,保家之念宜切”③。于是整个士林阶层对颜见远的行为便选择了集体缄默,这对颜氏家族应是一个沉重打击。相比于宋齐禅代之袁粲死宋,石头城百姓中还流传“可怜石头城,宁为袁粲死,不作彦回生”的谣言④。社会舆论对袁粲的忠节行为价值多少还给予了肯定,而颜见远殉节除了带给家人的无尽伤悲外,并没有引发社会舆论的丝毫涟

① 陈寅恪著:《隋唐制度渊源略论稿　唐代政治史述论稿》,第 20 页。

② 《颜氏家训集解》(增补本),第 4 页。

③ 《南齐书》卷 23《王俭传》,第 438 页。

④ 《南史》卷 28《褚彦回传附炤传》,第 753 页。

漪,社会风气于南北朝之际代代趋衰由此可见。因而颜之推作家训时对社会上的读书人便愤而指责曰:“世人读书者,但能言之,不能行之,忠孝无闻,仁义不足。”①其后颜见远的儿子颜协因为父亲死于梁武篡权,故而遵从孔子所谓“父没,观其行,三年无改于父之道,可谓孝矣”②的主张,从此也无意于仕途,郁郁不得志,终于大同五年(539)在其四十二岁时去世。这年颜之推九岁。幼年就遭受家庭变故,颜之推可谓不幸,此后便为兄“鞠养”。因此,这时期虽在学习家传儒家经典《周礼》《左传》,但士族行为和儒家思想的不和谐使渐渐长大的颜之推对儒家思想不免产生困惑,而梁大同末再次兴盛的玄学不但为士族阶层所崇尚,也在某种程度上影响了颜之推,使他开始对玄学产生兴趣,进而学习之,甚至率性放达起来。

玄学虽然兴盛于魏晋,但南北朝时依然沿袭其风,谈虚说玄并没有因为王衍等大畅玄风而导致西晋灭亡的历史教训而有根本性的改变,相反,效仿竹林名士之风流在东晋和随后的南北朝士人群体中绵延不断,以至玄学在宋文帝时期被列为官府四学之一,而“洎于梁世,兹风复阐,《庄》《老》《周易》,总谓《三玄》。武皇、简文,躬自讲论。周弘正奉赞大猷,化行都邑,学徒千余,实为盛美。元帝在江、荆间,复所爱习,召置学生,亲为教授,废寝忘食,以夜继朝,至乃倦剧愁愤,辄以讲自释”③。到大同末年,谈玄之风愈加兴盛,以至“人士竞谈玄理”④。这种情况下,颜之推一方面因兄长“有仁无威,导示不切”⑤和不平家庭之变故,一方面则受社会风习尤其是湘东王萧绎影响,他开始步入习玄之路,所谓:“年十二,遇梁湘东王(萧绎)自讲《庄》《老》,之推便预门徒。”⑥并且此后凡值萧绎玄讲,颜之推便积极参加,一如其说:“吾时颇预末筵,亲承音旨。”⑦

颜之推从此不仅醉心于玄学的清谈妙论,还如其时众多玄学之士一样,率性而为,放任自然,纵情达性,此亦其所谓:“颇为凡人之所陶染,肆欲轻言,不修边幅。”⑧然而社会发展趋势表明,政权虽可一再更迭,南朝的社会政治特质在一段时期内却并不会有多少改变,因此尽管士族门阀政治随东

① 《颜氏家训集解》(增补本),第166页。
② 《论语·学而》,见程树德集释:《论语集释》(一),第42页。
③ 《颜氏家训集解》(增补本),第187页。
④ 《梁书》卷56《侯景传》,第863页。
⑤ 《颜氏家训集解》(增补本),第4页。
⑥ 《北史》卷83《文苑·颜之推传》,第2794页。
⑦ 《颜氏家训集解》(增补本),第187页。
⑧ 《颜氏家训集解》(增补本),第4页。根据大同末的社会风习,和《颜之推传》对这时期颜之推预萧绎玄学门徒的记载,当知颜之推所谓“颇为凡人之所陶染,肆欲轻言,不修边幅”即是指他这时在对玄学的热衷下的所言所为。

晋王朝一去不返，但世族在政治上享有特权的社会属性及现象并没有改变多少。无论刘宋时代，还是萧齐时期，抑或是萧梁治下，没有不对世族优崇而给予他们世代沿袭特权的。因而于士族而言，“皆由门庆”的选举用人机制使他们大可继续谈玄论虚、率性放达而无损于他们“平流进取，坐至公卿”的政治仕途。但于一般素族来说，却不然，他们只能依凭能力和丰富的知识才可能搏出一条仕宦之路。因此谈虚说玄、纵情放达并不能为颜之推带来官运和生存资本，更不能带来多少人生转机。要在社会上立足和出仕朝廷，颜之推只能接受其先人家学并将其扎实地掌握，方可以在九品中正制实行下的特权社会中挣得出路和一席之地。因此，颜之推不得不回头修习家传的儒家经典，一如史书所谓：“虚谈非其所好，还习《礼》《传》。”①也正如颜之推自己所说：“年十八九，少知砥砺。”②正是经历这样一个过程，颜之推深切认识到了玄学在社会实际事务的处理上、在个人的发展上并不起任何实际上的作用，而真正能给自己和家族带来仕宦和富贵的只有儒学。于是，他潜心研习儒学，终于得以依凭才华而出仕为湘东王左常侍，后又为湘东王世子萧方诸掌管书记。此后伴随着江陵政权的灭亡，颜之推虽经历了“一生而三化”的艰辛坎坷，却依凭对儒学的博通得以屡屡出仕，并享尊荣，于这一过程中他也更深刻地认识到儒学在社会上不可替代之重要作用：上可治国理民，下可乱世求生。故而他也就不遗余力、不厌其烦的在《家训》中教导子孙“绍家世之业”和“传业扬名”了。

三、坚持家业，以儒为本

一如上论，虽然梁大同后玄风再炽，处在青少年时期的颜之推深受其影响，有过一段“肆欲轻言，不修边幅”③的率性放达的玄学人士生活，但不久他就认识到遵循家业、精习儒学才是自己的真正出路，所以“还习《礼》《传》”④。此后迭经侯景之乱、“三为亡国之人”的坎坷，耳闻目睹“自荒乱已来，诸见俘虏。虽百世小人，知读《论语》《孝经》者，尚为人师；虽千载冠冕，不晓书记者，莫不耕田养马”⑤等现实，颜之推由此也更深刻地体会到唯有儒学，不仅可以在安定和平环境中以之扬名，即使于乱世也可为立身之本、生活之资。故而不管是生活在梁朝，还是在江陵政权灭亡后被俘西魏，

① 《北史》卷83《文苑・颜之推传》，第2794页。
② 《颜氏家训集解》（增补本），第4页。
③ 《颜氏家训集解》（增补本），第4页。
④ 《北齐书》卷45《颜之推传》，第617页。
⑤ 《颜氏家训集解》（增补本），第148页。

抑或是逃到北齐政权之下，乃至出仕隋朝，坚持对儒学的学习并坚守儒家思想一直是颜之推仕宦南北所坚守的不变之道。而且他不仅自己如此作为，还在佛教氤氲兴盛的环境下，一方面教导后人要继承家族奉佛之事而“留心诵读，以为来世津梁”，一方面也要求后人“务先王之道，绍家世之业”①，努力继承和学好儒学，“宜以传业扬名为务”②。作为儒者，颜之推不仅自己传承家族信仰以奉佛，也要求后人继续奉佛，似乎奉佛已经成为颜氏家族人生最主要信仰。然而事实上，由上论不难看出，在颜之推的眼里，尊儒传家业、求名发展家族才是他人生第一要务，而奉佛不过是这一过程中人生利益取舍的一种利用和交换手段，在现实生活里，颜之推还是以儒学为价值观、世界观和人生观的指导。也正是这样执着于传承儒学，颜之推的子孙才都努力传家业、用功于儒学，并在随后的隋唐王朝尽显其家传之业优势。在唐太宗时，非但颜之推之子颜思鲁事东宫、颜游秦典校秘阁时都做到了“学业颜氏为优”③，其后其孙颜师古和师古孙颜真卿、颜杲卿等也都或以治学儒业显扬，或以忠君杀身成名。

正是在成长中学习，在现实中体会感悟，又在感悟中不断加深认识，颜之推在以儒学引导、规范后人言行的同时，也自觉担当起了对儒学的弘扬和传播之责。他在人生后期完成的《家训》不但从头到尾贯之以儒家思想，仅就书中他直接提及和引用的儒家经典语句而言，就多达四十一处（《书证》和《音辞》所引不计），见下表：

《家训》中所提及和引用的儒家经典语句	所在篇目
虽读《礼传》，微爱属文。	《序致》
《诗》有讽刺之辞，《礼》有嫌疑之诫，《书》有悖乱之事，《春秋》有邪僻之讥，《易》有备物之象：皆非父子之可通言，故不亲授耳。	《教子》
孔子云：“少成若天性，习惯如自然。”	《教子》
孔子曰：“奢则不孙，俭则固；与其不孙也，宁固。”又云：“如有周公之才之美，使骄且吝，其余不足观也已。”	《治家》
吾每读圣人之书，未尝不肃敬对之；其故纸有“五经”词义，及贤达姓名，不敢秽用也。	《治家》
吾观《礼经》，圣人之教：箕帚匕箸，咳唾唯诺，执烛沃盥，皆有节文，亦为至矣。	《风操》

① 《颜氏家训集解》（增补本），第204页。

② 《颜氏家训集解》（增补本），第608页。

③ （唐）颜真卿：《颜氏家庙碑》，《颜鲁公集》，第105页。

续表

《家训》中所提及和引用的儒家经典语句	所在篇目
《礼》云:“见似目瞿,闻名心瞿。”	《风操》
《礼》云:“临文不讳,庙中不讳,君所无私讳。”	《风操》
礼无明文,则吾不取。	《风操》
案:《尔雅》《丧服经》《左传》,侄虽名通男女,并是对姑之称。	《风操》
《礼闲传》云:“斩缞之哭,若往而不反;齐缞之哭,若往而反;大功之哭,三曲而偯;小功缌麻,哀容可也。此哀之发于声音也。”	《风操》
《孝经》云:“哭不偯。”	《风操》
《礼经》:父之遗书,母之杯圈,感其手口之泽,不忍读用。	《风操》
《礼》云:“忌日不乐。”	《风操》
孔子曰:“无友不如己者。”	《慕贤》
多者或至《礼》《传》,少者不失《诗》《论》。	《勉学》
知读《论语》《孝经》者,尚为人师。	《勉学》
夫明“六经”之指。	《勉学》
孔子云:“五十以学《易》,可以无大过矣。”	《勉学》
公孙弘四十余,方读《春秋》,以此遂登丞相;朱云亦四十,始学《易》《论语》;皇甫谧二十,始受《孝经》《论语》:皆终成大儒。	《勉学》
汉时贤俊,皆以一经弘圣人之道,上明天时,下该人事,用此致卿相者多矣。	《勉学》
孔子曰:“学也禄在其中矣。”	《勉学》
夫圣人之书,所以设教,但明练经文,粗通注义,常使言行有得,亦足为人。	《勉学》
《书》曰:“好问则裕。”	《勉学》
《礼》云:“独学而无友,则孤陋而寡闻。”	《勉学》
《穀梁传》称公子友与莒挐相搏。	《勉学》
盖引《论语》。	《勉学》
夫文章者,原出“五经”,诏命策檄,生于《书》者也;序述论议,生于《易》者也;歌咏赋颂,生于《诗》者也;祭祀哀诔,生于《礼》者也;书奏箴铭,生于《春秋》者也。	《文章》
孔子曰:“不学《诗》,无以言。”	《文章》
《孝经》云:“资于事父以事君而敬同。”	《文章》
《诗》云:“有鷕雉鸣。”又曰:“雉鸣求其牡。”《毛传》亦曰:“鷕,雌雉声。”	《文章》

续表

《家训》中所提及和引用的儒家经典语句	所在篇目
《诗》云："孔怀兄弟。"	《文章》
《诗》云："父母孔迩。"	《文章》
《诗》云："萧萧马鸣，悠悠旆旌。"《毛传》曰："言不喧哗也。"	《文章》
《论语》曰："未信而谏，人以为谤己也。"	《省事》
《礼》云："欲不可纵，志不可满。"	《止足》
以《诗》《礼》之教，格朝廷之人，略无全行者。	《归心》
《礼》曰："君子无故不彻琴瑟。"	《杂艺》
《论语》云："不有博弈者乎？为之，犹贤乎已。"	《杂艺》
孔子之葬亲也，云："古者墓而不坟。丘东西南北之人也，不可以弗识也。"	《终制》
四时祭祀，周、孔所教，欲人勿死其亲，不忘孝道也。	《终制》

而在实践中对下一代的要求上，他也是始终坚持课督后人"勤劳经史""务先王之道，绍家世之业"。如当北齐灭亡，颜之推以"十八学士"之一被征往长安时，由于某种原因，他到长安后并没有立即担任北周政府官职，这样他也就没有任何俸禄，面对如此窘境，他仍然督促儿子"勤劳经史"，所以当他的儿子颜思鲁要求"当肆筋力，以申供养"时，他却说："子当以养为心，父当以学为教。使汝弃学徇财，丰吾衣食，食之安得甘？衣之安得暖？若务先王之道，绍家世之业，藜羹缊褐，我自欲之。"①在颜之推看来，只要儿子能勤学儒家经典，以儒家思想为安身立命之基准，他就是再苦，哪怕是吃菜糊穿粗衣也心甘情愿。颜之推的这种思想一定程度上可以说既是对老祖宗颜回"一箪食一瓢饮，在陋巷"的"守道"精神的效仿和遵从，也是在履行孔子所谓"君子谋道不谋食"，"学也，禄在其中矣"②，"富与贵，是人之所欲也；不以其道得之，不处也。贫与贱，是人之所恶也；不以其道得之，不去也"③之思想。可见，颜之推在日常生活中不仅自己坚持儒家的价值观和人生观，也决不让自己后人在立身、行事上丝毫偏离儒家思想。可以说，不管是生活在梁朝，还是后来仕宦于北齐，抑或是齐亡后转仕北周乃至最后出仕隋朝，颜之推尽管遭遇坎坷、历经磨难，但他始终都没有偏离儒家思想的轨迹，也始终都坚持祖训以儒学传家并指导着后人的日常言行，从而使儒家思想成

① 《颜氏家训集解》(增补本)，第204页。
② 《论语·卫灵公下》，见程树德集释：《论语集释》(四)，第1119页。
③ 《论语·里仁》，见程树德集释：《论语集释》(一)，第232页。

为自己和颜氏家族子孙的思想之本。

四、对儒家思想的坚守和传播

颜之推辗转南北、历经四朝，见过不少的政权禅代和残酷的政治斗争，但他并没有因此质疑过儒家思想，反而因为自身学养和处世阅历的增加更加坚信要做儒家的忠实信徒，并自觉地承担起乱世下对儒家思想的传播和振兴责任，所以在《观我生赋》里他说："远绝圣而弃智，妄锁义以羁仁；举世溺而欲拯，王道郁以求申。"①"绝圣弃智"是老子提出来的无为思想，在《道德经》中老子就说："绝圣弃智，民利百倍；绝仁弃义，民复孝慈；绝巧弃利，盗贼无有。此三者以为文不足。故令有所属，见素抱朴，少思寡欲。"②老子这种崇尚素朴而反对积极有为的自然无为思想在魏晋南北朝因玄学的兴起大为传播和发展，玄学因此也一时甚嚣尘上，人多以尚玄为贵为荣为美，以至于上至帝王下至一般贵族士人鲜有不染习其中者。这种现象到梁朝后期依然为时流所尚，即使颜之推本人也曾受其影响。不过，玄学作为一种哲学，它的产生和发展虽有其政治背景和环境，也契合了魏晋南北朝时期士族的某种人生需要，但玄学所推崇的老子自然无为思想在夹杂着复杂的政治斗争的变革社会里却并不能让乱世回归到治世、让纷乱的思想意识趋归一致。相反，它的盛行则使某种程度上有序的合理思想意识变得颠倒、混乱，甚至于如梁元帝后期崇尚玄学，以讲玄为务，可最后不但梁政权因之灭亡，甚至连他本人都因此丧命，因而无论如何都不能说玄学为治世之需、经世致用之本。所以颜之推撰《家训》时便提出了和老子主张的"绝圣弃智、绝仁弃义"截然相反的观点："远绝圣而弃智，妄锁义以羁仁"，以表明自己归儒学而弃老学之态度。不但如此，他还要"举世溺而欲拯，王道郁以求申"，即在时下儒家思想衰微而举世都沉溺不觉的情况下，自觉担起宣扬、振兴儒家思想的重任。很明显，颜之推意欲在儒学衰微之际以儒学的继承者、担当者甚至中兴者自任，以对汉末以来持续低迷的儒学和儒家思想起而振之，某种程度上他的这种思想和梁元帝所谓"周公没五百年有孔子，孔子没五百年有太史

---

① 《北齐书》卷45《颜之推传》，第625页。张霭堂先生将这句话翻译为："对已往的过错进行自责，才如梦初醒恢复了原有的天真。我远未做到抛却聪明智巧，却被仁义束缚终身。见世人沉湎想进行拯救。又嫌王道不明而要三令五申。"（张霭堂译注：《颜之推全集译注》，济南：齐鲁书社2004年版，第339页）很明显，张先生对这句话的翻译颇有点望文生义和想当然，不说与颜之推原意根本颠倒，也有着很大偏差。

② （魏）王弼注，楼宇烈校释：《老子道德经注校释》，北京：中华书局2008年版，第45页。

公。五百年运,余何敢让焉”①的思想多少相似,只不过颜之推的表述没有梁元帝那样张显,而要隐晦得多②。这也让我们看到,儒学衰微状况虽然到梁时仍没有得到根本扭转,但到梁后期,文人儒者中有志者多有振兴文化、复兴儒学担当之自觉,并都表现出“当仁不让”之勇气。

事实上,颜之推不仅这样说,也这样做着。依据自身在乱世的深刻感悟和认识,他撰写了《家训》,表面上看这是一部训教子孙的著作,实质上和当时一般世家大族传播儒学仍然以诵经传、习章句,停留于深奥的理论涵义解释与小范围传授不同,他在以一种新的方式和理念对儒家思想作出新解读③,使其更加适用于当时现实生活,从而使儒学和儒家思想由形而上的枯燥理论进入人们的现实生活,成为人们的日常言行规范,成为士人立身处世的生活标准。正如后人所说:“六经之文,非不本末兼该,大小具备,而词旨深远,义理蕴奥,必文人学士,日亲师友之讲论,始能通之。若公(颜之推)之为训,则自乡党以及朝廷,与夫日用行习之地,莫不有至正之规,至中之矩,虽野人女子,走卒儿童,皆能诵其词而知其义也。”④可以说,颜之推对儒家思想的世俗化解读算是做到了真正意义上的大众化、普及化。而就其中内容而言,大体主要表现为以下四个方面:

一是立身上修身齐家。修身齐家是儒家学说中最为重要的思想之一,它和治国平天下共同成为儒教激励一代又一代学者文人实现自我人生价值的精神依据。《颜氏家训》分有二十个篇目,在这二十个篇目中,除了《序致》和《终制》之外,其余十八个篇目可以说几乎都是围绕着儒家“修身”“齐家”思想和与之相关内容对后人所进行的多层次多角度的说教。其中由篇目《风操》《慕贤》到《勉学》《文章》,再到《名实》《涉务》《省事》和《止足》,莫不被安排为从不同角度围绕“修身”来对后人进行立身处世的分解说教,

① (梁)萧绎撰,陈志平、熊清元疏证校注:《金楼子疏证校注》,上海:上海古籍出版社 2014 年版,第 611 页。

② 秦永洲认为“以颜之推为代表的南朝文士们痛定思痛,毅然改弦更张,喊出了向儒学回归的第一声”,并认为颜之推“重新树立了儒家的伦理道德规范”(参见秦永洲著:《颜之推与〈颜氏家训〉》,济南:山东文艺出版社 2004 年版,第 42 页),笔者以为此论似夸大了颜之推在儒家学说发展中的作用了。综观魏晋南北朝,儒学式微固然为这时期发展总的态势,但一直致力于儒学发展的倡导者在这个时期却并不鲜见,如荀彧、傅玄、葛洪、萧绎等,特别是萧绎,一如本文中所论,甚至还以孔子继承者自居来积极振兴儒学,而且以儒家伦理道德为价值观一直在魏晋南北朝政府乃至各家族发展中存在。

③ 秦永洲也指出了颜之推“吸收、融汇各家,发展、更新儒学”(参见秦永洲著:《颜之推与〈颜氏家训〉》,济南:山东文艺出版社 2004 年版,第 46—49 页),但秦先生主要论述的是颜之推对儒、佛、道三教合一的努力,把颜之推的将儒学某些观点比类佛教思想看作“更新儒学”,这虽不失为一种见解,也固为颜氏对儒学内容的某种发展,但并非颜之推发展儒学的主体内容。

④ 《颜氏家训集解》(增补本),第 625 页。

而《教子》《兄弟》《后娶》和《治家》又莫不被安排为围绕“齐家”为中心来对家庭治理作条分缕析的论说，是对家庭成员之间关系处理给予的儒家思想下的基准。可以说，虽然在《家训》中颜之推几乎没有直接以纯理论的方式大谈如何“修身、齐家”及其意义，但事实上，“修身”“齐家”这一儒家用以振起后人意志、实现人生理想的精神内涵已被他结合自己的人生感悟和现实需要，分解于生活中各个方面具体的言行礼节和处事规范中，并作为原则思想贯穿于生活。在这一过程中，颜之推也将儒家思想的传播由被动教导变成了士人积极主动去学和身体力行之需。

二是做人上遵礼重孝。礼，为儒家思想体系核心之一，也是使儒家思想为历代统治者所迫切需要而无法舍弃的根本原因。它为统治者提供了维持社会秩序强有力的精神保证，在无形中迫使人按照不同层次、不同角色履行着自己作为社会人的职责和义务，所谓：“夫礼者，所以定亲疏，决嫌疑，别同异，明是非也。”“道德仁义，非礼不成，教训正俗，非礼不备；分争辩讼，非礼不决；君臣、上下、父子、兄弟，非礼不定；宦学事师，非礼不亲；班朝治军，莅官行法，非礼威严不行；祷祠祭祀、供给鬼神，非礼不诚不庄。”①也因此，后人本着“夫礼者，所以经国家，定社稷也”②的理念来维护着它传播着它。

出生儒学家庭的颜之推，从小就接受礼的熏陶，深明礼在儒教和社会秩序中的重要意义、在家庭中的意义、在人生中的重要意义，因而在《家训》里他对后人进行了不遗余力的礼的教导，要求后人要遵礼重孝。一方面，他将礼的内容化为日常行事准则，认为“礼为教本，敬者身基，瞿然自失，敛容抑志也”③。要求日常生活中必须以礼为先、以礼为范，按礼的标准来处世。以此故，在论及对孩子的教育上，他甚至要求对胎儿也要进行符合“礼”的教育，要求“以礼节之”④。在论及士大夫立世风操时，又引《礼》来说：“吾观《礼经》，圣人之教：箕帚匕箸，咳唾唯诺，执烛沃盥，皆有节文，亦为至矣。”⑤从清除灰尘、执拿筷子、在长者面前咳嗽欠伸、为长者捧灯、端水盥洗等各方面举动上要求后人在长者面前的言行皆须恭敬到位，举止有礼。在谈到避讳时，也引《礼》来说，所谓：“《礼》云：‘见似目瞿，闻名心瞿。’”“临文不讳，庙中不讳，君所无私讳。”⑥说到丧礼时，更是秉持儒家所谓“生事之以礼，死

① 《礼记·曲礼上》，见王文锦译解：《礼记译解》，北京：中华书局 2001 年版，第 2—3 页。
② 《晋书》卷 50《庾纯传》，第 1400 页。
③ 《颜氏家训集解》（增补本），第 166 页。
④ 《颜氏家训集解》（增补本），第 8 页。
⑤ 《颜氏家训集解》（增补本），第 59 页。
⑥ 《颜氏家训集解》（增补本），第 61 页。

葬之以礼,祭之以礼"①而要求后人按《礼》的规定来约束言行。譬如在说到父母的忌日时,他要求按《礼》所言,做到"忌日不乐"②。甚至对待父母的遗物,也要按《礼》来做,所谓:"《礼经》:父之遗书,母之杯圈,感其手口之泽,不忍读用。"③等等。不难看出,颜之推有关"礼"的述说和要求不仅说明了他本人一直以来在循规蹈矩地遵礼,对子孙也是作如此要求。

另一方面对守礼者,对以"礼"来整治家庭、约束家人的做法,颜之推大加肯定也大加赞赏(事实上,这点在南朝社会上也得到了较普遍的认可)。譬如在这点上做得较好的裴之礼及其儿子裴政,他就颇为赞许甚至非常敬佩。他说:

> 失教之家,阍寺无礼,或以主君寝食嗔怒,拒客未通,江南深以为耻。黄门侍郎裴之礼,号善为士大夫,有如此辈,对宾杖之;其门生僮仆,接于他人,折旋俯仰,辞色应对,莫不肃敬,与主无别也。④

> 江左朝臣,子孙初释服,朝见二宫,皆当泣涕,二宫为之改容。颇有肤色充泽,无哀感者,梁武薄其为人,多被抑退。裴政出服,问讯武帝,贬瘦枯槁,涕泗滂沱,武帝目送之曰:"裴之礼不死也。"⑤

对于偏离儒家"礼"之行为,颜之推则极力贬斥,譬如在论及以符驱鬼和厌胜等行为时,他说:"偏傍之书,死有归杀。子孙逃窜,莫肯在家;画瓦书符,作诸厌胜;丧出之日,门前然火,户外列灰,祓送家鬼,章断注连:凡如此比,不近有情,乃儒雅之罪人,弹议所当加也。"⑥

从小接受儒家思想熏陶的颜之推在遵礼守礼护礼的同时也极力推崇孝。在《家训》中他虽没有单独就"孝"作多少理论阐释,却将"孝"分解在日常言行举止的事理中。譬如在《家训》开篇他就鲜明提出:"夫圣贤之书,教人诚孝,慎言检迹,立身扬名,亦已备矣。""吾今所以复为此者,非敢轨物范世也,业以整齐门内,提撕子孙。"⑦从而把诚(忠)、孝视为人生最高的伦理道德准则。在《教子》中他不仅提倡对孩子从小就要教以孝,还提出培养孩

---

① 《论语·为政上》,见程树德集释:《论语集释》(一),第81页。
② 《颜氏家训集解》(增补本),第109页。
③ 《颜氏家训集解》(增补本),第107页。
④ 《颜氏家训集解》(增补本),第124页。
⑤ 《颜氏家训集解》(增补本),第103页。
⑥ 《颜氏家训集解》(增补本),第98页。
⑦ 《颜氏家训集解》(增补本),第1页。

子孝的方式，所谓："古者"，"生子咳嘿，师保固明孝仁礼义，导习之矣。"又说："父母威严而有慈，则子女畏慎而生孝矣。"①"骨肉之爱，不可以简。简则慈孝不接。"②在《后娶》中又说："悲夫！自古奸臣佞妾，以一言陷人者众矣！况夫妇之义，晓夕移之，婢仆求容，助相说引，积年累月，安有孝子乎？此不可不畏。"③在《治家》中又说："父不慈则子不孝。"在《勉学》中又宣扬"孝为百行之首"。在《归心》篇也说："若能诚（忠）孝在心，仁惠为本，须达、流水，不必剃落须发"，"诚臣徇主而弃亲，孝子安家而忘国，各有行也"。在《终制》篇又强调："四时祭祀，周、孔所教，欲人勿死其亲，不忘孝道也。""汝曹若违吾心，有加先妣，则陷父不孝，在汝安乎？"甚至在《风操》中他所讲诸多对先人的避讳也莫不是在说明为人子女者在长辈去世后仍然需要本着一颗诚孝之心。《家训》中诸多关于"孝"的语句和不厌其烦的言说，虽然不是长篇大论，却明显地体现出颜之推多角度、多方面以日常事理、言行来诠释"孝"的内涵、遵守孝的意义和价值，并将"孝"大而根本化之取向，希望以此向后人说明不孝则无以立身、无以持家、无以处世、无以面对祖宗，从而引导并规范约束后人必须孝、如何孝。

一如前文"颜氏家风形成"中所论，魏晋南北朝社会因为政治因素，自上到下都流行着浓浓的"孝"亲思想。因此，颜之推在《家训》中大力倡导"孝"不仅有其不言而喻地维护家族发展的社会因素，也内含有深层次的政治原因。

三是仕宦上忠君即尽职以利社稷。颜之推由南到北，历仕四朝，在忠君方面本没有什么资格来论及，一如子游所说"事君数，斯辱矣"④，但颜氏自有其理由，所谓："自春秋已来，家有奔亡，国有吞灭，君臣固无常分矣"，"以《诗》《礼》之教，格朝廷之人，略无全行者"⑤。因此，虽然他也觉得在"忠君"方面是"小臣耻其独死，实有愧于胡颜"⑥，但他却将此责任推给了社会和他人。如此，颜之推在江陵政权灭亡时转而出仕北朝政权也就算不得不忠。故而在《家训》中他也就能很坦然地来论儒家的忠君思想，并向后人宣讲之。不过，颜之推的忠君思想已不再单纯为"夷、齐之节"那样为忠于某一家一姓王朝而为之殉节的理念，而是有了较多的因时因世的新解。那就是："未知事君者，欲其观古人之守职无侵，见危授命，不忘诚谏，以利社稷，恻然

① 《颜氏家训集解》（增补本），第 8 页。
② 《颜氏家训集解》（增补本），第 14 页。
③ 《颜氏家训集解》（增补本），第 34 页。
④ 《论语·里仁下》，见程树德集释：《论语集释》（一），第 281 页。
⑤ 《颜氏家训集解》（增补本），第 258、389 页。
⑥ 《北齐书》卷 45《颜之推传》，第 623 页。

自念,思欲效之也"①,又"诚臣徇主而弃亲,孝子安家而忘国,各有行也"②。在这种思想之下,为一家一姓王朝殉节固然为忠君,但忠君也并非必须为一家一姓王朝殉节和对新朝避隐不仕,而是还有其他多种表现。在魏晋南北朝这种变化时代,非常时期忠君既可以选择舍弃双亲为主殉节上,也可以选择尽孝保家上,二者不管作何选择都是正确的,不可勉强;如果非得以死殉节才叫忠君,那么"以《诗》《礼》之教,格朝廷之人,略无全行者",也就是说整个朝廷上也都难找忠君之臣了;因此他认为忠君更多也更主要的还是体现在尽职以利社稷上,即谨守岗位、做好本职工作,不渎职、不失职,国家需要的时候能献出生命,一切都以国家社稷为重。颜氏的这种因时而有的忠君理念既不同于魏晋以来大多士人低眉顺眼、随波逐流的臣仕新朝思想,更不同于那些将"一家物与一家"助纣为虐的唯结新欢不顾旧主的士人思想,当然,它也和两汉以来宣扬的"事君不贰是谓臣"③的理念不完全一样,它是魏晋南北朝政治变革不断发生情况下颜之推因时将尽忠于一家一姓王朝和统治者个人的思想上升为对一个政权或一个国家的忠贞上。也就是说,士人个体生命应该服务于国家社稷,而不是仅仅尽忠甚至殉节于统治者一人。不可否认,按照这样的理论,颜之推有为自己臣仕多朝开脱的成分在内,但我们也因此可以看到,魏晋以降,随着朝代的频繁嬗替、政治的不断变革,士人在珍惜生命的同时,也在反思生命的价值和意义,并因此将忠节的内涵由简单的忠于一家一姓王朝和统治者扩大到对国家社稷这个层面上,这可以说是乱世下士人思想的一种变化和进步。按照这样的理论,颜之推虽然历仕四朝,也依然不失为一个忠君之人。也因此,颜之推是有忠君思想的,也是有资格来谈论和教育后人忠君的。故而在《家训》中,颜之推便将他这种乱世下新的忠君思想教育给后人,一方面称"不屈二姓,夷、齐之节也",对传统忠君行为大加赞赏④;一方面也说:"士君子之处世,贵能有益于物耳,不徒高谈虚论,左琴右书,以费人君禄位也。"⑤与此同时,对违背儒家忠君思想者他则义正词严地予以指责。所谓:"世人读书者,但能言之,不能行之,忠孝无闻,仁义不足",⑥"然而君子之交绝无恶声,一旦屈膝而事人,岂以存

---

① 《颜氏家训集解》(增补本),第165页。

② 《颜氏家训集解》(增补本),第391页。

③ 徐元诰集解:《国语集解》,北京:中华书局2002年版,第347页。

④ 如对北齐末年宦者田鹏鸾为周军俘获后宁可"断四体而卒"也不告诉周人后主下落的行为大加称赞,说:"蛮夷童丱,犹能以学成忠,齐之将相,比敬宣之奴不若也。"《颜氏家训集解》(增补本),第202页。

⑤ 《颜氏家训集解》(增补本),第315页。

⑥ 《颜氏家训集解》(增补本),第166页。

亡而改虑？陈孔璋居袁裁书，则呼操为豺狼；在魏制檄，则目绍为虵虺。在时君所命，不得自专，然亦文人之巨患也，当务从容消息之”。[①] 以此故，后人读其文甚为感动，以至于说：“夫其言阃以内，原本忠义。”[②]

在南北朝时期，臣仕两朝甚至多朝行为却仍自以为有忠的思想的不在少数。他们一方面表达着对故君或故国的忠心和思念，另一方面却在新朝和新君面前又多表现出媚好之态。譬如与颜之推同时期入北的庾信即也怀有这种思想。在《谨赠司寇淮南公》《拟咏怀二十七首》、《哀江南赋序》《枯树赋》等诸多诗赋中，庾信反复运用“采葛”和“食薇”典故以表现不忘故国以及忠贞故国的思想[③]，但现实中他的言行、诗作又表明了他对宇文氏统治者的忠心和媚好，不过，这时期更多的士人其思想和行为都还只停留在对一家一姓统治者忠心这个层次上。如：“孟门久失路，扶摇忽上抟。栖乌还得府，弃马复归栏。”[④]再如萧齐之际的马仙琕为豫州刺史，建康被梁武帝攻陷后，仙琕举哀对众人说：“我受人任寄，义不容降，今众寡不侔，势必屠灭。公等虽无二心，其如亲老何。我为忠臣，君为孝子，各尽其道，不亦可乎。”可在被槛送建康后他即对梁武帝说：“小人如失主犬，后主饲之，便复为用。”[⑤]此后他便尽心为梁武帝所驱使。刘宋时张岱说：“古人言，一心可以事百君。”[⑥]此语可以说道尽这时期大多数士人在政权更迭下的这种心理。魏晋南北朝之际，政权更迭频繁，如何为“忠”本身就不好言说，而事实往往也是：对旧朝尽忠者不得好的结局，也不为后世君主所表彰，社会舆论歌之者也少；罔顾是非者、因时趋势者和传递玺印者却得以爵禄如初甚至被委以重用。加上“魏晋之际，天下多故，士人少有全者”[⑦]之教训，因而士人有张岱和马仙琕这样的心理和行为也较为普遍，甚至与颜之推同时的王褒在江陵陷落之际，干脆直接向西魏侵略军大将于谨儿子自称“柱国常山公家奴王褒”[⑧]，以此表达对对方的忠诚，从而希冀通过这样的表白和主动投诚以获取某种优待。不过，魏晋南北朝忠节观上虽有趋向模糊之倾向，但如王俭、王褒这样的出格行为还是为人所不齿的。

---

① 《颜氏家训集解》（增补本），第258页。

② （明）于慎行：《颜氏家训后序》，《颜氏家训集解》（增补本），第618页。

③ 徐宝余先生认为这是庾信“贰臣心理”的体现（参见徐宝余：《庾信研究》，第103—104页），此说诚是。不过笔者认为庾信这些诗赋之句很大程度上其实也隐约表达了对故国以及一定程度上对故君的无法忘怀之情。

④ （北周）庾信撰，（清）倪璠注，许逸民校点：《庾子山集注》，第193页。

⑤ 《南史》卷26《袁湛传附马仙琕传》，第714—715页。

⑥ 《南史》卷31《张裕传附子张岱传》，第807页。

⑦ 《晋书》卷49《阮籍传》，第1360页。

⑧ 《资治通鉴》卷165《梁纪》21，“元帝承圣三年”条，第5121页。

四是处事上仁义为怀。“仁”是儒家思想中的核心思想。关于“仁”的内涵《论语》中有较多阐释,如:“克己复礼为仁。一日克己复礼,天下归仁焉。为仁由己,而由人乎哉?”①“其为人也孝弟,而好犯上者,鲜矣;不好犯上,而好作乱者,未之有也。君子务本,本立而道生。孝弟也者,其为仁之本与!”②“巧言令色,鲜矣仁!”③“仁者先难而后获”,“夫仁者,己欲立而立人,己欲达而达人。”④等等。孟子也说:“君子以仁存心,以礼存心。仁者爱人,有礼者敬人。爱人者,人恒爱之;敬人者,人恒敬之。”⑤荀子说:“仁,爱也,故亲。”⑥而汉许慎《说文解字》也说:“仁,亲也。从人从二。”⑦这些对“仁”的解释表明了“仁者”讲孝悌、守礼,能兼顾、体爱他人。正是从这个角度出发,颜之推在《家训》中不但结合现实继承了儒家“仁”的思想,也因时因世对之作了发展。在颜之推看来,日常处事中持守的“仁义”有高低两层意思。其低层次的是济困救危的小“仁义”。在这个层面上他认为,仁、义是相连的,所谓:“仁者,不杀之禁也;义者,不盗之禁也。”⑧因而在日常生活中,他主张以仁义为怀,去爱人,去尽己之力尽可能地给需要帮助的义士、亲戚朋友等援助。所谓:“穷鸟入怀,仁人所悯,况死士归我,当弃之乎?伍员之托渔舟,季布之入广柳,孔融之藏张俭,孙嵩之匿赵岐,前代之所贵,而吾之所行也,以此得罪,甘心瞑目。”“墨翟之徒,世谓热腹,杨朱之侣,世谓冷肠。肠不可冷,腹不可热,当以仁义为节文尔。”然而就是这种仁义之举,颜之推认为也应该有原则性,即对行“道”者如伍子胥、季布等人和处于贫苦困境的亲友而行之,非对逞个人英雄和违背伦理道德、破坏社会秩序者、图谋获取财物者行之。他说:“至如郭解之代人报仇,灌夫之横怒求地,游侠之徒,非君子之所为也。如有逆乱之行,得罪于君亲者,又不足恤焉。亲友之迫危难也,家财己力,当无所吝。若横生图计,无理请谒,非吾教也。”⑨

颜之推眼里高层次的“仁义”则是为忠孝仁义献身。在这个层面上,他强调:“涉险畏之途,干祸难之事,贪欲以伤生,谗慝而致死,此君子之所惜哉;行诚孝而见贼,履仁义而得罪,丧身以全家,泯躯而济国,君子不咎也。”

---

① 《论语·颜渊》,见程树德集释:《论语集释》(三),第817页。

② 《论语·学而上》,见程树德集释:《论语集释》(一),第13页。

③ 《论语·学而上》,见程树德集释:《论语集释》(一),第16页。

④ 《论语·雍也下》,见程树德集释:《论语集释》(二),第428页。

⑤ 《孟子·离娄下》,见(清)焦循正义,沈文倬点校:《孟子正义》,北京:中华书局1987年版,第595页。

⑥ (战国)荀子撰,(清)王先谦集解,沈啸寰、王星贤点校:《荀子集解》,第491页。

⑦ (汉)许慎撰,(清)段玉裁注:《说文解字》,上海:上海古籍出版社1988年版,第365页上。

⑧ 《颜氏家训集解》(增补本),第368页。

⑨ 《颜氏家训集解》(增补本),第338页。

所以对侯景之乱中行诚孝、履仁义而死的吴郡太守张嵊、鄱阳王世子之妻谢夫人他大加赞赏，而对那些临难求生以害仁者则予以鄙视，所谓："自乱离已来，吾见名臣贤士，临难求生，终为不救，徒取窘辱，令人愤懑。"①可见，颜之推的"仁义"思想既是儒家"仁者爱人"这种兼顾、体爱他人思想的表现，也是儒家"志士仁人，无求生以害仁，有杀身以成仁"②思想的反映，只不过根据时代发展，他将之解读为现实生活中不同层次的行事准则罢了。也正因为颜之推思想中一直坚持着儒家的"仁义"思想，所以他对现实生活中的读书人言行不一的现象，他也就提出了尖锐的批评："世人读书者，但能言之，不能行之，忠孝无闻，仁义不足。"③

可见，生长于后三国梁末时期的颜之推虽然在人生中遭遇过"一生而三化"④的坎坷经历，也积极信奉着佛教因果之说，但他并没有因此质疑过儒教，也没忘记自己儒者身份。相反，在仕宦于从南至北、自东到西的不同政权中，不论是待人还是处事抑或是评量周围的事物，他几乎都是以儒家思想为世界观、人生观和价值观的标尺和行事准则，把儒家人物及儒家学说作为心目中最神圣的对象来对待，不敢对之有丝毫亵渎，甚至几乎达到了一种迷信的地步，一如其说："吾每读圣人之书，未尝不肃敬对之；其故纸有"五经"词义，及贤达姓名，不敢秽用也。"⑤因此，在总结人生经历撰写《家训》一书时，他便将儒家的忠、孝、仁、义、礼等思想都注入字里行间，并以具体事例对之作生活化解读，以现实生活中的事理诠释了儒家思想中的"修身""齐家"理念。这一切可以说不仅是对儒家思想的继承，更是对儒家思想的现实发展和传播。而这种发展和传播体现了颜之推力求将儒家思想世俗化，予以普遍推广的努力和意图。正如其说："劝其立名，则获其实。且劝一伯夷，而千万人立清风矣；劝一季札，而千万人立仁风矣；劝一柳下惠，而千万人立贞风矣；劝一史鱼，而千万人立直风矣。故圣人欲其鱼鳞凤翼，杂沓参差，不绝于世，岂不弘哉？"⑥这样，表面上看，《颜氏家训》的宗旨是颜之推教育和训导子孙如何立身处世，但实质上则是他通过《家训》来影响和教化成千上万乃至更多的士人学子修儒学、接受儒家思想，从而服膺儒教而成为儒家的忠实门徒之实践。事实上颜之推的目的可以说达到了，清人所谓："若我三十五世祖黄门子介公之《家训》则不然，唯恐后人或懈于克己复礼之功，或愆于

---

① 《颜氏家训集解》(增补本)，第 362 页。

② 《论语 · 卫灵公上》，见程树德集释:《论语集释》(四)，第 1073 页。

③ 《颜氏家训集解》(增补本)，第 166 页。

④ 《北齐书》卷 45《颜之推传》，第 625 页。

⑤ 《颜氏家训集解》(增补本)，第 55 页。

⑥ 《颜氏家训集解》(增补本)，第 312 页。

视听言动之准；故不惜繁称博引之谆谆，庶几动有法，守克驯，至于道耳。”“谁不奉为暮鼓晨钟也哉？”便证明了这点，而清人王钺更明确指出：“北齐黄门颜之推《家训》二十篇，篇篇药石，言言龟鉴，凡为人子弟者，可家置一册，奉为明训，不独颜氏。”①从这点来说，颜之推的一生不仅是坚守儒学的一生，也是竭其所能致力于传播、发展儒家思想的一生，其被后人称之为“海内大儒”②应当之无愧。

第二节　颜之推的“中庸”思想

儒家学说是一个较为庞大的体系，它的内容不仅涉及政治、文化、思想、制度、礼仪、教育等方面，也有对人生哲学上的概括和提炼。因此它上可以为一个国家政权的理论指导，下也可为一般百姓的行为准则，而中又可为所有士大夫安身立命之人生依据，因而这使得它自诞生起就开始不断作用于人们生活的方方面面，影响也在不断扩大。而自西汉确立儒学为国学、儒家思想为统治思想后，儒学此后不但一直为官方主体文化，儒家思想也一直为统治阶层所奉行和遵循。在这过程中，儒家学说对士人发挥的作用更多的是思想上的指导作用，如“修身、齐家、治国、平天下”，“有道则仕、无道则可卷而怀之”“君子固穷，小人穷斯滥矣”“穷则独善其身，达则兼济天下”等等。而于这其中，儒家的中庸思想可以说又是对所有士大夫影响最为深刻的一种人生思想，并且成为不同时代士大夫追求的理想境界。颜之推在对儒家学说和思想的传播中，对中庸思想尤为领会深刻，在实践中也将其发挥得淋漓尽致，用得得心应手。

一、颜之推对中庸思想的认识

中庸思想，为儒家思想的至高境界，一般人纵能理解也难以达到，所以“子曰：中庸之为德也，其至矣乎，民鲜久矣。”③“天下国家可均也，爵禄可辞也，白刃可蹈也，中庸不可能也。”④那么，何谓中庸？孔子曰：“中也者，天下之大本也；和也者，天下之达道也。致中和，天地位焉，万物育焉。”⑤又曰：“隐恶而扬善，执其两端，用其中于民，其斯以为舜乎！”⑥程子解释为：“不偏

① 《颜氏家训集解》（增补本），第625、1页。
② （唐）令狐峘：《颜鲁公集神道碑》，《颜鲁公集》，第133页。
③ 《论语·雍也下》，见程树德集释：《论语集释》（二），第425页。
④ （宋）朱熹：《四书章句集注》，北京：中华书局1983年版，第21页。
⑤ （宋）朱熹：《四书章句集注》，第18页。
⑥ （宋）朱熹：《四书章句集注》，第20页。

之谓中,不易之谓庸。”朱熹曰:“中者,不偏不倚、无过不及之名。庸,平常也。”又“中庸者,不偏不倚、无过不及,而平常之理,乃天命所当然,精微之极致也。”①综合上说不难看出,中庸思想是指在处理事物过程中,随着事物的发展随时把握好矛盾双方的平衡,做到执两用中、不偏不倚、中和无违。因此,一些学者把儒家的中庸思想概括为:“过犹不及”“和而不同”“权变时中”②等。儒家的中庸固然带来稳妥、无倾覆之状态,但也并非折中、调和和无原则的和稀泥。从孔子的论说可知,它是有原则性的,即“君子和而不同,小人同而不和”③。中庸是对事物的发展不偏不倚而又恰到好处的适度把握,用于处世,则是一种能达到平衡、和谐的人生哲学。

出生于儒学世家的颜之推,“早传家业”④,对儒学有着很深的浸润,加上坎坷的人生经历,更使他对儒家中庸思想有着同时代人难有的深刻感悟⑤。在《家训》中他就说:“能走者夺其翼,善飞者减其指,有角者无上齿,丰后者无前足,盖天道不使物有兼焉也。”⑥又说:“人足所履,不过数寸,然而咫尺之途,必颠蹶于崖岸,拱把之梁,每沈溺于川谷者,何哉?为其旁无余地故也。君子之立己,抑亦如之。”⑦可见,在颜之推看来,万事万物遵循的都是一种平衡和谐的中庸之道,那种做事和做人走极端的行为只能是害己害人,甚至会使自己因此丧失性命,这无论如何都是不可取的,所以他认为“君子之立己”应该走中庸之路,在任何情况之下为人处世都要把握好尺度,预留回旋余地。因此,我们可以看到在颜氏家族发展史上,尽管在刘宋时期颜延之和颜竣父子都有不错的官位,都知道中庸理念,也都取得过不错的个人业绩,如颜延之曾为金紫光禄大夫,文学才华在当时与谢灵运齐名,被认为“自潘岳、陆机之后,文士莫及也,江左称颜谢焉”⑧,颜竣也曾为孝武帝宠臣,担任过吏部尚书、丹阳尹等重职,但最后他们都因为不能处世中庸,或一生长受贬抑之冷遇,或终落下家灭人亡之末路⑨。所以在《家训》中,颜之推

---

① (宋)朱熹:《四书章句集注》,第17页。

② 李翔海:《孔子的中庸思想与儒学的中道性格》,《人文杂志》1996年第3期。

③ 《论语·子路下》,见程树德集释:《论语集释》(三),第935页。

④ 《北齐书》卷45《颜之推传》,第617页。

⑤ 对颜之推的中庸思想,程时用在《极高明而道中庸——论颜之推的中庸思想和处世理念》(载《学理论》2009年第11期)中从“执两用中”“执用两端”“适度原则”“君子时而中”四个方面对颜之推在修身、文学、处事、治家、仕宦上作了分析,所论较为全面。笔者这里则从更为具体的方面来探讨之。

⑥ 《颜氏家训集解》(增补本),第327页。

⑦ 《颜氏家训集解》(增补本),第304页。

⑧ 《宋书》卷73《颜延之传》,第1904页。

⑨ 参见《宋书》卷73《颜延之传》、卷75《颜竣传》。

对颜氏家族史上这对以才华著称的父子，除了把他们作为反面例子提到过一次外，对他们便没有再提及。原因之一可能就在于颜延之和颜竣父子的处世行为与颜之推心中的中庸处世相差太远，为颜之推所不取。所以《家训》中颜之推宣扬以中庸思想为指导的处世理念，其中应不乏颜延之和颜竣父子颠覆之教训给他的启示和警醒。

与儒家传统的形而上的中庸思想不同，颜之推的中庸思想不再是难懂的理论，而是具体化、日常化了的生活知识和准则，儒家的中庸思想由理论而现实生活化的世俗倾向在他这里得到了充分体现。

二、颜之推中庸思想的表现

颜之推的中庸处世思想，是他在历经南北多个不同政权而累积的人生体会的基础上，对儒家中庸思想因时所作的具象化生活解读，其具体内容主要表现在以下几个方面：

一是政治仕途发展上追求"仕宦称泰"。所谓"仕宦称泰"，在颜之推看来，"不过处在中品，前望五十人，后顾五十人，足以免耻辱，无倾危也"①。作为儒家学说的遵从者、实践者，颜之推懂得"学也，禄在其中矣"②。他既要做到"学而优则仕"，立身扬名，但又不能宦海逞欲。因为他深知："《礼》云：'欲不可纵，志不可满。'宇宙可臻其极，情性不知其穷，唯在少欲知足，为立涯限尔。"③而且还由于仕途凶险，宦海波涛暗涌，特别是"自丧乱已来，见因托风云，侥幸富贵，旦执机权，夜填坑谷，朔欢卓、郑，晦泣颜、原者，非十人五人也"④。颜之推在江陵政权灭亡后，由西魏逃奔到北齐，本欲借道回梁，终因南方"讫变朝而易市"，不得不"遂留滞于鄴滨"⑤，在北齐生活二十三年。在这二十三年里他不仅见证了北齐政权兴亡过程中的政治演变，也亲身感受和经历了其间政治斗争所带来的残酷血腥，这些都使得以亡国身份处在北齐的颜之推更深切地感到北朝政治仕途的凶险。特别是在"谏后主向并州行"事件中，和他在朝共事的知名汉族士人崔季舒、张雕、刘逖、封孝琰等都被鲜卑贵族诬陷致死，他如果不是以中庸思想来处置也险些丧生。这不能不给他以血的教训。这使他深刻地认识到：官高易倾危，谄势易丧身，处世须中庸。从而使深受儒家思想影响的他在政治发展上更加坚定地

① 《颜氏家训集解》（增补本），第347页。

② 《论语·卫灵公下》，见程树德集释：《论语集释》（四），第1119页。

③ 《颜氏家训集解》（增补本），第343页。

④ 《颜氏家训集解》（增补本），第347页。

⑤ 《北齐书》卷45《颜之推传》，第624页。

持守着先祖的遗训“仕宦不可过二千石”①，和“高此者，便当罢谢，偃仰私庭”②的中庸仕宦之态。正是秉持着这种中庸仕宦心态，颜之推得以在北齐有惊无险地度过，后来历经北周、隋时，虽政治斗争的残酷性依然如旧，并且周隋禅代之间、隋皇子之间的争斗都牵连大批士人为之丧命，而他却依然能仕宦不坠、兴家延族。

二是入仕观上追求“君子当守道崇德，蓄价待时，爵禄不登，信由天命”③的理念。在北朝的生活经历使颜之推不仅看到了官场上的腥风血雨，也体会到了仕宦不可以强求，那些“须求趋竞，不顾羞惭，比较材能，斟量功伐，厉色扬声，东怨西怒；或有劫持宰相瑕疵，而获酬谢，或有喧聒时人视听，求见发遣”等行为都属于不正当仕宦之途，而且他还认识到：“世见躁竞得官者，便谓‘弗索何获’；不知时运之来，不求亦至也。见静退未遇者，便谓‘弗为胡成’；不知风云不与，徒求无益也。凡不求而自得，求而不得者，焉可胜算乎！”④所以他告诫子孙：“以此得官，谓为才力，何异盗食致饱，窃衣取温哉！”虽“荣兼九族，取贵一时”，但最终都会“既以利得，必以利殆”，“纵得免死，莫不破家，然后噬脐”。⑤ 因而他不但自己坚持也教育后人在仕宦途中要谨守“君子当守道崇德，蓄价待时”的入仕之路。颜之推这种入仕思想其实质正是儒家所谓“上不怨天，下不尤人。故君子居易以俟命，小人行险以侥幸”，“君子遵道而行”，“君子依乎中庸”⑥思想的现实具体反映。受这种思想的指导，颜之推从北周逃奔到北齐时，虽颇得高洋礼遇，但在仕途上他从不强求而选择顺其自然。当然，他也并非因此无所作为，而是以自己的才智和能力随侍于高洋左右以备顾问，故而虽不得进也不被冷遇。靠着这种“依乎中庸”之态，颜之推虽在北齐和北周有过一段不官不仕和闲散的日子，但最终都得以在北齐、北周政权下出仕，特别是在北齐还取得了黄门侍郎之职，而且在北齐和周隋禅代残酷的政治斗争中也躲过诸多危险而无性命之忧，正如其后来自我所评：“不能通达，亦无尤焉。”⑦

三是职守上追求处事“守法度”⑧。所谓守法度，即要遵纪守法，把握好与人主之间的距离和尺度。阿谀媚势固然不好，而评论朝廷得失、褒贬时政

① 《颜氏家训集解》(增补本)，第343页。
② 《颜氏家训集解》(增补本)，第347页。
③ 《颜氏家训集解》(增补本)，第334页。
④ 《颜氏家训集解》(增补本)，第334页。
⑤ 《颜氏家训集解》(增补本)，第334—335页。
⑥ 朱熹：《四书章句集注》，第24页。
⑦ 《颜氏家训集解》(增补本)，第336页。
⑧ 《颜氏家训集解》(增补本)，第330页。

也非可取之道。所以颜之推说：

> 上书陈事，起自战国，逮于两汉，风流弥广。原其体度：攻人主之长短，谏诤之徒也；讦群臣之得失，讼诉之类也；陈国家之利害，对策之伍也；带私情之与夺，游说之俦也。总此四涂，贾诚以求位，鬻言以干禄。或无丝毫之益，而有不省之困。幸而感悟人主，为时所纳，初获不赀之赏，终陷不测之诛，则严助、朱买臣、吾丘寿王、主父偃之类甚众。①

在颜之推看来，无论谏诤之徒、讼诉之类，还是对策之伍、游说之俦，这些都是卖论求官行径，都是想做官的激进之徒的行为，这些人凭言行即使一时侥幸为帝王赏识，最后大多还是逃脱不了被诛灭的结果。因而他认为这些都是"非士君子守法度者所为也"，也是那些"怀瑾瑜而握兰桂者，悉耻为之"②之事。他还认为"守门诣阙，献书言计，率多空薄，高自矜夸，无经略之大体，咸粃糠之微事，十条之中，一不足采"，也是无益于政事的言行。所以他主张，作为大臣"必在得言之地，当尽匡赞之规，不容苟免偷安，垂头塞耳"③，居其位必谋其政，不能空言取巧，也不能危言耸听，更不能挟人主之短来言事；立身朝廷，要"守法度"，既要遵守法纪，又不能无所作为，同样也不能过于激进，越俎代庖，即其所谓："就养有方，思不出位，干非其任，斯则罪人。"④即既要在位进行谏议，又要规矩适中、言行适度。不难看出，颜之推这些言论其实正是对儒家所谓"君子素其位而行，不愿乎其外。素富贵，行乎富贵；素贫贱，行乎贫贱；素夷狄，行乎夷狄；素患难，行乎患难；君子无入而不自得焉。在上位不陵下，在下位不援上"⑤思想的反映。因此，颜之推职守上追求的"守法度"其实也就是立身于朝廷时保持着不偏不倚、不虚不实、不远不近、不谄不疏的中庸之态，其实质也就是儒家中庸处事的思想。

四是生活上保持适度原则和坚守适中理念。身经乱世、辗转南北，颜之推既见证了梁、北齐、北周政权的灭亡，也看到和听说了太多的士族的破灭离散。分析原因、总结教训，他得出了生活上须保持适度原则和坚守适中理念。

所以在家庭发展规模上，他说："常以二十口家，奴婢盛多，不可出二十

---

① 《颜氏家训集解》（增补本），第 330 页。
② 《颜氏家训集解》（增补本），第 330 页。
③ 《颜氏家训集解》（增补本），第 333 页。
④ 《颜氏家训集解》（增补本），第 333 页。
⑤ （宋）朱熹：《四书章句集注》，第 24 页。

人，良田十顷，堂室才蔽风雨，车马仅代杖策，畜财数万，以拟吉凶急速，不啻此者，以义散之，不至此者，勿非道求之。”[①]认为只需保持一个中等以下家庭生活规模即可。由南入北、由东到西，经历过几次政权的变迁，颜之推不仅体会了政权的多变更迭，也感受到了财产的转瞬得失。太多豪富之家一夜破败，至于“被褐而丧珠，失皮而露质，兀若枯木，泊若穷流，鹿独戎马之间，转死沟壑之际”[②]。更有甚者，如“邺下有一领军，贪积已甚，家童八百，誓满一千，朝夕每人肴膳，以十五钱为率，遇有客旅，更无以兼。后坐事伏法，籍其家产，麻鞋一屋，弊衣数库，其余财宝，不可胜言”[③]。这些情况都让颜之推认识到今生积聚财产非但死后不能带去，更多可能则是聚集的财富随时会遭到别人的抢劫、掠夺，从而一夜之间丧失或为他人所有。而深厚的学养让颜之推也认识到：“周穆王、秦始皇、汉武帝，富有四海，贵为天子，不知纪极，犹自败累，况士庶乎？”何况“天地鬼神之道，皆恶满盈。谦虚冲损，可以免害。人生衣趣以覆寒露，食趣以塞饥乏耳。形骸之内，尚不得奢靡，己身之外，而欲穷骄泰邪？”[④]正因为如此，颜之推才认为，家庭生活只需维持在二十几人规模上就可以了，“不啻此者，以义散之”，走着一条适度而不违中和的家庭发展之道。

在家庭日常消费上，颜之推虽然主张节俭，认为居家生活奢侈不仅容易造成财物浪费甚至于破家，也易导致好逸恶劳难以立身，所谓“奢则不孙”[⑤]，但南北不同生活风习和北朝女子普遍多主门户现象又使他认识到节俭过度会至于吝啬，而“吝者，穷急不恤之谓也”[⑥]，不仅会导致亲戚仇恨，还会因此诱使子女为争夺财产而互相仇杀。故而颜之推主张日常物质生活消费上要遵循“施而不奢，俭而不吝”[⑦]的原则，这其实也是走着一条持中道路。

不仅如此，在对家庭成员的管教上，他也认为要宽严适中，既不能苛刻也不可放纵。他举例说，梁元帝时有一个中书舍人因“治家失度，而过严刻”，结果被妻妾买凶杀死。同样，他认为治家“但务宽仁”也非好事，不是造成妻、奴侵侮宾客、乡邻，就是造成耗费巨大，从而导致家庭败落，“此亦为

---

① 《颜氏家训集解》(增补本)，第 345 页。
② 《颜氏家训集解》(增补本)，第 148 页。
③ 《颜氏家训集解》(增补本)，第 45 页。
④ 《颜氏家训集解》(增补本)，第 345 页。
⑤ 《颜氏家训集解》(增补本)，第 42 页。
⑥ 《颜氏家训集解》(增补本)，第 44 页。
⑦ 《颜氏家训集解》(增补本)，第 42 页。

家之巨蠹矣"①。因此,家庭管理上他主张既不能过宽也不能过严,要始终保持着适中状态。

可见,在颜之推看来,家庭生活奢侈固非其所追求,节俭而至吝啬也不为其所取。他所期望的是走着一条不因人为而颠覆,也不为鬼神所嫉害的中庸生活道路。故而不论是在家庭规模、生活消费上,还是在对家庭成员的管教上,他追求的都是无过而不及、不违中和的适中理念。这种适中理念事实上正是他把儒家中庸思想具体落实到现实生活中所形成的处事理念,它反映了这位历经南北四朝的儒家士大夫在乱世下的中庸处世心态。

五是宗教信仰上,兼顾而不走偏激。魏晋南北朝时期,佛教兴盛,不仅诸多帝王后妃对释教顶礼膜拜,众多士族和百姓对其也是几代甚至世代至诚崇奉,颜氏家族就是这样。一如颜之推所说:"三世之事,信而有征,家世归心,勿轻慢也。"②颜之推不但和先人一样对佛陀虔诚崇拜,还对释教为时人误解作大量辩讼,积极宣扬生死因果循环和报应,并要求后人也予以积极信奉,对释教经典"留心诵读,以为来世津梁"③,多做有益于奉佛之事。颜之推如此津津于奉佛,实是期望今生和来世的世俗生活皆能通过人为对佛陀的努力信奉而得到超自然力量的保佑和良好改变,以最终达到平安与幸福。可以说,释教信奉在颜氏家族和颜之推这里占据了非常重要的地位。然而颜之推又说:"其内典功德,随力所至,勿刳竭生资,使冻馁也。"④他又要求不因为对释教的虔信、施贡而影响现实的生活水平和质量。可见,在颜之推这里,奉佛就是为了生活。颜之推的这种奉佛观非但和梁武帝舍身佛寺及献地、献财于寺院的奉佛观不同,和南北朝时期众多士人信佛而大量捐献私有财产甚至是整个家产的理念也很不一样,他对佛的信奉主要是着落在言行等精神层面上,并无多少物质上的要求。这可以说是其时奉佛、奉道等宗教信仰中成本付出最少的宗教信仰模式。不过由此可见,在生活与奉佛之间,颜之推追求和教导后人的也是一种不偏不倚且二者兼顾的中庸之路。

晋南北朝时期,释教和儒学几乎是作为冲突双方存在的,虽然其时环境使大量士人既信佛又奉儒,但大多数多有所偏重,甚至不少儒学士人转而成了释教徒。于这其中,颜之推却是少有的走中间道路者。作为释教信仰者,他不仅虔诚信佛,还著《归心》宣扬释教的至高至大、因果报应及其戒律的正

① 《颜氏家训集解》(增补本),第 44 页。
② 《颜氏家训集解》(增补本),第 364 页。
③ 《颜氏家训集解》(增补本),第 396 页。
④ 《颜氏家训集解》(增补本),第 602 页。

确,但同时作为儒家弟子,他又要求后人“树立门户,不弃妻子”①,“宜以传业扬名为务”②。可见,作为忠实的儒门弟子,颜之推纵然虔诚奉佛,却从没有放弃或忘记自己的儒者身份和思想,在兼有二者身份的同时,他也在努力将儒、佛这两种几乎对立的思想予以协调以成和谐共处融洽之态,在人与神之间,在儒和佛之间,他期望走一条不因人为而颠覆,也不为鬼神所妒害的中庸之道。由此可认为,颜之推把佛教引入生活本身就是走着儒家的中庸生活之路,而他因此竭力调和儒佛冲突正是他追求中庸思想之言行在现实生活的实施和体现。

六是人生价值观上追求中和之态。在对待生命问题上,颜之推“执两用中”,他认为:“夫生不可不惜,不可苟惜。涉险畏之途,干祸难之事,贪欲以伤生,谗慝而致死,此君子之所惜哉;行诚孝而见贼,履仁义而得罪,丧身以全家,泯躯而济国,君子不咎也。”③在他看来,生命固然应当珍惜,但也不可苟且偷生;为谗言、为是非、为欲望、为明显的祸难而丧失性命自然不值得,但如果为了国家、家庭、仁义、忠诚而献身又应在所不辞。看起来,颜之推是把国家和忠孝仁义放在人生的第一位,并且为了国家和仁义可以随时牺牲自己。然而事实上,在现实生活中颜之推则行着另一套生命哲学。他说:“人生难得”,“先须虑祸,全身保性,有此生然后养之,勿徒养其无生也”④。把自身生命看得高于一切,为此他又用“诚臣徇主而弃亲,孝子安家而忘国,各有行也”⑤来为逃避为国家和忠孝仁义献身作借口。这样,颜之推的观点便自相矛盾。事实上,综观颜之推“一生而三化”的经历可发现,颜之推对待人生态度不但言语之间矛盾,言行之间也同样自相矛盾。而他人生观中的这种自相矛盾,其实正是他追求儒家执两用中的结果,即对任何事物都不走极端、舍此取彼。正是依凭着这样的中庸人生哲学,颜之推才能辗转南北,“三为亡国之人”而依然能从容“靦冒人间”“仕宦称泰”。

魏晋南北朝时期,因为天灾频发、战乱频仍,统治阶级内部争斗、篡权行为屡屡发生,士人在这过程中往往朝不保夕,生命显得分外脆弱,这也就激发了这时期士人对个性生命意识的觉醒。与两汉时期士大夫为仁义、为忠孝、为国家民族、为士人的人格等守志不移的昂扬的精神面貌和大义凛然、不可侵犯的气节相比,魏晋南北朝的士人则已经把这些让人景仰的高尚情

① 《颜氏家训集解》(增补本),第396页。
② 《颜氏家训集解》(增补本),第608页。
③ 《颜氏家训集解》(增补本),第362页。
④ 《颜氏家训集解》(增补本),第361页。
⑤ 《颜氏家训集解》(增补本),第391页。

操和品质置换成了个人的生命和家庭的利益，从而使重生、养生、避祸成为士人追求的一种人生观，而于国、于君虽也效忠却相对保持着一定距离。不管他们是否因此显得猥琐、渺小还是自信和自尊，在他们生活的这个时空中，因为失去了固有的共性精神信仰，生命和价值平衡也就被打破，士大夫为捍卫国家和政权的节操并不被统治者所认可，所谓："我自应天从人，何预天下士大夫事？"①于是，士大夫或将一家政权当作财物送与另一家，或超然物外，或朝野两栖，因此获得一种新的政治生态平衡，便成为理所当然和自然。这样一来，个人的生命价值和兴家延族的观念便被异乎寻常地尊重和褒扬。因此，颜之推的这种中庸人生哲学很大程度上可以说是这个时代社会现实取向的理论化。

七是在治学上主张"去泰去甚"的中间标准。首先，在学、行统一上，颜之推主张"去泰去甚"的理论与实践相结合的准则。在谈到读书求学问的目的时，他认为："夫所以读书学问，本欲开心明目，利于行耳。"②使未知养亲者、未知事君者、骄奢者、鄙吝者、暴悍者、怯懦者等观古人行为，从中获取借鉴而受益，从而改正自身的不足和缺点，做到养亲能"不惮劬劳，以致甘腝"、事君能"守职无侵，见危授命，不忘诚谏，以利社稷"，此外，还要学会谦虚节俭、贵义轻财、尊贤容众、刚毅正直而无所畏惧。不过，颜之推又说，虽然如此，如果不能像古人那样做得完美，能做到中等就可以了，所谓："纵不能淳，去泰去甚。"③在颜之推看来，世代不同，观念也不一样，严格遵守古人那种是非分明、纯洁高尚而以德是崇的言行是很难做到的，但也不能如现实中某些读书者一样，"但能言之，不能行之"，"军国经纶，略无施用"④，因此他认为在现实生活中，如果真正无法做到尽善尽美，那言行只要不脱离儒家的伦理道德、不违背社会秩序就可以了。不难看出，这种对学、行统一标准的要求正体现着颜之推的中庸生活哲学。

其次，文化学术上主张传统和现实相结合的"去泰去甚"原则。以儒学传家的颜氏，文化学术是其生活中非常重要的一部分，也是其彰显家族实力和影响的重要标志，因而对文章撰述，他们不但特别看重，也形成自己独特的风格。在《家训》中，颜之推便颇以其家族文章为豪，所谓："吾家世文章，甚为典正，不从流俗。梁孝元在蕃邸时，撰《西府新文》，讫无一篇见录者，亦

① 《梁书》卷50《颜协传》，第727页。
② 《颜氏家训集解》（增补本），第165页。
③ 《颜氏家训集解》（增补本），第166页。
④ 《颜氏家训集解》（增补本），第166页。

以不偶于世,无郑、卫之音故也。”①认为其颜氏文章属于典正之体,方正质朴,没有丝毫社会上盛行的绮靡淫艳风格,是值得称道的,因而他要求自己的后人继续学习和传承。但梁末社会流行的恰是对艳丽文风和辞藻精雕细琢的追求,这使立足现实的颜之推又不愿回避这样的文风而只坚持家族文章之风。个中之因不仅在于其家世文章未有一篇被梁元帝所编《西府新文》收录,失去在士人阶层中扬名之机会,而以文化传家的颜氏孜孜追求的就是在文化学术上著名当世,若颜氏文章都不能为时人认可,又何来以文化名家!因此颜之推在文章体裁上采取了执两用中之道。他说:“时俗如此,安能独违?但务去泰去甚耳。”“宜以古之制裁为本,今之辞调为末,并须两存,不可偏弃也。”②这也就是说,在文章体裁和风格上既要求坚守颜氏的典正之体,也要迎合时尚所需,兼顾两者,不偏不倚。事实上,这种“用中”理念,在颜之推涉及学问的其他方面也有体现。如对知识的学习上,他既强调对作为家业之儒学的掌握,又要求对百家学说都要有所涉猎;既强调理论知识的重要,又要求重视实践技能的把握;既强调对立身学问的把握,也要求不废对养生、娱乐、射、御、书、数等知识的一定掌握,从而将知识和技能的广博与专精结合起来,不偏不废。可见,在文化学术上,颜之推采取的这种“去泰去甚”实质上正是他对儒家“时中”思想的遵行,只不过颜之推将它具体化、现实化为一种可操作的理念而已。对此,日本学者铃木虎雄也说:“在北朝文坛上,颜之推可以说是屈指可数的中庸论者。”③

综上,南北朝以来社会动乱环境和政权不断更迭的现实,使生于其间的颜之推在坚持对儒家文化的学习中,也在立身处世中追求着儒家的中庸思想,只不过在具体操作上,他将儒家固有的那种上层学院派中庸理论,结合自己乱世经历和体会,以一种世俗化的思想和语言,结合日常生活,作了多方面的具体解读,从而在仕宦理念上、家庭生活上、宗教信仰上、人生价值观上、文化学术上,他都走着一条中庸处世之路。它既体现了颜之推对儒家中庸思想的一种现实追求和世俗化解读,也体现了他因时因势对儒家中庸思想的一种把握和发展。

---

① 《颜氏家训集解》(增补本),第269页。

② 《颜氏家训集解》(增补本),第267页

③ 〔日〕铃木虎雄著,许总译:《中国诗论史》,南宁:广西人民出版社1989年版,第98页。

第三节 《家训》的修身、齐家思想精神

颜之推一生经历坎坷，历经四朝，“三为亡国之人”，“备荼苦而蓼辛”①，但他不仅很好地活了下来，还仕宦不坠，因此后人评他是“一位老于世故的长者”，“机灵权变的政治家”②。但事实上不管是颜之推的老于世故，还是他的机灵权变，都只是表面上的现象，也都只是他表现出来的处世技巧和风格，真正能让他在乱世中生存下来、屡遭艰危却有惊无险并能历经四朝皆能取官得禄的根本原因，在于他一直以儒家思想为安身立命之本。因此，我们可看到，在《颜氏家训》中他不但大肆宣扬儒家学说，要求后人“绍家世之业”“传业扬名”，更把儒家修身、齐家思想精神作为人生根本贯穿其中，并不遗余力地以修身、齐家为核心来对后人进行为人处世的教育和引导，以期他们能适应社会而更好地生活，这也就使得整部《家训》表现出了以“修身”“齐家”为核心的特点。

一、《家训》中心内容为“修身”“齐家”

《颜氏家训》，“成于隋文帝平陈以后，隋炀帝即位之前”③，是颜之推历经坎坷波折后的一生心得体会，它凝聚了颜之推对历史的借鉴和自己一生生活经验、教训的总结。然而不论是对社会现实的深切感悟，还是对儿孙的谆谆教诲，《颜氏家训》所要表达的内容思想都非散漫无中心。

魏晋南北朝时期是一个重视家族发展的时代，自曹魏在用人上实行九品中正制以后，两晋南北朝在取士用人上几乎都沿袭不变。如前文所论，九品中正制主要是依靠品和状两方面综合考察来确定用人，但事实上在实际操作中，不论品和状最后都落到了家族资质和名望上，而资质深自然名望大，而名望大的一般也都是某地区在政治、经济或文化上拥有较高社会地位者，非豪族即望族。与此同时，统治者为沽名钓誉而取一时社会之效，往往对那些家族资质不是很深却在社会上享有一定名望的士人也予以录用，故而名望最终也就成为士族走上社会和政治的必不可少的主要资质。而且名望大了不仅能得到统治阶层的认可，也能使家族得到更多更好的条件去发展，譬如联姻以结构成一个更大的势力集团。因此，我们可以看到在《颜氏家训》中，颜之推开篇就说：“夫圣贤之书，教人诚孝，慎言检迹，立身扬名。”

---

① 《北齐书》卷45《颜之推传》，625页。

② 郭齐家：《颜之推的道德教育观》，《中小学管理》1994年第11期。

③ 《颜氏家训集解》（增补本），第2页。

在结尾也说："汝曹宜以传业扬名为务，不可顾恋朽壤，以取埋没也。"这表明，《颜氏家训》的目的就是要教育、引导后人"扬名"，以博取名望，何况孔子也说："君子疾没世而名不称焉。"①因此，可以说颜之推提倡和要求子孙"扬名"也正是遵循儒家之教。然而如何扬名？一如他所说："立名者，修身慎行"，"今不修身而求令名于世者，犹貌甚恶而责妍影于镜也"②。而身修之后，按照儒家的士人发展观接着要做的就是"齐家"。事实上，考察《颜氏家训》，颜之推对家训的内容安排也正是围绕这两方面来处理的。这样，"修身""齐家"也就成了《家训》所要强调的核心内容，也成了颜氏家族立足社会的基础。儒家所谓"修身、齐家、治国、平天下"渐进式人生发展理想模式，不但为两汉以来既定不变的社会特质下士人得以生存、立身扬名的必由之路，也成了颜氏家族发展的基点和人生选择。

故而在形式上，我们可以看到，《家训》的篇目除了开头的《序致》和结尾的《终制》以外，其余的篇目几乎就都围绕着《修身》《齐家》来谈。其中《教子》《兄弟》《后娶》《治家》四个篇目围绕"治家"来论，而《风操》《慕贤》《勉学》《文章》《名实》《涉务》《省事》《止足》《诫兵》《养生》《归心》《书证》《音辞》《杂艺》十四个篇目则围绕"修身"来说。

在内容上，虽然《家训》涉及面颇为广泛，举凡政治、历史、文化、经济、民俗、宗教、艺术等都有论述，但其中心仍然不离"修身"和"齐家"，即都为"修身""齐家"服务。

二、颜之推对"修身"的论述

如何"修身"，在魏晋南北朝士族都重视家族的发展，各个士族给予的方法可能并不一样。在颜之推看来，要做好"修身"就必须做好以下几方面的事。

首先，对孩子要进行好早期德行教育。在颜之推看来，人的个体发展从孩提时就已开始，因而必须利用好这一时机。他说："人生小幼，精神专利，长成以后，思虑散逸，固须早教，勿失机也。"③这就是说，孩提时期是精神最好时期，也是学习最为专心时期，因而教育孩子须早教。那怎么早教呢？一方面他提倡从胎儿时期就不要忽视对其教育。所谓："古者，圣王有胎教之法，怀子三月，出居别宫，目不邪视，耳不妄听，音声滋味，以礼节之。"他引用古代圣王的胎教方法，说明三个月后的胎儿即可进行教育，并且需从见、闻、

---

① 《论语·卫灵公下》，见程树德集释：《论语集释》(四)，第1102页。

② 《颜氏家训集解》(增补本)，第303页。

③ 《颜氏家训集解》(增补本)，第172页。

食等多方面对其进行礼的教育。一方面他又说:“生子咳嘿,师保固明孝仁礼义,导习之矣。凡庶纵不能尔,当及婴稚,识人颜色,知人喜怒,便加教诲,使为则为,使止则止。”①认为在孩子能辨别人面部表情时就要对其进行礼、义、仁、孝方面的修身教育,即使没条件做到这些,也要教育孩子知进退,明所为。否则,一旦让孩子养成不好的习惯,再来教育,即使“捶挞至死而无威,忿怒日隆而增怨,逮于成长,终为败德”②。而且他还认为士人的品德培养和成才需要家庭的持续监管和教育,绝不能指望毕其功于一役。他在《家训·教子》中说:

> 王大司马母魏夫人,性甚严正。王在湓城时,为三千人将,年逾四十,少不如意,犹捶挞之,故能成其勋业。梁元帝时,有一学士,聪敏有才,为父所宠,失于教义:一言之是,遍于行路,终年誉之;一行之非,掩藏文饰,冀其自改。年登婚宦,暴慢日滋,竟以言语不择,为周逖抽肠衅鼓云。

可见,在颜之推看来,人在早期就必须进行以儒家思想为核心的伦理道德教育,只有这样,他们才会在成长过程中树立正确的人生观和价值观,而不至于“逮于成长,终为败德”。也就是说,从孩提时期就应注意对其进行“修身”教育,虽说这个阶段是被动的“修身”,但它牵涉甚至决定着个体成年后主动“修身”方方面面的诸多因素,因此必须予以高度重视。

其次,必须博学并学有所得。在颜之推看来,养成良好品德固然是修身的一个最重要方面,但博学而对必要知识和技能的掌握同样是士大夫“修身”以适应社会、经世致用不可或缺的条件。他从自己一生坎坷中认识到:一是“人生在世,会当有业”③。所谓“业”就是一生赖以谋生的职业,而要有赖以谋生的职业就得博学,即“当博览机要,以济功业”④。这也就是说,只有通过博学才能获取诸多立身的学识和技能,最后成就自己的功业。否则,必无业可从,也就必然无所事事,这样就会如梁时某些士族一样:“耻涉农商,差务工伎,射则不能穿札,笔则才记姓名,饱食醉酒,忽忽无事,以此销日,以此终年。或因家世余绪,得一阶半级,便自为足,全忘修学;及有吉凶大事,议论得失,蒙然张口,如坐云雾;公私宴集,谈古赋诗,塞默低头,欠伸

① 《颜氏家训集解》(增补本),第8页。
② 《颜氏家训集解》(增补本),第8页。
③ 《颜氏家训集解》(增补本),第143页。
④ 《颜氏家训集解》(增补本),第317页。

而已。”结果也就只能如酒囊饭袋，既贻笑他人，又“一生愧辱”①。二是博学就应掌握多种知识和技能。历经南北，坎坷一生的颜之推认识到，在社会上生存，任何时候都只能依靠自己所掌握的知识和技能而无法依靠别人，所谓：“一旦流离，无人庇荫，当自求诸身耳。谚曰：‘积财千万，不如薄伎在身。’”那么究竟应该掌握什么样的技能才能更好地求得生存呢？他又说：“伎之易习而可贵者，无过读书也。”②“有学艺者，触地而安。”③现实告诉颜之推，不管在什么时候，读书养成学问都是谋取生存最让人获得尊重也最容易学的技能。因而他认为：“夫明‘六经’之指，涉百家之书，纵不能增益德行，敦厉风俗，犹为一艺，得以自资。”④以为掌握儒家经典精髓，“涉百家之书”不但可以多多增加自身的知识和技艺，亦有益于增强自身适应社会的生存和发展能力。此外，他还认为凡有利于生存和生活的技能都应当去学。仕宦四朝、亡国被俘的亲身经历和耳闻目睹的社会现实使颜之推感到，不论是在承平之时，抑或是在乱世之际，一个人要在社会上较好地活下来，除了需要学好儒家等百家学说知识外，还必须要尽可能地多掌握其他各种生活、生产技能，所谓：“爰及农商工贾，厮役奴隶，钓鱼屠肉，饭牛牧羊，皆有先达，可为师表，博学求之，无不利于事也。”⑤在他看来，对农、工、商知识和技能的学习、掌握，达到“德艺周厚”⑥，一样可以利于生存和发展。不过，在博学百家学说、博求众多技艺中，颜之推积极推重的还是对儒家学说的学习和掌握。以儒学立身的颜之推对此深有体会，他说：“虽百世小人，知读《论语》《孝经》者，尚为人师；虽千载冠冕，不晓书记者，莫不耕田养马。”⑦而且历史上“曾子七十乃学，名闻天下；荀卿五十，始来游学，犹为硕儒；公孙弘四十余，方读《春秋》，以此遂登丞相”⑧。因而在颜之推看来，在所有学问中，通晓儒家经典，掌握儒家学说精髓，不仅可为谋生之本，更可为扬名仕宦之需，所以他最终要求后人的还是“务先王之道，绍家世之业”⑨。三是士大夫只有博学才能适应国家的需要。魏晋南北朝时期，无论南北，政府用人的标准之一就是要博学，如这时期官方在选聘行人（即外交使者）和主客郎（即接

---

① 《颜氏家训集解》（增补本），第 143 页。
② 《颜氏家训集解》（增补本），第 157 页。
③ 《颜氏家训集解》（增补本），第 148 页。
④ 《颜氏家训集解》（增补本），第 157 页。
⑤ 《颜氏家训集解》（增补本），第 162 页。
⑥ 《颜氏家训集解》（增补本），第 303 页。
⑦ 《颜氏家训集解》（增补本），第 148 页。
⑧ 《颜氏家训集解》（增补本），第 173 页。
⑨ 《颜氏家训集解》（增补本），第 204 页。

待别的国家外交使者之人）时就要求必须是博学之人，否则就很难被考虑①，所以这时期“士大夫子弟，皆以博涉为贵，不肯专儒”②。而社会上也普遍认为“夫学者贵能博闻也。郡国山川，官位姓族，衣服饮食，器皿制度，皆欲根寻，得其原本”③。不难看出，颜之推提倡博学，不仅是为了个体自身发展所需要，也是国家用人所使然，是当时社会趋势之所在。

再次，颜之推认为个体还须注重慎交、慎为。从南到北的人生阅历使颜之推深知个体要得到良好的发展，与人交往必不可少。然而“人在年少，神情未定，所与款狎，熏渍陶染，言笑举动，无心于学，潜移默化，自然似之”，所以他说：“与善人居，如入芝兰之室，久而自芳也；与恶人居，如入鲍鱼之肆，久而自臭也。墨子悲于染丝，是之谓矣。”④而且他还指出蔡邕之死就是因为“同恶受诛”⑤，现实中“王侯外戚，语多不正，亦由内染贱保傅，外无良师友故耳”⑥，因此他主张“君子必慎交游焉”⑦，也就是说，交往不可不慎，否则不单是品行亏损，往往还会有性命之忧。因而他强调交往处世一要以仁义为标准，要“肠不可冷，腹不可热，当以仁义为节文尔”⑧；二要牢记“铭金人云：‘无多言，多言多败；无多事，多事多患’”⑨。

注重慎交的同时，颜之推也要求慎为。此不仅因为曾子有“吾日三省吾身”的修身之说，更在于“谏后主并州行”⑩事件中颜之推险遭杀身之祸，这给了他极大教训，使他认识到要活命就需修身以避祸，趋吉以避凶，以养生年。具体则要做到：其一，不可急功近利。在颜之推看来，“君子当守道崇德，蓄价待时”，从而趋利避害，认为“爵禄不登，信由天命”，而不顾廉耻，或阿谀逢迎，或夸耀自己，或混淆视听，或挟持别人，以此来谋求官职，急功近利，“何异盗食致饱，窃衣取温哉！”⑪从而教育后人不可为之。其二，要珍爱生命。身体发肤，受之父母，所以颜之推认为人生在世，就要注意全身保命，所谓：“夫养生者先须虑祸，全身保性，有此生然后养之，勿徒养其无生

---

① 参见拙文：《南北朝妙简外交使者简析》，《青岛大学师范学院学报》2006年第4期。
② 《颜氏家训集解》（增补本），第177页。
③ 《颜氏家训集解》（增补本），第222页。
④ 《颜氏家训集解》（增补本），第128页。
⑤ 《颜氏家训集解》（增补本），第237页。
⑥ 《颜氏家训集解》（增补本），第564页。
⑦ 《颜氏家训集解》（增补本），第128页。
⑧ 《颜氏家训集解》（增补本），第338页。
⑨ 《颜氏家训集解》（增补本），第327页。
⑩ 参见《北齐书》卷39《崔季舒传》，第512页；《北齐书》卷45《颜之推传》，第618页。
⑪ 《颜氏家训集解》（增补本），第334页。

也。”①从而教育后人在欲望上不可以贪纵，而要时刻保持谦虚低调，所谓：“谦虚冲损，可以免害。”②在颜之推看来，“天地鬼神之道，皆恶满盈”，且“涉险畏之途，干祸难之事，贪欲以伤生，谗慝而致死，此君子之所惜哉”，所以他主张要慎为一切。其三，要“诫兵”，即不要参与武事。所谓武事，在颜之推眼里就是指任武职而以军功取名和率兵参战、政变之类。在颜之推看来，不仅颜氏家族历来“未有用兵以取达者”，即使有曾经参与武事者，如“春秋世颜高、颜鸣、颜息、颜羽之徒，皆一斗夫耳”，其他如“齐有颜涿聚，赵有颜最，汉末有颜良，宋有颜延之，并处将军之任，竟以颠覆”。而“汉郎颜驷，自称好武，更无事迹。颜忠以党楚王受诛，颜俊以据武威见杀，得姓以来，无情操者，唯此二人，皆罹祸败”③。更何况今世士大夫与武事相涉，“但不读书，即称武夫儿，乃饭囊酒瓮也”④，结果也都是“大则陷危亡，小则贻耻辱，遂无免者”⑤，甚至有的因此成为“陷身灭族之本也”⑥，这样既不能保身，毋宁说兴族了，因而颜之推极力要求后人戒免之而不要去涉足。可见在颜之推看来，有所为和有所不为，生命才能得以保障，个体才能得以很好地发展。

如果说对品德的培养和对经世致用知识和技能的掌握，是颜之推对士人“修身”内质的要求论说，那么慎交、慎为无疑是他要求修身所不可缺少的外界锤炼。

总之，在《家训》中颜之推不仅从人生观、价值观角度论说了士人的生存、发展离不开“修身”，也以具体事例从士人早期思想品德教育、博学和慎交慎为三个方面给予了证明，从而阐说了“修身”是士人得以保障生命，得以“立身扬名”的基础和保证。

三、颜之推对“齐家”的论说

家庭是社会组织中的最小个体单位，它不仅关系到士人生命个体的存在和依托，也关系到国家和社会的稳定和发展。所以儒家非常重视士人对自己家庭的建设，把“齐家”作为士人人生奋斗理想中的第二个重要环节，看作“修身”的进一步发展和提升，认为“修身”后紧接着要达到的更高一级目标就是“齐家”。从而使“齐家”不仅在理论上成为儒家学说中一个非常重

① 《颜氏家训集解》（增补本），第361页。
② 《颜氏家训集解》（增补本），第345页。
③ 《颜氏家训集解》（增补本），第348页。
④ 《颜氏家训集解》（增补本），第355页。
⑤ 《颜氏家训集解》（增补本），第348页。
⑥ 《颜氏家训集解》（增补本），第354页。

要的理念，也在实践上成为士人社会发展的重要基础和保证。

故而在《家训》中，颜之推除了大谈“修身”外，就是论说“齐家”。他以《教子》《兄弟》《后娶》《治家》等专题和一些散见于其他篇章的语言，论说了士人一生中“齐家”的重要性，并对如何“齐家”作出独到的解说。

综合颜之推所说，他的“齐家”内容主要有以下两层意思：其一，要确立好家庭内人伦关系。首先，要辨别亲疏。儒家一贯主张人伦关系以“亲亲”为重，所谓“亲亲而仁民”①。受儒家思想影响的颜之推因此在家庭中也就把“亲亲”关系作为首要人伦，他主张首先要维护好夫妇、父子和兄弟三种亲情伦理关系。他说：“夫有人民而后有夫妇，有夫妇而后有父子，有父子而后有兄弟：一家之亲，此三而已矣。自兹以往，至于九族，皆本于三亲焉，故于人伦为重者也，不可不笃。”②所以他要求以夫妇、父子和兄弟这三种人伦关系为核心来处理家庭人伦关系的亲疏。其次，确立男性家长为核心的家庭地位关系。强调男性尊长在家庭中的表率作用是颜之推齐家的一个重要内容。他说：“父不慈则子不孝，兄不友则弟不恭，夫不义则妇不顺矣。”③认为男性尊长在家庭中有率先垂范、以身作则的作用，男性尊长在家庭里起到了这种作用，家庭关系就会理顺、就会和睦，由此才能治理好家庭。这也就是说，父慈才能子孝，兄友才能弟恭，夫义才能妇顺。这里颜之推既说明了父慈子孝、兄友弟恭、夫义妇顺之间是互相促进的，也说明了男性尊长在其中应起到的主导作用。再次，强调男主女辅的家庭理念。中国古代社会一直是一个男权主导时代，因而社会思想没有不服务于此者。受儒家思想影响的颜之推自然不能例外，所以在家庭中他坚持的也是男主女辅的理念。所谓“妇主中馈，惟事酒食衣服之礼耳”，“如有聪明才智，识达古今，正当辅佐君子，助其不足”。这也就表明，在颜之推看来，家庭中妇女的主要职责就是辅佐男性、做好家务事，至于家中的管理、经济支出、交往、祭祀等事宜她们是不可决断和参与的，即“家不可使干蛊”④。最后，处理好父子、夫妇和兄弟这三对核心家庭伦理关系。父子、夫妇和兄弟是家庭的核心人伦关系，如何处理事关家庭的稳定和谐，颜之推对此极为重视，也用了较多文字进行了相关论说。这点下文“颜之推伦理思想”中因有专门论述，这里就不再多说。

其二，在家庭治理原则上，颜之推认为，首先治家要宽严结合。他说：

---

① 《孟子·尽心上》，见（清）焦循正义，沈文倬点校：《孟子正义》，第246页；也见（宋）朱熹撰：《四书章句集注》，北京：中华书局1983年版，第363页。

② 《颜氏家训集解》（增补本），第23页。

③ 《颜氏家训集解》（增补本），第341页。

④ 《颜氏家训集解》（增补本），第47页。

“治家之宽猛,亦犹国焉。”①自夏启开创中国家天下的政治模式后,中国古代社会从此就形成家国同构的社会体系,延续数千年不变,因此,古人为此总结了诸多理政与治家共有的经验。虽然国有国法,家有家规,但“居家理,故治可移于官”②,同样居官理,其治也可移于家。所以在颜之推看来,家庭治理不仅像治国一样要有章法,在对问题的处理上也要把握好宽严问题。否则,宽严失当就会导致诸多不良结果:或因之丧财,或因此破家,或因之丧命等等。因此他认为管理家庭不仅要宽严结合,也要宽严适度。其次,强调要“婚姻素对”。当时无论南北,社会上总不乏以婚姻为交易现象的发生,特别是在北朝,以婚姻为买卖的财婚现象相当严重③。颜之推在北朝几十年的生活不仅见识之也实实在在感受之,故而他认为,“近世嫁娶”如同买卖婚姻,“责多还少,市井无异”,从而极为反对。由此,他要求在儿女婚姻上既不可贪求势家,也不能把它当作买卖,应该遵照老祖宗所定下的“婚姻素对”原则,不贪权势之门、不攀富贵之家,否则只能是“贪荣求利,反招羞耻”④。再次,家庭消费既要崇尚节俭又要仁义为怀。颜氏为南渡侨族,而且主要依靠俸禄为生,因而家资并不富裕,这也就使得颜氏家族向来养成节俭的习惯,所以颜之推说:“俭者,省约为礼之谓也”,从而积极主张家庭消费应该节俭。然而深受儒家学说熏陶的他,心中又有仁义之念,因此他又认为,治家节俭固然重要,但切不可因此而吝啬,遇到穷困拮据之人要乐善好施、慷慨解囊,做到“施而不奢,俭而不吝”⑤。简言之,在颜之推看来,家庭消费既要节俭,又要恤穷救困。最后,家庭规模要限制在一定范围内。从乱世亲身经历出发,颜之推得出了一个认识,那就是家族发展不能单薄穷困,但也并非家大业大就好,所谓:“积财千万,不如薄伎在身。”⑥因此他坚持居家只能“常以二十口家,奴婢盛多,不可出二十人,良田十顷,堂室才蔽风雨,车马仅代杖策,蓄财数万,以拟吉凶急速”,超过了这些数量,就要把多余的拿出来用以济困救乏,而达不到这个规模,也不能用歪门邪道的方法获取,只能秉持正义,以道求之,所谓:“不啻此者,以义散之;不至此者,勿非道求之。”⑦

---

① 《颜氏家训集解》(增补本),第41页。

② 《孝经·广扬名章》,见李学勤主编:《十三经注疏·孝经正义》,北京:北京大学出版社1999年版,第47页。

③ 参见薛瑞泽:《魏晋南北朝的财婚问题》,《文史哲》2000年第6期;魏向东:《论魏晋南北朝财婚风气及其影响》,《江苏社会科学》2002年第5期。

④ 《颜氏家训集解》(增补本),第53页。

⑤ 《颜氏家训集解》(增补本),第41—42页。

⑥ 《颜氏家训集解》(增补本),第157页。

⑦ 《颜氏家训集解》(增补本),第345页。

总之,《家训》不仅是颜之推总结乱世下的人生经验对子孙的训教之作,实质也是针对所有士人及其子孙进行如何修身、齐家的劝教之说。其中颜之推就士人个体而言的诸多内容多体现了他阐说的儒家“修身”观,就家庭而言的各个方面则表现了他的儒家“齐家”意识,而总的主旨则不外乎围绕“修身”“齐家”从人生观、价值观角度对士人的生存、发展作诸多规范性论说,以期后人和他人能从中受益,更好地生存、发展。

四、《家训》惟论“修身”“齐家”之因

《颜氏家训》是一部写在乱世之后的著作。作为家训,它最重要的作用就是教育下一代。但如何教育是值得考虑的。此前虽也有过不少人作过这方面的论说,如范晔的《狱中与诸甥侄书》、徐幹的《徐氏中论》、王肃的《王氏正论》、顾谭的《顾氏新语》、颜延之的《庭诰》、张融的《诫子》和《门律自序》等,但正如颜之推所说:“魏晋已来,所著诸子,理重事复,递相模效,犹屋下架屋,床上施床耳。”①在他看来,多没有什么新意,不过是重复前人的理念而已。因此,颜之推对《颜氏家训》的写作和选材及内容的安排不说独具匠心,也是苦心孤诣。其中最主要特征和最大特色就是全书只围绕“修身”“齐家”来分不同方面阐述之,并于这过程中将儒家思想其他方面纳入进去。而“修身、齐家、治国、平天下”本是儒家倡导的士人人生信条和理想的奋斗目标的一个整体,但颜之推于《家训》中却只取“修身”“齐家”而论,其原因究竟为何,笔者以为有以下几方面:

其一,颜之推著家训的取材范围决定。家训,南北朝之前本是就如何教子而言,一如上面提到的顾谭的《顾氏新语》、颜延之的《庭诰》、张融的《诫子》和《门律自序》等,但若再仅仅就教子而言之,颜之推的家训不免又走回到前人的老路上去,结果只能是再一次重复着“屋下架屋,床上施床”的工作,而这绝不是擅长著述,有意作家训同时传播儒家思想的颜之推所希望要做到的。颜之推是忠实的儒家门徒,言行之处无不以儒家思想、准则为指导,因此回归儒家学说教育世人的原点和终极,他选择了所有士人都希望达到的“修身、齐家、治国、平天下”这一儒家为士人提出来的理想目标中的“修身”和“齐家”,二者既是儒家学说教育世人要达到的人生初始目标,又是后面“治国、平天下”终极目标的基础,而且还是每个士人家训要达到的目标。特别是以这样的理念作家训并以之为内容主体和核心,不仅扩展了家训的内容,即由单纯的教子演变为修身、齐家,也完全跳出了旧有家训模式

① 《颜氏家训集解》(增补本),第1页。

之窠臼,而且这样安排也正和魏晋南北朝时期社会上重视家族发展的趋势相吻合。当然,如果将"治国、平天下"作为论说内容也纳入到家训中,虽无不可,但总给人超出家训范围的那种不伦不类感,这和颜之推所感知和接受到的魏晋南北朝时期士族但重家族利益而轻视政权、君主命运的利己理念,既不符也相冲突。事实上,这也不是历经乱世后颜之推所希望教育和引导后人要做的,而且即使颜之推也希望子孙能达到治国、平天下这样的理想境界,其前提也必须是先做好修身和齐家。没有修身、齐家,也就勿论治国、平天下了。因此,颜之推在《家训》中也就只选择儒家学说教育世人的修身、齐家为主要内容,而且这样的内容,不仅包括了教子,还包括了如何齐家等。可以说,家训之有齐家内容应始于颜之推,此后家训之治家内容皆在此基础上仿而作之。

其二,"修身、齐家、治国、平天下"所蕴含的价值观所致。颜之推出生于世以儒学为业的家族,且自小就受儒学熏陶,因此,儒家传统思想对其自然有很深刻的影响。"修身、齐家、治国、平天下"这种被士大夫一直所奉行的儒家理想信条,也必为颜之推铭刻于心。不过,儒家的这种理想信条虽倡导的是把个体的行为和民族、国家的利益相结合的思想,希望个体主观上在"修身、齐家"后积极地去"治国、平天下"以实现人生的最大价值,但它在结构上事实上又设置了回旋余地,那就是即使个体主观上不能达到治国、平天下的理想目标,也无需气馁,但做到修身、齐家也足矣,因为"身修而后家齐,家齐而后国治,国治而后天下平"①。这也就是说,只要每个人很好地做到了修身和齐家,也就间接地做到了治国、平天下,也就为国家的发展作出了贡献。而这也就为封建士大夫提供了一种遵从儒家思想的明哲保身的理念。因此,于士大夫而言,"修身""齐家"进可以仕宦通达,退可以保家兴族。正是儒家思想这种中庸性的作用,颜之推在劫后余生中于《颜氏家训》里便只选择"修身""齐家"为主体核心内容来论述以教导后人,并在二者之间又以"修身"为重点内容。之所以如此,是因为"自天子以至于庶人,壹是皆以修身为本"②。

其三,当时的社会政治环境使然。魏晋南北朝时期,政权的频繁更迭、政治上的血腥镇压,以及政权的割据一方、士族高居特权之上等,已经使"治国、平天下"成为一般士人遥不可及的目标。对他们而言,"治国、平天下"似乎在现实生活之外,只能是可说可想而不可行或难以践行的理想。他们在政治斗争、朝代更替中已疲于奔命,并且生命的价值在国家、社会层面无

① (宋)朱熹撰:《四书章句集注》,第4页。
② (宋)朱熹撰:《四书章句集注》,第4页。

从体现,而政权的兴也罢亡也罢,参与其中反而不如置身事外。于是,对政治的逐渐淡漠也就成为他们的必然选择。生命的价值既已无法在政治进取和积极作为即“治国、平天下”上获得真正体现,则毋宁将精力转移至家族的发展上,从而利己的动机和私欲在这时期的士族阶层和社会上便迅速膨胀、蔓延开来。这样通过修身、齐家在既有的政治体制下获取某种政治、经济利益也就成为他们的奋斗目标。魏晋南北朝时期士人这种对政治、家族利益获取的行为和心理与先秦至两汉时期士人胸怀天下、汲汲于政治上积极作为和为天下担当的心理和行为是截然不同的。因之,家族利益至上、“保家之念宜切”①、对官爵的获取代替对政治上的积极作为、使家门不坠和门户长兴也就成为这个时期大多数士人的普遍共识和共同追求。对颜之推来说,也是如此。因此,致力于发展家族利益的他也就将“修身”“齐家”这种既适应社会生存、又能保命兴族的思想作为了训诫子孙的核心,从而作为了《家训》的主要内容。

其四,颜之推乱世之下的人生观和价值观所致。颜之推一生颠沛艰辛,劫余之后,总结自己一生的经验便是“父兄不可常依,乡国不可常保,一旦流离,无人庇荫,当自求诸身耳”②。乱世之下,国家已经不再被士人看作一个可以完全值得依赖信托的载体,要想生存活命并保家兴族,只能求诸自身。而这时期南北朝廷用人所要求的“人门兼美”③,可以说也正是对修身、齐家这种发展个人和家族方式的官方认可、鼓励和引导。因此在《颜氏家训》里,颜之推本着从实际出发,也就只讲“修身”和“齐家”这种有益于个体生存、发展的内容,并将之具体化,而于“治国”和“平天下”则很少涉及和宣扬。

总之,《颜氏家训》是颜之推劫后余生、一生坎坷经验的总结,目的是为了让其后代不仅能更好地生活,也能更好地延宗兴族。基于此,颜之推在对政治和现实双重作用考虑下,选择了儒家引导士人实现自身价值的人生理想信条“修身、齐家、治国、平天下”中的“修身”“齐家”,作为《家训》阐述的主要内容。这不仅因为二者更加切合家训内容,也由于二者极为切合当时的社会环境和颜之推乱世下的人生观、价值观,并且这种修身、齐家的发展方式也为朝廷所重。所以从这个角度说,《颜氏家训》以“修身”“齐家”为核心实是颜之推综合考虑多种因素而作出的最佳安排。

---

① 《南齐书》卷23《王俭传》,第438页。
② 《颜氏家训集解》(增补本),第157页。
③ 《陈书》卷34《蔡凝传》,第470页。

第四节　颜之推的矛盾心理考察

一、颜之推矛盾心理缘起

如前所论,颜之推年轻时虽因染玄学而一度“肆欲轻言,不修边幅”,但当他从社会现实中认识到只能遵行颜氏先人兴家的儒学之道才能立身扬名后,也就很快转变过来重拾儒学。经过艰苦努力,十九岁的他已然“博览群书,无不该洽,词情典丽,甚为西府所称”,而时为湘东王的萧绎便“以为其国左常侍,加镇西墨曹参军”①。此也正是颜之推所说:“方幕府之事殷,谬见择于人群,未成冠而登仕,财解履以从军。”②在颜之推二十岁时,为阻止侯景对江陵的围攻,萧绎命次子萧方诸为中抚军将军、郢州刺史,坐镇郢州以张声势,并让颜之推为中抚军外兵参军,掌管萧方诸府内外书记,与文珪、刘民英等共同襄助萧方诸。这时期颜之推虽说:“厕六友之谈说,虽行就而心和,匪余怀之所说。”但事实上,他对萧绎的青睐以及将调护爱子的重任寄托于他和其他五人身上,内心是非常感激的,所以他也极尽所能辅助萧方诸:“欲推心以厉物,树幼齿以先声。”③世事的磨炼让颜之推不仅懂得了儒学的实用价值,也认识到了它的人生指导意义,由此他学会了谨慎处事,所谓“二十已后,大过稀焉”④。但不幸的是太清五年(551),侯景攻下郢州,二十一岁的他因此被俘。好在被俘的颜之推还算幸运,侯景行台郎中王则对其比较赏识,多方救护,由此颜之推才得以免遭杀害。这也就是他在《观我生赋》中所说“幸先生之无劝,赖滕公之我保”。随着王僧辩攻占建康城,承圣元年(552)三月“平侯景,传首江陵”⑤,颜之推也从建康回到江陵。

此时政治地位不断上升的萧绎不但镇压和削平了所有自己皇位的反对者和竞争者,而且所派出的王僧辩也率军顺利地平定了侯景之乱,在这种所谓“中兴”梁朝的成就和喜悦之下,萧绎在江陵登基称帝,成为了梁元帝。而回到江陵的颜之推恰因此被选为亲近侍从,“侍昇坛之五让”,由此又升迁为散骑侍郎,奏舍人事。在此后一年多里,颜之推除了侍奉梁元帝酬对诗文外,基本上就是受命在石渠阁和庾信等人校书,可谓职闲位亲。可能也正是

---

① 《北齐书》卷45《颜之推传》,第617页。
② 《北齐书》卷45《颜之推传》,第620页。
③ 《北齐书》卷45《颜之推传》,第620页。
④ 《颜氏家训集解》(增补本),第4页。
⑤ 《南史》卷8《梁元帝纪》,第236页。

在这段时间经常性与梁元帝酬答并备为顾问,颜之推的应变能力、辩说才华都得到了锻炼和提升,这为他以后在北朝谨慎从事,较明智地周旋于各个帝王、贵族之间提供了基础。

然而在江陵称帝的萧绎并没有在即位后认清南北政局和所处恶劣环境,也没有认真去做治民理政的工作,对人事的安排也非理智,反而不恰当地做了一些不合时局和统治的事,最终导致了西魏对梁的大举入侵。[①] 承圣三年(554)十一月,西魏军攻破江陵,不但梁江陵政权倾覆、梁元帝死难,而且西魏军在大肆屠杀之后,"收其府库珍宝。得宋浑天仪、梁日晷铜表、魏相风乌、铜蟠螭趺、大玉径四尺围七尺及诸舆辇法物以献",又"虏其男女十余万人"[②]驱归长安。颜之推就在这被虏之列。当时颜之推正患脚气,西魏人对他这个俘虏还算照顾,给了他一头跛脚驴骑着。于途中,他又因"聪颖机悟,博识有才辩,工尺牍"而被西魏"大将军李显庆重之,荐往弘农,令掌其兄阳平公(李)远书翰"[③]。对颜之推来说,这可以说是不幸之中的幸运。对此颜之推表现出来的心情是复杂的,可能有一定被赏识的欣慰,但更多的却是沦为阶下囚的耻辱,因此,才有他后来逃离西魏东奔北齐之行。

江陵政权的灭亡是梁元帝的悲剧,也是江陵士人的悲剧,更是江陵数十万百姓的悲剧。除了颜之推在《观我生赋》中对此有所记载外,沈炯的《归魂赋》对此也有一定的述说:

> 我何辜于上玄,我何负于邻睦。背盟书而我欺,图信神而我戮。彼孟冬之云季,总官司而就绁。托马首之西暮,随槛車而回辙。履峨峨之层冰,面飘飘之岩雪。去莫敖之所缢,过临江之轨折。矧今古之悲凉,并攒心而沾袂。渡狭石之敧危,跨清津之幽咽。乌虚弓而自陨,猿虢子而腹裂。……既缧然而就鞅,非造次之能窥。……昔南阳之穰县,今百雉之都城。[④]

国破家亡,对于任何人来说都是一件惨痛之事,对于江陵士人更是如此,因为他们不仅从此失去家国,成为亡国失家之人,而且因此被掳入北后将可能永远再也不能回归故土,正所谓:"嗟飞蓬之日永,恨流梗之无还。"[⑤]

---

① 参见拙著:《后三国梁末北迁士人研究》,第41—67页。
② 《周书》卷15《于谨传》,第248页。
③ 《北齐书》卷45《颜之推传》,第617页。
④ 严可均辑:《全上古三代秦汉三国六朝文》(四),第3477页。
⑤ 《北齐书》卷45《颜之推传》,第624页。

他们面临的可能是永久接受吞灭江陵政权的北方非我族类的夷虏之人的统治，这是他们实在不愿接受的，因此颜之推在《观我生赋》中说："尔其十六国之风教，七十代之州壤，接耳目而不通，咏图书而可想，何黎氓之匪昔，徒山川之犹曩。"他不仅认为"已生民而立教，乃司牧以分疆，内诸夏而外夷狄"，而且对周边民族入侵中原的行为极为反对，甚至还将这些民族入侵中原之责加到历史上兴作少数民族服装的某些帝王身上，所谓："哀赵武之作孽，怪汉灵之不祥。旄头玩其金鼎，典午失其珠囊。瀍涧鞠成沙漠，神华泯为龙荒。吾王所以东运，我祖于是南翔。"①虽然在江陵灾难变故中，他和江陵众多士人没能做到如古人那样"主辱臣死"以尽忠节，但他又和王褒等入北后"常从容上席，资饩甚厚。褒等亦并荷恩眄，忘其羁旅焉"②的心态不同，和庾信被授官职后"孟门久失路，扶摇忽上抟。栖乌还得府，弃马复归栏。荣华名义重，虚薄报恩难"③的春风得意之态及对侵略者感恩之情也迥然有别，颜之推在江陵事变后只是常觉有愧，所谓"小臣耻其独死，实有愧于胡颜"④。一样深受儒家思想熏陶，一样在梁朝为官，一样都成为亡国之人，一样也都在北朝为官，可对儒学的态度和家世历史的不同也就决定了人生的感悟及处世态度的高低不同。对颜之推来说，颜氏家族以儒学传家并认真以儒家思想为安身立命标准之家风，他时刻不敢违逆之，所以他不但因之有很强的夷、夏之别观念⑤，也有着像其祖父颜见远那样不臣灭国者的理念。因此承圣四年(555)六月，当颜之推得知北齐政府选萧渊明为梁主，并且"凡厥梁臣。皆以礼遣"，他便有了借道北齐回南方的打算，一如他自己所说："之推闻梁人返国，故有奔齐之心。以丙子岁旦筮东行吉不，遇《泰》之《坎》，乃喜曰：'天地交泰而更习，坎重险，行而不失其信，此吉卦也，但恨小往大来耳。'后遂吉也。"⑥事后他选择在黄河水暴涨的一个夜晚带着妻儿乘船由西魏逃向北齐，最后成功到达北齐境内。

应该说，颜之推由西魏奔北齐是心念故国的，他秉承儒家思想，一心要做梁的不贰忠臣，所以才"譬欲秦而更楚，假南路于东寻"⑦。从这点来看，

---

① 《北齐书》卷45《颜之推传》，第618页。

② 《周书》卷41《王褒传》，第731页。

③ (北周)庾信撰，(清)倪璠注，许逸民校点：《庾子山集注》，北京：中华书局1980年版，第193页。

④ 《北齐书》卷45《颜之推传》，第623页。

⑤ 像颜之推这样有强烈的夷夏之别理念的士人在南朝还有不少，如沈炯在《归魂赋》里也说："虽德刑成于赦服，故蛮狄震乎雄名。乃寻浙而历商，遂经秦而至洛，觉高蹈之清远，具风云之倏烁"。见严可均辑：《全上古三代秦汉三国六朝文》(三)，第2477页。

⑥ 《北齐书》卷45《颜之推传》引《观我生赋》之颜之推自注，第623页。

⑦ 《北齐书》卷45《颜之推传》引《观我生赋》，第623页。

他比梁末其他入北士人如王褒、庾信等，甚至是梁的宗室成员如萧㧑、萧大圜、萧大封等，对故国的忠诚更能让人有实实在在的感受。不过，颜之推这种忠诚也是有一定限度和条件的，即只有当萧梁政权还存在的时候，他的这种忠诚才成立。一旦这个条件不存在，他对故国的忠诚也就大大降低甚至随之消失。由此可以看出，中国古代的士大夫往往把对国家和民族的忠诚和热爱错位于对一家一姓统治政权的忠诚和热爱。所以当他“至邺，便值陈兴而梁灭，故不得还南”时，也就和侯景之乱前后逃到北齐政权下的梁末士人滞留于北齐境内了。而他也因此堂而皇之说：“遭厄命而事旋，旧国从于采芑，先废君而诛相，讫变朝而易市。遂留滞于漳滨，私自怜其何已。”①其实这不过是颜之推为自己逗留北齐并最后出仕北齐找了个欺骗自己或世人的借口和理由。因为当初他冒险从北周逃到北齐，目的就是欲借北齐对南士实施的政策便利回到南方梁朝，以实现他不背儒家伦理思想下的忠臣不事二主之“忠”的理念，同时又能守“孝”，而不玷辱祖宗践行儒家思想的节烈美誉。然而到北齐后因时因情之变化，他又改变了主意，滞留于北齐，观时局变化与发展，并最终因南朝陈霸先掌握实权而选择留仕北齐，这和他的初衷难免相违背或大相径庭。为避免贻人口实，也可以说是某种程度上寻求自我安慰和解脱，颜之推便有了《观我生赋》中“至邺，便值陈兴而梁灭，故不得还南”云云。

事实上，北齐政权诏命梁人返国是在天保六年(555)六月初四，按《观我生赋》中颜之推所说“以丙子岁旦筮东行吉不”，可知他应该是在“丙子岁”即556年的某一天逃亡北齐的②。而就北方而言，黄河水位暴涨的时间只能在六月到十月这个雨水较为充沛的夏秋季节，而十一月到第二年的一、二月份多是水位下降期，甚至是结冰期即今天所谓的黄河凌汛期。而魏晋南北朝时期恰处在中国古代历史上一个气候寒冷期③，“当时，年平均气温由西汉高于现在的1°C—2°C，降至比现在低1°C—2°C”④，因而冬春季节里也就无所谓“河水暴涨”。因此，结合“值河水暴长”和“水路七百里一夜而至”等综合考察，颜之推到北齐都城邺城的时间应为敬帝太平元年(丙子岁)即北齐天保七年(556)的七月到九月这段时间。这时候南方政权虽经过激烈争夺后为陈霸先所掌控，但名义上还是梁朝。颜之推之所以没有立

---

① 《北齐书》卷45《颜之推传》引《观我生赋》，第624页。

② 笔者曾在论文中把“丙子岁旦”看作敬帝绍泰元年(555)六月二十八日(参见拙文《心共口敌性与情竞：颜之推矛盾心理的伦理探析》，《济南大学学报》2010年第6期)，乃为错解。

③ 竺可桢：《中国近五千年来气候变迁的初步研究》，《考古学报》1972年第1期。

④ 曹文柱：《魏晋南北朝时期社会与文化的互动》，《魏晋南北朝史论合集》，北京：商务印书馆2008年版，第85页。

即由北齐转往南方，主要原因就在于他对南方时局采取了观望态度，最后迁延下来直到陈的建立，而颜之推也就以此为借口不再南归了。虽然到北齐后没有实现颜之推当初出逃北齐的初衷，而且他也知道于梁政权来说北齐亦是一侵略者，譬如侯景之乱时，“齐氏深斥梁家土宇，江北、淮北唯余庐江、晋熙、高唐、新蔡，西阳、齐昌数郡。至孝元之败，于是尽矣，以江为界也。”①可是异时异地，颜之推仍选择了留仕北齐，并在《观我生赋》里作“至邺，便值陈兴而梁灭，故不得还南”等说辞②。很大程度上，这既是颜之推为平衡内心中作为是非准则的儒家伦理道德和现实生活行为之间矛盾冲突而寻找的一个解决点，也是他视北齐政权为第二故国之结果③。

而且从颜之推得到北齐遣返梁人回国之消息，到他在丙子岁旦选择“试拂蓍以贞筮”，再到他逃到北齐，时间已经过去了一年多。如果颜之推真的急迫想借北齐政权遣梁人返国之机由北齐回南，就该在得到此消息后较快地逃入北齐而到南方去，否则，谁能保证以后北齐实施的这个政策是否还能继续有效！而且北齐颁布准许南士回国政策是在天保六年(555)六月初，其间即使由于路途遥远等因素，此消息传到颜之推这里需要一个过程，那中间有二至三个月时间也足够了，颜之推得知此消息也应该是八月或九月。这时期也正是黄河水暴涨时期。如果他真的要回南，这时期走应是最好时机，而他却迁延至一年之后才成行④，这不能不在一定程度上使他回归故国的真心和诚心打了折扣。不过，即使如此，颜之推的这种行为多少还是表明了他对故国仍是心存留恋的，对待侵灭故国的西魏是心存怨恨的。

故国的灭亡、生存的需要、梁末降入北齐的士人出仕北齐、齐主的盛情延请等因素，应该说都是颜之推出仕北齐的原因。然而北齐和西魏都是鲜卑人建立的政权，北齐和西魏也都是梁政权的侵略者，从这点来说，二者并没有多少质的区别。虽然臣仕北齐比臣仕西魏在感情上让人更容易接受，而且北齐又是颜氏祖籍琅邪的所在国，但这依然改变不了颜之推的行径和儒家倡导的士人节操、忠孝仁义的伦理道德等是非准则的冲突和矛盾，也和他的华夷观相对立。尽管后来他认为：“一旦屈膝而事人，岂以存亡而改

---

① 《北齐书》卷45《颜之推传》，第623页。

② 按：陈霸先废敬帝在太平二年(557)十月，该年为丁丑年，因而颜之推所谓“至邺，便值陈兴而梁灭，故不得还南”应不是指这一年。

③ 于颜之推而言，北齐虽然于梁及生活在梁政权下的他而言是侵略者，但其祖籍琅邪在北齐，从这点来说，北齐似已成为颜氏之故国，所以他宁可选择出仕北齐也不愿再回南臣仕陈朝，也因此颜之推在自注“三为亡国之人”时将北齐灭亡视为自己又一次亡国。

④ 即使被认为直到一年后才有机会逃离，但这还是让人难以信服的。

虑?”①并在出仕北齐后,按儒家思想和做人准则想重新尽心做好自己的一切工作,以求心安和对北齐政权不再犯下同样不忠的错误。然而北齐被北周灭亡后,他还是再次犯下了同样的错误而“屈膝事人”,并在周隋禅代中,第三次做了同样的选择。或许在颜之推看来,一如前文“颜之推西入北周”所论,他在北齐灭亡被征往长安后并没有出仕北周,而只是在杨坚控制北周政权后才出仕,因而他出仕的对象是杨氏而非宇文氏。即使如此,当时颜之推出仕的政权毕竟还是为宇文氏天下,所以他还是存在“屈膝事人”的事实,故而对颜之推来说,非但内心固有的伦理矛盾没有解决,反而进一步加深了其程度。

二、内心矛盾表现

正是由于上述行为导致了内心矛盾,所以透过颜之推的言行不难看出,出仕北齐之后乃至后来出仕北周和隋,他事实上一直都深受来自内心政治伦理矛盾的折磨,并且随着时间推移,这种政治伦理引发的矛盾对颜之推的纠缠非但没有消失,反而越来越强。以至在晚年他还慨叹:“每常心共口敌,性与情竞,夜觉晓非,今悔昨失,自怜无教,以至于斯。追思平昔之指,铭肌镂骨,非徒古书之诫,经目过耳也。”②

这种伦理矛盾发自于内心,表露于文字,从而也就有了颜之推诸多言、行之间互相矛盾的地方:一方面他认为“诚臣徇主而弃亲”③,“夫所以读书学问”,“未知事君者,欲其观古人之守职无侵,见危授命,不忘诚谏,以利社稷,恻然自念,思欲效之也”④。另一方面自己却是在江陵政权倾覆后相继出仕北齐、北周和隋政权;一方面宣扬“不屈二姓,夷、齐之节也”,另一方面又说:“何事非君,伊、箕之义也。自春秋以来,家有奔亡,国有吞灭,君臣固无常分矣。”⑤一方面在指责“世人读书者,但能言之,不能行之,忠孝无闻,仁义不足”⑥,另一方面自己却是“小臣耻其独死”⑦而幸运地活着;一方面宣称“(生)不可苟惜”⑧“见危授命”,另一方面又强调“人生难得”⑨“有此

① 《颜氏家训集解》(增补本),第258页。
② 《颜氏家训集解》(增补本),第4页。
③ 《颜氏家训集解》(增补本),第391页。
④ 《颜氏家训集解》(增补本),第166页。
⑤ 《颜氏家训集解》(增补本),第258页。
⑥ 《颜氏家训集解》(增补本),第165—166页。
⑦ 《北齐书》卷45《颜之推传》,第623页。
⑧ 《颜氏家训集解》(增补本),第362页。
⑨ 《颜氏家训集解》(增补本),第396页。

生然后养之，勿徒养其无生也”①；一方面教育子孙“泯躯而济国，君子不咎”，并颂扬梁鄱阳王世子谢夫人骂贼而死、北齐宦者田敬宣“学以成忠”②等行为，另一方面却又教导子孙“养生先须虑祸，全身保性”③，且自己采取坐观时局、由梁臣变为北齐大臣后又转效北周和隋的行为，等等。

这诸多矛盾在颜之推身上一一表现出来并不是颜之推口是心非，也非他不能将文字顺通一致，实在是他在不同情况下、不同问题上思想的真实流露。让他虚伪地粉饰自己而使这些矛盾不表现出来，又不合他儒者的学养，因而只能顺其自然。

颜之推身上所表现出来的这些矛盾使我们看到了这时期士人尤其是经历过政权更迭由南入北的士人的内心表现：一方面他们要固守着自小就接受的儒家思想，以之为世界观、价值观和人生观指导，但另一方面，为了活着，他们又不能不低头臣仕不同的异族政权，这也就使他们的行为和精神不可避免地产生无法解决的政治伦理矛盾。为此，他们一方面要苟且生活于人世，另一方面还要为自己屈膝事人而作辩解。可事实上饱受儒家思想影响的他们又常常不得不经受良心、道德的拷问和折磨，一如颜之推所说：“夫有过而自讼，始发蒙于天真。”甚至在愤激之下最后把造成自身现实的一切原因归咎于读书，所谓：“向使潜于草茅之下，甘为畎亩之人，无读书而学剑，莫抵掌以膏身，委明珠而乐贱，辞白璧以安贫，尧、舜不能荣其素朴，桀、纣无以污其清尘，此穷何由而至，兹辱安所自臻。”④这种将自身因政治变故导致的偏离正常儒家伦理规范下的无奈言行和觍颜生活于异族政权下的矛盾，推到不该读书上，虽然不免贻人笑柄，但也体现出了中国古代文化士人在动乱年代因行为的错位而无法找到精神支柱和安慰时孤独、痛苦和备受精神煎熬的一面。而这一切可以说又正是儒学式微和魏晋南北朝政权频繁更迭、家族利益至上的社会现实在士人身上共同作用的结果。

三、矛盾产生原因

颜之推一生坎坷，历仕多朝，“备荼苦而蓼辛”⑤，能活着本已难得，剩下的该是庆幸，何至于有诸多矛盾心理？笔者以为原因在于：

一是政治变化影响下的社会风气之作用。在魏晋南北朝这样一个战乱

---

① 《颜氏家训集解》(增补本)，第 361 页。
② 《颜氏家训集解》(增补本)，第 202 页。
③ 《颜氏家训集解》(增补本)，第 361 页。
④ 《北齐书》卷 45《颜之推传》，第 625—626 页。
⑤ 《北齐书》卷 45《颜之推传》，第 625 页。

不断、政权更迭频繁、士族坐享特权、有志难伸、忠臣难为的时代和环境里，社会现实已经迫使越来越多的士人形成了这样一种思想共识：与其泯灭身躯以尽忠还不如保全性命兴家族。因此魏晋以降，南北朝时期士人也就大多始终执守着家族利益至上的理念，这样也就形成了“主位虽改，臣任如初。自是世禄之盛，习为旧准，羽仪所隆，人怀羡慕。君臣之节，徒致虚名，贵仕素资，皆由门庆，平流进取，坐至公卿。则知殉国之感无因，保家之念宜切。市朝亟改，宠贵方来，陵阙虽殊，顾眄如一”①的社会风气。在这样一种社会环境里，依靠个别士人的节操血性行为，譬如袁粲为宋而死、颜见远殉节萧齐等也就根本阻止不了既定政治环境下政治生态的演变，也无关乎现实政治风气之改变。因此，孝亲保命、兴旺家族也就为大多数士人所选择。一如唐长孺先生所论：“从晋以后王朝更迭，门阀不衰的状态，后人每加讥议，然而在当时，这些统治者却另有理论根据作为他们安身立命的指导。”②颜之推受世俗影响，自然不会免俗例外，于是也作出了这个时代下大多数士人会作出的选择而“屈膝事人”。故而今人李宗长认为，颜之推之所以在遭受亡国之痛时没有“泯躯而济国”就是因为：“一方面颜之推的家庭观念特别强烈，振兴家庭的使命感以及对家庭成员的责任感促使他在实际生活中不能不顾惜生命；另一方面颜之推对他所处的动乱时代有着清醒的认识，敏锐的识见使他感到即使泯灭了个体的身躯，也难以拯救相互攻伐，彼此取代的国家命运。”③事实上，这不单是颜之推所以立身保命、求取富贵的原因，也是其时梁末入北所有士人出仕北朝的原因。和颜之推一样，他们都在“自春秋以来，家有奔亡，国有吞灭，君臣固无常分矣”思想作用下，堂而皇之并心安理得地出仕北朝。譬如庾信在诗中就写道：“惟忠且惟孝，为子复为臣。一朝人事尽，身名不足亲。吴起尝辞魏，韩非遂入秦。壮情已消歇，雄图不复申。移住华阴下，终为关外人。”④诗中之意正是这样一种内心表达。这种情况也正如后来南宋陈亮上书宋孝宗时所说：“今之儒者，自以为正心诚意之学者，皆风痹不知痛痒之人也。举一世安于君父之仇，而方低头拱手以谈性命，不知何者谓之性命乎。”⑤

二是儒家道德标准和颜氏家风共同作用之结果。既已作出要苟活下去之选择，颜之推本应该心安理得，但事实上他却难以释怀，甚至对自己的行

① 《南齐书》卷23《王俭传》，第438页。
② 唐长孺著：《魏晋南北朝史论拾遗》，第238页。
③ 李宗长：《由〈颜氏家训〉看颜之推的心态》，《东岳论丛》1999年第1期。
④ （北周）庾信撰，（清）倪璠注，许逸民校点：《庾子山集注》，第232页。
⑤ （宋）陈亮著，邓广铭点校：《陈亮集》（增订本），北京：中华书局1987年版，第9页。

为时时耿耿于怀,以至不管在北朝生活中地位如何改变或提高、在官场上如何得意,也不管怎样为自己出仕北朝找理由或借口以自我安慰,或在现实的生活里随波逐流和短暂麻木,这些都无法解除他内心的痛苦。特定的家族出身赋予了他一定的文化特质,那就是他的思想始终都被儒家思想所制约,无法真正走出其藩篱,从而也就无法因现实生活而摆脱思想中儒家忠孝伦理道德和是非准则对其行为的拷问。两汉以来儒家伦理不仅主张"臣事君以忠"①的人格,崇尚忠臣不事二主和主辱臣死的品德,还极为鄙视叛国投敌、认贼作父等可耻行径。颜之推既把儒家伦理道德奉为生活中的是非准则,在讴歌梁鄱阳王世子谢夫人骂贼而死、北齐宦者田敬宣"学以成忠"②之节烈行为时,他自然也认识到自己的行为某种程度上也是一种不忠,从而也就有了在儒家伦理道德面前的深切愧疚、自责和种种寻求自我安慰的言行。

非但如此,颜之推的言行和颜氏家风也有着不协调的一面。颜氏是以儒学传家的文化家族,且日常行为皆恪守儒教伦理规则,并且颜氏祖辈都以践行儒家思想的行为而著称,可以说颜氏是一个传统而规范的典型儒门家族。这样的家族长期孕育出来的家风是严肃而端正的,在社会上的影响也是巨大的,因而它对这个家族中的每个成员的言行也严格按照儒家思想来规范。出身于这样的家族,又身处高度重视家族发展的魏晋南北朝时期,颜之推无论如何也不能成为颜氏家族的叛逆者,更不能留下什么不光彩之事作为他人用来非议颜氏家族的口实,以损毁颜氏家族的名望,然而他出仕北朝之行为事实上又与颜氏家风、先祖颜见远和父亲颜协之行为相冲突、相矛盾。从这个角度来说,他的行为又可谓不孝。

正是因为自己的行为一定程度上体现有这种不忠不孝的性质,颜之推内心便不可避免地有了一个永远无法解开的伦理痛苦之结,即极为矛盾而又互相纠缠的两个方面:一方面儒家思想和颜氏家风的深刻影响迫使颜之推要努力做到忠、孝、仁、义、礼、智、信,一方面又是朝代迁革、君主易位等政治事件的频繁发生和自己为生存而无可奈何出仕北朝不同政权的事实。这就使得颜之推不得不背负着一种沉重的精神负担,毕竟"儒家把人格价值与道德价值紧密结合起来,把仁义道德看得比功名富贵甚至比生命都重要"③。拿儒家的一套思想和生命价值观来衡量,以及自己祖辈践行儒家思想的实例来说,颜之推对自己不断出仕北朝的行为确实应该自感深刻愧疚和无比矛盾。事实上,不难看出,颜之推后来也一直深受这种心灵矛盾的折

---

① 《论语·八佾下》,见程树德集释:《论语集释》(一),第197页。

② 《颜氏家训集解》(增补本),第202页。

③ 陈东霞:《从〈颜氏家训〉看颜之推的思想矛盾》,《松辽学刊》1999年第3期。

磨,而且这种矛盾对颜之推的纠缠随着时间的推移,不是消失而是越来越深,以至在晚年他还慨叹:“每常心共口敌,性与情竞,夜觉晓非,今悔昨失。”①虽然曾子曾经以“一日三省吾身”来提醒和加强自己的“修身”,但颜之推的这种内心表白,却并不是他对自己在社会上立身处世所作出的不当言行的反思,更多的则是他对自己一生诸多行为的不断回顾、总结与思考。由此,根基于儒家思想的世界观、价值观与现实生活的不断变化所产生的冲突也就使颜之推经常陷于矛盾之中,不可解脱。由此可看出,颜之推努力为自己出仕北朝政权找寻借口,事实上是在为他挥之不去的内心矛盾寻找一个解决的突破口。

三是儒者的特质及振兴儒学的使命使他生活中的诸多伦理矛盾不断被触及。在北齐幼主承光元年丁酉即周武帝建德六年(577),北齐灭亡,颜之推作为北齐“十八学士”之一再次被俘长安,于大象末年(580)他出仕北周为御史上士,并随着隋文帝杨坚废周静帝而建立隋政权,他与世迁移又成为隋朝的官员。时间的推移本应该淡漠一切,加上在北周,看到那么多的梁末士人屈膝臣仕宇文氏、陈亡后又有那么多新的南方士人以各种途径进入仕途,颜之推对自己再次出仕北周和隋本应该不再有什么负罪感。在现实的生活里固然可以随波逐流,也可偶尔麻木,甚至可将过去暂时抛至一边,即如颜之推本人所说:“吾自南及北,未尝一言与时人论身份也。”(这虽是他就家族地位而言,但其中内含有不提过去之心态)可特定家族出身又规定着颜之推不能不动辄以儒家所谓正道标准去衡量和评判周围所发生的一切。因而针对身边许多士族身上表现出来的言不符实之现象,他说:“今之学者为人,但能说之也。”②意思是他们可以随时以儒教自我标榜和评说事物、议论他人,但实际行动上他们则完全逸出自己所说而无任何汗颜。和这些“但能言之,不能行之,忠孝无闻,仁义不足”③的士族乃至一般读书人不一样,以儒学为业的颜之推没有忘记自己的儒者身份,也没有忘记恪守儒家的精神底线和颜氏家风之底线,他不但自己“仰惟前代,故置心于此(笔者注:指儒学)”,还要求“子孙志之”④,专心于儒学的学习和颜氏家风的遵守。所以即使在衰世,他也要对儒学进行推广和发扬,所谓:“举世溺而欲拯,王道郁以求申。”⑤既然这样规定了自己的使命,颜之推对自己“一生而三化”中的

① 《颜氏家训集解》(增补本),第4页。
② 《颜氏家训集解》(增补本),第171页。
③ 《颜氏家训集解》(增补本),第166页。
④ 《颜氏家训集解》(增补本),第348页。
⑤ 《北齐书》卷45《颜之推传》,第625页。

言行也就无法释之坦然，从而在内心的精神世界中始终也就无法拒绝儒教伦理道德的审问和评判。

可见，辗转南北且历仕四朝而仕宦不坠，并没有给颜之推内心带来多少真正喜悦，在北齐获得黄门侍郎一职固然为他一生之荣耀，但这带给他的除了表面上的沾沾自喜和光彩之外，于他内心矛盾却并没有减去多少，他一生几乎都在纠结于忠孝和苟活、名节与家族。

总之，颜之推内心的矛盾也正是梁末入北士人出仕北朝的内心矛盾，颜之推的行为和思想足以代表这些士人的思想：一方面要好好活在人世，另一方面还要为自己屈膝事敌而作辩解。可事实上，饱受儒家思想教育的他们又常常不得不经受良心、道德的拷问和折磨，正如庾信在诗中所说："眼前一杯酒，谁论身后名。""在死犹可忍，为辱岂不宽。古人持此性，遂有不能安。其面虽可热，其心长自寒。""倏忽市朝变，苍茫人事非。避谗犹采葛，忘情遂食薇。怀愁正摇落，中心怆有违。独怜生意尽，空惊槐树衰。"①由此可看出，如颜之推这样的梁末北迁士人固然在出仕北朝后获得了另外一种新的生活，但深受儒家思想影响的他们却从此不得不陷入名节与生存的矛盾之中②。尽管他们为此寻找诸多理由为自己作辩解和自我安慰，譬如以历史上的某些人物为参照，或是借助其他方式如宗教信仰来麻醉自己或超脱世俗意识，可最终他们还是没有能因此而释怀坦然，以至于不少人至死都无法摆脱这种被迫入北所带来的痛苦。某种程度上可以说，这种情况也体现出了中国古代文化士人在动乱时代无法寻求到精神支柱的孤独、痛苦和备受精神煎熬之状态。

本章小结

魏晋南北朝时期儒学发展虽然式微，没有像两汉时期那样在官方和民间都得到大力推广和传播，但作为两汉以来的文化主体，儒学在官方层面上

---

① （北周）庾信撰，（清）倪璠注，许逸民校点：《庾子山集注》，第232、236、244页。

② 尽管名节在魏晋南北朝时期并不被特别重视，但在社会上仍然流行名节的意识，甚至某种程度上它还被作为衡量士人和家族的标准之一。如宋齐之际的褚炤就"常非从兄（褚）渊身事二代，闻渊拜司徒，叹曰：'使渊作中书郎而死，不当是一名士【邪！名】德不昌，遂令有期颐之寿。'"（《南齐书》卷32《褚炫传》）《南史·褚炤传》也载褚炤"常非彦回身事二代。炤叹曰：'彦回少立名行，何意披猖至此！门户不幸，乃复有今日之拜。使彦回作中书郎而死，不当是一名士邪？名德不昌，遂有期颐之寿。'"再如侯景攻占建康后署王克为太师，当王僧辩率军攻取建康后，"王克、元罗等帅台内旧臣迎僧辩于道，僧辩劳王克曰：'甚苦，事夷狄之君。'克不能对。又问：'玺绂何在？'克良久曰：'赵平原持去。'僧辩曰：'王氏百世卿族，一朝而坠。'"见《资治通鉴》卷164《梁纪二十》"元帝承圣元年"条，第5081—5082页。

虽暂时失去整体持续推进、普遍推广的态势,但在社会上却依然没有什么其他学说能代替它而成为影响人们生活和思想的主要因素,成为人们赖以安身立命和衡量曲直、判断是非的价值观,而且作为官方唯一认可的文化,儒学有着其他学说和思想难以僭越和代替的正统之位,并有着它存在的法理性,所以无论道教的兴起、佛教的传入和兴盛,还是玄学的风靡,这些都只能在一个时期内分割和挤压儒学存在的空间,却始终不能取代儒学在社会上的地位和作用。或许正是看到了儒学的正统正宗之位的不可超越和无法取代,私授儒学成为了魏晋南北朝时期的主流,并在诸多地区开花结果。一如陈寅恪先生所说:"自汉代学校制度废弛,博士传授之风气止息以后,学术中心移于家族,而家族复限于地域,故魏、晋、南北朝之学术、宗教皆与家族、地域两点不可分离。"①易言之,也就是儒学在魏晋南北朝时期由官方作为主体、主导推广之渐转变为由民间私学作为主体传承推广之。在这个过程中,不难看出,虽然儒学的传播、推广进程和主体形式发生了某种改变,但它对社会意识形态和人们思想的作用并没有多大变化,最多只是在一个时期如佛教、道教、玄学的风靡时,其势头被超过而已,然而真正对人们生活和安身立命以及社会发展、政权稳定起作用和作指导的还是儒学,这点从史载诸多士人临终遗命以儒家经典陪葬上即可管窥一斑。

由魏晋发展至南北朝,尽管政治上一家一姓的王朝在不断更换,文化上儒学一家独尊独大现象也在为儒、道、玄、佛共同发展所取代,但变化之中自有不变,儒学服务社会的教化作用、服务政治的指导作用以及对人们尤其是士人精神支撑作用则一直没有改变,因而尽管儒学式微,道、玄、佛兴盛传播,并为百姓不同程度地信奉,或顶礼膜拜,或虔诚敬仰,或醉心崇尚,但儒学一直没有倒下。不管是士族还是一般士人在社会变革中、世事推移中,都越来越深刻地认识到,无论政治上还是文化上抑或是家族的发展上,儒学都是立世之根本,也是现实取官最强之依凭,故而这时期不但新出家族皆欲以文化立身传家,就是兰陵萧氏作为皇族也津津于以文化取胜当时。而不管以文化立身传家还是以文化取胜当时,这其中都绕不开儒学,而且最初的教育都必然从儒家经典开始,并以之为主为基础。虽然到南北朝时期,文化兴盛之家族最后不少都是以文学显名而使家族居于文化高位,一如刘勰论刘宋文坛:"尔其缙绅之林,霞蔚而飚起;王袁联宗以龙章,颜谢重叶以风采,何范张沈之徒,亦不可胜也。"②甚至出现"自宋世祖好文章,士大夫悉以文章

---

① 陈寅恪:《隋唐制度渊源略论稿　唐代政治史述论稿》,北京:生活·读书·新知三联书店2001年版,第20页。

② (梁)刘勰著,周振甫注:《文心雕龙注释》,北京:人民文学出版社1981年版,第479页。

相尚,无以专经为业者"。但考其立身,又莫不以儒家思想为心骨。也因此,到萧齐时,因"(王)俭少好《礼》学及《春秋》,言论造次必于儒者",才会引发社会上"衣冠翕然,更尚儒术"①这样的现象,这也就意味着儒学在文化时尚方面可能有时或较长时间内不如道、玄、佛,但士人的启蒙教育、立身根本等却又离不开它。

在魏晋南北朝这样一种既崇尚时尚又重根本的文化氛围中,家族世传儒学的颜之推虽曾为南北朝盛行的玄学所吸引并一度醉心学习之,但渐渐成长的他在现实中终认识到了儒学才是自己立身社会之本、入仕之途,颜氏家族世传儒学并非只是应景之举和自我标榜,而是有着长远的立身兴家考虑。认识到了这点,颜之推也就转而重新再用功于儒学,并以之取官入仕。此后由南入北,乱世见闻以及臣仕北朝政权现实使他越来越感受到儒学在立身、生活中的重要性。他不但著《家训》教育子孙世传家业、以儒为本、绍先王之道而扬名,还自觉担当起振兴儒学之重任,并在《家训》中以儒家修身、齐家思想为核心,将儒家的仁、义、礼、智、信、温、良、恭、俭、让思想向后人作了不同程度的说教,以此期望子孙乃至后世其他士人皆能向学崇儒、大兴儒教。颜之推并非仅仅这样要求子孙,事实上他自己也一直都按照仁、义、礼、智、信、温、良、恭、俭、让来做人,来处世,如日常生活中以仁义为怀,关爱百姓、同情弱小,逢人论儒教,行事显儒行,以至于后人读其文,想其人,仍为其言行而感动:"予尝窃怪侍郎,当其时,大江以南,踵晋、宋遗风,学士大夫,操盈尺之简,日夜雕画其中,穷极绮丽,即有谈说先王,则裂眥扼腕,塞耳而不愿闻。江以北,故胡也,民控弦椎髻,王公大人,拥毡裘饮酪者居什五,即士流名裔,且将裂冠而从之,此何时也?侍郎故游江南,已又栖迟关、洛之间,乃能不没溺于俗,而秉礼树风,以准绳矩矱修之于家,不陨先世之声问,岂不超然风气之外者哉?"②其实,于颜之推而言,他不过做了自己认为该做的。不过,颜之推既以儒为本并以传播、振兴儒学为己任,由此也就自觉和不自觉地在生活中不时以儒家伦理道德标准来反观自己,衡量着自己的言行,力图振兴家族的使命也让他自觉不自觉地以颜氏家风来观照自己行为举止是否出格,是否违逆之。而魏晋南北朝以来士人大多抱着随波逐流、无所谓忠节的心态,使士人在主辱国亡中依然我故、弃旧朝臣新主的行为,偏偏又使颜之推及其同时代士人都选择了同样行为,与世推移。这种行径和立身、生活模式无疑与颜氏家风和儒家政治伦理相冲突、相违背。这样,颜之推在思想上不可避免地也就产生了伦理上矛盾冲突。如果只是把

① 《资治通鉴》卷126《齐纪二》,第4266页。
② (明)于慎行:《颜氏家训后序》,《颜氏家训集解》(增补本),第618页。

儒学作为立身和生活之工具而非精神支柱和人生指导，那对这样的伦理矛盾本可不理会而释之坦然，而颜氏家族人员恰恰又都有对事认真之态度，颜含如此、颜见远如此、颜协如此、颜之仪也如此，作为颜协的儿子、颜之仪的弟弟，颜之推尽管以中庸立身，凡事多讲究“去泰去甚”，但在对事态度上也一样认真。因此，他对自己臣仕多朝甚至其中不乏故国侵略者的行为也就不能释怀，也就不能不受到内心思想和外在行为的冲突而带来的矛盾纠缠，从而他的后半生几乎都处在“心共口敌，性与情竞”的内心拷问中。

第四章　颜之推的释道思想

佛教,魏晋南北朝时称为释教。相对于两晋时期士人信奉释、道纯属个体主观行为而言,南北朝时期在帝王崇佛或信道的背景下,士人阶层对释、道的信奉除了个体原因和时俗的影响之外,多少与其自身经历、家庭因素、政治变革等有一定关系。然而对士人而言,不管是信佛或是奉道,都会在宗教的信奉中贯入儒家的某些理念,而当他们回归到现实,在以儒家文化思想建立起来的等级分明的世俗社会生活时,他们又以道、佛的某些思想修饰之,从而在他们的思想和生活中表现出这样一种特点:争取社会地位、博取名誉、兴旺家族时,他们依持和高标着儒家思想;退归内心休憩、寄托精神向往和养生时,他们又游走在释、道文化之间,亦释亦儒、亦儒亦道。从东晋名士王导、谢安、王珣、王珉、王蒙、殷浩、王羲之等,到南北朝时期的崔浩、张裕、颜延之、谢灵运、谢超宗、何冲、何尚之、宗炳、谢朏、陆慧晓、萧子良、周舍、殷钧、陆倕、周弘让、周弘正、徐陵、庾信等,可以说都是一生以儒为本又不同程度敬奉佛、道者。于这其中,颜之推又可谓一个典型。

第一节　颜之推的释教观

一、魏晋南北朝时期的释教发展

魏晋南北朝时期,因为政治、文化、民族等因素的影响,社会思想意识在儒家思想无力固束情况下得以较充分驰骋,显得颇为自由。无论统治阶级,还是一般百姓,其意识和信仰皆有较大的回旋空间,并不守成于某一思想或流派,也因此这时期成了释、道等宗教发展的兴盛时代。其时,有组织的宗教如道、释和非组织的宗教如民间各种祖先与鬼神祭祀、巫术等都有不同程度的发展。不少信仰者都具有双重甚至是多重信仰身份,即不仅信仰道教,有的也还信仰佛教,如葛洪、西晋的孝武帝都是佛、道兼修。而对中国人来说,宗教可以不信,但祖宗不可不拜、不可不祭,祖宗的福佑可是最为直接也是最不虚假的,丢弃祖宗不管,那可是罪人。这样,在信道或信佛的同时,人们便多了对祖宗的祭祀,并附带有对众多鬼神的信仰和对巫术的信奉。当然,对于那些真正的职业性信仰者而言,特别是纯粹的释教徒来说,对祖宗的祭拜可以不行之于实践。因为按释教的说法，诚心修佛，其功可泽佑先人，此外还可通过盂兰盆会超度先人。道教根植于本土文化，而本土文化对祖先的祭拜深植于每个人的骨髓灵魂，所以即使是职业性道教徒，也还是忘不了对祖宗的祭奠，至于未出家的芸芸众生也自不用说了。

然总体来说，这时期发展颇为迅速的宗教还是道教和佛教。其中佛教，众所周知，早在东汉时期就已经传入中原①，只是因为当时局限于多种因素，很少有人理解和信仰，其传播范围和影响也就不是很大。在较长一段时间里，为了便于人们对它的接受，佛教的传播甚至借助了道教，如汤用彤先生就说："汉代佛教依附道术，中国人士，如襄楷辈，因而视之与黄老为一家。"②至于东汉桓帝时乃"设华盖以祠浮图、老子"③，因此一度人们称呼佛教徒为"道士"或"道人"④。如西晋末，石勒一次因愤怒就"欲害诸道士"⑤，甚至释教徒彼此之间也如此称谓，如佛图澄就称释教徒为"道士"。史载，单道开"从西平来，一日行七百里"，"初止邺城西沙门法綝祠中，后徙临漳昭德寺。于房内造重阁，高八九尺，于上编菅为禅室，常坐其中"。"佛图澄曰：'此道士观国兴衰，若去者，当有大乱。'及季龙末，道开南渡许昌，寻而邺中大乱"。⑥ 此外，释教相关典籍中也有如此称呼者。如《历代三宝纪》卷十一记载，释昙谛者，汉献帝末"随父之樊邓，遇见关中僧䂮道人"。《高僧传》卷十一《释僧祐》也记载："祐数岁入建初寺礼拜，因踊跃乐道不肯还家。父母怜其志，且许入道。师事僧范道人。"

西晋末年，随着西晋政权内部的衰乱，周边少数民族纷纷入主中原，释教徒因之有更多者从西域进入中原，其活动也慢慢地活跃起来。加上它的"宗教理论恰解当时中国社会精神之渴"⑦，故而释教在这时期因缘兴盛起来。至东晋以后，不单有从陆地来中国的释教徒，从海道来中国的释教徒也逐渐增多。当石季龙将佛图澄礼为上宾，并宣称："朕出自边戎，忝君诸夏，

---

① 不过，《三国志·魏书》卷30《乌丸鲜卑东夷传》引《魏略·西戎传》曰："昔汉哀帝元寿元年，博士弟子景卢受大月氏王使伊存口受浮屠经，曰复立者其人也。浮屠所载临蒲塞、桑门、伯闻、疏问、白疏间、比丘、晨门，皆弟子号也。"这里从学界普遍观点。

② 汤用彤：《汉魏两晋南北朝佛教史》，北京：昆仑出版社2006年版，第56页。

③ 《后汉书》卷7《孝桓帝纪》，第320页。

④ 当然，称呼佛教徒为"道人"也有可能与时人或佛教徒本身认为他们传播的佛法也是一种"道"的认识有一定关系。这种称呼在齐、梁时还存在。

⑤ 《晋书》卷95《艺术传·佛图澄传》，第2485页。

⑥ 《晋书》卷95《艺术传·单道开传》，第2492页。

⑦ 曹文柱：《略论魏晋南北朝时期文化结构的更新》，《魏晋南北朝史论合集》，北京：商务印书馆2008年版，第76页。

至于飨祀，应从本俗。佛是戎神，所应兼奉，其夷赵百姓有乐事佛者，特听之。”①释教迎来了迅速发展，释教徒的活动也从单纯的传道活动扩展至对政治的干涉。

东晋南北朝时期可以说是释教大发展的黄金时代。这时期，释教不仅在理论上多有建树，如一方面翻译出大量的佛经，一方面又不断有对释教教义的阐释和对其理论的重构，而且其教徒也因为上层社会的过多参与而有普泛化的趋势。特别是在南方的梁朝，梁武帝对释教的沉迷举动使梁上至皇室后宫、王公大臣，下至一般平民百姓无不对释教趋之若鹜。根据释法琳《辨证论》记载，东晋后期，江南寺院有1768所，僧尼2.4万人。进入南朝，不论是寺院建造的规模，还是僧尼的数量都有扩大趋势。当时，仅京城建康就有佛寺五百余所，“穷极宏丽，僧尼十余万，资产丰沃。所在郡县，不可胜言”②。

而其时北朝从北魏到北齐、北周，佛教发展势头也颇为迅猛，其间虽有“两武”灭佛之举动，但依然不能减少民众对释教的狂热，捐资造像、修庙、建塔几成为北朝社会所有信众共同的行为取向。特别是在北齐，高洋废道倡佛之举措，更是极大地刺激了社会上对释教的狂热，几乎达到了非佛不信的地步，至于“末叶已来，大存佛教，写经西土，画像南宫”③几成为北齐政权下的一种常态。对此时佛教的兴盛，学界多有详细论述，此不复多言。④

而佛教之所以在这时期如此兴盛，与这时期政权分裂和政治思想失于一统有莫大关系，也与它不断调整使自己中国化并且能给处在精神困惑之中的士人以精神慰藉有重大关系，一如谢灵运等所说：“‘六经’典文，本在济俗为治耳，必求性灵真奥，岂得不以佛经为指南邪。”⑤从这点来说，魏晋南北朝时期佛教能为士人风靡信奉，实其因有自。

二、颜之推的释教观

生长于梁后期的颜之推，出身于世代以文化传承的家族，无论是就其生活的宗教环境来说，还是就当时社会对士人博学的要求而言，颜之推都不能不对当时的释、道多加了解，再加上“家世归心”，颜之推自然走上了信奉释

① 《晋书》卷95《艺术传·佛图澄传》，第2487页。

② 《南史》卷70《循吏传·郭祖深传》。

③ 《北齐书》卷45《文苑传·樊逊传》，第611页。

④ 对于魏晋南北朝时期佛教的发展，王国炎在《魏晋南北朝的儒佛融合思潮和颜之推的儒佛一体论》（《南昌大学学报》1984年第4期）中有较详细论述，可参见。

⑤ （刘宋）何尚之：《答宋文皇帝赞扬佛教事》，（梁）僧祐编撰，刘立夫、胡勇译注：《弘明集》，北京：中华书局2011年版，第296页。

教之路，不但日常深信因果，礼拜佛陀，还对奉佛及其所产生的问题都形成自己的一套观点①。他的这些观点在《家训·归心》里有较为充分的展示。具体言之，其主要内容有以下几方面：

一是为什么要奉佛。在颜之推看来，首先，佛法广大无边，导引种种善行，以多种方式即“六舟三驾”来度脱群生，所谓“万行归空，千门入善”是也。其次，释教高于儒教。他说，儒学虽然知识渊深，教人仁、义、礼、智、信之修身之道，但不论从知识的广博而言，还是就所传导的从善内涵来说，儒学的精髓内容皆已被包含在释教之内，换句话而言就是释教的知识和教义及其所包含的内容“明非尧、舜、周、孔所及也”②。再次，释教的济世情怀和救人功德远超迈于儒教的治世功能。在颜之推看来，儒学提倡的是“君子处世，贵能克己复礼，济时益物。治家者欲一家之庆，治国者欲一国之良”，而释教虽是自我修行，却旨在感化苍生、消除人之罪孽。二者相比，释教不仅能修炼自己、脱除自身罪孽，更能通过自身的专心“修道”，感化、影响更多的人从善，帮助他们脱离苦海、进入福地，并使其家人、亲属乃至其他众生等能脱除前世的罪业。因此，在他看来，儒教和释教都在讲求现世的努力，但释教的济世和救人功德远超儒教治世所达到的目的，所以他在淡淡地批评“亦是尧、舜、周、孔虚失愉乐耳”的同时，则高度赞许释教是“一人修道，济度几许苍生？免脱几身罪累？”③从而得出结论：“归周孔而背释宗，何其迷也。”④意思是，只知儒学、儒教而不知归依释教是何等的迷惘。

二是释教所宣扬的事物如彼岸世界是真实存在着的。针对人们对释教所说彼岸世界如恒沙世界、净土和妙塔等的质疑，颜之推认为，首先，释教中的彼岸世界是极其遥远的另一个时空，不是我们人所能臆测和度量的。就如同我们日常现实生活中所见到的许多自然现象一样，它们的运作不是我们人所能知道的。如他说：

> 又星与日月，形色同耳，但以大小为其等差；然而日月又当石也？石既牢密，乌兔焉容？石在气中，岂能独运？日月星辰，若皆是气，气体

① 对颜之推的佛教思想，王国炎在《魏晋南北朝的儒佛融合思潮和颜之推的儒佛一体论》(《南昌大学学报》1984年第4期)中也有一定论述，不过侧重阐述颜之推在如何融合儒佛方面的努力，而且对颜之推的奉佛原因也未予深论。赖井洋的《颜之推两教一体思想初探》(《汉中师范学院学报》1998年第2期)所论重点基本也在于颜之推的儒佛一体思想，除了涉及颜之推奉佛的家族原因外，大体上皆不出王氏之文所论。

② 《颜氏家训集解》(增补本)，第368页。

③ 《颜氏家训集解》(增补本)，第395页。

④ 《颜氏家训集解》(增补本)，第368页。

轻浮,当与天合,往来环转,不得错违,其间迟疾,理宜一等;何故日月五星二十八宿,各有度数,移动不均?宁当气坠,忽变为石?地既滓浊,法应沈厚,凿土得泉,乃浮水上;积水之下,复有何物?江河百谷,从何处生?东流到海,何为不溢?归墟尾闾,渫何所到?沃焦之石,何气所然?潮汐去还,谁所节度?天汉悬指,那不散落?水性就下,何故上腾?①

因此,颜之推认为,“夫遥大之物,宁可度量?”“以此而求,迄无了者,岂得以人事寻常,抑必宇宙外也?”②何况释教世界是来世的世界,是另一个不属于我们现在所生活的这个宇宙的时空,这就更不是我们这些凡人所能推求的了。颜之推以一种人们不能认知的事物去推导出另一种人们不能认知事物的存在,这本身就是一种错误逻辑,他所列说的这些自然现象,今天已经完全能给予一个科学合理的解释,故而他以此推理和支撑的结论也就站不住脚。其次,颜之推认为事物是客观存在的,并不因为你不相信就不存在,同理,释教的彼岸世界也不因为你不相信就不存在。他举例说:

凡人之信,唯耳与目,耳目之外,咸致疑焉。儒家说天,自有数义:或浑或盖,乍宣乍安。斗极所周,管维所属,若所亲见,不容不同;若所测量,宁足依据?何故信凡人之臆说,迷大圣之妙旨,而欲必无恒沙世界、微尘数劫也?而邹衍亦有九州之谈。山中人不信有鱼大如木,海上人不信有木大如鱼;汉武不信弦胶,魏文不信火布;胡人见锦,不信有虫食树吐丝所成;昔在江南,不信有千人毡帐;及来河北,不信有二万斛船:皆实验也。③

而且颜之推还认为,就是一般地说:“祝师及诸幻术,犹能履火蹈刃,种瓜移井,倏忽之间,十变五化。”至于净土、妙塔在“不可思量”的“神通感应”情况下,“千里宝幢,百由旬座,化成净土,涌出妙塔”④也就是很自然的事情了。

三是释教利于国治,应予以提倡,不能因为其存在某些不当的现象而予以否定。首先,颜之推认为,任何事物都不是绝对的好,如同世人对儒学的学习和践行一般,并不是学习了《诗》《书》《礼》以及记住其里面的内容就必

① 《颜氏家训集解》(增补本),第373页。
② 《颜氏家训集解》(增补本),第372、373页。
③ 《颜氏家训集解》(增补本),第379页。
④ 《颜氏家训集解》(增补本),第383页。

定会那样去做，即使是在朝廷上那些儒家优秀者也多是“略无全行者”，因而对于普通的僧侣而言，虽然他们有些许过错，也没有必要求全责备。何况他们“一披法服，已堕僧数，岁中所计，斋讲诵持，比诸白衣，犹不啻山海也”①。他们的修为和善行比之一般平民百姓已不知超过多少了。这些都是功大于过的事情。其次，颜之推还认为向佛者所带来的益处和功绩远大于他们修道时所犯下的过错。他说：“非法之寺，妨民稼穑，无业之僧，空国赋算，非大觉之本旨也。”即使有这种现象也是治理者没有尽到职责去很好控制的缘故，僧侣是“求道”，为“身计”，如同“诚臣徇主而弃亲，孝子安家而忘国，各有行也”，所以不能让他们在求“身计”的同时又去为国谋虑，这是两者不能兼全的事情，二者只能选其一。而且僧侣们通过修道，“若能偕化黔首，悉入道场，如妙乐之世，禳佉之国，则有自然稻米，无尽宝藏”②，这些都益于国家的治理，是利大于弊、功德无量的事情。所以，对于僧侣消费国家的部分粮食和财物，也就没有必要去计较“田蚕之利”了。

四是释教宣扬的因果报应、因果循环都是实际可感知而存在着的。颜之推认为，其一，释教所说的祸福果报是存在的，这也是百家之说的成论，所谓：“九流百氏，皆同此论，岂独释典为虚妄乎？”在他看来，因果导致的祸福报应是必然存在的，只不过有时它会牵涉到“业缘”，而这些“业缘”不但有深厚、浅薄之差别，还往往牵涉到前世，因此有时也就导致现世某些善恶之行未必现世即生福祸之报。譬如，“项橐、颜回之短折，伯夷、原宪之冻馁，盗跖、庄蹻之福寿，齐景、桓魋之富强，若引之先业，冀以后生，更为通耳”③。不过他认为，这种报应是避免不了的，只是有时间差而已，所谓：“时傥差阑，终当获报耳。”④而且他还认为人的善恶因果报应更多的还是现世报应，所谓“好杀之人，临死报验，子孙殃祸，其数甚多”。因此他主张要坚决遵守佛教戒杀之条令，因为“含生之徒，莫不爱命”，以至于“好杀之人，临死报验，子孙殃祸，其数甚多”。⑤ 为此，颜之推举例如下：

> 梁世有人，常以鸡卵白和沐，云使发光，每沐辄二三十枚。临死，发中但闻啾啾数千鸡雏声。
>
> 江陵刘氏，以卖鳝羹为业。后生一儿头是鳝，自颈以下，方为人耳。

---

① 《颜氏家训集解》（增补本），第389页。
② 《颜氏家训集解》（增补本），第391页。
③ 《颜氏家训集解》（增补本），第385页。
④ 《颜氏家训集解》（增补本），第389页。
⑤ 《颜氏家训集解》（增补本），第399页。

王克为永嘉郡守,有人饷羊,集宾欲宴。而羊绳解,来投一客,先跪两拜,便入衣中。此客竟不言之,固无救请。须臾,宰羊为羹,先行至客。一脔入口,便下皮内,周行遍体。痛楚号叫,方复说之。遂作羊鸣而死。

梁孝元在江州时,有人为望蔡县令,经刘敬躬乱,县廨被焚,寄寺而住。民将牛、酒作礼,县令以牛系刹柱,屏除形像,铺设床坐,于堂上接宾。未杀之顷,牛解,径来至阶而拜,县令大笑,命左右宰之。饮啖醉饱,便卧檐下。稍醒而觉体痒,爬搔隐疹,因而成癞,十许年死。

杨思达为西阳郡守,值侯景乱,时复旱俭,饥民盗田中麦。思达遣一部曲守视,所得盗者,辄截手腕,凡戮十余人。部曲后生一男,自然无手。

齐有一奉朝请,家甚豪侈,非手杀牛,啖之不美。年三十许,病笃,大见牛来,举体如被刀刺,叫呼而终。①

非但如此,颜之推还编撰了《还冤记》一书,其中收集了大量冤魂报应之事,其目的就是欲进一步宣扬善恶因果报应的存在。这既可以说是他弘扬佛法、劝人善行的举动,也可说是他给自己累积功德、增加“来世之津梁”之表现。

其二,因果不但存在,轮回也是存在的,因果报应是循环的。颜之推说,人“形体虽死,精神犹存”。譬如:“世有魂神,示现梦想,或降童妾,或感妻孥,求索饮食,征须福佑,亦为不少矣。”②在他看来,“精神”即灵魂,人死后灵魂不但存在,还会以各种现象出现感应活人,甚至还会因前世或现世的善恶而轮回转世,所谓“念念随灭,生生不断”。也因此,他相信人的前世或前几世所行善恶,都会影响着现世或来世的生命长短、贵贱与祸福,而今世的所作所为又和前世的所作所为一起共同作用于来世的命运好坏。而只有皈依释教、虔诚礼佛,才会改变因罪孽带来的厄运,并因之而到达彼岸的自由净土福地,所谓:“一人修道,济度几许苍生?免脱几身罪累?”因此他要求子孙:“若观俗计,树立门户,不弃妻子,未能出家;但当兼修戒行,留心诵读,以为来世津梁。”③可见在颜之推的思想里,释教的诸行无常、诸受是苦、一切法空、因缘果报和业感轮回等不但对他影响很深,也是其中极为重要内容。

五是“内外两教,本为一体”。出身于世代传承儒家文化的家族的颜之

① 《颜氏家训集解》(增补本),第400—405页。
② 《颜氏家训集解》(增补本),第395页。
③ 《颜氏家训集解》(增补本),第396页。

推无疑深受儒家思想的浸润，对儒家思想有很多地感触体会。所以在信仰释教的同时，他又不能不受儒家思想的深刻影响和制约，故而论释时他便不时援儒入释，以儒解释。首先，他认为儒学、释教皆立足于劝人为善、济世益物。他说，儒学的“五常”和释教的“五禁”基本一致，所谓：“内典初门，设五种禁，外典仁义礼智信，皆与之符。仁者，不杀之禁也；义者，不盗之禁也；礼者，不邪之禁也；智者，不酒之禁也；信者，不妄之禁也。”①其次，他认为儒、佛二者目的相同、所起到的社会功用相同。他说：“君子处世，贵能克己复礼，济时益物。治家者欲一家之庆，治国者欲一国之良”，而“一人修道，济度几许苍生？免脱几身罪累？”可见，在颜之推眼里，儒学、释教都有着稳定社会秩序、安定小民、实施社会教化、维护统治者利益的内容和作用，因此他说“内外两教，本为一体”②。所以，讲颜之推援儒入佛也好，说他调和儒、佛两教也罢，都不过是在强调颜之推所谓的“内外两教，本为一体”思想。

但事实上，从《归心》篇整体来看，颜之推在宣扬“内外两教，本为一体”的基础上，不论是其调和儒、佛还是援儒入佛都是为了宣扬释教。也因此，后人评曰：“惟《归心》篇阐扬佛乘，流入异端。”③

不过，就遵儒奉佛来说，颜之推更多的还是倾向于儒学。佛法认为，诸法无常、诸法空相，色不异空、色即是空，此即意味着现实中的一切事物都不过是人眼中的幻相和过眼云烟，人生中所有的失败和成功最后都只能是一纸空字，不值得也没有必要去追求。然而颜之推不仅自己颇为在意现世的功名，还积极要求后人“树立门户，不弃妻子”“宜以传业扬名为务”④，对“内典功德”的信奉也是“随力所至，勿刳竭生资，使冻馁也”⑤。可见，于颜之推来说，奉佛不过是人生利益取舍中的一种利用和交换，目的是期求以现世的虔诚信奉换取现实社会和来世的更好生活。这表明了颜之推在现实生活中始终都还是以儒家入世有为思想为归依的。事实上，这也和颜之推现实中的人生努力及其作《家训》对子孙谆谆教诲要求“传业扬名”的儒家思想相吻合。

所有这些都与颜之推“三为亡国之人”、历经四朝的仕宦经历和对该时代的政治生活的认识以及对儒家学说的感知密切相关。颜之推出身儒学世家，自小就接受儒学思想的熏陶，循规蹈矩，秉承儒家信条而行。这些都使

① 《颜氏家训集解》（增补本），第 368 页。
② 《颜氏家训集解》（增补本），第 368 页。
③ （清）黄叔琳：《颜氏家训节钞序》，《颜氏家训集解·附录一·序跋》，第 627 页。
④ 《颜氏家训集解》（增补本），第 608 页
⑤ 《颜氏家训集解》（增补本），第 602 页。

颜之推无法割绝和摆脱儒学对其产生的深刻影响。加上颜氏之祖颜回又被尊誉为儒家的"复圣",因而在魏晋南北朝以"孝"兴家治国和"孝道的实践在社会上具有更大的经济上与政治上的作用"①以及重家族利益发展的社会环境中,颜之推也就无论如何也不敢做出背叛家族传统和家族利益的事来,也因此,他也就绝不能也不敢背叛儒教及其思想,否则他即成为不忠不孝无信无义之人,成为颜氏家族的罪人。而历经乱世的人生经验也告诉他,儒教在现实社会中发挥着佛、道、玄等不可替代的治国理家的作用,一如曹文柱先生所说:"作为宗教,佛道两教虽然具有使人们排遣精神苦闷、消弭死亡恐惧的作用,但是在遇到如何规范现实世界的社会秩序和处理具体社会问题时,则又不能与儒学抗衡了。儒学的尊君、礼制等级和忠孝思想有助于维护君主的权威,其德治教化学说更是君主政治的修饰和补充。总之,儒学在理论上为解决国家形式、社会秩序、统治阶级内部权力占有与分配乃至民族关系等问题,提供了最系统的思路,并在实践上积累了丰富的经验。"②也因此,魏晋南北朝时期诸多士大夫在信释、奉道、讲玄中又不能不依靠儒学来立身扬名、兴家旺族,于颜之推也不例外。且东晋以降,儒、释、道之间的几次论辩,也使释教更多地吸收儒、道理论中有益于自身在中国文化环境下发展的内容,特别是有梁一代,梁武帝既要做皇帝又迷恋佛教,走的是政教兼顾的路子,这也导致其时朝野内外诸多士大夫继续走着魏晋以来一些士人所走的路子:既不忘儒学又崇佛教,并以之为时尚。因此,颜之推也就主张两教一体。

只不过,颜氏家族非但为儒学的传承者,更为儒家思想向来认真的遵行者,故而齐梁禅代之际颜见远才为忠义殉节萧齐。但一如前文所论,这既不能阻止梁武帝禅代的进行,也没有引起社会舆论上的任何共鸣。相反,"禅代之际,先起异图"③,"自取身荣,不存国计"④者比比皆是,萧齐大臣多摇身一变而为萧梁朝臣。感慨于此,颜之推论释教时也就不免对儒教有所指责。

三、颜之推的释教观之成因

出生于世以儒学传家的文化家族,也一生致力于儒学的振兴,颜之推信

① 唐长孺著:《魏晋南北朝史论拾遗》,第238页。

② 曹文柱:《略论魏晋南北朝时期文化结构的更新》,《魏晋南北朝史论合集》,北京:商务印书馆2008年版,第76—77页。

③ 《北齐书》卷24《杜弼传》,第354页。

④ 《陈书》卷6《后主纪》,第120页。

奉释教并予以积极宣扬，也确实难以为后世儒学者所理解，甚至为他们所诟病，以为是“意在佞佛，便尔掊击周、孔，非儒者之言也”①。但事实上通过考察，颜之推之所以形成这样的释教观，除了深受当时社会环境影响外，主要还有以下几个原因：

其一，家族信仰的影响。魏晋南北朝时期，家庭对信仰的信奉一般是有继承性和排他性的，大多是某家信仰某宗教，而某宗教也就为其家庭或家族以后信仰之宗教②。因此，这时期家传也就成了宗教传播的重要途径之一。如北方道教领袖人物寇谦之一家即是这样。史载：“寇赞，字奉国，上谷人也，因难徙冯翊万年。父修之，字延期，苻坚东莱太守。赞弟谦，有道术，太武敬重之。”③这里“赞弟谦”就是指寇谦之。可见寇谦之信奉道教是来源于其家庭对道家的信仰。再如琅邪王羲之也是家传信奉道教，史云：“王氏世事张氏五斗米道，凝之弥笃。”④而庐江何氏也是世奉佛法，史载：“何氏自晋司空充、宋司空尚之，世奉佛法，并建立塔寺。”⑤颜之推奉佛，家传信仰可以说是其中一个重要原因，其所谓：“三世之事，信而有征，家世归心，勿轻慢也。”⑥家传佛法并世代信奉是构成颜之推释教观的前提和基础。

其二，家族历史的影响。颜之推九世祖颜畿曾患病，于诊治时为医家失误用药而死。但据史载：

> 家人迎丧，旐每绕树而不可解，引丧者颠仆，称畿言曰：“我寿命未死，但服药太多，伤我五藏耳。今当复活，慎无葬也。”其父祝之曰：“若尔有命复生，岂非骨肉所愿。今但欲还家，不尔葬也。”旐乃解。及还，其妇梦之曰：“吾当复生，可急开棺。”妇颇说之。其夕，母及家人又梦之，即欲开棺，而父不听。含时尚少，乃慨然曰：“非常之事，古则有之，今灵异至此，开棺之痛，孰与不开相负？”父母从之，乃共发棺，果有生验，以手刮棺，指爪尽伤，然气息甚微，存亡不分矣。饮哺将护，累月犹不能语，饮食所须，托之以梦。阖家营视，顿废生业，虽在母妻，不能无倦矣。含乃绝弃人事，躬亲侍养，足不户者十有三年。

---

① 《颜氏家训集解》（增补本）引郝懿行语，第367页。

② 但这不是绝对的，如北魏崔浩一家就存在有信道和奉佛两种情况。《魏书·释老志》载：“浩奉谦之道，尤不信佛，与帝言，数加非毁，常谓虚诞，为世费害。”《魏书·崔浩传》载：“浩非毁佛法，而妻郭氏敬好释典，时时读诵。浩怒，取而焚之，捐灰于厕中。”再如《晋书·郗超传》曰：“愔事天师道，而超奉佛。”郗愔是父亲，郗超是其儿子。

③ 《北史》卷27《寇赞传》，第990页。

④ 《晋书》卷80《王羲之传》，第2103页。

⑤ 《梁书》卷37《何敬容传》，第534页。

⑥ 《颜氏家训集解》（增补本），第364页。

另外，又据史载：

> 含二亲既终，两兄继没，次嫂樊氏因疾失明，含课励家人，尽心奉养，每日自尝省药馔，察问息耗，必簪屦束带。医人疏方，应须髯蛇胆，而寻求备至，无由得之，含忧叹累时。尝昼独坐，忽有一青衣童子年可十三四，持一青囊授含，含开视，乃蛇胆也。童子逡巡出户，化成青鸟飞去。得胆，药成，嫂病即愈。由是著名。①

这两件发生在颜含时颜家的事，史书载之以传，这不仅对颜家后人，就是对后世都有较大影响。如梁武帝对臣下的敕文中就说："纯臣孝子，往往感应。晋世颜含，遂见冥中送药。"②作为深受家传之学影响的颜之推对家族这些奇异历史不仅颇为了解，也视之为真实，因此在宣传因果报应时他才会说："世有魂神，示现梦想，或降童妾，或感妻孥，求索饮食，征须福佑，亦为不少矣。"③家族历史的影响可以说成为了颜之推深信因果、形成自己释教观的思想因素，也是他对释教多作辩解、回护和传播的依据。

其三，晋南北朝时士人奉释、阐述释教思想的自觉责任。魏晋南北朝时期，特别是东晋以后，随着外来释教徒的增多及其对释教经典的大量翻译与传播，这使得释教于南北普兴起来。释教教义具有广博的知识性、思辨性，同时又具有较强的推理性，加上语言翻译上存在的问题，这使释教教义又显示出某种深奥、晦涩，让人难以理解，这自然限制了它的传播范围和速度。所以，到汉末之际，佛教一直都只能局限于较小的范围内传播，并且都是在社会的上层，如楚王英为沙门伊蒲塞设盛馔奉佛、牟子著《理惑论》。到魏晋南北朝时，特定的政治环境使士人们思想迷惘，精神无处寄托，而释教的因果、轮回和三世说恰满足了他们的需要，于是释教也就成了他们的主要信仰对象。既在信仰上皈依释教，那么士人们也就责无旁贷地担当起了对释教经典的翻译、解读和宣传之重任，何况供佛、诵经、传播释教在释教看来是一无上功德之事。可以说，在释教兴盛过程中，士人起了无可替代的推波助澜作用。颜之推可以说正是这时期众多信奉并传播释教士人中的一个，其《归心》正是他信佛、弘扬释教的产物。

其四，生活中一些无法解释的奇异现象的促成。对颜之推而言，不仅祖上有奇异事件的记载，就是现实生活中也往往出现一些让人难以解释的现

---

① 《晋书》卷 88《颜含传》，第 2285 页。
② 《梁书》卷 47《孝行传 · 江纤传》，第 656 页。
③ 《颜氏家训集解》(增补本)，第 395 页。

象。如上文提到的他在《归心》篇列举的诸多“因果报应”事件。这些事件的发生,在其时对之无法作出科学解释、证实的情况下,无疑让家族史上本就有着灵异之事的颜之推格外敏感,而释教宣扬的因缘果报、因果循环和业感轮回对此恰有很好的理论解释,这无形中便促使了颜之推对释教的倍加信奉,并促使他以这些异事去劝说他人相信善恶因果的存在,同时去收集生活中和历史上有关方面的材料,以此再去宣扬因果、宣扬佛法。而于这过程中,这些所谓冤魂报应事件和现象必然又强化着颜之推对释教因果之说、祸福报应等思想的相信。

其五,道教的发展从反面促进了颜之推释教观的形成。道教是中国本土宗教,南北朝时其教派较多。因为是土生土长的宗教,所以颜之推对其历史和效用也就有了相当了解。道教之一途就是宣扬和追求炼丹服药以达到长生或成仙(即丹鼎派),但这种求现世修炼而获白日飞升和得道成仙的信条因其始终无法在现实中得到验证,更多的是因此带来的因为服药而死亡的例子,加上其修炼需要雄厚资金作为支撑等,这也就使道教此一途一定程度上失去了它的权威性和感召力。而东晋琅邪王氏世奉五斗米道,最后王凝之却被信奉五斗米道的农民起义军杀死等事情的发生,也使道教的发展多少受到一定影响。如颜之推就说:

> 神仙之事,未可全诬;但性命在天,或难钟值。人生居世,触途牵絷:幼少之日,既有供养之勤;成立之年,便增妻孥之累。衣食资须,公私驱役,而望遁迹山林,超然尘滓,千万不遇一尔。加以金玉之费,炉器所须,益非贫士所办。学如牛毛,成如麟角。华山之下,白骨如莽,何有可遂之理?考之内教,纵使得仙,终当有死,不能出世,不愿汝曹专精于此。

虽然颜之推没有全盘否定道教,但他将之与释教相比,认为道教“纵使得仙,终当有死,不能出世”,这也就促使他更倾向于信奉释教,从而对释教的信奉也就多了许多虔诚,由此,也就形成了他的释教思想。当然,其时统治者的举措如梁武帝舍道奉佛和北齐文宣帝高洋废道崇佛,当也从政治的角度强化了颜之推对释教的信奉和对释教的理解。

总之,生长于魏晋南北朝时期的颜之推,因为独特的生活环境和独特的生活经历以及独特的家庭文化传承,使得他在儒、道、释并行且释、道兴盛的环境里,并没有完全否定哪一个。儒学自两汉以后成为了中国古代社会的官方文化,在魏晋南北朝时依然如此,虽然在社会上其一家独尊地位被打破，影响力有所下降，但以文化传承的世家大族并没有多少人舍弃过儒学，在生活中、政治上，士人们多还在不自觉地以儒家思想为标准来衡量着一切，而以儒学为家传之学的颜之推对儒学更是不言而喻地予以继承了。对于道教，颜之推虽不完全赞同它的教义理论，也很少以为修炼，但他并没有完全否定它，甚至还采纳了道教的养生法行之于日常生活中。于释教，因为是家传宗教等因素，故而颜之推奉佛便远比他信道来得具体和实在，甚至为其被世人误解而多作辩说、回护和宣扬。但于释、儒之间，颜之推虽然把奉佛、念经、布施等看作“来世之津梁”，但又正如其在《终制》篇所嘱咐的那样：“其内典功德，随力所至，勿割竭生资，使冻馁也。”这又说明颜之推在奉佛的同时又坚守着儒家思想，考虑着后人乃至家族的发展。不难看出，在儒、释之间，颜之推最终出于儒家门徒的本能和现实生活的需要，把奉佛不过看作生活的一种交换和利用。质言之，奉佛对颜之推而言不过是在现世或来世用以资助生存和生活以为利用的外界条件而已，只有儒学才是他真正立身扬名之根本。

第二节　颜之推与道教

一、魏晋南北朝道教的发展

魏晋南北朝时期，不仅佛教发展兴盛，本土产生的道教在这时期也得到了较大发展，并形成不少派别。道教最早可能在西汉后期产生，按现代学者研究，“原始道教的著作在西汉时已被献于朝廷”，“从西汉到东汉的两百年间原始道经《太平清领书》曾三次献给皇帝”①，这也就是说道教理论的肇端远早于它教派组织体系的形成。不过，应不迟于东汉后期，道教组织体系建构应已基本完成。东汉末年爆发的黄巾大起义就是张角依据道教组织举行的，其参加者也多为道教信徒。虽然黄巾大起义最后遭到东汉统治者镇压而失败，太平道也被官方禁绝，但道教的其他流派却在社会上不同阶层中有所发展。据唐长孺先生研究，这时期“太平道遍布青徐幽冀兖豫荆扬八州，旁及并凉；天师道行于巴蜀汉中”②。在蜀中的天师道最有代表性的是汉末张陵创立的五斗米道。张陵死后传位给张衡，张衡之后，张鲁则成为了五斗米道领袖。时正值汉末军阀割据兼并时期，张鲁便以五斗米道聚集徒众割据汉中，建立了政教合一的政权，并尊张陵为天师，改五斗米道为天师道。

① 姜生：《东汉原始道教与政治考》，《社会科学研究》2000年第3期。

② 唐长孺：《魏晋南北朝史论拾遗》，第218页。

张鲁盘踞汉中近三十年,建安十五年(210),曹操征汉中,始灭张鲁政权,把张鲁及其徒众迁徙到关陇、洛阳和邺城等中原地区。曹操本意在于分散、削弱这些道教势力,但结果却使天师道因此得以在中原传播并跻身上层社会。张鲁死后,由五斗米道演变来的天师道出现了“人人称教,各作一治”的局面,这无疑又扩大了天师道的传播范围。其实早在汉中天师道创立之前,第一代天师张陵就已经在江西的龙虎山建立了道教场所,后来他入蜀时才在汉中建立起五斗米道。当曹操征服张鲁,分封张鲁及其子爵禄时,张鲁其中一个儿子张盛拒绝受封,而“携印剑经箓,自汉中还鄱阳龙虎山”①,从此在龙虎山大力发展道教。② 事实上,这一时期东部地区除了张氏这一支道派在活动之外,也还有其他道教组织在活动。陈寅恪先生就认为,魏晋南北朝时期东部滨海地区已有较大范围的道教徒及其组织在活动③。东晋时期,孙恩在江南的起义可以说就是依靠沿海地区大量分布的道教徒来组织发动的。其后,道教虽然几度被官方禁止,但依然不能阻止其发展势头。

东晋南朝时,道教不仅南、北普传,且宗派较多。于这一过程中,道教在东晋时期出现了不同的发展趋势。被葛洪整顿的道教成为了官方道教,也叫神仙道教,它主要以炼丹、服食养生以求长生不老、白日飞升为目标,在中上层社会有较大发展。与之相对应的是,一部分道教徒并不认可和遵从葛洪整顿的新道教,仍然继续信奉、传播原有的道教仪规和教义,即既以符箓、斋醮为治病手段,也以压胜、驱鬼等为人来消灾、祈福甚至害人,有的同时也传播房中术等来吸引教众,因而它的信众也颇为广泛,不过最主要的还是下层百姓,故而它被称为符箓派。但不管怎么说,这时期对道教的信仰既有来自上层社会的帝王、士族,也有来自一般的编户百姓。如晋哀帝就“雅好黄老,断谷,饵长生药。服食过多,遂中毒,不识万机”④,而简文帝也是“履尚清虚,志道无倦”⑤,孝武帝不仅信佛而且奉道,恭帝也是佛、道皆信。至于士族信道者就更多了,如西晋张忠就“恬静寡欲,清虚服气,餐芝饵石,修导养之法”⑥,王嘉也“不食五谷,不衣美丽,清虚服气,不与世人交游”⑦,琅邪王氏家族更是“世事张氏五斗米道”,其中王羲之不仅“雅好服食养性”,且

① 娄近垣:《龙虎山志》,南昌:江西人民出版社 1996 年版,第 49 页。

② 参见张香凤:《试论龙虎山道教文化的底蕴》,《史学月刊》2006 年第 12 期。

③ 陈寅恪:《天师道与滨海地域之关系》,《金明馆丛稿初编》,北京:生活·读书·新知三联书店 2001 年版,第 1—46 页。

④ 《晋书》卷 8《哀帝纪》,第 209 页。

⑤ 《晋书》卷 9《简文帝纪》,第 219 页。

⑥ 《晋书》卷 94《张忠传》,第 2451 页。

⑦ 《晋书》卷 95《王嘉传》,第 2496 页。

“与道士许迈共修服食,采药石不远千里”①。据考证,这时期信奉道教的著名世族,南方有琅邪王氏、丹阳许氏、丹阳葛市、兰陵萧氏、会稽孔氏、陈郡殷氏、义兴周氏、吴郡杜氏、吴兴沈氏等,北方有京兆韦氏、清河崔氏、冯翊寇氏、颍川庾氏、阳夏谢氏、泰山羊氏、谯国桓氏、晋王室司马氏、长乐冯氏等。至于一般百姓对道教的信奉,从张鲁能以道教在汉中立足、天师道在滨海地区的发展以及孙恩起义等即可知了。

然而由于道教在两汉时期宣扬终末论思想②,认为“后世岁岁在玄甲乃出之”,道教承担有“可以解天地初起以来更相承负之厄会也”③之使命,因而它不是如汉末张鲁那样被用来组织割据以建立政权,就是如汉末张角那样为最底层百姓所利用来进行造反起义,大多数情况下都和反抗、争取平等等活动联系在一起,故而也就很难为统治者所公开认同、肯定和提倡。可道教又认为天地之间不仅有天帝也有众多神仙的存在,人可以通过修炼、服食达到健壮、长生不老甚至成仙。为此它发展起了养生学,极为注重通过炼丹、服食来养生,主张不争名利、萧然物外,不为尘世所累等。而且为发展信众,道教除了以医术为人治疗各种疾病外,如符箓派还发展了斋醮、符箓等神秘仪式来为人治病、驱鬼,并劝人向善。因此,道教兴起后首先即为下层百姓所信奉,后来随着它的教义和技术手段的不断完善,也渐为统治阶层中的帝王、贵族所信仰。事实上,由于道教教义纳入了老学,并在鬼神观念之上构建起阴阳、五行的宇宙观和人生观,因而道教产生后,人们的生活理念也鲜有不为它影响者。即如它所说的鬼神,既基于中国古代固有的祖先祭祀和信仰,又被后来佛教以因果等不同方式宣扬,故而一直以来没有人去否定它,也没有谁不相信。更何况道教虽然派别众多,但都将房中术视为其中一个重要内容而修炼之,不管是天师道、上清派、北天师道皆如此,这又迎合了南北朝贵族恣图享乐的奢靡生活取向,从而在贵族阶层出现了“或阴阴相结,或阳阳相缠,或男多聚女,或女饶集男,贵贱混杂,道俗纷纭,妒忌忿怼,隔绝为高,致断种灭胤,堕落不毛,求还未期,悔所无及。或男耽美女,女恋华男,交非妻妾,合非婿夫,奸邪乱正,生杀乖真,不能改悟”④现象,可以说“六朝贵族新房中术”⑤之所以能产生,很大程度上正说明了这时期贵族对道教的普遍信奉。

---

① 《晋书》卷80《王羲之传》,第2101页。
② 参见姜生:《原始道教之兴起与两汉社会秩序》,《中国社会科学》2000年第6期。
③ 王明编:《太平经合校》,北京:中华书局1960年版,第459—460页。
④ 《道藏》第33册,文物出版社、上海书店、天津古籍出版社1988年1版,第609页上。
⑤ 参见朱越利:《论六朝贵族新房中术的产生》,《世界宗教研究》2001年第3期。

二、对道教教义的信从

在魏晋南北朝这样一种道教普兴的环境里，且不说道教宣扬的“承负”说等种种之论，单就颜氏家族在颜含时所发生的怪异事件也让颜之推不能不相信着鬼、神的存在，何况东晋时期史学家干宝家中也同样发生了不可解说的神奇之事，这一切应该说对颜之推有着很深的影响和强烈的引导作用，从而使他对道教的某些教义不能不相信。虽然对道教符箓派宣扬的所谓回煞、驱鬼等行为颇为反感，也认为修仙之事难为，但这些并没有让他否定道教①，事实上，在生活中他和道教发生着千丝万缕的联系。

首先，对神仙之事的相信。神仙之事自先秦以来就一直在社会上普遍流行，尽管没有人真正亲眼见过神仙，但秦汉以来帝王、贵族信之者却依然前赴后继。魏晋南北朝时期，因缘于道教的兴盛、宣扬和士族社会独立性的增强、佛教轮回等观念的宣传等多种因素，神仙理念愈加为人所认可，而文人由此在文学创作上大肆描述仙道、鬼神、地狱对此也起了一个推波助澜作用。因此，于六朝人来说，可以不问皇帝是谁，也可以不问现在处于什么朝代，即“不知有汉，无论魏晋”，但于神仙少有不信者，也少有不敬拜者。举头三尺有神明、家祭有灶神已经成为民间共识②，甚至士族日常生活和穿戴皆竟以模仿虚幻中的神仙为事，一如颜之推所说：“梁朝全盛之时，贵游子弟，多无学术”，“无不熏衣剃面，傅粉施朱，驾长檐车，跟高齿屐，坐棋子方褥，凭斑丝隐囊，列器玩于左右，从容出入，望若神仙”③。因而在六朝这样一个道教氛围较为浓厚环境下，颜之推对道教也就自然熟悉不过。事实上，颜之推对道教之事不但熟悉，对其教义也多有了解，对其某些教义甚至相信不疑。在《养生》篇他就说：

> 神仙之事，未可全诬；但性命在天，或难钟值。人生居世，触途牵

① 台湾学者王美秀认为：“而促使颜之推选择来自外国的佛教作为家族宗教信仰的另一个原因，极可能与颜之推对于道教的否定立场有关。”（王美秀：《论颜之推的佛教信仰与身份建构的关联——以〈颜氏家训·归心篇〉为依据》，《中正大学中文学术年刊》2007年第1期）笔者以为王氏此说有欠全面考虑和对颜之推思想的深入考察，颜之推对道教虽没有如同对佛教那样标明立义即在《家训》中著《归心》来彰示其信仰，但也没有到完全否定之地步。

② 仅就灶神而言，据《酉阳杂俎》卷14《诺皋记》记载：“灶神名隗，状如美女。又姓张名单，字子郭。夫人字卿忌，有六女，皆名察洽。常以月晦日上天白人罪状，大者夺纪，纪三百日，小者夺算，算一百日。故为天帝督使，下为地精。”《酉阳杂俎》为唐代段成式所撰，其内容大多为六朝时的传闻，这说明至少在六朝时灶神就已经为民间所熟悉了。参见上海古籍出版社编：《唐五代笔记小说大观》，上海：上海古籍出版社2000年版，第655页。

③ 《颜氏家训集解》（增补本），第148页。

> 縶:幼少之日,既有供养之勤;成立之年,便增妻孥之累。衣食资须,公私驱役,而望遁迹山林,超然尘滓,千万不遇一尔。加以金玉之费,炉器所须,益非贫士所办。学如牛毛,成如麟角。华山之下,白骨如莽,何有可遂之理?考之内教,纵使得仙,终当有死,不能出世,不愿汝曹专精于此。

对颜之推而言,他不是不相信道教,也不是不相信道教宣扬的神仙之事,只是站在他的角度来说,道教修炼神仙之事,存在有几个问题:时间的问题、金钱的问题、家庭的负担和责任问题,还有成功的概率问题。而颜氏家族为一般贵族,无论从时间上来说,还是就置买修炼的材料来说,抑或是家庭的负担和责任而言,这些都不是他这个家族所能解决和承担的,何况修炼成仙的概率极低!尤为重要的一点是,相对于佛教而言,即使此生能得以修炼成神成仙,但终究难免一死,从而始终无法摆脱生死之痛,即"不能出世"。有了这般许多不足,颜之推也就不去修炼,也不主张子孙去修炼了。当然,这并不是说颜之推不相信道教,从所引文字可看出,颜之推对道教所说神仙及其修炼得道成仙之事还是相信着的。

其次,对道教养生方法的采用。尽管颜之推没有自己去遵照道教之术去炼丹修道,也不主张后人作如此行,但对道教的神仙理论他还是相信的,而且在炼丹、服食以求得道成仙和长生不老成为六朝社会中上层较普遍现象的情况下,他也没有理由不尝试去实践之,因而在不需要耗费钱财即无需资本投入的前提下,他也加入到了通过服食来延年益寿的行列。正如他说:

> 若其爱养神明,调护气息,慎节起卧,均适寒暄,禁忌食饮,将饵药物,遂其所禀,不为夭折者,吾无间然。诸药饵法,不废世务也。庾肩吾常服槐实,年七十余,目看细字,须发犹黑。邺中朝士,有单服杏仁、枸杞、黄精、术、车前,得益者甚多,不能一一说尔。吾尝患齿,摇动欲落,饮食热冷,皆苦疼痛。见《抱朴子》牢齿之法,早朝叩齿三百下为良,行之数日,即便平愈,今恒持之。此辈小术,无损于事,亦可修也。凡欲饵药,陶隐居《太清方》中总录甚备,但须精审,不可轻脱。

可见,颜之推不仅熟悉南、北士族阶层遵循道教的服食养生之术这一普遍情况,对南北朝道教著名人物葛洪、陶弘景的著作也有研究,因而他从实践和理论两方面得出的结论就是,炼丹修道成仙颜氏家族不能为,而服食养生则大可行之。

再次，对鬼神观念的认可。道教内容之一就是宣扬鬼神之事，对这点颜之推是持肯定态度的。在他的思想里，鬼神存在、鬼神报应等观念是不可缺少的一部分，这些内容构成了颜之推世界观的一部分，是他以之评量事物、为人处世的一个基准。因此在对子孙说教时他会不自觉地引入鬼神概念。在《慕贤》中他就说："用其言，弃其身，古人所耻。凡有一言一行，取于人者，皆显称之，不可窃人之美，以为己力；虽轻虽贱者，必归功焉。窃人之财，刑辟之所处；窃人之美，鬼神之所责。"在《勉学》中也说："夫读书之人，自羲、农已来，宇宙之下，凡识几人，凡见几事，生民之成败好恶，固不足论，天地所不能藏，鬼神所不能隐也。"又说："世人但见跨马被甲"，"但知承上接下，积财聚谷，便云我能为相；不知敬鬼事神，移风易俗，调节阴阳，荐举贤圣之至也"。在《名实》里又说："忘名者，体道合德，享鬼神之福佑。"在《止足》篇又说："天地鬼神之道，皆恶满盈。"在《归心》里也说："世有痴人，不识仁义"，"不识忌讳，骂辱妇之父母，却成教妇不孝己身，不顾他恨。但怜己之子女，不爱己之儿妇。如此之人，阴纪其过，鬼夺其算"。在《杂艺》里他又说："世传云：'解阴阳者，为鬼所嫉，坎壈贫穷，多不称泰。'吾观近古以来，尤精妙者，唯京房、管辂、郭璞耳，皆无官位，多或罹灾，此言令人益信。""凡阴阳之术，与天地俱生，亦吉凶德刑，不可不信。"不难发现，《家训》里除了儒家的经典语句外，"鬼神"这一概念应是颜之推提及的比较多的词语了。可见，在颜之推的世界观里，除了儒家思想为安身立命之重外，鬼神及其相关理论也是一个颇重要的存在。

最后，早年对玄学研习很深。玄学虽然兴盛于两晋时期，但在南北朝也一直为士人阶层所崇尚，故而这时期不但在官方有刘宋时将玄学列为教授科目之举，在贵族阶层也有从事武职的将军模仿玄学士人之行为，如领军刘勔就"高尚其意，托造园宅，名为'东山'，颇忽世务"①。有的士族家庭教育孩子时，竟然将玄学视为神圣之行为。如萧齐时王僧虔在《诫子书》中就说：

> 且论注百氏，荆州八帙，又才性四本，声无哀乐，皆言家口实，如客至之有设也。汝皆未经拂耳瞥目。岂有庖厨不修，而欲延大宾者哉？就如张衡思侔造化，郭象言类悬河，不自劳苦，何由至此？汝曾未窥其题目，未辨其指归；六十四卦，未知何名；庄子众篇，何者内外；八帙所载，凡有几家；四本之称，以何为长。而终日欺人，人亦不受汝欺也。②

① 《南齐书》卷1《高帝纪》，第9页。
② 《南齐书》卷33《王僧虔传》，第598页。

何况，"大同末，人士竞谈玄理"①，因此颜之推年少习染玄学也就不足为奇。前文已论，颜之推十几岁时学习玄学，其时他正随从萧绎。虽然他说自己"性既顽鲁，亦所不好云"②，这其实不过是他不愿颜氏后人如此行为而已，并在某种程度上为自己坚持、宣扬儒学，为儒学的卫道士作标榜罢了。事实上，对玄学颜之推浸染较一般人可能更深，否则他就不会在年轻时表现出习染玄学名士的举止来，所谓"好饮酒，多任纵，不修边幅"③。在后来于北齐时，他还因此做出独自"营外饮酒"的举动。

当然，好玄学并不等于颜之推好道教，然而玄学主旨或所论内容大多来源于《老子》《庄子》和《易学》，而道教又以老子为开山祖师，将庄子列为真人，又以《易》为其理论和技术的来源，因而对玄学的习染不能不影响颜之推对道教的态度。虽然后来玄学的某些行为为他所不取，但"夫老、庄之书，盖全真养性"等理念还是被他吸收了，并被他用于处世之理念中，如"崇道守德""全身保性"等，一如后人所说"其论涉世大指，曲而不诎，廉而不刿，有《大易》《老子》之道焉"④，而且在日常生活中颜之推以"易"占卜决事似也应该看作他践行道学或道教之依据。可见，玄学的理论典籍乃至道家某些思想对他相信道教有着一定的促进作用。

三、对某些技术操作手段的否定

颜之推之所以没有如信奉释教那样尊奉道教，除了上文提到的修炼者多成仙者少、购置修炼材料费用昂贵等因素外，还在于道教的某些教义和技术操作手段不合逻辑、伦理等，这使得颜之推站在儒学角度上对之有一定程度上的否定。主要表现在：

首先，对道教某些理论的否定。于奉佛而言，颜之推不论是对其教义还是其仪式、戒律都少有甚至几乎没有批评和指责，反而更多的是为其作宣扬和辩说。相比之下，颜之推对道教的态度显得似乎理性了许多。如上所论，他相信道教传播的炼丹修道成仙之事，也积极采取道教的养生之术，并对道教传播的鬼神观念积极认可，但在一定程度上他又表现出对道教某些理论的否定。譬如在《风操》中他就说："道书又曰：'晦歌朔哭，皆当有罪，天夺其算。'丧家朔望，哀感弥深，宁当惜寿，又不哭也？亦不谕。"从人情和实践以及儒家的礼教角度出发，颜之推认为道教书籍所载的这些理论并不正确，

① 《南史》卷76《陶弘景传》，第1900页。
② 《颜氏家训集解》（增补本），第187页。
③ 《北齐书》卷45《颜之推传》，第617页。
④ （明）于慎行：《颜氏家训后序》，《颜氏家训集解》（增补本），第618页。

它违背了正常的人伦关系，也不合乎人的情感实际。

其次，对道教某些技术操作手段的不认可。道教内容颇为广泛，也较为繁杂，它既说阴阳演化的宇宙构成，也说炼丹成仙的超脱红尘；既说服食养生和诊病祛疾，也说妖灵鬼怪和符咒驱邪；既说清净修心，也染政治斗争；等等。于这其中，最为民众相信又为下层一般百姓所接受的当是它的服食养生术和鬼怪论及其咒禁等驱邪的技术操作了。因而在魏晋南北朝时期，往往可以看到上至帝王，下至贵族、百姓在庆祝节日的时候也不忘驱邪避鬼，而且他们中的许多人往往还通过厌胜、祝禳等手段消除或转嫁灾祸、祈福保命等。如《晋书·礼志》就载："岁旦常设苇茭桃梗，磔鸡于宫及百寺之门，以禳恶气。案：汉仪则仲夏设之，有桃印，无磔鸡，及魏明帝大修禳礼，故何晏禳祭议鸡特牲供禳衅之事。"①由魏到晋，政权虽有更迭，但帝王贵族对驱恶辟邪的信奉却有增无减。再如孙恩起义打到京口时，司马道子也是"无他谋略，唯日祷将侯庙为厌胜之术"②。这些手段事实上并不能起到任何作用，特别是道教中的以符咒治病和驱邪虽为很多士族和一般百姓所接受，如晋宋时士族羊欣就"有病不服药，饮符水而已"③。但也为一些儒学之士和信佛者所贬斥。如元嘉二年范泰就上表曰："巫祝常祈，罕能有感。"④宋孝武帝即位初，周朗也上书曰："凡鬼道惑众，妖巫破俗，触木而言怪者不可数，寓采而称神者非可算。其原本是乱男女，合饮食，因之而以祈祝，从之而以报请，是乱不诛，为害未息。"⑤对此，颜之推在《风操》中也说：

> 偏傍之书，死有归杀。子孙逃窜，莫肯在家；画瓦书符，作诸厌胜；丧出之日，门前然火，户外列灰，祓送家鬼，章断注连：凡如此比，不近有情，乃儒雅之罪人，弹议所当加也。

看起来，颜之推似乎也在反对道教，但事实上，由这段文字和上述所论相结合可知颜之推并不是反对道教，他反对的只是道教宣称的人死后回煞会杀人、符咒驱鬼、厌胜祝禁、送丧出门燃火辟邪等内容和相应的技术操作手段，认为这些内容及其操作手段是对死去亲人的亵渎，是一种违背伦理、冷漠而不近人情的做法，应当予以摒弃。究其原因，这与颜之推家族在颜含

---

① 《晋书》卷19《志第九》，第600页。
② 《晋书》卷64《会稽文孝王道子传》，第1738页。
③ 《宋书》卷62《羊欣传》，第1662页。
④ 《宋书》卷60《范泰传》，第1620页。
⑤ 《宋书》卷82《周朗传》，第2100页。

时曾发生的灵异之事当密切相关。既然相信鬼神的存在，家人死后，道教却宣称他的魂魄会回来杀人，并且主张送丧出门燃火隔绝死者魂魄与家人的联系等，这些无疑是对人的伦理关系的极大伤害，因而自然也就为向来重伦理和相信鬼神的颜之推所反对。

总之，与奉佛相比，颜之推对道教的态度是较为复杂的，他相信道教的阴阳之说和阴阳之术，也相信道教的炼丹成仙之论和鬼神之说，对道教的服食养生、延年益寿之论和手段也用之于实践，但从现实经济角度他对炼丹不但自己不去做也要求儿孙不要去行之，从人伦关系角度对道教所谓的画瓦书符、厌胜之类驱鬼辟邪的手法更是深恶痛绝而力加排斥，认为这些都有悖亲情人伦。相反，佛教对死去的亲人不但不采用手段隔绝死者与活者的关系和联系，还认为活着的人要为死去的亲人诵经念佛以让他们脱灾消难而不需经轮回之苦就可转而投生西方极乐世界或来生生于富贵之家。相比之下，佛教对逝去的亲人态度远比道教更人性化，更有人情味，而且奉佛只要心诚“随力所至”，无需“刳竭生资”即可得到“来世津梁”，因而颜之推选择奉佛而不主张家族奉道，所谓“不愿汝曹专精于此”①。从而对道教，他最多只是要求后人和他一样利用其养生技术增加生命的质量和长度而已。当然，因为道教多采道家理论，加上颜之推又曾努力学习过玄学，因而于道家思想颜之推也就多有接受之表现。此点学界已有讨论②，笔者这里就不再赘言。

本章小结

魏晋南北朝是中国释、道发展、兴盛时期，这时期不论是帝王、贵族还是一般百姓或因为政治压力，或因为生活不定，或因为怀着对来世的寄托和对未知神秘世界的敬畏以及对灾祸的避免、祛除的希望，或怀着对长生不死的渴望等，他们不是虔诚信佛就是精诚奉道，少有不受释、道影响者。颜氏家族在这时期发展过程中，因为出现过颜畿假死和颜含侍奉寡嫂而感动幽冥送药事件，所以这使得颜氏在释、道不断普传和兴盛中既虔诚奉佛，又钟情于道，只是不同时期侧重点不一样而已。其中释教为颜氏世代信仰，成为其家传信奉宗教；于道教颜氏也颇为信奉，可能更多的是从经济利益和最后信

---

①　《颜氏家训集解》（增补本），第356页。

②　参见刘育霞：《论颜之推思想中的道家因素——以〈颜氏家训〉为考察中心》，《河南师范大学学报》2012年第2期；续晓琼：《论颜之推对道家文化的吸收——从〈颜氏家训〉引〈老子〉〈庄子〉说起》，《工会论坛》2007年第1期等。

奉的结局考虑,而只是以之为养生之用。颜氏家族的这种信仰理念为颜之推所继承,因此尽管他一生辗转南北、仕宦东西,但在南北朝普遍信佛崇道的环境下,特别是他所经历的梁、北齐都出现过帝王舍道崇佛、对释教大力提倡,颜之推于是也愈加崇奉释教,而高置释教于道教信仰之上,并于日常生活中多有虔诚遵照释教理念而为之现象,即不但对佛经广为诵读,还积极参加佛事活动如盂兰盆会等,对佛教思想则更是大加宣扬。可以说,他在《家训》中立《归心》篇分条细辨时人对释教之误解的目的即是通过广传佛法以消除人们在信佛过程中或在接受释教传播过程中产生的杂念、误识、错解,从而累积功德以为自己和子孙"来世津梁",以确保颜氏家族未来的兴旺发展。当然,他也没有弃道教而不顾,尽管没有高奉道教,甚至还对道教某些教义提出批评,可对道教的理念、教义内容和思想,他也还是多有采信。他相信鬼神的存在,也相信鬼神能对活人赐福和降祸,对道教累积起来的养生之术他也多有遵从。可以说,奉佛又不弃道,这正是颜之推乃至颜氏家族宗教信仰的特点,也是魏晋南北朝时期诸多贵族的宗教信仰特点。颜氏和魏晋南北朝时期大多数贵族一样,把宗教信仰一直作为生活中一个不可缺少的部分贯穿于生活之中,既作为生活之工具,又以之为精神之归依,从而在祭拜、诵经、供养、养生中尽可能地将生活过得充实、安定和稳妥,并在这样一种奉佛信道的宗教信仰中怀着期待和希望发展着颜氏家族。

第五章　颜之推的政治和伦理思想

魏晋南北朝时期，就政权建立而言，魏的建立虽然是通过汉的禅让而来，但实质上它是汉末曹操持续数十年对各地割据军阀进行的东征西讨、南征北战统一战争之结果。通过长期艰苦卓绝的战争，曹操不仅消除了各地军阀割据，重新统一了中国北方，也因此奠定下曹氏统治基业。建安二十五年(220)曹操在洛阳死去，曹丕才以禅代的方式建立起曹魏政权。可以说，汉魏的禅让不过是一个形式的过渡，或者说只是完成一个家天下权力交接的形式。但此后如晋、宋、齐、梁、陈、北齐、北周乃至隋政权来说，它们虽无不是仿效汉魏禅代而建立，但实质则是一种阴谋篡夺，一如清人赵翼所说："曹之代汉，司马氏之代魏，其迹虽同，而势力尚有不同者"，"操起兵于汉祚垂绝之后，力征经营，延汉祚者二十余年，然后代之。司马氏当魏室未衰，乘机窃权，废一帝，弑一帝，而夺其位，比之于操，其功罪不可同日而语矣"。① 因而虽名皆为禅让，但汉魏禅让和魏晋以后的禅让实有本质区别，前者顺势、顺理、顺实而为之，后者则无异于强盗，是直接进行的抢夺。特别是在这种政权嬗代过程中，就魏晋以降的士人而言，他们在禅让之际大多也都选择了与世推移的保命理念，或为兴朝佐命立功，或依朝代变革而为新朝之臣，而更多的则是将精力用于家族的经营和名利的求取，加上魏晋以降实行的九品中正制又让诸多士族仕途无忧，因而于魏晋南北朝时期大多士人和君主而言，他们也就没有多少真正宏观意义上的政治思想可言，也没有多少纯正的伦理思想可说。不过，就如何做官、如何为政、如何保官，又如何为人处世，他们中不少人则都有着自己独到的思想。这其中，颜之推的政治、伦理思想尤值得探讨。

第一节　颜之推的政治思想

颜之推不是政治家，也没有提出什么宏大的政治理论，甚至也没有去为官一方当政理民过，他出生于梁后期，一生多是南北奔波，历仕多朝，颇有自顾不暇之状态，因而从这个角度而言，颜之推并没有什么政治思想可说的。

---

① （清）赵翼著，王树民校证：《廿二史劄记校证》，北京：中华书局 1984 年版，第 147、148 页。

然而又恰恰因为颜之推一生经历南北，仕宦四朝，既出仕过萧梁建立的汉人政权，也出仕过鲜卑人建立和控制的北齐政权以及西魏、北周政权，尤为重要的是，于这过程中他还能始终保持仕宦不坠，甚而在北齐还做到了黄门侍郎这样一个“人门兼美”①的官位，这说明颜之推在仕途上又很有一套行之有效的为官政治思想。因而，对此又有必要作一探讨。

由前文第二章“后三国的政权变迁”所论，结合《颜氏家训》考察，可知颜之推一生为官不高，实绩也非很多，参与朝廷决策之事似乎也少，莅民理政更未经历；不过他辗转南北，历仕多朝，比别人有了更多的见闻、经历和与人交往，不仅任职过朝廷也被外派当过府僚，不仅与皇帝有过较多接触也与不同贵族士大夫有过不少周旋，这些可以说为他仕宦为官累积了诸多经验，由此也使他在为官仕途上形成了独有的政治思想。具体而言主要表现在：

其一，“守道崇德，蓄价待时”的出仕思想。魏晋南北朝是一个重家族利益时期，而官宦和家族的声誉名望又紧密联系，一般官位越大、爵位越高带来的必然是其本人和家族名声越大、声誉越高，从而家族获利也越大，对下一代仕宦影响也就越大，因此这使得这时期诸多士人总力图通过某种途径走上仕途，又通过多种途径获取高官厚爵。如晋太尉陶侃早孤贫，同郡孝廉范逵素知名，过侃家借宿，侃母于是变卖头发为之备下“精食，从者皆无所乏”。第二天范逵离去时，侃母又让侃远送之，这使得范逵大为感动，到洛阳后“遂称之于羊晫、顾荣诸人，大获美誉”②。由此，陶侃才得以在仕途上逐渐爬升上来。颜氏是一个世以儒学传家的文化家族，因而要获取官宦也就只能走孔子所说“学而优则仕”的路子。事实上，考颜之推之前的颜氏成员也莫不是通过明经学然后以之取仕宦的，所以对颜之推来说，他若想入仕兴旺家族也就只能通过儒学来达到。正因为如此，如前文所论，年轻时沉迷于玄学的颜之推一旦幡然醒悟便立即放弃了继续染习玄学转而重新研读儒学，并随着其文化水平的提高，不久他即成为萧绎湘东王国左常侍。虽然后来他经历了侯景之乱，但萧绎即位后他不仅在官职上有了升迁，还参与石渠阁校书，进一步提升了他的文化水平。可以说，萧绎政权如果一直存在下去，颜之推的官职升迁是不用作任何担忧的。不过，江陵政权的灭亡改变了他的命运，从此他被迫由南入北，又由西魏辗转到北齐。在北齐的仕宦经历使颜之推对为官有了思考，从而认识到，做官不可强求，更不可走偏旁之路而以不顾羞耻地巴结权贵、混淆视听、扬人之过、夸己之功等手段来索取。

---

① 《陈书》卷34《蔡凝传》，第470页。

② （南朝宋）刘义庆撰，（梁）刘孝标注，余嘉锡笺疏，周祖谟等整理：《世说新语笺疏》，上海：上海古籍出版社1993年版，第669页。

他说："须求趋竞，不顾羞惭，比较材能，斟量功伐，厉色扬声，东怨西怒；或有劫持宰相瑕疵，而获酬谢，或有喧聒时人视听，求见发遣；以此得官，谓为才力，何异盗食致饱，窃衣取温哉！"他总结出了经验，那就是："君子当守道崇德，蓄价待时，爵禄不登，信由天命。"认为在入仕为官路途上不是"见躁竞得官者，便谓'弗索何获'"，"见静退未遇者，便谓'弗为胡成'"，而是有着一种天命安排，即"时运之来，不求亦至也"，"风云不与，徒求无益也"①。因此，他认为应该本着道家理念守道崇德，多多充实本领静待时机，如果还是等不到入仕机会，那就是天命如此。事实上，考察颜之推入北后每个入仕转折点，他也确实没有去巴结权贵、走关系、"论身分"等，而都是等待时机被任用。由西魏逃到北齐时如此，后来北齐灭亡被征往长安时他依然如此。

其二，不"费人君禄位"的为官职责思想。魏晋南朝是士族政治下的社会，因而士族不但享有为官特权，"平流进取，坐至公卿"②，而且在职位上也多表现出"居官无官官之事，处事无事事之心"③"进仕者以苟得为贵而鄙居正，当官者以望空为高而笑勤恪"④这样一种堕政、懒政、不作为的从政风貌，至于到梁世时士族大多成为了"品藻古今，若指诸掌，及有试用，多无所堪。居承平之世，不知有丧乱之祸；处庙堂之下，不知有战陈之急；保俸禄之资，不知有耕稼之苦；肆吏民之上，不知有劳役之勤，故难可以应世经务"⑤这样一种只关风月不管世事的群体。而国家还不得不为这样一个群体每天支付着庞大的开支，而浪费很多的人力、物力和财力。相反，在北朝，虽然经过孝文帝太和改革，北方也产生了门阀士族并获得相应地位和拥有某些特权，但正如唐长孺先生所说，这些士族"至少并非居官而不任事"⑥。这种南北士族不同的政治生存状态让有着南北不同仕宦经历的颜之推总体上更加倾向于北朝的政治生态格局和制度，从而认为为官朝廷就应当做到"士君子之处世，贵能有益于物耳，不徒高谈虚论，左琴右书，以费人君禄位也"⑦，"君子处世，贵能克己复礼，济世益物。治家者欲一家之庆，治国者欲一国之良"⑧，"入帷幄之中，参庙堂之上，不能为主尽规以谋社稷，君子所耻也"⑨。所以他主张朝廷之臣应具备"鉴达治体，经纶博雅"之能力，文史之臣应能发

---

① 《颜氏家训集解》（增补本），第334页。
② 《南齐书》卷23《王俭传》，第438页。
③ 《晋书》卷75《刘惔传》，第1992页。
④ 《晋书》卷5《孝愍帝纪》，第136页。
⑤ 《颜氏家训集解》（增补本），第317—318页。
⑥ 唐长孺：《魏晋南北朝隋唐史三论》，第173页。
⑦ 《颜氏家训集解》（增补本），第315页。
⑧ 《颜氏家训集解》（增补本），第395页。
⑨ 《颜氏家训集解》（增补本），第354页。

挥“著述宪章，不忘前古”之作用，军旅之臣应具备“断决有谋，强干习事”之谋略，藩屏之臣应有“明练风俗，清白爱民”之才干和节操，使命之臣应有“识变从宜，不辱君命”之聪慧，兴造之臣应发挥“程功节费，开略有术”①之长处，只有这样，才能算是忠君尽职，不费人君之禄位。当然，颜之推也认为，“人性有长短”，不能求这六种能力和作用集中于一人之身，作为朝廷官员“能守一职，便无愧耳”②。

其三，“守法度”的官位思想。历经南北，让颜之推为官感受最深、震动最大的恐怕莫过于他在北齐所经历的崔季舒等人“谏后主并州行”事件。在这次事件中他差点被杀，因此总结一生教训他认为，为官朝廷上书言事“非士君子守法度者所为也”。他分析说：“攻人主之长短，谏诤之徒也；讦群臣之得失，讼诉之类也；陈国家之利害，对策之伍也；带私情之与夺，游说之俦也。总此四涂，贾诚以求位，鬻言以干禄。或无丝毫之益，而有不省之困。幸而感悟人主，为时所纳，初获不赀之赏，终陷不测之诛。”又说：“守门诣阙，献书言计，率多空薄，高自矜夸，无经略之大体，咸秕糠之微事，十条之中，一不足采，纵合时务，已漏先觉，非谓不知，但患知而不行耳。或被发奸私，面相酬证，事途回穴，翻惧愆尤；人主外护声教，脱加含养，此乃侥幸之徒，不足与比肩也。”③不难看出，从“崔季舒事件”中逃脱了杀身之祸的颜之推在这里所论说的上书言事之类，实际依然是这次事件带来的惨痛教训。他将上书谏说言事之不足及带来不良后果从多个方面作了分析，意在揭示政治上须严格遵行的一个重要伦理就是要“守法度”。在他看来，“守法度”就是不无事生非，不随意谏议，不乱议是非，更不空言取利。否则，即使最初可能会获得帝王的欣赏而得到升迁或赏赐，但最终必陷入“不测之诛”。

事实上，通观颜之推在《家训》中所论，他的“守法度”政治思想并不仅仅表现于上书言事这一点上④，还表现在他主张为官须廉洁自守、不跑官买官要官，也不趋炎附势上。他说：“齐之季世，多以财货托附外家，喧动女谒。拜守宰者，印组光华，车骑辉赫，荣兼九族，取贵一时。而为执政所患，随而伺察，既以利得，必以利殆，微染风尘，便乖肃正，坑阱殊深，疮痏未复，纵得免死，莫不破家，然后噬脐，亦复何及。”⑤多年的南北宦海沉浮让他认识到，依靠跑官、买官、要官得到的官职虽然暂时能让个人和家族荣耀一时，终究

---

① 《颜氏家训集解》（增补本），第 315 页。

② 《颜氏家训集解》（增补本），第 315 页。

③ 《颜氏家训集解》（增补本），第 330 页。

④ 颜之推主要以上书言事来得出“守法度”，实质上还是由于他耿耿于崔季舒等“谏后主向并州行”事件导致的令他惊魂的后果。

⑤ 《颜氏家训集解》（增补本），第 335 页。

会因违法而自食苦果，非但所得全部丧失，甚至还会破家灭族。对这样的行为他坚决反对，无论在入仕上还是在官位上，他积极主张的是为官应该清廉自守，清白做人，认真履职，等待时机。事实上，从前文所论颜氏家风中即可看出，不论是颜斐，还是颜含，抑或是颜默、颜见远、颜协等，在他们身上无不体现着清廉自守、清白做人、认真履职等品行，应该说，颜之推的为官须廉洁自守、不跑官要官和不趋炎附势等"守法度"主张，不仅是他为官经验的总结，也是颜氏家风的内在要求。

无论东晋南朝还是北朝，又都存在有大量权贵为官大肆贪污受贿、抢劫、搜刮财物以及肆意杀人等现象。对于这些不法行为和现象，颜之推同样予以强烈反对。这点从他对游侠之徒的态度即可看出。他说："至如郭解之代人报仇，灌夫之横怒求地，游侠之徒，非君子之所为也。如有逆乱之行，得罪于君亲者，又不足恤焉。"①在他看来，郭解这种以私情快意恩仇者、灌夫这种依仗官位强势而抢夺他人土地者、不遵守法纪者、言行获罪于君或亲者，尚且是一种不可饶恕的犯罪行为，何况身为朝廷命官知法犯法者！"家世归心"的颜之推重佛家所说因果，一如上论，他甚至将儒家的仁义礼智信和佛家的五禁教义相比类，认为"仁者，不杀之禁也；义者，不盗之禁也；礼者，不邪之禁也；智者，不酒之禁也；信者，不妄之禁也"②。在他眼里，杀生、盗窃、淫邪、嗜欲、妄语都已是犯禁行为，贪污受贿、杀人、抢劫和搜括他人财物占为己有者自然更为不"守法度"者。可见，不杀、不贪、不偷、不抢、不盗、不以权谋私、不侵占他人财物等也是颜之推所主张"守法度"的一个最基本内容。

可以说，颜之推的为官"守法度"思想是他对历史和自己仕宦经历及现实生活的多方面总结。如果综合其整体内容来看，又不难发现，"守法度"其实正是颜之推在政治上走着的中庸之道，那就是在职位上不要乱说、不能多说，但也不能不说，要因时而说，适可而止，也即其所谓："必在得言之地，当尽匡赞之规，不容苟免偷安，垂头塞耳；至于就养有方，思不出位，干非其任，斯则罪人。故《表记》云：'事君，远而谏，则谄也；近而不谏，则尸利也。'《论语》曰：'未信而谏，人以为谤己也。'"③。

其四，权变思想。颜之推在梁的仕宦虽很大程度上有凭借自己儒学实力而取之因素，但如前所论，也与颜氏家族和萧绎的渊源有一定关系，因而如果江陵政权存在下去的话，颜之推在梁的仕宦基本上不存在任何被阻挡

① 《颜氏家训集解》（增补本），第 338 页。
② 《颜氏家训集解》（增补本），第 368 页。
③ 《颜氏家训集解》（增补本），第 333 页。

问题，更不会有丧失其生命的危险随时迫近和降临。事实上，从江陵被西魏攻陷之前的颜之推历官过程和官职升迁即可看到这点。但到了北齐，颜之推不但失去了家族累积起来的官资，也失去了优越的仕宦环境，特别是北齐政权不但为鲜卑人建立也为鲜卑人把持，并对汉人颇为敌视的一个政权，因而颜之推要想在北齐谋取仕宦上的发展可以说是比较艰难的，其所谓“北方政教严切”①就明显透露了这个信息。然而颜之推也能因时因势而变化，那就是在坚守他的“蓄价待时”出仕思想前提下，也能较为广泛地和北齐士人接触，以累积人脉资源。这可以说正是他政治思想上的权变之处。考《颜氏家训》可知，他在北齐接触并交往的多为硕儒或名士，譬如东莱王韩晋明、薛道衡、卢思道、崔文彦、魏收、邢子才、邢峙、王劭等。这些名士都为其时北方的名望士族，因而颜之推和他们的交往不但能增进知识的扩展和学术的进步，也为其仕途铺垫下较好基础。

在人脉积累中尤能体现颜之推权变思想的，应是他和后主时期名望士族祖珽以及鲜卑宦者邓长颙的交往。祖珽在后主时执政，为当时权贵，然而颜之推却依凭自己的才华赢得了祖珽的另眼相看，借此亲近祖珽并和祖珽建立了良好的私交关系。如此颜之推也就走进了汉人在北齐朝廷中的权力中心。然而颜之推并没有因此满足，北齐朝廷既然为鲜卑贵族所把持，而汉人士大夫在朝廷上向来处处受制于鲜卑勋贵，因而处在鲜卑政权之下的颜之推又和鲜卑宦者邓长颙攀上了关系，并且这种关系并不亚于他和祖珽的关系，这点从后来由邓长颙和祖珽共同出面帮助颜之推奏设文林馆及颜之推自己所谓“因宦者侍中邓长颙进奔陈之策”②即可知。而邓长颙在后主时虽没有高阿那肱那样权势熏天，却也是一个颇有实力和影响的鲜卑宦者，深得后主信任，时“任陆令萱、和士开、高阿那肱、穆提婆、韩长鸾等宰制天下，陈德信、邓长颙、何洪珍参预机权”③，因此，颜之推与邓长颙的接触、亲近也就使他一定程度上得到鲜卑权贵的支持。这样他不仅进入了汉人在北齐朝廷的权力圈，也一定程度上站在了鲜卑贵族的权力圈内④。也因此，他才得以将整理北齐文化的设想付诸实践，并得以掌管文林馆内某些主要事务。试想，作为梁的羁旅士人，北齐政权下的明少遐、萧悫、萧放、萧溉等南士在

① 《颜氏家训集解》（增补本），第599页。

② 《北齐书》卷45《颜之推传》，第618页。

③ 《北齐书》卷8《幼主纪》，第112页。

④ 日本学者吉川忠夫也认为：“奏言创设文林馆的宰相祖珽，也是颜之推所称颂的‘款一相之故人’（《观我生赋》）那样的后援人，无非正是这个祖珽成为占据了后主时期汉人文官领袖位置的人物。”又说：“颜之推与这样的宦官（笔者注：指邓长颙）有着联系的同时而接近了政治的中枢的情况则值得注意。”参见吉川忠夫著，王启发译：《六朝精神史研究》，第230、231页。

身份、地位、名望上并不亚于颜之推，但他们谁都没有获得此职，也没有谁得到后主的亲信，甚至如北齐的卢思道、王劭等人也没有这样的幸运，而颜之推却在北齐鲜卑勋贵对汉人虎视眈眈的环境下以一个由西魏投奔过来的南方士人做到了，这其中与他因时权变交结祖珽和邓长颙从而获得他们的支持即有很大关系。而且一如史载，颜之推这种在北齐朝廷上的突出表现很大程度上也引来了鲜卑勋贵的嫉妒，所谓："为勋要者所疾，常欲害之。"①此也如颜之推自己所说："时武职疾文人，之推蒙礼遇，每构创痏。"但结果都为颜之推避免。其中虽说有颜之推中庸处世之因素，但也与他和祖珽、邓长颙建立有较深关系有关。譬如在"谏后主并州行"事件中，鲜卑勋贵"或有毁之推于祖仆射者，仆射察之无实，所知如旧不忘"②。可以说，颜之推若没有因时权变思想，不去交结祖珽、邓长颙，一方面他很难接触北齐朝廷上的汉、鲜卑两个权力圈，也不可能掌管文林馆事务并进而取得后主的信任，一方面则很难幸免祸难。这点可能也是北齐其他羁旅南士不著名、不登高位之原因。只是颜氏家族此前不攀附权势的家风到颜之推这里则被改变了。不过，考察颜之推在《家训》中对祖珽的态度和他入北周、隋后的举止以及其后人一直到唐朝皆无与权贵交好之行为，可知颜之推在北齐与权贵祖珽、宦者邓长颙的接近、交好不过是一种因时因事的权宜之变，并不是为升官发财而曲意巴结、逢迎权贵。

颜之推权变思想的另一表现就是在崔季舒等人"谏后主并州行"事件中适时规避了杀身之祸。武平四年(573)，北齐和陈政权在寿阳发生了大战，北齐军屡败，后主于这时欲驾幸并州，于是崔季舒、张雕、刘逖、封孝琰、裴泽、郭遵等汉族士大夫联名谏阻后主向并州。③ 这次事件颜之推应也有参与讨论并赞成，但在署名谏表时，他则借故回家，幸免灾祸。史载："崔季舒等将谏也，之推取急还宅，故不连署。及召集谏人，之推亦被唤入，勘无其名，方得免祸。"④也一如其自己所说："故侍中崔季舒等六人以谏诛，之推尔日邻祸。"可见，颜之推这次能幸免灾祸应多归功于他的中庸、权变思想，如果没有这样的思想"取急还宅"而是贸然署下姓名于谏表，那就难免遭致杀

---

① 《北齐书》卷45《颜之推传》，第618页。

② 《北齐书》卷45《颜之推传》，第624页。

③ 《北齐书·崔季舒传》载这次事件曰："属车驾将适晋阳，季舒与张雕议：以为寿春被围，大军出拒，信使往还，须禀节度；兼道路小人，或相惊恐，云大驾向并，畏避南寇；若不启谏，必动人情。遂与从驾文官连名进谏。时贵臣赵彦深、唐邕、段孝言等初亦同心，临时疑贰，季舒与争未决。长鸾遂奏云：'汉儿文官连名总署，声云谏止向并，其实未必不反，宜加诛戮。'帝即召已署表官人集含章殿，以季舒、张雕、刘逖、封孝琰、裴泽、郭遵等为首，并斩之殿庭，长鸾令弃其尸于漳水。自外同署，将加鞭挞，赵彦深执谏获免。季舒等家属男女徙北边，妻女子妇配奚官，小男下蚕室，没入赀产。"

④ 《北齐书》卷45《颜之推传》，第618页。

身之祸。不过,因了这次的权变之举,颜之推也提高了他在后主等人心中的地位,并得以随后被授为黄门侍郎。①

其五,“仕宦不过二千石”的仕途中庸思想。前文已论,中庸思想为颜之推一非常重要思想,既表现在其处世上,也表现在他治家、治学上,还表现在他的某些为官思想上。可以说,为官中庸是颜之推一生所追求的政治思想。在这种政治思想指导下,颜之推一方面遵循颜氏家族以儒兴家之风积极研读儒学并以之入仕,一方面又时刻遵循“仕宦不过二千石”祖训,在仕途的升迁上不求急功近利、冒险贪近。在颜氏看来,二千石之官乃为“仕宦称泰”之位,“不过处在中品,前望五十人,后顾五十人,足以免耻辱,无倾危也”。这样即使有罪牵连也不至于杀头灭族,而于平时论身份也能居官不失尊严和荣耀,这可以说是最为安全的为官意识,因此颜之推告诫后人“高此者,便当罢谢,偃仰私庭”②,至于不足则可在“守法度”的前提下顺时升迁而达到。当然,颜之推的这种仕途中庸思想并不是主张做官无所作为、随波逐流,相反,如上文所论,在为官的岗位上、职责上,他追求的是“守法度”和“不徒高谈虚论,左琴右书,以费人君禄位也”的原则和积极有为之精神。因此,颜之推这种仕途上的中庸思想实是息仕途上的奔竞之心和无所顾忌的求取意识。

其六,反对女性参政的儒家守旧思想。颜之推为儒家门徒,一生始终以传播儒学、振兴儒学为己任,其思想不但深受儒家思想影响,甚至可以说较大程度上他的思想已体现着儒家的本原思想,一定程度上为儒家思想的体现者、代表者。因此,这也就使他的思想虽在魏晋南北朝这个变革时代受新兴思想冲击而有一定改变和进步表现外,许多方面仍然表现出某些陈腐意识。在政治思想上最为突出的一点,那就是他反对女性参政。他说:“妇主中馈,惟事酒食衣服之礼耳,国不可使预政,家不可使干蛊;如有聪明才智,识达古今,正当辅佐君子,助其不足,必无牝鸡晨鸣,以致祸也。”③从妇女只能掌管家中酒食、衣服等家庭事务,从而认定她们既不能参政,也不能主持家政,并进一步认为如果妇女违反了这个准则参与国政或主持家政,其结果必然是招致灾祸的到来。这种逻辑推理在今天看来虽未免可笑,但在颜之推思想中却是一件颇为严肃之事。颜之推的这种思想一方面来自于历史上

---

① 吉川忠夫认为颜之推的这次举动是对和他一起共事朋友的叛变(参见吉川忠夫著,王启发译:《六朝精神史研究》,第231—232页),某种角度这种看法也可成立。但究其实质而言则是颜之推权变保身思想作用的结果。

② 《颜氏家训集解》(增补本),第347页。

③ 《颜氏家训集释》(增补本),第47页。

的所谓"牝鸡司晨"的记载，一方面则来自他现实中的闻见。在中国古代男权主导下的社会，男人被认为是天、是阳，女人则被看作地、是阴，女人只能负阴抱阳而辅佐男人，不可以阴居阳役使男人，因而凡出现女人越权和超越男人主事便被认为是违反天道、违反伦常，是一种不合理、不合法的行为，应该被谴责，这样也就有了女性一旦参与政治导致结果的失败即被看作"牝鸡司晨"。另一方面于南北朝现实而言，偏偏女性干政往往又多导致政权衰落甚至灭亡。如北魏时期胡太后干政，淫乱宫廷，擅行废立，而导致尔朱荣举兵向阙，终致北魏末年的混乱和最后分裂。又如《世说新语》载："王丞相有幸妾姓雷，颇预政事纳货。"①北齐末年虽不至于有女性摄政这样的事发生，但也存在着女性干预政治的事实。史载：

> 穆提婆，本姓骆，汉阳人也。父超，以谋叛伏诛。提婆母陆令萱尝配入掖庭，后主襁褓之中，令其鞠养，谓之干阿奶，遂大为胡后所昵爱。令萱奸巧多机辩，取媚百端，宫掖之中，独擅威福。天统初，奏引提婆入侍后主，朝夕左右，大被亲狎，嬉戏丑亵，无所不为。宠遇弥隆，官爵不知纪极，遂至录尚书事，封城阳王。令萱又佞媚，穆昭仪养之为女，是以提婆改姓穆氏。及穆后立，令萱号曰太姬，此即齐朝皇后母氏之位号也。视第一品，班在长公主之上。自武平之后，令萱母子势倾内外矣。庸劣之徒皆重迹屏气焉。自外杀生予夺不可尽言。②

后主本纪对此也有记载：

> 任陆令萱、和士开、高阿那肱、穆提婆、韩长鸾等宰制天下，陈德信、邓长颙、何洪珍参预机权。各引亲党，超居非次，官由财进，狱以贿成，其所以乱政害人，难以备载。诸宫奴婢、阉人、商人、胡户、杂户、歌舞人、见鬼人滥得富贵者将万数。庶姓封王者百数，不复可纪。开府千余，仪同无数。领军一时二十，连判文书，各作依字，不具姓名，莫知谁也。诸贵宠祖祢追赠官，岁一进，位极乃止。③

陆令萱入宫后干预朝政、宰制天下，祖珽因之而升，但也被她阴谋所构

---

① （南朝宋）刘义庆撰，（梁）刘孝标注，余嘉锡笺疏，周祖谟等整理：《世说新语笺疏》，第922页。

② 《北齐书》卷50《穆提婆传》，第689—690页。

③ 《北齐书》卷8《后主纪》，第112页。

驱逐下位，琅邪王高俨更被她谗言致死①。时颜之推正处于北齐朝廷，深切地体会到女性干政带来的恶果，所以他在《观我生赋》里记载："后主之在宫，及使骆提婆母陆氏为之，又胡人何洪珍等为左右，后皆预政乱国焉。"②

现实政治中女性干政的这种恶果可以说进一步强化了颜之推思想中已有的"牝鸡司晨"意识，所以他才认为"妇主中馈"，"国不可使预政"，"必无牝鸡晨鸣，以致祸也"③，从而坚决反对女性参与国家政治，甚至于在家庭中也不愿意女性全面操持家政。

总之，出生于儒门家族的颜之推，思想上虽不能说完全都遵行儒家思想，但很大程度上依然没有偏离丝毫，而且魏晋南北朝时期尽管因诸多因素导致了儒学发展的衰微，但政府用人施政的一个主要方面考虑的依然是儒学因素，加上颜氏家族在汉魏以来发展中形成的家风也是一直以传承儒学为业，因此，这使颜之推一方面恪守颜氏家族之业勤学儒学并以之入仕参政，另一方面在政治思想上也多表现出儒家的是非观，以儒家倡导的某些处世准则为政治思想准绳。这样，也就形成了他"守法度"的官位思想、不"费人君禄位"的为官职责思想、仕途发展上的中庸思想和反对妇女参政的陈腐意识。不过，魏晋南北朝又是一个巨大变革时期，这个时期不但在政治上出现了汉族和其他少数民族各自建立的政权并行存在、发展、交流和融合的现象，而且于文化思想上也呈现出百家竞逐的局面。生活于其中的颜之推在思想上因之也发生了某种改变，影响到他的政治态度，表现为：一方面入仕为官选择遵守"守道崇德，蓄价待时"的思想，一方面面对风云诡谲的政治他亦能因时权变。可以说，颜之推的政治思想很大程度上也代表了魏晋南北朝时期一些士人的政治思想。

第二节　颜之推的伦理思想

一、儒家的伦理道德思想概述

儒家学说中一个重要构成部分就是伦理道德思想，今人朱贻庭说："儒学在封建社会中被定于'一尊'，正得力于它的伦理思想。"④在儒家伦理思想中"仁"是核心，如朱汉民就认为："'仁'是儒家学说、儒家伦理的核心。

① 《北齐书》卷12《琅邪王俨传》，第162—163页。
② 《北齐书》卷45《颜之推传》，第624页。
③ 《颜氏家训集解》（增补本），第47页。
④ 朱贻庭：《先秦儒家伦理思想述略》，《历史教学问题》1984年第3期。

儒家的主体性伦理观,就体现在其仁说之中。"[1]李书有也说:"仁是孔子伦理思想的核心。"[2]而在以"仁"为核心的儒家伦理思想中,"亲亲"又是被放在首位的,如《礼记·丧服小记》中就说:"亲亲、尊尊、长长,男女之有别,人道之大者也。"[3]《中庸》也说:"仁者,人也,亲亲为大。"[4]孟子也说:"亲亲,仁也。"[5]"仁之实,事亲是也。"[6]"事孰为大,事亲为大。""事亲,事之本也。"[7]"人人亲其亲,长其长,而天下平。"[8]这也就是说,在儒家看来,一切人伦关系的发生都始于"亲亲",以"亲亲"为立足点和出发点,在此基础之上,然后才有其他伦理关系的产生,所谓:"有天地然后有万物,有万物然后有男女,有男女然后有夫妇,有夫妇然后有父子,有父子然后有君臣,有君臣然后有上下,有上下然后礼义有所错。"[9]而且儒家还认为只有在"亲亲"基础之上才会有其他仁爱之心的产生。如孟子所说"老吾老,以及人之老;幼吾幼,以及人之幼"[10],便是主张在亲亲伦理上将仁爱之心推而广之,而孔子所谓"仁者,爱人"的前提也是"弟子入则孝,出则悌,谨而信,泛爱众,而亲仁"[11]。事实上,不亲其亲者也很难去对他人真正生发出仁爱之心,即使能表现出所谓的仁爱之心也不会让人相信。譬如易牙"杀子以适君",竖貂自宫近齐桓公,桓公皆以为亲近大臣,但管子却认为:"人之情非不爱其子也,其子之忍,又将何爱于君!""人之情非不爱其身也,其身之忍,又将何有于君!"[12]因而《孝经》说:"不爱其亲而爱他人者,谓之悖德;不敬其亲而敬他人者,谓之悖礼。"随着时代的发展,儒家本于"亲亲"基础之上建立起来的这种人伦关系,特别是夫妇、父子、君臣这三种基本的人伦关系又演变成了后来的"三纲五纪"[13]。"五纪"为何不得而知,但对"三纲",董仲舒在《春秋繁

---

① 朱汉民:《儒家主体性伦理和安身立命》,《求索》1993年第2期。

② 李书有:《儒家伦理思想的基本特点》,《学术月刊》1988年第3期。

③ 《礼记·丧服小记》,参见陈戍国点校:《周礼·仪礼·礼记》,长沙:岳麓书社1989年版,第409页。

④ 《中庸》,参见(宋)朱熹撰:《四书章句集注》,北京:中华书局1983年版,第28页。

⑤ 《孟子·尽心上》,参见(清)焦循正义,沈文倬点校:《孟子正义》,第879页。

⑥ 《孟子·离娄下》,参见(清)焦循正义,沈文倬点校:《孟子正义》,第532页。

⑦ 《孟子·离娄下》,参见(清)焦循正义,沈文倬点校:《孟子正义》,第524页。

⑧ 《孟子·离娄下》,参见(清)焦循正义,沈文倬点校:《孟子正义》,第508页。

⑨ 《周易·序卦》,参见李学勤主编:《十三经注疏·周易正义》,北京:北京大学出版社1999年版,第336页。

⑩ 《孟子·梁惠王下》,参见(清)焦循正义,沈文倬点校:《孟子正义》,第86页。

⑪ 《论语·学而》,参见程树德集释:《论语集释》(一),第27页。

⑫ 《史记》卷32《齐太公世家第二》注引《正义》,第1492—1493页。

⑬ (汉)董仲舒撰,苏舆义证,钟哲点校:《春秋繁露义证》,北京:中华书局1992年版,第33页。

露》中作了一定阐述，他说："君臣、父子、夫妇之义，皆取诸阴阳之道。君为阳，臣为阴；父为阳，子为阴；夫为阳，妻为阴。"从而认为："王道之三纲，可求于天。"①东汉班固所撰《白虎通义》则在董仲舒所论"三纲"基础上，不但再次说明了"三纲"，也补说了"六纪"②，从而具体化了以君臣、父子、夫妇三种基本人伦关系为基点向外延伸扩展的伦理次序。其曰："三纲者何也？谓君臣、父子、夫妇也。六纪者谓诸父、兄弟、族人、诸舅、师长、朋友也。故《含文嘉》曰：'君为臣纲，父为子纲，夫为妻纲。'又曰：'敬诸父兄，六纪道行，诸舅有义，族人有序，昆弟有亲，师长有尊，朋友有旧。'"③不难看出，"纲纪的内容用推亲亲及尊尊的手法得出"④，它不仅遵循着一个由亲到疏、由近及远的顺序，也显示出儒家的仁爱是一个等差之爱。⑤

在以等差之爱的方式建立起来的统治秩序中，儒家又构建起了其社会伦理和政治伦理。《论语》就说："其为人也孝弟，而好犯上者，鲜矣；不好犯上，而好作乱者，未之有也。君子务本，本立而道生。孝弟也者，其为仁之本与。"⑥《孝经》中也说："夫孝，始于事亲，中于事君，终於立身。""资于事父以事母，而爱同。资于事父以事君，而敬同。故以孝事君则忠，以敬事长则顺。忠顺不失，以事其上，然后能保其禄位，而守其祭祀。"荀子也说："遇君则修臣下之义，遇乡则修长幼之义，遇长则修子弟之义，遇友则修礼节辞让之义，遇贱而少者则修告导宽容之义。"⑦不过在众多的家庭、社会和政治伦理复杂交叉关系中，儒家在倡导"仁"为核心的基础上确立了其伦理关系之本，即"君臣、父子、兄弟、夫妇，始则终，终则始，与天地同理，与万世同久。夫是之谓大本"⑧。这样，儒家的伦理思想不但有亲疏、远近之别，也有了主次之分。

在家庭、社会和政治伦理关系逐步确立过程中，儒家又以"礼"来规范和制度化这种由近及远、由亲到疏的伦理关系。《曲礼》中就论道："道德仁义，非礼不成。教训正俗，非礼不备。纷争辩讼，非礼不决。君臣、上下、父子、兄弟，非礼不定。宦学事师，非礼不亲。班朝治军，莅官行法，非礼威严

---

① (汉)董仲舒撰，苏舆义证，钟哲点校：《春秋繁露义证》，第350—351页。

② 在《春秋繁露·深察名号》中有"循三纲五纪"之说。

③ (汉)班固撰，(清)陈立疏证，吴则虞点校：《白虎通疏证》卷8《三纲六纪》，北京：中华书局1994年版，第373—374页。

④ 曹文柱主编：《中国社会通史·秦汉魏晋南北朝卷》，太原：山西教育出版社1996年版，第413页。

⑤ 此点已为学界所公认，如在上引朱贻庭、李书有、朱汉民等人的文章中都对此作了论述。

⑥ 《论语·学而》，参见程树德集释：《论语集释》(一)，第10页。

⑦ 《荀子·非十二子》，参见(清)王先谦集解，沈啸寰、王星贤点校：《荀子集解》，第100页。

⑧ 《荀子·王制》，参见(清)王先谦集解，沈啸寰、王星贤点校：《荀子集解》，第163页。

不行。祷祠、祭祀、供给鬼神，非礼不诚不庄。”①通过“礼”儒家不但固化了一整套伦理系统规则，讲求道德仁义，区别内外、亲疏、上下、贵贱、是非、人与鬼神，凡有关人伦、宗法等伦理关系它都做出了一一规定②，而且还以“礼”规范着人们的言行举止，所谓：“非礼勿视，非礼勿听，非礼勿言，非礼勿动。”③这样，“礼”又成为了维护家庭、社会等伦理关系的文化纽带。

可以说，儒家的伦理思想是由家而国又由国而天下这样一个由内向外不断展开、上升而又层次分明的严格而繁复的体系。因而对儒家的伦理思想今人有诸多研究和概括，这其中朱贻庭就以为：“‘仁’（基本原则）——‘义’（行为规范）——礼（最高准则）的三者统一，这就是先秦儒家所建立的宗法道德规范体系的基本结构。”④而辛立则认为，经过先秦几百年的思想发展，到秦汉时儒家伦理思想逐步形成了比较确定的概念：“最基本的伦理关系是‘五伦’，即君臣、父子、夫妇、兄弟、朋友；维系伦理关系的准则是‘三纲’，即君为臣纲，父为子纲，夫为妻纲。”⑤虽然研究者从各自研究角度所得出的有关儒家伦理道德思想的结论或概念或界定不是完全吻合，也未必都恰当地说明了儒家的伦理思想体系，但主体意思并无多少偏差。尽管荀子又说：“入孝出弟，人之小行也，上顺下笃，人之中行也，从道不从君，从义不从父，人之大行也。若夫志以礼安，言以类使，则儒道毕矣。”⑥此一如辛立所说：“这些从根本上有别于孔、孟。”⑦但总的来说，儒家伦理道德思想从层次上来讲表现为仁、义、礼、智、信、忠、孝、悌八个方面，而从种类来说则表现为家庭、社会、政治三个主要方面。而儒家的这些伦理思想不仅对儒者有着深刻影响，在两汉以儒家思想为大一统思想、以经学为选士用人之本后，它对广大民众也有着深远的影响和作用，至于整个社会多言则称儒、行则遵儒。

二、颜之推伦理思想表现

出生于以儒学为传家文化家族的颜之推，虽自小就接受着儒家伦理道德的熏陶，“晓夕温清，规行矩步，安辞定色，锵锵翼翼，若朝严君焉”⑧，启蒙

① 参见陈成国点校：《周礼·仪礼·礼记》，第 279 页。

② 这些在《仪礼》《礼记》中都有很好的具体阐述。

③ 《论语·颜渊》，参见程树德集释：《论语集释》（三），第 821 页。

④ 朱贻庭：《先秦儒家伦理思想述略》，《历史教学问题》1984 年第 3 期。

⑤ 辛立：《先秦儒家伦理思想的发展与变化》，《西北大学学报》1988 年第 2 期。

⑥ 《荀子·子道》，参见（清）王先谦集解，沈啸寰、王星贤点校：《荀子集解》，第 529 页。

⑦ 辛立：《先秦儒家伦理思想的发展与变化》，《西北大学学报》1988 年第 2 期。

⑧ 《颜氏家训集解》（增补本），第 4 页。

时又“读《礼》《传》”受着儒家学说的影响,成年后仍坚持对儒学的学习和钻研,甚至还把传播儒学和儒家思想作为自己的毕生使命和重任。但他又屡遭坎坷和颠簸,并历经南北不同社会,感受不同政治和文化,这使得他的思想不同于其父祖和颜氏先辈那样有着纯儒特色①,而稍显因时之变特点。由此在生活中他虽遵礼却不拘泥,处世圆通却并不奸猾,仁义为怀却善恶分明,忠于君主却不殉节,儒、释、道、玄虽各自有异,他却兼而修之,从而在伦理道德上形成了一种颇有个性化的思想,即在继承儒家伦理思想中因时有所变化,变化中又不离儒家伦理思想之根本。② 具体而言主要表现如下。

(一)家庭伦理思想方面③

颜之推虽历经坎坷,可身处魏晋南北朝这个视家庭利益至上时代,他在发展家族中坚持的思想依然是走着先人之路,那就是以儒学传家,以儒家思想为立身处世之本。这也就使得他在家庭伦理上遵从的也依然是儒家思想为本的人伦观。

首先,他强调要遵从家庭的“亲亲”关系。他说:“夫有人民而后有夫妇,有夫妇而后有父子,有父子而后有兄弟:一家之亲,此三而已矣。自兹以往,至于九族,皆本于三亲焉,故于人伦为重者也,不可不笃。”④又说“同言而信,信其所亲”⑤。在颜之推看来,家庭里的夫妇、父子、兄弟是人伦关系中最为核心的关系,在此基础上才有其他血缘、亲戚关系的建立,因而他要求后人务重此三种关系的处理,亲其亲,信其所亲,把亲人永远放在第一位。而儒家思想中不仅注重“亲亲”理念,其设定的理想目标也是修身、齐家、治国、平天下这样一种层层递进的上升,只有修身、齐家之后才能有更大的作

① 参见拙文《魏晋南北朝时期颜氏家风探析》,《历史教学问题》2013 年第 3 期。

② 目前这方面的主要文章有赖井洋的《颜之推家教伦理思想探析》(载《现代哲学》1997 年第 4 期)、张学智的《〈颜氏家训〉与现代家庭伦理》(载《中国哲学史》2003 年第 2 期)、王东生的《〈颜氏家训〉伦理思想解析》(载《重庆科技学院学报》2008 年第 8 期)、詹祥粉的《〈颜氏家训〉伦理思想的特征及其现代意义》(载《重庆社会科学》2009 年第 1 期)等,此外一些硕士毕业论文对此也展开了研究,如西南大学袁时萍的《〈颜氏家训〉家庭伦理思想及现代启迪》(2011)、上海师范大学苏方的《〈颜氏家训〉及其伦理内涵初探》(2010 年)等,但综观这些成果,大多对颜之推的家庭伦理思想论述的不是不够全面就是逸出其范围,或是将颜之推的其他思想纳入其中,而且诸成果对颜之推的社会、政治、文化伦理思想几乎没有涉及。不过,台湾的尤雅姿在《颜之推及其家训之研究》(台北:文史哲出版社 2005 年版)中倒是对颜之推的家庭、社会伦理思想作了探讨。

③ 对颜之推的家庭伦理思想,尤雅姿用了较大篇幅从夫妇、治家宽严、为妻之道、继室后娶、亲子之伦、事亲之道、兄弟相处、婆媳和母女等方面作了阐述,基本上是循颜之推所论及的家庭伦理而论之,所论较为周全(参见尤雅姿著《颜之推及其家训之研究》,台北:文史哲出版社 2005 年版,第 132—144 页)。不过,如本文所论“家庭祭祀”方面尤氏则缺论,父母对子女之爱尤文虽在“亲子之伦”中有涉及但并不详尽。

④ 《颜氏家训集解》(增补本),第 23 页。

⑤ 《颜氏家训集解》(增补本),第 1 页。

为。如果家庭之内都不能做到亲亲而和谐、友爱,甚至出现“父不慈则子不孝,兄不友则弟不恭,夫不义则妇不顺矣”①这样的现象,又怎么去爱别人、为别人思考、为社会和国家利益奋斗。可见,颜之推重视家庭“亲亲”关系不仅是基于儒家思想对后人教化的家庭伦理思想,也是力求子孙行为意识符合现实的一种社会伦理思想。

在“亲亲”伦理大前提下,颜之推强调了家庭中的夫妇伦常。从先秦的夏商周开始,中国就已经进入到了男权主宰的社会时代,男性从此在社会、家庭中扮演着最主要角色,享有着绝对高于女性的权力和地位。魏晋南北朝时期,虽说人们的意识在玄学、佛教以及外来民族意识等冲击下有一定的开放性和包容性,但男权社会的主体特征并没有什么改变,因此生活在这时期的颜之推就夫妇之间的伦常论说,遵从的仍然是儒家伦理。就夫而言,他认为男主女辅,男性在家庭中占有主导地位,而女性只处于辅从地位。这方面他首先肯定了“教妇初来”思想。《礼记·昏义》说:“是以古者妇人先嫁三月,祖庙未毁,教之于公宫;祖庙既毁,教于宗室。教以妇德、妇言、妇容、妇功。教成(祭)之,牲用鱼,芼之以蘋、藻,所以成妇顺也。”②由此颜之推认为:“俗谚曰:‘教妇初来,教儿婴孩。’诚哉斯语!”③可见在颜之推眼里,女子嫁到夫家后婚初即需要接受妇顺之道教育以及夫家规矩之教育,一切唯夫家之命是从、唯夫命是从。这其实也就意味着夫妇之间的伦常以男性为主,以男方为主。其次,颜之推认为妇主中馈。他说:“妇主中馈,惟事酒食衣服之礼耳,国不可使预政,家不可使干蛊,如有聪明才智,识达古今,正当辅佐君子助其不足。”④在颜之推思想里,妇女的职责和作用就是在家中操持衣服饮食,然后以其才智辅佐男性,但绝对不可以去主政家庭。颜之推的这种思想无疑表明了夫妇伦常上他主张和坚持的就是男主女辅思想,也是他主张的夫妇之间的妇人之道。不过,在强调男主女辅的前提下,颜之推也认为夫妇之间的伦常是相互的,那就是“夫不义则妇不顺”⑤,也就是说,如果男性首先表现出不义的行为,那么也就不能怪妇女表现出不顺之伦理。而就夫妇伦常中的妇女来说,颜之推除了强调上面所说的妇主中馈以外,还表现在妇顺上。他说:“夫不义则妇不顺。”“夫义而妇陵,则天之凶民,乃刑戮之所摄,非训导之所移也。”⑥可见他主张夫妇之间妇女应遵从的是妇顺之道。

---

① 《颜氏家训集解》(增补本),第41页。
② 《礼记·昏义》,参见陈戍国点校:《周礼·仪礼·礼记》,第537页。
③ 《颜氏家训集解》(增补本),第8页。
④ 《颜氏家训集解》(增补本),第47页。
⑤ 《颜氏家训集解》(增补本),第23页。
⑥ 《颜氏家训集解》(增补本),第41页。

而妇顺之道为何，即上文所引《礼记·昏义》所言的妇德、妇言、妇容、妇功。事实上，颜之推在《家训》中也用事实说明了他认可和肯定的也正是这些妇顺之道。如他提及的侯景之乱中骂贼守节而死的鄱阳王世子谢夫人、教子不辍的王大司马母魏夫人、并州泣谏丈夫的士族夫人以及“织纴组紃之事，黼黻锦绣罗绮之工”大优于江东的河北妇人，就都是这方面的代表。而从他所指责的后娶、娣姒、妇人之性等行为来看，他的妇顺之道还包括妇女率己和族、不妒不忌、平心处物、对子女和儿媳一视同仁、助夫亲兄弟睦乡邻等。

由夫妇而及父子，颜之推对父母和子女之间的伦常也作出了较详细的论说。这方面他首先重强调子女对父母的“孝”。“孝”不仅是儒家伦理历来所极为重视的血缘和社会关系，如《孝经》曰：“夫孝，德之本也，教之所由生也。”①也是中国古代历来各个政权所积极推崇的政治社会关系。所谓：“五帝三王，靡不明本立教，以孝治天下。”②虽然五帝三王是否以孝治天下有待考证，但至少在儒家思想被确立为统治者政治主导思想后，这种尚“孝”理念就一直被社会所推崇和遵守。汉魏以降至晋南北朝，朝代虽迭经嬗替变革，但建立的政权模式、治国思想并没有多少改变和差异，其主体核心遵从的仍然是儒家思想或儒家思想的主要元素。特别是西晋，其政权的建立是在违背儒家“忠”的理念上篡夺而来，“若主张以忠治天下，他们的立脚点便不稳，办事便棘手，立论也难了，所以一定要以孝治天下”③。唐长孺先生在论及“魏晋南朝的君父先后论”时也说：“我们知道建立晋朝的司马氏是河内的儒学大族，其夺取政权却与儒家的传统道德不符，在‘忠’的方面已无从谈起，只能提倡孝道以掩饰已身的行为，而孝道的提倡也正是所有的大族为了维护本身利益所必需的。”又说：“以一个标榜儒学统治的人一旦取得统治权必然要提倡儒家的名教，但名教之本应该是忠孝二事，而忠君之义在晋初统治者自己说不出口，他们正要扫除那些忠于魏室的人，在这里很自然的只有提倡孝道，以之掩护自身在儒家伦理上的缺点。”④可以说，不论是从政治上还是从晋南北朝士族特权世袭的社会特质上来说，尚“孝”已经成为这一时期社会、家庭普遍的突出现象。一如前文第三章中“颜之推对儒家思想的坚守和传播”所论，颜之推尽管没有对“孝”作专门篇章论说，却又无处不提及，无处不在强调之，在颜之推眼里，“孝”已经成为人伦之根本。

---

① 《孝经·开宗明义》，参见李学勤主编：《十三经注疏·孝经正义》，北京：北京大学出版社1999年版，第3页。

② 《三国志·魏书》卷12《鲍勋传》，第385页。

③ 鲁迅：《魏晋风度及文章与药及酒之关系》，《鲁迅全集》（第3卷），北京：人民文学出版社1973年版，第534页。

④ 唐长孺著：《魏晋南北朝史论拾遗》，第238—239页。

与“孝”相对应的另一面是父母对子女的爱。在中国古代社会，人们在家庭伦理上强调最多的可以说是子女对父母的“孝”，无论儒家学说还是诸子文著抑或是文人诗赋之作，“孝”一直是其中的主旋律，而关于父母对子女的爱在颜之推之前则少有谈及或论及不多。其中荀子在教子方面虽有一个总的思想，即“君子之于子，爱之而勿面，使之而勿貌，导之以道而勿强”①，但对父母对子女如何爱和如何教则缺少进一步论述；而陶渊明在《与子俨等疏》中对子虽教之以义、以信，惜所论又不多。直到颜之推才对此作了较为详细的论说。在他看来，家庭伦理中的“孝”固然是一个主体而根本的方面，但父母对子女的爱也不可或缺，是家庭伦理中一个重要构成。他认为父母对子女都有爱，只是不同时期爱的方式不同而已，“方其幼也，父母左提右挈，前襟后裾”②，舐犊之情表现在举手投足之处。在子女逐渐长大过程中，父母对子女的爱或体现为“教”，或体现为“诃怒”，所谓：“凡人不能教子女者，亦非欲陷其罪恶，但重于诃怒，伤其颜色，不忍楚挞惨其肌肤耳。”③或体现为“无教而有爱”，所谓：“饮食运为，恣其所欲，宜诫翻奖，应诃反笑，至有识知，谓法当尔。”对这样爱子女的方法，颜之推“每不以为然”，并不认同，认为如此一方面只会导致子女“傲慢”品行的养成以及父母为矫正其“傲慢”恶习所造成的子女对父母愤怒和怨恨的增加，一方面“逮于成长，终为败德”④。因而在颜之推看来，对子女正确的爱应该是父母先教之导之，在母亲怀孕时就要进行胎教：“出居别宫，目不邪视，耳不妄听，音声滋味，以礼节之。”然后在孩子二三岁时教其仁孝之礼，即使没条件做到这些，也应该做到“当及婴稚，识人颜色，知人喜怒，便加教诲，使为则为，使止则止”⑤。其次，他认为爱子女就应对其勤加督训，不断纠正其错误。他说：“当以疾病为喻，安得不用汤药针艾救之哉？又宜思勤督训者，可愿苛虐于骨肉乎？诚不得已也。”⑥认为对待孩子的错误就像治疗疾病一样，又怎能不用汤药、针灸、艾炙去医治呢，该用就要用！同样，孩子犯错了就该严加管教、督训！世上没有哪个父母愿意亲虐骨肉，但为了他们日后更好地成长又不得不严格教训和要求他们，也只有这样才能让子女有所获益而不至于长大后变得“骄慢”和“败德”⑦。他举例说：“梁元帝时，有一学士，聪明有才为，为父所宠，

① （战国）荀子撰，（清）王先谦集解，沈啸寰、王星贤点校：《荀子集解》，第490页。
② 《颜氏家训集解》（增补本），第23页。
③ 《颜氏家训集解》（增补本），第12页。
④ 《颜氏家训集解》（增补本），第8页。
⑤ 《颜氏家训集解》（增补本），第8页。
⑥ 《颜氏家训集解》（增补本），第12页。
⑦ 《颜氏家训集解》（增补本），第8页。

失于教义，一言之是，遍于行路，终年誉之；一行之非，掩藏文饰，冀其自改。年登婚宦，暴慢日滋，竟以言语不择，为周逖抽肠衅鼓云。"①再次，他认为父母和子女之间不可"狎"和"简"。在颜之推看来，"简则慈孝不接，狎则怠慢生焉"。不但做父母的因此少了庄重，子女对父母也会少了必要的礼敬和孝心。由此颜之推倡导遵从古人做法"君子之不亲教其子也"②，以此保持父母的威严而子女又不失孝敬和缺少礼节。最后，颜之推认为父母对子女的爱要均等，不能厚此薄彼，否则只会遗祸给家庭和子女。他说："人之爱子，罕亦能均，自古及今，此弊多矣。贤俊者自可赏爱，顽鲁者亦当矜怜，有偏宠者，虽欲以厚之，更所以祸之。"③此外，在颜之推看来，父母对待子女和儿媳的态度也应该一样，不分彼此，更不应该对儿媳任意辱骂，否则鬼神都不会轻易饶之。他说："世有痴人，不识仁义，不知富贵并由天命。为子娶妇，恨其生资不足，倚作舅姑之尊，蛇虺其性，毒口加诬，不识忌讳，骂辱妇之父母，却成教妇不孝己身，不顾他恨。但怜己之子女，不爱己之儿妇。如此之人，阴纪其过，鬼夺其算。"将不公正的对待甚至虐待儿媳的行为上升至鬼神惩罚的高度，可见颜之推对这种行为深恶痛绝，所以他不仅教导后人不可效仿，还要求他们对这样的人"慎不可与为邻，何况交结乎？避之哉！"④从这点来看，颜之推对待家庭中的外来女性又是关心、爱护的。

颜之推这种爱子理念对后世有深远的影响，后来司马光在其《家范》卷二《祖》、卷三《父》中也就遵照这样的理念，强调做祖、父的爱子孙，不是要遗留给他们财富，而是要留给他们良好的品德、要教会他们仁、义、礼、智、信；而袁采在《世范》中也因此提出了"父母不可妄憎爱""父母爱子贵均""子孙当爱惜"⑤的主张。

除了孝亲、爱子之外，颜之推还特别阐述了另一重要家庭人伦核心"悌"，即兄弟之间应"友悌深至"。他说："兄弟者，分形连气之人也。方其幼也，父母左提右挈，前襟后裾，食则同案，衣则传服，学则连业，游则共方，虽有悖乱之人，不能不相爱也。"⑥在颜之推看来，兄弟就是父母在世的身体留存，不仅自小为父母不分彼此所舔犊护爱，就是成长过程中的吃住游学也都有无相共、同气相连，因而兄弟之间的情义无论如何都不应该被分割开，

---

① 《颜氏家训集解》(增补本)，第13页。

② 《颜氏家训集解》(增补本)，第15页。

③ 《颜氏家训集解》(增补本)，第19页。

④ 《颜氏家训集解》(增补本)，第406页。

⑤ (宋)袁采撰：《袁氏世范》(丛书集成本)卷1《睦亲》，北京：中华书局1985年版，第5—7页。

⑥ 《颜氏家训集解》(增补本)，第23页。

必须彼此互亲互爱。否则,父母过世后,兄弟生分,谁来帮助?而且兄弟生分必然导致“子侄不爱;子侄不爱,则群从疏薄;群从疏薄,则僮仆为仇敌矣。如此,则行路皆踖其面而蹈其心,谁救之哉”?因而颜之推认为只有“友悌深至,不为旁人之所移者”①,兄弟之间的关系才会牢固,不被破坏。因此他主张“二亲既殁,兄弟相顾,当如形之与影,声之与响;爱先人之遗体,惜己身之分气,非兄弟何念哉”②。

然而兄弟年幼未成家时或可友爱悌深,一旦成家自然就会各妻其妻,各子其子,“虽有笃厚之人,不能不少衰也”③。因而在论述兄弟关系时,颜之推也涉及了家庭中的另一层人伦关系即对妻妾和娣姒的处理。他说:“娣姒之比兄弟,则疏薄矣,今使疏薄之人,而节量亲厚之恩,犹方底而圆盖,必不合矣。”④“娣姒者,多争之地也。”⑤又认为:“仆妾之为雀鼠,妻子之为风雨。”⑥“自古奸臣佞妾,以一言陷人者众矣!况夫妇之义,晓夕移之,婢仆求容,助相说引,积年累月,安有孝子乎?此不可不畏。”⑦对继妻他更认为:“假继惨虐孤遗,离间骨肉,伤心断肠者,何可胜数。慎之哉,慎之哉!”在颜之推看来,妻子如风雨,妾如雀鼠,娣、姒之间又多争,而后妻多是离间父子骨肉的毒于蛇蝎之人,她们都是家庭内的外来破坏者,是侵蚀父子、兄弟等家庭伦理亲情及造成隔阂的因素,因而对她们都不可亲之、信之,而须重父子、兄弟之间的伦理亲情。基于此,颜之推还认为应该慎娶后妻和纳妾,即使不免之,也不可听从她们的话语而让兄弟骨肉分离遭苦。不难看出,在颜之推的伦理思想中,基于对下一代兄弟之间友悌的维护,他对儿子各自的妻、妾乃至后妻多有贬斥,由此也就谈不上颜之推对她们有多少真正尊重了。事实上,颜之推这种思想是自相矛盾的,一方面他认为夫妇关系为家庭人伦关系中最重要的关系之一,并认为“夫不义则妇不顺”,按此论,丈夫和妻子的关系无疑极为重要,丈夫对妻子必须亲之、信之,更不可以不义言行待之。但另一方面,从父母教训子女应该彼此维护兄弟友悌的角度,他又否定了子女各自夫妇关系的重要,把他们各自的妻、妾看作家庭亲情的外来入侵者即“风雨”和“雀鼠”,要他们但重兄弟关系而轻与妻、妾的关系。可以说,颜之推的这种矛盾认识既来自现实生活影响下的对家庭人伦关系中女

① 《颜氏家训集解》(增补本),第23页。
② 《颜氏家训集解》(增补本),第27页。
③ 《颜氏家训集解》(增补本),第23页。
④ 《颜氏家训集解》(增补本),第23页。
⑤ 《颜氏家训集解》(增补本),第28页。
⑥ 《颜氏家训集解》(增补本),第26页。
⑦ 《颜氏家训集解》(增补本),第31、34页。

性的轻视,也受制于儒家伦理思想中轻视女性的影响。

不过,颜之推在基于维护兄弟之间友悌关系前提下作出对他们妻妾贬责的同时,也从男性角度对兄弟彼此不能友悌作出了反思。他说:“人或交天下之士,皆有欢爱,而失敬于兄者,何其能多而不能少也!人或将数万之师,得其死力,而失恩于弟者,何其能疏而不能亲也!”又说:“人之事兄,不可同于事父,何怨爱弟不及爱子乎?是反照而不明也。”在他看来,兄弟之间真正不能友爱深至、不能“如形之于影,声之于响”,很大程度上也在于兄弟之间彼此对对方期望过高、过深而不知道忍让、包容,而“兄弟之际,异于他人,望深则易怨,地亲则易弭”①。而造成这样的原因他认为是“以其当公务而执私情,处重责而怀薄义也”,为此他也提出了解决办法:“若能恕己而行,换子而抚,则此患不生矣。”②颜之推的这种看法可以说是客观辩证的,他既强调兄弟之间要亲爱团结和睦,也看到了兄弟之间各自成年后影响他们友悌之因素,在指责妻妾为其中重要不良影响因素的同时,他也从男性角度作了检讨,认为兄弟之间彼此居事不能以公心裁断是造成兄弟之间不能友爱至深的一个重要原因。颜之推这种客观辩证地看待兄弟之间友悌之情的观点也影响到后人,如宋时袁采在《世范》中就认为“子之于父、弟之于兄,犹卒伍之于将帅、胥吏之于官曹、奴婢之于雇主,不可相事如朋辈,事事欲论曲直”,从而主张“父兄不可辩曲直”③。与此同时,袁采也积极主张兄弟之间虽可能有贫富差别,但一定要“分析财产贵公当”“分业不必计较”“兄弟贵相爱”“众事宜各尽心”“友爱弟侄”“和兄弟教子善”④等。

颜之推在家庭伦理上的另一重要思想是敬祖重祀。中国人向来就尊祖、敬祖、祭祖,从甲骨文记载开始,中国人就从没有间断过对祖先的尊敬和祭祀。在长期的文化发展中,儒家对中国人这种尊祖、敬祖、祭祖的优良传统则作了很好的继承并予以制度化,这一切在《周礼》《仪礼》和《礼记》中都有很好的记载。以传习儒家之《礼》为家业的颜之推对儒家的这套礼制自然颇为熟悉,受其影响,在家庭中颜之推也就非常注重对先人的敬和祀。这表现在:其一,尊重先人,为尊者讳。颜之推认为对先人平时轻易不要提及,不得已说到时,既要怀伤感、敬慕之心,又要有肃穆之容。他说:“言及先人,理当感慕……名位未高,如为勋贵所逼,隐忍方便,速报速了,勿使烦重,感辱祖父。若没,言须及者,则敛容肃坐,称大门中,世父、叔父则称从兄弟门中,

① 《颜氏家训集解》(增补本),第26—29页。

② 《颜氏家训集解》(增补本),第26—298页。

③ (宋)袁采撰:《袁氏世范》(丛书集成本)卷1《睦亲》,第2页。

④ (宋)袁采撰:《袁氏世范》(丛书集成本)卷1《睦亲》,第6—11页。

兄弟则称亡者子某门中，各以其尊卑轻重为容色之节，皆变于常。若与君言，虽变于色，犹云亡祖亡伯亡叔也。”①又说：“无父，拜母、祖父母、世叔父母、姑、兄、姊，则皆泣；无母，拜父、外祖父母、舅、姨、兄、姊，亦如之，此人情也。”②其二，妥善处置先人用具。颜之推说：“二亲既没，所居斋寝，子与妇弗忍入焉。”“《礼经》：父之遗书，母之杯圈，感其手口之泽，不忍读用。……既不读用，无容散逸，惟当缄保，以留后世耳。”③认为父母住过的房间、读过的书、生活用品或留下父母的气息或沾上父母的汗液、口液等，做儿女的往往睹物思人，不忍再用，但不能因此遗失之，而要妥为保管，留给后人。其三，忌日哀戚。颜之推认为，先人去世后，每年在他们离世的那个特定日子，后人不可以嬉笑举乐，也不可以忙着处理其他事务和招待宾客，应静心哀思。他说：“《礼》云：‘忌日不乐。’正以感慕罔极，恻怆无聊，故不接外宾，不理众务耳。”④“今二亲丧亡，偶值伏腊分至之节，及月小晦后，忌之外，所经此日，犹应感慕，异于余辰，不预饮宴、闻声乐及行游也。”⑤其四，重祭祀。在儒家看来，“凡治人之道，莫急于礼。礼有五经，莫重于祭”⑥，对先人的祭祀被看作人生活中的一个重大事件。尽管颜之推信奉佛教，以为祭祀“求诸内典，则无益焉”，然而作为儒教的继承者他又说：“四时祭祀，周、孔所教，欲人勿死其亲，不忘孝道也。”⑦可知在颜之推思想中，他始终还是要求后人四时遵从周、孔之道不忘祭祀先人的。而且由他所谓“先君先夫人皆未还建邺旧山，旅葬江陵东郭。自咎自责，贯心刻髓”也可知，颜之推对父母的敬和祀，遵从的仍然是儒家理念，并且一直未有断过。事实上，一个深受儒教影响之人和以孝教育子孙者又怎能不遵从儒教而敬祖、祭祀先人呢？而且由颜之推要求后人“若报罔极之德，霜露之悲，有时斋供，及七月半盂兰盆，望于汝也”可推断，颜之推信奉佛陀后，对其父母、先祖当亦“有时斋供”，敬祭之心不时有之。然而不论是儒家的祭祀，还是佛教的盂兰盆斋供，虽然其对待先人祭奠、哀思表达方法不同，但都体现着对先人、祖宗的敬、祭和怀德感恩之心。

---

① 《颜氏家训集解》(增补本)，第 79 页。
② 《颜氏家训集解》(增补本)，第 102 页。
③ 《颜氏家训集解》(增补本)，第 104、107 页。
④ 《颜氏家训集解》(增补本)，第 109 页。
⑤ 《颜氏家训集解》(增补本)，第 110 页。
⑥ 《礼记·祭统》，参见陈戍国点校：《周礼·仪礼·礼记》，第 472 页。
⑦ 《颜氏家训集解》(增补本)，第 602 页。

（二）社会伦理思想方面①

南北朝时期，南北社会因政治、民族融合等因素出现了不少差别，唐长孺先生就说："永嘉乱后北方经历长期的战祸，社会生产和固有的封建秩序遭到严重破坏"，"北方则建立了许多来自北部边境的少数族的政权。种族各异，社会结构、风习各不相同的部落贵族各自组成统治核心"，"由于内迁少数族原有的社会结构特点，以及他们对于汉族社会制度、文化的独特认识，从而使北朝的历史发展较之南朝体现出明显的差异"②。这其中，于社会风习上南北之异尤为显著，譬如在衣服穿着上，南方承继汉魏晋多以宽衣博带为主③，以此为衣冠，而北方则渐以裤褶为主，故而宋废帝刘昱被废罪名之一就是"常著小裤褶，未尝服衣冠"④。事实上，从刘裕北伐关中也可看到这点。如刘裕由关中回南时，"三秦父老泣诉曰：'残民不沾王化，于今百年。始睹衣冠，方仰圣泽。舍此何之？'"⑤这里的衣冠并不单指汉人及其代表的文化，也还指这些南方人衣着服饰。又如北周宣帝大象元年正月，"受朝于路门，帝服通天冠、绛纱袍，群臣皆服汉魏衣冠"⑥。可见当时北方至少在周宣帝以前，官府人员穿着皆为胡人或胡汉结合的裤褶。再譬如在待客饮品上，南方人喜饮茶，而北方则好酪、马奶等；南方人主食以大米为主，而北方人则以面粉为主。其他方面在《颜氏家训》中也有不少反映⑦。

南北社会的不同风俗状况以及社会发展带来的变革给颜之推的思想也带来了改变，因此在他的社会伦理思想上，一方面从南北政权都遵从儒家思想为治理思想这一原则出发而继续坚持以儒为本，一方面则因世事改变又形成某些新的伦理理念，由此他的社会伦理思想体现出了以儒为本和因时

---

① 对颜之推的社会伦理思想，尤雅姿也有一定论述，她从为臣之义、朋友之交、师生之伦三方面来论之（参见尤雅姿著《颜之推及其家训之研究》，台北：文史哲出版社 2005 年版，第 145—152 页），其意乃承儒家所谓"五伦"即夫妇、父子、兄弟、君臣、朋友而来，把夫妇、父子、兄弟归到家庭伦理来论，把人臣、朋友归到社会伦理来论，此固不失为一种妥善、规矩之处理，但于颜之推的社会伦理而言似论之不足，而且人臣之义作为政治伦理来论似更为妥当。

② 唐长孺：《魏晋南北朝隋唐史三论》，武汉：武汉大学出版社 1993 年版，第 482 页。

③ 此可参见张安治主编：《中国美术全集·绘画编·原始社会至南北朝》，北京：人民美术出版社 1986 年版，第 113—146 页；中国古代书画鉴定组编：《中国绘画全集（第 1 卷）·战国—隋唐》，杭州：浙江人民美术出版社 1997 年版，第 19—74 页；沈从文、王孖著：《中国服饰史》，西安：陕西师范大学出版社 2004 年版，第 66—74 页。《颜氏家训·涉务》也曰："梁世士大夫，皆尚褒衣博带，大冠高履。"

④ 《宋书》卷 9《后废帝纪》，第 189 页。

⑤ 《宋书》卷 61《庐陵王刘义真传》，第 364 页。

⑥ 《北史》卷 10《宣帝纪》，第 374 页。

⑦ 顾向明、王大建在《〈颜氏家训〉中南北朝士族风俗文化现象探析》（载《郑州大学学报》2006 年第 4 期）一文中对此作出了一定分析，可参见。

变化之特点。具体表现为：

一是仁义为怀，助善远恶。他说："王子晋云：'佐饔得尝，佐斗得伤。'此言为善则预，为恶则去，不欲党人非义之事也。""然而穷鸟入怀，仁人所悯，况死士归我，当弃之乎？伍员之托渔舟，季布之入广柳，孔融之藏张俭，孙嵩之匿赵岐，前代之所贵，而吾之所行也，以此得罪，甘心瞑目。"又曰："亲友之迫危难也，家财己力，当无所吝。"①在颜之推看来，人活着并不能仅仅只为个人、家庭着想，还要多多参与善举，济危救难，持仁义之心，蹈义而不辞，对危难亲友施以救恤、对窘迫义士援以帮助，为他人分担忧愁，把古人所崇尚的仁义之举作为自己的人生追求，即使因此得罪权贵也问心无愧。可见在颜之推的眼里，仁义为善是士人立于社会必不可少的伦理品行。为此，他还认为读书求学问就是要做明达事理的人，向古人学习重义轻财，乐善好施，而不是贪图私欲。所谓："夫所以读书学问，本欲开心明目，利于行耳。……素鄙吝者，欲其观古人之贵义轻财，少私寡欲，忌盈恶满，赒穷恤匮，赧然悔耻，积而能散也。"②由此他主张，家庭中财富多了，就须以义散之，不足了也不可横生是非之心来谋取，所谓："不啻此者，以义散之；不至此者，勿非道求之。"③颜之推的这种积极于救危济困、振穷恤贫、以义得利、以义散财的仁义为怀思想虽不能说高标其时，但与这时期"厚积财产，一无分馈。虽至亲密友，贫病困笃，亦绝于拯济"④的士族行为相比，则无疑要高出甚多。儒家认为："富与贵，是人之所欲也，不以其道得之，不处也；贫与贱，是人之所恶也，不以其道得之，不去也。君子去仁，恶乎成名？君子无终食之间违仁，造次必于是，颠沛必于是。"⑤又说："富而可求也，虽执鞭之士，吾亦为之。如不可求，从吾所好。"⑥"不义而富且贵，于我如浮云。"⑦颜之推的思想可以说正体现着儒家的仁义思想，是对儒家仁义思想的具体身体力行。

既行仁义之举，必远离邪恶之行。所以颜之推认为非但不能"党人非义之事"，对那些不顾法律擅自杀人、抢人财物等"非君子之所为"者以及为亲戚朋友所不齿者即使遇到困难也不可同情之。他主张一切行为"当以仁义为节文尔"⑧。这其中，颜之推又特别强调了朋友的交往。他认为交友不慎

---

① 《颜氏家训集解》(增补本)，第 337—338 页。
② 《颜氏家训集解》(增补本)，第 166 页。
③ 《颜氏家训集解》(增补本)，第 345 页。
④ 《北史》卷 24《封懿传附封述传》，第 900 页。
⑤ 《论语·里仁》，见程树德集释：《论语集释》(一)，第 232—235 页。
⑥ 《论语·述而》，见程树德集释：《论语集释》(二)，第 453 页。
⑦ 《论语·述而》，见程树德集释：《论语集释》(二)，第 465 页。
⑧ 《颜氏家训集解》(增补本)，第 337—338 页。

即可陶染坏行恶习，尤其是“人在年少，神情未定，所与款狎，熏渍陶染，言笑举动，无心于学，潜移暗化，自然似之；何况操履艺能，较明易习者也？是以与善人居，如入芝兰之室，久而自芳也；与恶人居，如入鲍鱼之肆，久而自臭也。墨子悲于染丝，是之谓也。”所以他说“君子必慎交游焉”。①然而慎交不是不交，“独学而无友，则孤陋而寡闻”②，他还是积极主张交友的。不过，他主张人生须交良师益友。首先，即如上文所说，朋友不可为郭解、灌夫这类游侠和有恶性秽习者。其次，一如其说：“孔子曰：‘无友不如己者。’颜、闵之徒，何可世得！但优于我，便足贵之。”③在他看来，特别优秀的贤才略不世出，自然很难交结，因而只要是才德超过自身的便都可交往，但万不可交往不如己者。再次，他认为朋友之交不可率尔为之，须自始至终以义相守、志趣相投。他说：“四海之人，结为兄弟，亦何容易。必有志均义敌，令终如始者，方可议之。”因此，对那种轻率交友甚至结亲论义者，他大不以为然，他说：“比见北人，甚轻此节，行路相逢，便定昆季，望年观貌，不择是非，至有结父为兄，托子为弟者。”④不难看出他对这种行为是颇为轻视的。

朋友既交，颜之推认为彼此就要礼敬、讲信义，所谓：“一尔之后，命子拜伏，呼为丈人，申父友之敬；身事彼亲，亦宜加礼。”⑤还须相互促进，即在学习上共同切磋、在修身上相互诫勉和督促。所谓“学为文章，先谋亲友”⑥，朋友“盖须切磋相起明也”⑦。此外，颜之推认为朋友之间还须有通财救助之义。他说：“亲友之迫危难也，家财己力，当无所吝。”⑧交对朋友，自然对人的仁义之举、修身远恶大有帮助，颜之推于交游上不厌其说，意义即在此。

二是“礼为教本，敬者身基”。礼不仅是儒家伦理思想的核心，也是先秦以来统治者用以维护社会秩序稳定所必需的伦理手段，同时也是稳固家庭血缘关系和宗族关系的纽带，因而礼也就向来不仅为统治者所重视，也为社会所崇尚，更为儒学者所不懈传播。事实上，从先秦到汉魏晋南北朝乃至明清，几乎就没有不重礼的时候。颜氏家族以《礼》传家，自然对礼别有钟情。颜之推因此认为：“礼为教本，敬者身基。”⑨认为礼是教育、教化的根本，也是做人的根基，换句话说，礼实为社会一切行为规范的基础。所以在《风操》

---

① 《颜氏家训集解》（增补本），第 128 页。
② 《颜氏家训集解》（增补本），第 206 页。
③ 《颜氏家训集解》（增补本），第 128 页。
④ 《颜氏家训集解》（增补本），第 123 页。
⑤ 《颜氏家训集解》（增补本），第 123 页。
⑥ 《颜氏家训集解》（增补本），第 257 页。
⑦ 《颜氏家训集解》（增补本），第 206 页。
⑧ 《颜氏家训集解》（增补本），第 338 页。
⑨ 《颜氏家训集解》（增补本），第 166 页。

篇里他从服丧、对人称谓、避讳、上朝等多方面阐述了遵从礼的重要性,认为这是士大夫为人处世的风操所在。他举例说:

> 梁世被系劾者,子孙弟侄,皆诣阙三日,露跣陈谢;子孙有官,自陈解职。子则草屩粗衣,蓬头垢面,周章道路,要候执事,叩头流血,申诉冤枉。若配徒隶,诸子并立草庵于所署门,不敢宁宅,动经旬日,官司驱遣,然后始退。江南诸宪司弹人事,事虽不重,而以教义见辱者,或被轻系而身死狱户者,皆为怨仇,子孙三世不交通矣。
>
> 江左朝臣,子孙初释服,朝见二宫,皆当泣涕;二宫为之改容。颇有肤色充泽,无哀感者,梁武薄其为人,多被抑退。

不难看出,魏晋南朝社会中礼不但为社会所公认,也成为影响司法、仕途的主要因素。[①] 事实上,能行礼者除了为社会所津津乐道甚至为楷模外,也为帝王所称许。如"裴政出服,问讯武帝,贬瘦枯槁,涕泗滂沱,武帝目送之曰:'裴之礼不死也'"[②]。可以说"礼为教本,敬者身基"不仅是颜之推这个家传礼学者所坚持的社会伦理思想,也正是南北朝社会现实状况的反映。

三是婚嫁不攀权势。魏晋南北朝时期是门阀士族把持政治的时期,虽然南北朝时寒庶势力抬头,并努力挤占士族在政治上的权力空间,至于"齐梁时代,高门士族虽然仍旧担任中央最高长官,高踞统治集团顶峰,但实权业已旁落下移,逐渐转移到地位稍低的士人或寒人之手"。到了陈朝建立时,一些在侯景之乱和江陵政权倾覆中幸免于难的高门士族"虽然仍居高位,不过是作为门阀政治的点缀而已"[③]。但在这种情况演变过程中,于南朝社会,士大夫阶层婚嫁习俗的伦理却一直崇尚的是贵权势、攀豪门,最主要表现就是士族之间门第婚和财婚的盛行,即士族不与身份不明的非士族(或寒族)联姻,极力排斥士庶通婚[④],即使有之也皆为财婚。如梁时东海王源为士族,因贪图钱财即嫁女于富阳富商满璋之,从而索取聘礼五万钱。王、满两家联姻事实上就是财婚。不过这种士族为了钱财联姻庶族在南方是不被允许的,王、满虽结姻亲,但王氏却因此遭到沈约的弹劾。如果说南方政权下的士族为了维护自身社会特权地位还坚持拒绝因钱财而联姻庶族

---

① 梁满仓还从复仇的角度探讨了"礼"对"法"的影响(参见梁满仓著《从魏晋南北朝复仇现象看"礼"对"法"的影响》,《求是学刊》2013 年第 5 期),可见礼在南北朝时已经深入影响到人们生活的方方面面。

② 《颜氏家训集解》(增补本),第 103 页。

③ 唐长孺:《魏晋南北朝隋唐史三论》,第 168、169 页。

④ 参见朱大渭、刘驰、梁满仓、陈勇著:《魏晋南北朝社会生活史》,第 185 页。

非类，那么在北方这种现象几乎不被当成问题。北方不仅重门第婚，还非常流行财婚①，至于北魏成帝诏曰："中代以来，贵族之门多不率法，或贪利财贿，或因缘私好，在于苟合，无所选择，令贵贱不分，巨细同贯，尘秽清化，亏损人伦……今制皇族、师傅、王公侯伯及士民之家，不得与百工、伎巧、卑姓为婚，犯者加罪。"②虽然皇帝有诏，但这种婚姻非类、唯财是图的情况并没有因此改变。到北魏孝文帝时，"民渐奢尚，婚葬越轨，致贫富相高，贵贱无别。又皇族贵戚及士民之家，不惟氏族高下，与非类婚偶"③。事实上，一直到北魏灭亡再到北齐、北周建立，北朝的这种财婚现象仍在继续。如北齐司徒录事参军卢思道就私贷库钱四十万"娉太原王乂女为妻"④，而封述为儿子"娶陇西李士元女，大输财聘"⑤。然而不论是在南朝还是辗转于北朝，颜之推却并没有受门第婚和财婚的影响，在婚姻上始终遵守其先祖成规，即"婚姻勿贪势家"。事实上，从颜见远婚媾对象为陈郡谢暕、颜之推婚姻所连家族殷氏来看，也确实非当时权势之家⑥。可见颜氏在婚姻伦理上并不仅仅只是嘴上说说而已，也实实在在践之于行。

四是对女性的尊重。重男轻女一直是中国古代社会的普遍现象，魏晋南北朝时期虽没有形成如以后宋明清社会那样严厉控制女性思想、行为的伦理氛围和意识，相反，女性较大程度上还有自主择婿、再嫁的权力和自由，"根据现有资料，至少我们可以知道，魏晋南北朝时期再嫁妇女遍布各个阶层"⑦。但这并不说明这时期女性社会地位得到了多少改善，人格上获得了多少尊重。相反，先秦以来"牝鸡之晨，惟家之索"⑧"哲夫成城，哲妇倾城。懿厥哲妇，为枭为鸱"⑨的观念则让女性在政治和家庭上受到了严厉排斥和深刻歧视，而汉班昭在《女诫·卑弱》中所谓"古者生女三日，卧之床下，弄之瓦砖，而斋告焉。卧之床下，明其卑弱，主下人也；弄之瓦砖，明其习劳，主执勤也；斋告先君，明当主继祭祀也。三者盖女人之常道，礼法之典教

---

① 参见薛瑞泽：《魏晋南北朝的财婚问题》，《文史哲》2000年第6期；魏向东：《论魏晋南北朝财婚风气及其影响》，《江苏社会科学》2002年第5期。

② 《魏书》卷5《高宗纪》，第122页。

③ 《魏书》卷7《高祖纪》，第145页。

④ 《北齐书》卷42《袁聿修传》，第564页。

⑤ 《北史》卷24《封懿传附封述传》，第900页。

⑥ 《颜氏家训·勉学》曰："思鲁等从舅殷外臣，博达之士也。"可见颜之推的妻子家族为殷氏，而殷氏在南北朝虽可能为士族，但从哪点上都算不上是权势之家。

⑦ 秦博：《理性选择：魏晋南北朝妇女生活之考察》，《求索》2015年第5期。

⑧ 《尚书·牧誓》，见李学勤主编：《十三经注疏·尚书正义》，北京：北京大学出版社1999年版，第285页。

⑨ 《诗经·大雅·瞻卬》，见周振甫译注：《诗经译注》，北京：中华书局2002年版，第489页。

矣”①,尤将女性社会、家庭地位的卑弱鲜明表现了出来。至于南北朝时甚至还出现“世人多不举女,贼行骨肉”“若生女者,辄持将去”②之现象。可见,女性权利低下和地位卑弱自先秦以来到魏晋南北朝并没有实质上的多大改变。

以此故,深受儒家思想影响的颜之推也就不免轻视女性。他说:“太公曰:‘养女太多,一费也。’陈蕃曰:‘盗不过五女之门。’”并由此感叹:“女之为累,亦以深矣。”③甚至还认为妇女只可主持家庭内酒食、衣服等事务,所谓:“妇主中馈,惟事酒食衣服之礼耳,国不可使预政,家不可使干蛊;如有聪明才智,识达古今,正当辅佐君子,助其不足,必无牝鸡晨鸣,以致祸也。”④可见,颜之推思想中不少地方都有对女性轻视的地方。

然而魏晋南北朝时期,女性不但有参与政治的,也有参军打仗的;有单独抚育子女的,也有代替男人顶立门户的;有从事农业生产的,也有于列肆贩卖的;等等。这些活跃在社会各个层面的女性除了为刘向的《列女传》和正史记载外,也为这时期其他文献所记录。⑤ 颜之推广学博览,对此不会没有了解,而辗转南北也使他耳闻目睹了更多女性参与社会活动的情况,所以他说:“邺下风俗,专以妇持门户,争讼曲直,造请逢迎,车乘填街衢,绮罗盈府寺,代子求官,为夫诉屈。”“河北人事,多由内政。”⑥正是基于这样的现实,颜之推又不完全如一般士大夫那样轻贱女性,一方面在人格上他表现出了对女性的尊重。他说:“天生蒸民,先人传体,其如之何?世人多不举女,贼行骨肉,岂当如此,而望福于天乎?”另一方面对女性出生下来后即遭遇不公平、不公正甚至歧视待遇表示出充分同情。如他说:“吾有疏亲,家饶妓媵,诞育将及,便遣阍竖守之。体有不安,窥窗倚户,若生女者,辄持将去,母随号泣,使人不忍闻也。”⑦此外,对女子的孝亲、节义的突出表现又大加赞赏和怜悯。如《家训》中他就记录说:“思鲁等第四舅母,亲吴郡张建女也,有第五妹,三岁丧母。灵床上屏风,平生旧物,屋漏沾湿,出曝晒之,女子一见,伏床流涕。家人怪其不起,乃往抱持;荐席淹渍,精神伤怛,不能饮食。

---

① 《后汉书》卷84《列女·曹世叔妻传》,第2787页。

② 《颜氏家训集解》(增补本),第51页。

③ 《颜氏家训集解》(增补本),第51页。

④ 《颜氏家训集解》(增补本),第47页。

⑤ 参见向燕南、王汐牟:《中国古代历史书写中妇女形象的迁变》,《史学理论与史学史学刊》2012年第1期。

⑥ 《颜氏家训集解》(增补本),第48页。

⑦ 《颜氏家训集解》(增补本),第51页。

将以问医,医诊脉云:‘肠断矣!’因尔便吐血,数日而亡。中外怜之,莫不悲叹。”①又曰:“侯景之乱,王公将相,多被戮辱,妃主姬妾,略无全者。……鄱阳王世子谢夫人,登屋诟怒,见射而毙。夫人,谢遵女也。何贤智操行,若此之难?”②不过,颜之推毕竟只是一个南北朝时期的士大夫,他所身处的社会环境和接受的儒家文化决定了他不可能有我们今天对待女性的认识高度,所以在他身上既不脱儒家传统作用下对女性的轻视理念,也有受南北朝女性现实生活中的作用影响后对女性的同情、尊重和赞赏。

五是敬贤与对农工商等百姓的尊重。贤才无论哪个朝代、无论什么时候都有,然而一如后世人所说“千里马常有,而伯乐不常有”③,人们往往忽视了身边的贤才,甚至对之不惜打击、压制、凌辱,反而只是一味羡慕那些已闻名而不可及的贤者,这也正是常人的可悲之处。历经南北的颜之推不仅曾与其时高才文士如徐陵、王褒和德艺周厚者如周弘让等身处一个朝堂,也在仕宦生涯和社会交往中遇到过诸多浅薄而自以为是者,这使他在生活的比较中对贤者愈加多了尊重和敬意,一如他所说:“吾生于乱世,长于戎马,流离播越,闻见已多;所值名贤,未尝不心醉魂迷向慕之也。”④由此,他认为对贤者首先应该多加礼敬,而不应以距离远近、地位高低、名声大小差异化视之。他说:“世人多蔽,贵耳贱目,重遥轻近。少长周旋,如有贤哲,每相狎侮,不加礼敬;他乡异县,微借风声,延颈企踵,甚于饥渴。校其长短,核其精粗,或彼不能如此矣。所以鲁人谓孔子为东家丘。昔虞国宫之奇,少长于君,君狎之,不纳其谏,以至亡国,不可不留心也。”⑤颜之推对贤者的识见可谓透彻、深邃,也正如此,他教育后人对贤者无论少长、贵贱和远近都须礼敬而不可轻视、狎侮之。其次,他认为对贤者既用其言亦须重其身。儒家认为“君子成人之美”⑥,因而颜之推对那些用其人之言、其人之才而不重其人之身的行为非常反感甚至极为鄙视,他将这种行为视之为盗窃行为。他说:“用其言,弃其身,古人所耻。凡有一言一行,取于人者,皆显称之,不可窃人之美,以为己力;虽轻虽贱者,必归功焉。窃人之财,刑辟之所处;窃人之美,鬼神之所责。”⑦在颜之推看来,他人的才华和成果都是用心血、辛苦挣来,

---

① 《颜氏家训集解》(增补本),第108页。
② 《颜氏家训集解》(增补本),第363页。
③ (唐)韩愈:《杂说》,(唐)韩愈撰,马其旭校注,马茂元整理:《韩昌黎文集》,上海:上海古籍出版社1986年版,第30页。
④ 《颜氏家训集解》(增补本),第127页。
⑤ 《颜氏家训集解》(增补本),第130页。
⑥ 《论语·颜渊》,见程树德集释:《论语集释》(三),第863页。
⑦ 《颜氏家训集解》(增补本),第132页。

若不劳而获地据为己有以之取名获利是很不道德的，是要遭到鬼神惩罚的。以遭致鬼神惩罚来谴责用人之言、用人成果而不重其人、不高其位的行为，这可以说反映了颜之推对这种丑恶行为的痛恨，同时也反映出了他对贤者的尊重，因此他主张用人才华、成果不仅需归功于其人和显明之，还要重其人之位。

之所以如此，在颜之推看来其原因就在于：一方面，贤者的才华才艺不可多得且难以复制，失去了便再也得不到，这样也就失去了一份宝贵的财富。他举例说：

> 梁孝元前在荆州，有丁觇者，洪亭民耳，颇善属文，殊工草隶；孝元书记，一皆使之。军府轻贱，多未之重，耻令子弟以为楷法，时云："丁君十纸，不敌王褒数字。"吾雅爱其手迹，常所宝持。孝元尝遣典签惠编送文章示萧祭酒，祭酒问云："君王比赐书翰，及写诗笔，殊为佳手，姓名为谁？那得都无声问？"编以实答。子云叹曰："此人后生无比，遂不为世所称，亦是奇事。"于是闻者稍复刮目。稍仕至尚书仪曹郎，末为晋安王侍读，随王东下。及西台陷殁，简牍湮散，丁亦寻卒于扬州；前所轻者，后思一纸，不可得矣。

另一方面，颜之推认为贤者多为国家政权的支撑或基石，身系国家安危，其存则益于国家发展，其亡则有损于国家进步。他说："侯景初入建业，台门虽闭，公私草扰，各不自全。太子左卫率羊侃坐东掖门，部分经略，一宿皆办，遂得百余日抗拒凶逆。于时，城内四万许人，王公朝士，不下一百，便是恃侃一人安之，其相去如此。"又说："齐文宣帝即位数年，便沉湎纵恣，略无纲纪；尚能委政尚书令杨遵彦，内外清谧，朝野晏如，各得其所，物无异议，终天保之朝。遵彦后为孝昭所戮，刑政于是衰矣。""张延隽之为晋州行台左丞，匡维主将，镇抚疆场，储积器用，爱活黎民，隐若敌国矣。群小不得行志，同力迁之；既代之后，公私扰乱，周师一举，此镇先平。齐亡之迹，启于是矣。"①正是这些活生生例子让颜之推不仅重视贤者，注重与贤者交往，更要求后人要向贤者学习，尊之、礼之、敬之。

在"士庶天隔"的魏晋南北朝时期，等级差别无疑是士人社会身份的一个显著标志，因此这不但造成士族对庶族的轻视，至于"服冕之家，流品之人，视寒素之子轻若仆隶，易如草芥，曾不以之为伍"②，也导致社会人士对

① 《颜氏家训集解》（增补本），第136—140页。

② （宋）李昉等编：《文苑英华》卷760《寒素论》，北京：中华书局1956年版，第3987页下。

低于自身阶层等级者轻贱之。特别是对那些手工业者、商人、艺人、士兵等来说,他们更是为统治阶层所瞧不起。他们不与国家的编户齐民同籍,也享受不了一般百姓的权利。如士兵有军籍,“不入州郡户版”①,商人、手工业者也别有编籍,他们身份低微,甚至在穿着衣服上都要低人一等。如《晋令》中就规定:“士卒百工履色无过绿青,百婢履色无过纯青”,“士卒百工不得著假髻”,“士卒百工不得服瑱珰”,“士卒百工不得服越叠”②等。这些行业者的子孙基本上也都是承袭父业,社会地位极低。如北魏拓跋焘就规定:“其百工伎巧、驺卒子息,当习其父兄所业,不听私立学校。违者师身死,主人门诛。”③在政治上,工商业者也是“商贾不得宦为吏”④,“工商不得进仕”⑤。可以说,工、商、兵等行业在魏晋南北朝是处在社会最下层的职业人群,他们很少能为统治者所重。其实即使是农业,虽然被视为国之根本,以为“农者兴德之本也”⑥,但农民很大程度上也被士大夫视为小人而瞧不起,所谓:“小人力农以事其上”⑦。与社会上轻视农工商者态度不一样,历经南北、多遭坎坷的颜之推却对他们有另一种认识和尊重。他说:“人生在世,会当有业:农民则计量耕稼,商贾则讨论货贿,工巧则致精器用,伎艺则沉思法术,武夫则惯习弓马,文士则讲议经书。”⑧又说:“三日不粒,父子不能相存,耕种之,茠锄之,刈获之,载积之,打拂之,簸扬之,凡几涉手,而入仓廪,安可轻农事而贵末业哉?”⑨不再以社会身份和地位而是从生存的角度对社会不同人群进行了重新审视、认知,由此他非但没有轻视从事农工商业者,反而从行业分工的不同,将他们和文士也相提并论,字里行间透露出了一种尊重。不仅如此,他还说:“爰及农商工贾,厮役奴隶、钓鱼屠肉、饭牛牧羊,皆有先达,可为师表。博学求之,无不利于事也。”⑩把农工商贾、厮役奴隶、钓鱼屠肉、饭牛牧羊这些向来为人所轻贱的职业从事者都放在了可以为人师表的高度,这是颜之推的又一种了不起的超凡见识。在颜之推眼里,这些生

---

① 唐长孺:《魏晋南北朝隋唐史三论》,第 59 页。

② 严可均辑:《全上古三代秦汉三国六朝文》(三),第 2294 页下。《宋书》中也有同样记载:“骑士卒百工人,加不得服大绛紫襈、假结、真珠珰珥、犀、玳瑁、越叠、以银饰器物、张帐、乘犊车,履色无过绿、青、白。”见《宋书》卷 18《礼志五》,第 518 页。

③ 《魏书》卷 4《世祖纪》,第 97 页。

④ 《后汉书》卷 28《桓谭传》,第 958 页。

⑤ 《北史》卷 11《隋本纪》,第 420 页。

⑥ 《汉书》卷 8《宣帝纪》,第 245 页。

⑦ 《晋书》卷 41《刘寔传》,第 1195 页。

⑧ 《颜氏家训集解》(增补本),第 143 页。

⑨ 《颜氏家训集解》(增补本),第 324 页。

⑩ 《颜氏家训集解》(增补本),第 162 页。

活在社会最底层的劳动者中间不乏优秀者,他们并不输于社会上那些高高在上的士大夫和高贵血统的贵族,甚至远远超过一般士人,因而他们也应该被尊重,可以为人师表。颜之推的这种思想和当时"士大夫耻涉农商,差务工伎"意识可以说截然不同,不单显示了他这个南北朝后期士大夫对社会的一种冷静观察,也显示出他在社会伦理上有着一种先见。不过,颜之推对农工商等"可为师表"的尊重态度是从生存、生活技能和知识学习的角度来审视和认知的,但这并不等于说他视农工商、屠夫钓者、厮役奴隶等与士大夫有平等地位,更不是说在他眼里没有职业等级差别,事实上,其所谓:"虽千载冠冕,不晓书记者,莫不耕田养马。以此观之,安可不自勉耶?若能常保数百卷书,千载终不为小人也"①即明显说明了在他眼里还是有君子和小人之等级差别的。

(三)政治伦理思想方面

颜之推一生虽辗转南北、历仕四朝,但他却并不是一个毫无原则的政治投机者,也非只顾家族利益发展而无节操者。从十九岁"释褐湘东国右常侍,以军功加镇西墨曹参军"②开始,他在政治仕途上摸爬滚打四十多年,在这样一个长期的政治生涯中他不但形成独有的处世理念,也形成自己的政治伦理思想。这种政治伦理思想虽非高标于世人,也非超越于世人之伦理,但在多"无质直之操"③的魏晋南北朝这个时空之下仍显得弥足珍贵。

首先,颜之推认为立足朝廷就应该以利社稷。魏晋南北朝是一个政权频繁更迭的时代,而这种政权的频繁更迭一部分是由于周边民族入侵导致,更大的原因则是政权内部强权者对政权的篡夺所导致。因而从这个角度来说,魏晋南北朝时期君臣之间的忠节理念已经被破坏殆尽。而在新旧政权嬗替时,诸多朝廷大臣往往出于自身利益的需要助纣为虐、助新代旧,但博新欢,不念旧恩,他们在政权篡夺过程中往往摇身一变又为新朝宠臣、重臣,享受着荣华富贵。而作如此行为的朝臣、士族没有谁是没接受过儒学教育的,也没有谁是没有儒学背景的,甚至其中还不乏世代以儒学为业者,这种儒学主要执行者和承载者行为的猥滥便又加剧了儒学名教的衰落和社会上对"忠"的观念的淡薄。在这样一种不断累积叠加而起的意识形态下的南北朝社会里,士人也就自然少有忠节行为,指望士大夫对某个政权贡献政治节操也就只能是一种奢望,何况因篡夺而称帝的新政权统治者也并不希望士大夫表现出什么贞节行为而抵触新朝的建立,一如梁武帝所说:"我自应天

① 《颜氏家训集解》(增补本),第148页。
② 《北齐书》卷45《颜之推传》,第620页。
③ 《晋书》卷39《荀顗传》,第1151页。

从人，何预天下士大夫事？”①因此，这时期士人在旧朝灭亡后立即转仕新朝也就被认为是顺理成章和理所当然的了，人们并不对此感到什么不妥和不应该，甚至梁时萧子显公然认为：“夫爵禄既轻，有国常选，恩非己独，责人以死，斯故人主之所同谬，世情之过差也。”②认为朝廷和帝王并非只对己一人施恩，因而要求己一人对一家一姓帝王尽忠不仅是帝王思想的荒谬，也是世间人们认识的错误。正是在这样一种意识下，这时期的士大夫也就很少去讲“忠”，更少去殉节。以此故，侯景之乱中，梁政权内即有不少士族效命侯景，而江陵政权灭亡后，被俘入北的士人也多转而臣仕北朝。

不过，经历南北不同政权和社会环境后的颜之推却认为作为士大夫还是应该忠君。在批评“世人读书者，但能言之，不能行之，忠孝无闻，仁义不足”这样一种知行不一现象时，他说：“行诚孝而见贼，履仁义而得罪，丧身以全家，泯躯而济国，君子不咎也。”③这也就是说，他颜之推是主张为了忠、孝甚至可以牺牲生命的。只不过，面对西魏的入侵、江陵政权的灭亡，虽有以命殉梁政权者，但他并没有这样去做。不难看出，颜之推所说的“泯躯而济国”只是说给别人听或要求别人去做的，他自己却以“诚臣徇主而弃亲，孝子安家而忘国，各有行也”为借口来作逃避。若由此说，颜之推但有忠君思想或意识而没有忠君行为又是不符合实际的。然而从颜之推一生言行来看，一如前文所论，他的忠君主要表现在“利社稷”上，具体则包括尽职、担当、诚谏和见危授命等内容上。一如其所说：“夫所以读书学问，本欲开心明目，利于行耳。”“未知事君者，欲其观古人之守职无侵，见危授命，不忘诚谏，以利社稷，恻然自念，思欲效之也。”④这也就是说，作为士人，不论臣仕哪个朝廷，只要忠于职守，提出有益于国家发展的建议，在危难之际能见危授命、不负所托就是忠君了。这种观点和上面所引萧子显所说多少有点共通之处，即都在为逃避两汉以来儒家所倡导的为一家一姓王朝尽忠节而立论。颜之推身仕四朝，无论如何都算不上不贰之臣，更不符合先秦“事君不贰是谓臣”⑤的理念，因而他的这种说法很大程度上可以说正是为自己的行为作辩解，也是在为魏晋以降的士人在政治变革中转仕新朝作辩护。然而作为士大夫和颜氏家族的后人，又深受儒家思想影响，颜之推又有一种正道立身的气节追求，他不愿庸庸碌碌苟活，欲秉持忠君以尽职，所以才有忠君即“利社

① 《梁书》卷50《颜协传》，第727页。

② 《南齐书》卷23《王俭传》，第439页。

③ 《颜氏家训集解》（增补本），第362页。

④ 《颜氏家训集解》（增补本），第166页。

⑤ 《国语·晋语四》，见徐元诰撰，王树民、沈长云点校：《国语集解》，北京：中华书局2002年版，第347页。

稷”的思想。事实上，他也真的这样去做了。如北齐末，“权幸并进，赐与无限，加之旱蝗，国用转屈”，颜之推于是“奏请立关市邸店之税”，后主因此大悦，“以其所入以供御府声色之费”①，从而在一定程度上缓解了国家财政的窘困。又如在北周灭北齐之际，颜之推先是“因宦者侍中邓长颙进奔陈之策，仍劝募吴士千余人以为左右，取青、徐路共投陈国”②。计虽不行，却仍临危受命为平原太守，镇河津以备后主南奔。不过，与颜之推忠于北齐反对北周侵略截然不同的是北齐衣冠士人的态度，史曰：“周武帝平齐，山东衣冠多来迎。”③深受高氏鲜卑化政权长久以来的压制，汉族文人士族自然热烈欢迎有人为他们推翻头顶上的这种压制和束缚，何况来推翻者虽然是另一个政权及其统治者，但这个政权及其统治者却是极为重视汉文化衣冠者。颜之推和山东衣冠所处境遇一样，本应该也对北周统治者表示欢迎，可他最后选择的却是为后主坚守平原河津，并力图引导后主逃奔南方，何以如此？笔者以为这除了前文所论颜之推对宇文氏向有敌意外，与他的政治伦理思想也当有很大关系，那就是忠君以事，尽职尽责。

颜之推的这种忠以尽职、见危授命的忠君观的形成除了受两汉以来儒家所宣扬的忠君意识影响外，更主要的则是受颜氏家族家风的深刻影响。这点我们从其兄长颜之仪身上也可看到。北周末，周宣帝见托颜之仪，辅佐幼主，但他不为权臣刘昉、郑译和杨坚胁迫，既不同意署名以杨坚为丞相来辅政，也不交出玉玺，从而不但以不屈权势之行为履行了忠君职责，也因此赢得了隋文帝的肯定、敬重和称赞：“见危授命，临大节而不可夺，古人所难，何以加卿。”④

可以说，颜之推的忠君思想既非先秦至两汉以来统治者所倡导的守一家一姓王朝而为之殉节的“不屈二姓”的“夷、齐之节”理念，也非完全先秦儒家的那种君主及官吏尽忠于人民和事上忠诚，臣子忠于君主、不贰其心的忠的思想⑤，和孔子以管仲不死公子纠所谓“微管仲，吾其被发左衽矣。岂若匹夫匹妇之为谅也，自经于沟渎而莫之知也”⑥的忠的思想也不一样，它是乱世之下因时形成的一种新的士人忠君的政治伦理思想。

---

① 《隋书》卷24《食货志》，第679页。《通典》卷十一《食货十一》也载曰：“北齐黄门侍郎颜之推奏请立关市邸店之税，后主大悦。于是以其所入以供御府声色之费。”北京：中华书局1988年版，第250页。

② 《北齐书》卷45《颜之推传》，第618页。

③ 《北齐书》卷15《厍狄干附子士文传》，第198页。

④ 《周书》卷40《颜之仪传》，第720页。

⑤ 参见罗江文：《由古文字谈儒家忠孝观》，《孔学研究》1999年第1期。

⑥ 《论语·宪问》，见程树德集释：《论语集释》（三），第989—992页。

其次，为旧君讳。自先秦以来到两汉，人们对君臣关系的意识虽几经变化①，但总体上还是以周礼中尊君尊王思想为圭臬而以尊君为主，因此《春秋》中不但显明尊王思想，还积极倡导“为尊者讳，为亲者讳，为贤者讳”②，而且这种避讳并非单单只是对尊者、贤者、亲者的名、字避讳，也包括对他们尤其是君王所做的某些非道德行为的隐讳不书③。所谓：“略外别内，掩恶扬善，《春秋》之义也。”而且“自兹已降，率由旧章。史氏有事涉君亲，必言多隐讳”④。到秦汉，“臣子不言君父之名”⑤已成为一种普遍现象，并逐渐制度化⑥，至于东汉时避君讳几成士人之累。三国时吴国的张昭就因此写了《宜为旧君讳论》，对此迂腐之风作了一定批驳⑦。不过，为君者讳始终是社会意识的主流，因此连向来被要求秉笔直书的史书也出现了为帝王隐讳之笔，如《史记》《汉书》《后汉书》《三国志》《晋书》《宋书》《魏书》《南齐书》等就都不乏这样的曲笔⑧，一如张舜徽所论：“古者事涉君亲，必多隐讳，此历朝所以无信史也。此处虽君亲并举，然在国史，则偏为君主讳耳。苟事涉君主，必为隐讳。则君主之祖先、子嗣、戚姻，以及权柄之贵臣，皆在所必讳。”⑨

正是因为有着这样一种社会意识，所以东汉末年军阀割据称雄以及魏晋南北朝政权频繁更迭的局面，虽造成不少士人臣仕两君或多君现象，但对

---

① 如王国良认为，在西周初、中期到春秋初期，君臣关系表现为三个特点：“臣子对君主只能从一而终，不能叛离或另事新主”；“君辱臣死”；“君主被杀，大臣须讨伐逆贼，否则便是与弑君者同谋。”但春秋时孔子则提出“以道事君”的思想；战国时孟子在继承了孔子思想基础上“对君主权力的合法性进行了探讨”，而荀子则认为“天下为公”。参见王国良著《从忠君到天下为公——儒家君臣关系的演变》，《孔子研究》2000年第5期。

② 《春秋公羊传·闵公元年》，见李学勤主编：《十三经注疏·春秋公羊传注疏》，北京：北京大学出版社1999年版，第192页。

③ 以揭示《春秋》隐讳的《左传》，事实上也有这种隐讳之笔。参见徐杰：《析〈左传〉隐讳的原因》，《重庆科技学院学报》2012年第5期。

④ （唐）刘知几著，（清）浦起龙释：《史通通释》，上海：上海古籍出版社1978年版，第196页。

⑤ （汉）班固撰，（清）陈立疏证，吴则虞点校：《白虎通疏证》，北京：中华书局1994年版，第413页。

⑥ 参见陈垣先生的《史讳举例》；陈松长的《秦代避讳的新材料》，载《中国社会科学报》2009年9月10日。

⑦ 参见《全三国文》卷65，严可均辑：《全上古三代秦汉三国六朝文》（二），第1405页。

⑧ 参见（唐）刘知几著，（清）浦起龙释：《史通通释》之“曲笔”（上海：上海古籍出版社1978年版，第196—199页）、（清）赵翼著，王树民校证：《廿二史劄记校证》之“史汉互有得失”（北京：中华书局1984年版，第19页）。此外还可参见李运宁的《〈史记〉‘曲笔’刍论》（《学术论坛》1992年第5期）、陈前进的《试论〈三国志〉的曲笔与直笔》（《重庆师范学院学报》1986年第3期）、李颖科的《魏晋南北朝史学中的直书与曲笔》（《西北大学学报》1995年第1期）、李琼英的《〈宋书〉的直笔与曲笔》（《史学史研究》2005年第3期）等论文。

⑨ 张舜徽著：《史学三书平议》，北京：中华书局1983年版，第79—80页。

这些士人而言,臣仕新君后也不会非毁旧君,甚至不少士人在旧君去世时还为之祭拜、服丧。可以说,不非毁旧君、不言旧君之过已成为汉魏以来最起码的社会政治伦理道德品质。乱世之下的颜之推在政治伦理上遵行的就是这样一种思想。他不但对那些非毁旧主旧君者很不以为然,甚至给予批评。他说:"何事非君,伊、箕之义也。自春秋已来,家有奔亡,国有吞灭,君臣固无常分矣;然而君子之交绝无恶声,一旦屈膝而事人,岂以存亡而改虑?陈孔璋居袁裁书,则呼操为豺狼;在魏制檄,则目绍为虵虺。在时君所命,不得自专,然亦文人之巨患也。"①又说:"自古文人,多陷轻薄;屈原露才扬己,显暴君过。"②因此,颜之推对旧君也就多有隐讳。这表现在:一方面提及所臣仕的旧君时都以其王号、帝号、年号等来代指,如"湘东王""梁孝元""梁武""文宣""后主""太清""承圣""天保""孝昭""武成"等;另一方面则很少言说和记载涉及旧君不雅和不道德的言行事迹。不论观颜之推的《家训》还是他所作的《观我生赋》,对旧君的不雅和不道德之事他都少有提及。如对梁元帝萧绎和梁武帝萧衍,他几乎没有什么不当言论,也没有怨言、辱没性评论文字,涉及他们的记载也多是正面的。即使如梁元帝在侯景之乱时不忧勤王而图谋与侄儿萧詧、萧誉兄弟争斗至于构兵相攻,颜之推虽对此有很大不满,但也只作曲笔表述,所谓:"行路弯弓而含笑,骨肉相诛而涕泣。周旦其犹病诸,孝武讳而焉及。"③而没有直接的指责和批评。再如对梁元帝在江陵陷落后将所收集整理的十余万卷书付之一炬之行为,凡为读书人没有不切齿的,故而后人称之为"书之五厄也"④,而颜之推身为石渠阁校书者之一,尽管可能也有愤懑之情,但除了表达出甚为可惜和无奈之外,对梁元帝也没有作出任何批评。不过,因颜之推夷夏之别观念较强,他对故梁帝王和北齐帝王的态度又不一样。对北齐几个帝王他则多少作出了一点评论和记录。如"齐文宣帝即位数年,便沉湎纵恣,略无纲纪。"⑤"武成奢侈,后宫御者数百人,食于水陆,贡献珍异,至乃厌饱,弃于厕中。"⑥不过,这些都是客观性的史记和史评,无关乎个人恩怨。

相对于颜之推这种为旧君讳的做法,同时代的庾信则少了这点人伦道德。他在《哀江南赋》中论及梁元帝萧绎时,不仅指出了元帝在政治上的某些缺点、失误和不足,而且似乎带有个人恩怨又对元帝作了一定程度上的贬

① 《颜氏家训集解》(增补本),第258页。
② 《颜氏家训集解》(增补本),第227页。
③ 《北齐书》卷45《颜之推传》,第620页。
④ 《隋书》卷49《牛弘传》,第1299页。
⑤ 《颜氏家训集解》(增补本),第138页。
⑥ 《北齐书》卷45《颜之推传》,第624页。

斥,甚至于人格上的侮辱。他说:

> 去代邸而承基,迁唐郊而纂祀,反旧章于司隶,归余风于正始。沉猜则方逞其欲,藏疾则自矜于己。天下之事没焉,诸侯之心摇矣。既而齐交北绝,秦患西起。况背关而怀楚,异端委而开吴。驱绿林之散卒,拒骊山之叛徒。营军梁溠,搜乘巴渝。问诸淫昏之鬼,求诸厌劾之符。荆门遭廪延之戮,夏口滥逵泉之诛。蔑因亲以教爱,忍和乐于弯弧。既无谋于肉食,非所望于《论都》。未深思于五难,先自擅于二端。登阳城而避险,卧砥柱而求安。既言多于忌刻,实志勇而形残。但坐观于时变,本无情于急难。①

通过文字不难看出,在庾信的眼里,梁元帝罪责深重:不仅沉溺玄学,而且猜忌、肆欲、自矜、求神问鬼、作符厌胜、滥杀、灭亲、刚愎自用、刻薄多忌、冷酷无情。总之一句话,梁政权灭亡正是萧绎个人所导致,因而罪责也就只能该由梁元帝个人承担②。而且庾信言下之意还包括,他所以沦落到为西魏阶下囚并屈辱臣仕西魏的地步,并非是他个人的选择,一切都是梁元帝所造成的。庾信的评价,不能说都对,也不能说全错。他确实点出了元帝导致江陵政权灭亡的某些个人因素及其所起到的不良作用,但将江陵政权倾覆之责整个地归咎于萧绎身上又是不正确的,不仅以偏概全,也未考虑全局。而且庾信对梁元帝这个旧君除了批评、指责外,还带有某种情感上的人身攻击和人格侮辱,所谓"实志勇而形残",这分明就是拿梁元帝盲一眼来说事,于情于理,都不是一个儒学家庭中成长起来的名士所该有之言行。因此,后来人也就有对庾信言行指责者。如中唐诗人张说就说:"笔涌江山气,文骄云雨神。包胥非救楚,随会反留秦。"③清朝全祖望更是对庾信的言行深加斥责:"甚矣,庾信之无耻也。失身宇文,而犹指鹑首赐秦为天醉,信则已先天而醉矣,何以怨天!后世有裂冠毁冕之余,蒙面而谈,不难于斥新朝颂故

---

① (北周)庾信撰,(清)倪璠注,许逸民校点:《庾子山集注》,第150页。

② 而且这里还有一个有趣的现象,即在庾信笔下萧绎是一个背盟怀贰者:"况背关而怀楚,异端委而开吴。"而在颜之推和沈炯笔下萧绎及其江陵政权则是一个无辜的被侵略者。沈炯在《归魂赋》中说:"我何辜于上玄,我何负于邻睦。背盟书而我欺,图信神而我戮。"(严可均辑:《全上古三代秦汉三国六朝文》,第3477页)颜之推在《观我生赋》中也自注曰:"孝文与宇文丞相断金结和,无何见灭,是师出无名。"(《北齐书》卷45《颜之推传》,第622页)这种对西魏侵略江陵的不同看法无疑折射出文人的不同操行。

③ (清)彭定求等编:《全唐诗》卷87,北京:中华书局1960年版,第947页。

国以自文者，皆本之天醉之说也。”[1]这些文字一定程度上可以说，正揭示了庾信心理和言行不光彩的一面。对庾信指责旧君的行为，韩国学者朴汉济也认为其论为非：“作为士大夫，这么严厉地批评曾经自己服侍过的皇帝，而自己作为统治者的一员，这种行为也太过分了。”[2]可以说，庾信的这种道德水准不说难比肩颜之推，就是与江陵陷落之前在侵略者面前写下“柱国常山公（于谨）家奴王褒”[3]的王褒相比，也多有不如。至少，王褒写下可耻的字只关乎其个人荣辱，不涉及他人，而且入北后，不论如意否，他也都没有将怨恨和不幸移至他人身上，对萧梁旧君更没有批评和指责。

可能也正因此，在颜之推眼里，王褒的地位远高于庾信，对王褒，颜之推还怀有某种尊重，而对庾信非但无任何尊重可言，甚至没有将其放在眼里。譬如他在《观我生赋》中自注石渠阁校书时，虽然将王褒、庾信和其他人名字都列了出来，但对王褒，颜之推不仅在《慕贤》中说“丁君（丁觇）十纸，不敌王褒数字”，在《杂艺》篇又说：“王褒地胄清华，才学优敏，后虽入关，亦被礼遇。”字里行间不难看出颜之推对王褒的尊重和好感。而王褒和庾信同为萧梁一朝颇为有名者，甚至庾信在才学上隐隐还胜过王褒，于文学创作上和徐陵共创的“徐庾体”引领了萧梁文坛，且王、庾二人皆为关中宇文氏阶下囚中的座上宾，可颜之推于《家训》中，无论论及文章创作，还是其他如才学方面都从不提及庾信[4]，此不无奇怪。笔者以为，这与庾信讥刺甚至侮辱梁元帝有较大关系，颜之推因鄙视庾信之为人，从而也就不提及他的一切。

（四）文化伦理思想方面

中国自上古三代到魏晋时期，一直由汉民族统治者主导天下，周边生活的大多也是或多或少受汉文化影响的民族，华夏地区的汉人因之以汉文化为纽带组织成为了一个整体，而汉文化也成了华夏地区正统文化。不过汉文化同时也是一个以汉民族文化为基础、主体而不断累积融合其他多民族文化以及外来文化发展起来的文化，它涵纳了中国古代以来多民族的智慧和创造。在汉文化发展过程中，儒学又以其积极的奋斗精神、舍小我顾大我的品格、王道礼义等完备的思想体系以及家国同怀的情操获得了人们的认可，以至于到两汉时期统治者终选择了它为政治、文化主导思想，儒学由此

---

① （清）全祖望：《题哀江南赋后》，（清）全祖望撰，朱铸禹汇校集注：《全祖望集汇校集注》，上海：上海古籍出版社 2000 年版，第 1410 页。

② 〔韩〕朴汉济：《南北朝末羁旅诗人庾信之轨迹——与颜之推的情况比较》，《东南文化》1998 年增刊第 2 期。

③ 《资治通鉴》卷 165《梁纪二十一》“元帝承圣三年”条，第 5121 页。

④ 于徐陵，颜之推虽在《家训》里没提及，但在《观我生赋》中却以“季子”“钟仪”目之，这多少还含有钦佩之情和尊敬之意。

也成了汉文化的一个主要代表，从此官学和私学传播、研究的大多是儒家的经典著作，而入仕参与政府管理以及取得爵禄的一条最为主要途径即精通儒家五经，服膺儒教也被人们看作一种较高的文化身份。

由此，两汉以来囿于儒家理念的成见，不论是统治者，还是一般百姓，他们对外来文化和周边民族文化基本上都持排斥态度，而以传统儒家文化为代表的汉文化为正统。因此，对与儒家文化相左或有异的文化，哪怕是汉文化自身内部成长起来的诸如法、墨、道等文化乃至后来的道教，儒家门徒也都拒绝认可，至少是不完全予以接受，而统治者也都在较大程度上对儒家文化之外的学说和思想持否定或部分否定态度，很少将其纳入国家的教育体系中①。因而作为外来文化的释教虽自东汉时就已传入中国②，但在很长时间里也只能假汉末兴起的道教之名而传播。至于东晋南北朝时期，释教传播已盛，统治阶层内部还为其是否适宜在统治下发展、如何发展而在士人阶层中作过几次大辩论③。释教作为一种思想上的信仰文化尚且如此，其他作为书写、交流之语言文化如鲜卑语，想进入汉人生活中也就更遭致排斥和反对了。可见，魏晋南北朝时期，虽然儒学在官方传播上呈现出式微趋势，但在社会意识形态上它仍然左右着人们的思想和观念，引导着人们向儒家思想靠拢、崇尚儒术治天下。也因此，我们看到，尽管在汉末兴起的道教、东汉时传入的释教和曹魏后期发展起来的玄学，以及先秦时期盛行的法、墨、名等文化学说也都因时兴盛起来，且都对这时期人们的思想和生活产生着不同程度的影响，但各种思想、学说所起到的作用及其所居地位仍不能与儒学相比。不仅如此，周边民族在这一时期虽然因为种种原因能够入主中原，并建立统治政权，但其语言文化并不能得到推广，也不被汉人认可，从而促使他们最终还是采用以儒家文化为代表的汉文化及其思想来作为统治的官方符号。魏晋南北朝这种文化思想上的伦理冲突在颜之推身上也有突出的反映，从而形成了他的文化伦理思想。其具体表现在：

其一，崇儒奉佛。颜氏遵儒崇儒由来已久，并且在家族发展中形成的独

① 唯有刘宋时期一度在政府教育体系之中将玄学作为一门学科列入，史载："元嘉十五年，征次宗至京师，开馆于鸡笼山，聚徒教授，置生百余人。会稽朱膺之、颍川庾蔚之并以儒学，监总诸生。时国子学未立，上留心艺术，使丹阳尹何尚之立玄学，太子率更令何承天立史学，司徒参军谢元立文学，凡四学并建。"(《宋书》卷93《雷次宗传》)

② 参见汤用彤：《汉魏两晋南北朝佛教史》之"求法传说之考证"，北京：昆仑出版社2007年版，第21—27页。

③ 参见郭晓东：《佛教传入早期的儒佛之争与慧远对儒佛关系的调和》，《宗教学研究》2001年第2期。

有门风中也把儒学作为家族立身传承之文化①,这使得颜氏不但世代恪守着儒学的传承,也遵行儒家的精神而立世。故而对颜之推而言,崇儒遵儒不仅符合当时社会发展的某种形势和环境,也是发展家族的内在必需,同时还是尊先人和传承颜氏家业、家风之举,是孝的实践。因此,一如前文所论,颜之推不但以传播儒学为己任,言行所到之处也无不显露出儒家名教思想影响之痕迹,可以说在他的一生中,以儒学为代表的汉文化有着不可动摇的主导和主体地位,儒家思想是他做人处世的最基本准则。

不过,魏晋南北朝时期又是一个多学说、多思想兴盛发展和融合时期,因而社会上除了两汉时期在思想界占统治地位的儒学之外,佛、道、玄思想也广为传播,士人阶层中许多人对之有不同程度涉及和研修,而且大多数都是以儒学为安身立命之基础,然后或奉佛,或修道,或参玄,或数者兼修,一如和颜之推同时代的王褒在《幼训》中所说:"吾始乎幼学,及于知命,既崇周孔之教,兼循老、释之谈,江左以来,斯业不坠。"②这种情况在当时可以说是一种文化时尚,它除了在王褒身上有反映之外,在其他名家士族,如平原明氏、陈郡殷氏、谯郡桓氏、琅邪王氏、高平郗氏等身上都有表现。所以尽管释教来自西域,但因为它几经改变,涵纳了儒、道、玄文化内容而以中国面孔出现,又有助于教化,也就逐渐被人们所认可,并被放在了与儒、道等同的地位,所谓:"或和光以明近,或曜灵以示远","各成其性,不易其事","佛道齐乎达化"。③ 所以,到了南北朝时,人们很大程度上已认为"道则佛也,佛则道也"④。而佛与儒也是"发致虽殊,潜相影响;出处诚异,终期则同"⑤,"故虽曰道殊,所归一也"⑥。因此,在佛教昌盛的梁朝,颜之推于佛教,不但承继家门信仰而继续信奉,还针对世人谤佛、诬佛、毁佛等言行著《归心》来为佛教申辩,宣扬:"一人修道,济度几许苍生?免脱几身罪累?""若能偕化黔首,悉入道场,如妙乐之世,禳佉之国,则有自然稻米,无尽宝藏。"并且谆谆教导后人"兼修戒行,留心诵读,以为来世津梁"⑦,从而将释教地位上升为几等于儒家思想。不过,如同前文所论,就儒、释在颜之推内心真正地位而

① 这点笔者在论颜氏家风的形成中有较详细论述,可参见拙文《魏晋南北朝时期颜氏家风探析》,《历史教学问题》2013年第3期。

② (北周)王褒著,牛贵琥校注:《王褒集校注》,北京:新华出版社1993年版,第159页。

③ 《南齐书》卷54《顾欢传》,第931页。

④ 《南齐书》卷54《顾欢传》,第930页。

⑤ (东晋)释慧远:《沙门不敬王者论》,(梁)释僧祐编撰,刘立夫、胡勇译注:《弘明集》,北京:中华书局2011年版,第326—327页。

⑥ (梁)释慧皎:《高僧传》卷6"释慧远"。

⑦ 《颜氏家训集解》(增补本),第391—396页。

言,他“在现实生活中始终都还是以儒家入世有为思想为精神皈依的”①,即以儒为本,以奉释为用。

其二,习玄学道。在遵儒奉佛的同时,于道教、玄学,颜之推虽在某种程度上表现出不好之倾向,如论及玄学时他就说:“洎于梁世,兹风(指玄风)复扇,《庄》《老》《周易》,总谓《三玄》。武皇、简文,躬自讲论。周弘正奉赞大猷,化行都邑,学徒千余,实为盛美。元帝在江、荆间,复所爱习,召置学生,亲为教授,废寝忘食,以夜继朝,至乃倦剧愁愤,辄以讲自释。吾时颇预末筵,亲承音旨,性既顽鲁,亦所不好云。”②论及道教炼丹修仙时,他也嘱咐后人说:“学者如牛毛,成者如麟角。华山之下,白骨如莽,何有可遂之理?考之内教,纵使得仙,终当有死,不能出世,不愿汝曹专精于此。”③似乎他对道教不信、对玄学也无兴趣。然寻迹颜之推一生,他既有对玄学的热衷,也有对道教的信从。

在玄学上,他十一二岁后到十七八岁以前的少年时代,几乎都是在模仿玄学人士的言行中度过,其所谓“颇为凡人之所陶染,肆欲轻言,不修边幅”④即是对这种情况的最好说明。后来他虽“还习《礼》《传》”⑤,但玄学对他的思想影响并没有因他十九岁步入仕途而结束。事实上,从他跟随北齐高洋至天池时在“营外饮酒”⑥,即可知在北齐时他的思想仍然不脱玄学影响。“卒难洗荡”⑦,可以说应正是他对自己习染玄学和玄学对其影响最好的概括和总结。

于道教,一如前面“颜之推与道教”中所论,他虽对其炼丹修仙疑信参半,所谓“神仙之事,未可全诬”,但对道教的服食养生之术他则毫无怀疑。他说:“若其爱养神明,调护气息,慎节起卧,均适寒暄,禁忌食饮,将饵药物,遂其所禀,不为夭折者,吾无间然。”⑧在列举同时代一批士人如庾肩吾、邺中朝士服食以及自己遵循道术养生的成功案例后,他要求后人也仿照行之或参照陶弘景所著《太清方》而行之。

可见,对道教、玄学,颜之推虽没有像对儒学那般作为家业来继承修习

① 参见拙文《颜之推的佛教观及其形成原因——兼论颜之推在儒、佛之间的价值取向》,《法音》2013年第10期。

② 《颜氏家训集解》(增补本),第187页。

③ 《颜氏家训集解》(增补本),第356页。

④ 《颜氏家训集解》(增补本),第4页。

⑤ 《北齐书》卷45《颜之推传》,第617页。

⑥ 《北齐书》卷45《颜之推传》,第617页。

⑦ 《颜氏家训集解》(增补本),第4页。

⑧ 《颜氏家训集解》(增补本),第356页。

之,以为安身立命之重,也没有像对佛教那样虔诚信奉,以为“来世津梁”,但至少也将它们纳入了自己的文化和生活结构体系之中,使它们成为其中一个组成部分。

其三,重汉文化正统地位而排斥鲜卑化。自小就接受儒家文化熏陶的颜之推,虽然成人后于乱世中不得已由南入北历仕北齐、北周政权,但在他心目中,不仅自身是汉人血统,且故国事实上也只有梁朝①,所以在他的思想意识里一直都有“已生民而立教,乃司牧以分疆,内诸夏而外夷狄”②这样的认知,故而南、北虽因政治、军事格局有不同政权的存在,也有对汉民族文化之外的如鲜卑民族文化、习俗的崇尚,但他却只以儒学立身、入仕、传教。在北齐为官时期,他致力于成立文林馆进行文化整理和创作,也都不外是传统的汉文化经学、典章制度和诗赋等的修复和整理,与士大夫交往时谈论的也多是汉字的拼写、读音和诗文等学术问题。所以他虽臣仕北齐并处在北齐鲜卑文化较为流行的时代,他却没有习染半点鲜卑文化,反而对学习鲜卑文化者多表现出鄙夷之态。一如他教导后人所说:“齐朝有一士大夫尝谓吾曰:‘我有一儿,年已十七,颇晓书疏,教其鲜卑语及弹琵琶,稍欲通解,以此伏事公卿,无不宠爱,亦要事也。’吾时俛而不答。异哉,此人之教子也!若由此业自致卿相,亦不愿汝曹为之。”③颜之推的这种文化伦理与北齐政权下的一些努力学习鲜卑语的汉族士大夫如祖珽、孙搴等的立世理念是很不同的④,在这点上他没有顺从流俗。于他而言,鲜卑文化不仅是其语言,还是其诸多习俗都落后于汉文化,而且以鲜卑贵族为主体的北齐政权在侯景之乱时还曾不断借机侵占大片梁之故土,尽管它不是灭亡梁朝的政权,但也是抢夺、剥割梁政权的一个侵略者,而这个侵略者和灭亡梁江陵政权的西魏主政者都是鲜卑族人,因而于鲜卑勋贵和鲜卑文化,颜之推在固有的夷夏之别基础上也就自然心生反感,更别说是为了巴结权贵去学习它。所以同为夷狄文化,颜之推信佛却极力排斥学习鲜卑文化。可见,颜之推的文化伦理不仅基于儒家的文化伦理这一根本思想,也深受其时他的政治伦理观的影响,从而表现出尊汉文化为正统而鄙夷和排斥鲜卑文化。

---

① 这点从颜之推一生深怀羁旅心态和有乡国之思等心理即可得到证明,笔者对此有较详细论述,可参见拙著《后三国梁末北迁士人研究》之第三章,第119—175页。

② 《北齐书》卷45《颜之推传》,第618页。

③ 《颜氏家训集解》(增补本),第21页。

④ 《北齐书》卷16《孙搴传》载:“又能通鲜卑语,兼宣传号令,当烦剧之任,大见赏重。”卷20《祖珽传》也载祖珽因解鲜卑语而得以免除所犯之罪,且得以“散参相府”。因而刘盼遂说:“高齐出鲜卑种,性喜琵琶,故当时朝野之干时者,多仿其言语习尚,以投天隙。”(刘盼遂著,聂石樵辑校:《颜氏家训校笺》,《刘盼遂文集》,北京:北京师范大学出版社2002年版,第235页)

其四，不可忽视的鬼神文化地位。六朝时期不单是神仙气息在世人中弥漫之时代，也是鬼神文化颇为流行时期。不论鬼神是否真实存在，但在魏晋南北朝时期，鬼神的存在则被人们确凿无疑地相信着。这点对家族史上曾出现假死事件的颜之推而言更是毋庸置疑。所以他不但讲“世有魂神，示现梦想，或降童妾，或感妻孥，求索饮食，征须福佑，亦为不少矣”①，更在《家训》中处处以“鬼神”为最高裁判来训诫世人。所谓：“窃人之财，刑辟之所处；窃人之美，鬼神之所责。”②“天地所不能藏，鬼神所不能隐也。”③“天地鬼神之道，皆恶满盈。”④非但如此，他借以宣扬释教因果轮回之《冤魂志》《集灵记》中，事实上也隐含大量鬼神惩恶报善、伸张正义的内容和思想。可以说，鬼神文化在颜之推的文化伦理中不但占有重要的一席之地，而且往往还是超越现实生活、人间权力的一种博大而公正的存在，也是他裁判和处罚不道德、不公平、不正义的一种至大至上的力量。

总之，历经南北的颜之推虽能于不同政权下都“仕宦不坠”，也“自南及北，未尝一言与时人论身份也，不能通达，也无尤焉”⑤，颇有点沾沾自喜之情，但事实上，他一生行事谨慎，不为己甚，恭己而行道，无论南北东西，无不以礼待人。从而不论是在朝堂上，还是在家庭里，也不论是在与人交往上，抑或在文化学术的探讨上，他都能以自己因时形成的伦理思想处之。他的这种伦理思想在当时也算不上是什么惊天动地、别于他人的观念，但又恰恰是士人阶层都熟悉但又大多难以为之的意识，而他不但坚持着，也多践行于现实。由此不仅显示出颜氏家族以儒学立家之不同，也见出颜氏家族孕育出来的士大夫气节品行之不同。可以说，颜之推凭借他的这套伦理思想不但得以历仕多朝，也为自己和颜氏家族赢得了声名。

本章小结

魏晋南北朝时期，政治变革和政权变迁不仅造成了社会动荡和诸多乱象的产生，也带来了儒家政治伦理的失序和错乱，而因时产生的玄学在崇尚自然中也带来了某些士族的不拘礼法、放荡不羁、淫奢肆欲等行为，于言论思想上，继汉末孔融所谓“父之于子，当有何亲？论其本意，实为情欲发耳。

① 《颜氏家训集解》(增补本)，第 395 页。
② 《颜氏家训集解》(增补本)，第 132 页。
③ 《颜氏家训集解》(增补本)，第 157 页。
④ 《颜氏家训集解》(增补本)，第 345 页。
⑤ 《颜氏家训集解》(增补本)，第 336 页。

子之于母，亦复奚为？譬如寄物瓶中，出则离矣"之乱伦之言后，又产生了孝武帝所谓"哀至则哭，何常之有"①不哭亡父之言说，这一切可以说助推了社会、家庭人伦陷入失序和错乱。而利益驱使，使中原一些世家大族对周边民族入主中原建立的统治俯首称臣、低眉屈膝，甚而以事胡为荣，不但加剧了这种政治伦理错位的严重程度，也使这一时期人们在文化伦理上部分地显示出对儒家精神的背逆。可以说，魏晋南北朝时期，在儒学式微、政权频繁更迭等因素作用下，儒家以礼建立起来的政治、文化、社会和家庭伦理都遭致了程度不同的冲击，虽说不至于崩溃和瘫痪，但至少在不同范围、程度上都带来了人们认知上的混乱。从而在伦理上固然不乏遵循传统秩序者，但更多的是出现了在某些方面打破原有伦理者，一如颜之推所说："以《诗》《礼》之教，格朝廷之人，略无全行者"，"阙行之臣，犹求禄位"②，"世人读书者，但能言之，不能行之，忠孝无闻，仁义不足"③。

于这过程中，颜氏家族却始终是坚持儒家伦理道德者。尽管魏晋南北朝时期，颜氏家族几经乱世和迁徙，但一直坚持以儒学为安身立命之本，并世习《礼》《传》，成为一个以儒学为家传之业的文化家族。在数百年的延续发展中，颜氏不仅形成了以儒学为根基的富有个性的颜氏家风，且把儒家的伦理道德思想作为颜氏家风之内在必备内容和品质世代传之，忠、孝、仁、义、礼、智、信也一直被颜氏家族成员当作为人处世的言行规范和准则。正是在这样的一种"整密"家风作用下，颜见远在梁武帝篡夺齐和帝之位登基时绝食殉节，这在魏晋以降的南北朝"君臣之节，徒致虚名"和士大夫"殉国之感无因"④的社会环境下虽颇有点逆时流而动的意味，但其以自己的行为认真地履行了以儒家思想为安身立命之士大夫节操，为颜氏家族和颜氏家风增添了尊严。出生于这样认真遵行儒家伦理道德的家族中，颜之推的伦理思想自然也就无法偏离儒家伦理思想这一根本，为人处世也就难以违背儒家之纲常。所以他的伦理思想中既有以"亲亲"为出发点的孝亲、爱子、友悌、敬祖重祀等家庭人伦思想，也有以"仁义"为出发点的助亲友、济穷困以及"礼为教本，敬者身基"、不以婚姻为买卖而攀附权势等社会伦理思想；既有以儒为本的忠君尽职、不非议旧主人君之过和"守法度"、不"费人君禄位"的政治伦理意识，也有遵儒崇汉，拒绝鲜卑化等文化上的伦理思想。不过，时移世异，不同于颜氏先辈仅仅只仕宦于汉民族所建立的单一政权、只

---

① 《晋书》卷9《孝武帝纪》，第241页。
② 《颜氏家训集解》（增补本），第389页。
③ 《颜氏家训集解》（增补本），第166页。
④ 《南齐书》卷23《王俭传》，第438页

遵行儒学一家之教，颜之推在南北朝后期由出仕萧梁最后被迫先后臣仕西魏、北齐、北周、隋，并先后感受了汉、鲜卑不同文化以及佛教等对社会和政治带来的影响，因而于这过程中他对家族历史和耳闻目睹的现实有了更多的感悟和体会，从而使他的伦理思想在继承儒家最为根本的某些方面基础上也有某些新的变化，如对忠的理解就不再同于颜见远那样执一，对礼的理解也不同于先秦儒家那样烦琐不变，对工商者他也完全没有士大夫高高在上的傲慢，反而积极主张以他们为师学习生活技能，尤其是他虽尊华鄙夷，却仍出仕鲜卑族建立的政权而尽心为其服务。可以说，颜之推的伦理思想在对儒家伦理思想的继承中又因时有所变通，在变通中又不离儒家伦理之根本，体现出了一种以儒学为本的多层次个性化的伦理思想。这种伦理思想既秉承有传统文化因素，又不乏时代变化之影响。这其中值得注意的一点就是，颜之推除了对孝悌一如既往地遵行其含义并予以强调而没有作任何其他方面的解读之外，对其他儒家诸多伦理思想，他基本上都有一定新的发展和解读释义。之所以如此，笔者以为这也是颜之推忠实于儒家之本的表现，孔子说："君子务本，本立而道生。孝弟也者，其为仁之本与！"①因此，以儒家思想为安身立命之本的颜之推也就必然只遵行"孝弟"这一儒家之本而不会对其有任何的其他异议了。从这点来看，颜之推一生可以说始终都是坚持以儒家思想为安身立命和传家、兴家之根本者。

而在魏晋南北朝政权多嬗替的时代，政权变迁似已成了必然之事，因而出生并仕宦于这个时期的颜之推，不仅自己也屡为新朝之臣，甚至还由汉人之臣而为躬事鲜卑政权者，所以不论从颜氏家风来说，还是从颜氏家族赖以安身立命的儒家思想来说，颜之推恐怕都属于格外者。尽管颜之推曾因此"心共口敌，性与情竞"，但环境迫使着他不得不时常在儒家思想和颜氏家风为他设立的格内和格外游走。这也导致颜之推有了因世而变的政治思想，从而使他既有基于儒家政治思想的不费人君禄位、严守法纪、不贪进、不攀附权势、不巴结权贵、不争官、不买官的中庸为官思想，也有因时变化的权变思想；甚至某种程度上虽有夷夏之别的政治思想，却在现实政治中又为他所鄙夷的鲜卑化政权作出着积极的贡献。不过，颜之推的夷夏之别在政治思想上虽有痕迹存在，但事实上并没有多少比重。这可能既与南北朝后期越来越多的南北汉族士人臣仕于北朝政权的趋势有关，也与这些鲜卑族建立的政权逐渐汉化有关。因此，本章也就没有将颜之推政治上的夷夏之别作为一个方面来论述。

---

① 《论语·学而上》，见程树德集释：《论语集释》(一)，第13页。

第六章　颜之推的学术思想

颜之推一生用功于儒学，又在乱世中认识到知识对生存的重要性，更认识到在魏晋南北朝的社会环境里，以文化传家的颜氏家族以文化立身、扬名的重要性，因此对文化、学术愈加重视；而由南入北又让他体会到"无多言，多言多败；勿多事，多事多患"[①]的重要性，因此他也就少谈政治是非和人事长短，多论学术和文化。事实上，考察颜之推入北后的活动可知，不管他是为官还是陪驾，抑或是和朋友外出游玩，他讨论最多的还是字、词、音和诗文等文化学术[②]，这点从《颜氏家训》中《书证》《音辞》篇目所载内容即可见一斑，而这也使得颜之推的学识越来越渊博，文化学术水平也越来越高深，从而成为了一代学问大家。尤为难得的是，在不断累积学问的同时，颜之推也于这过程中形成了某些学术思想。

第一节　颜之推的文学观

《颜氏家训》虽是以"家训"面目出现的一部著作，但它所反映的内容和涉及的社会意识却已远远超出了一般"家训"的内涵。在涉及某些具体问题论说时，颜之推往往都有自己的鲜明思想，如《家训·文章》篇即说明了颜之推作为一个士大夫、封建文人，他对文学创作的看法并不完全等同于其他文人，也未完全遵循时代已有文论，而是在借鉴和吸取前人已有成果上有着自己的一套理论，并且依据这种理论创作了《颜氏家训》《观我生赋》《承天达性论》《冤魂志》和诸多诗文。当然，我们并不能因此就认为颜之推是一个文学家。在这点上，日本学者兴膳宏认为颜之推"与其说是文学家，还不如说是学者更恰当"[③]，还是有道理的。虽然如此，由于汉魏六朝是一个颇重文学与谈论的时期，一如后来史家所谓："孝武之后，雅尚斯文，扬葩振藻者如林，而二马、王、杨为之杰；东京之朝，兹道愈扇，咀徵含商者成市，而班、傅、张、蔡为之雄。当涂受命，尤好虫篆；金行勃兴，无替前烈。曹、王、陈、阮，负宏衍之思，挺栋干于邓林；潘、陆、张、左，擅侈丽之才，饰羽仪于凤穴。

---

① 《颜氏家训集解》（增补本），第327页。

② 参见拙著：《后三国梁末北迁士人研究》，第208—214页。

③ 〔日〕兴膳宏著，彭恩华译：《六朝文学论稿》，长沙：岳麓出版社1986年版，第99页。

斯并高视当世,连衡孔门。”①而“史者儒之一端,文者儒之余事”②,因而吟诗、作赋、著文与议论便成为士人、贵族之间交往和聚会所不可缺少的娱乐和风雅之体现,这点在南北朝时期显得尤为突出,特别是“自宋世祖好文章,士大夫悉以文章相尚,无以专经为业者”③。后来经传虽不乏学者,但重文章这种情况一直在士人阶层中流行,故而到梁时,“士大夫子弟,数岁以上,莫不被教,多者或至《礼》《传》,少者不失《诗》《论》”,以至于“公私宴集”常常都会“谈古赋诗”,“议论得失”。④

而此前魏文帝曹丕又曾就文章论曰:

> 盖文章,经国之大业,不朽之盛事。年寿有时而尽,荣乐止乎其身,二者必至之常期,未若文章之无穷。是以古之作者,寄身于翰墨,见意于篇籍,不假良史之辞,不托飞驰之势,而声名自传于后。
>
> 而人多不强力,贫贱则慑于饥寒,富贵则流于逸乐,遂营目前之务,而遗千载之功,日月逝于上,体貌衰于下,忽然与万物迁化,斯志士之大痛也。⑤

这种理论自然不能不影响此后士子文人对生命之警觉、对著文之重视。以此故,魏晋以降,无论是作为学者还是作为文人,他们莫不有所追求,也莫不希望名传而不朽,于是他们于谈论之余撰写诗文和著作也就成为必然。不愿“饱食醉酒,忽忽无事,以此销日,以此终年”的颜之推本就出身于文化家族,自然要努力于文化上为家族增光扬名,因而在文章上也就不免要多作深究。勤苦努力之下,颜之推二十岁即以文章“词情典丽”而“甚为西府所称”⑥。虽然梁末江陵陷落使他被迫北迁,而且北朝政治以实务为高,对诏命策檄之外的诗文之事不太注重,但在社会上,文人创作之风、文人相聚诗赋之论却依然盛行,加之颜之推一生几乎多因擅为文章而被用,这使得他对文章有了一种格外的重视。由此,他在文学创作上也渐得自己的看法,所谓:“文章当以理致为心肾,气调为筋骨,事义为皮肤,华丽为冠冕。”⑦在文学创作上,从语言的运用、文章的风格、文章的表现形式、文章的内容、文章

① 《周书》卷41《庾信传》,第743页。
② 《资治通鉴》卷123《宋纪五》,“文帝元嘉十五年”条,第3866页。
③ 《资治通鉴》卷136《齐纪二》,“武帝永明三年”条,第4266页。
④ 《颜氏家训集解》(增补本),第143页。
⑤ (魏)曹丕:《典论·论文》,严可均辑:《全上古三代秦汉三国六朝文》(二),第1098页。
⑥ 《北齐书》卷45《颜之推传》,第617页。
⑦ 《颜氏家训集解》(增补本),第267页。

的价值以及文人的操守等方面，他都形成了独特的见解，而这些见解综合起来，可以说构成了颜之推的文学观①。

一、语言的运用

语言是构成文章的最基本要素，所以颜之推对文章的语言运用特别重视②。而语言的运用又体现在语言的风格、语言的正确和语言的得体三个方面。

在语言风格上，颜之推虽然没有作直接论说，但不论是从《家训》本身，还是从他现存的诗文如《观我生赋》《冤魂志》《古意诗》等都可看出，他追求的语言风格是平实、质朴。他说："吾家世文章，甚为典正，不从流俗。"③又说今世文章"音律谐靡，章句偶对"④，综合二者不难看出，他所谓的"典正"在语言运用上指的其实就是一种平实、质朴、工整，既不追求华丽辞藻也没有"率多浮艳"⑤色彩的风格。而颜之推对这种家族文章"典正"的语言风格是予以继承的，譬如他的《颜氏家训》用语即如此，清人论《颜氏家训》就或曰"辞质义直"，或曰"平易"，或曰"质而明，详而要，平而不诡"⑥。而今人范文澜先生更认为："《颜氏家训》的佳处在于立论平实。平而不流于凡庸，实而多异于世俗，在南方浮华北方粗野的气氛中，《颜氏家训》保持平实的作

① 对颜之推的文学思想研究学界也有不少成果，如陶启君《〈颜氏家训·文章〉篇文学思想述评》(《四川师范大学学报》1987 年第 5 期)从"逸气"、文章创作、文章鉴赏、文学批评四方面论述了颜之推的文学思想，黄去非《试论颜之推的文章观》(《武汉科技大学学报》2002 年第 2 期)从文章和文学、"必乏天才，勿强操笔"、文章的本质、文人有文德四方面论述了颜之推的文章观，而徐中原《略论颜之推的和谐文论思想》(《北京工业大学学报》2008 年第 4 期)则从文章本体论(军国文翰和性灵之作)、创作论(以质为主，文质并重)、鉴赏论(尊重南北审美差异和批评标准的不同)三方面论述了颜之推的文章思想，而王力波《颜之推文章观形成之思想渊源别探》(《中国海洋大学学报》2003 年第 3 期)虽指出了颜之推的"宗经""尚用"核心文章观，但更多的在于探讨颜之推文章思想形成之因。综观这些成果，虽然都从不同角度论述了颜之推的文章思想，但真正从文章创作本身去论及的并不是很多，唯陶文对颜之推的文章创作从内容和形式、文体改革、文章创作特殊性方面作了深入论述。而孙红梅的硕士毕业论文《颜之推文学思想研究》(2003 年)虽从理致为心肾、古今融合、"三易"说、创作需要天才四方面探讨了颜之推的文章创作思想，但所论深度仍然有限。

② 目前学界对颜之推或《颜氏家训》的语言研究主要集中在颜之推对音辞学的贡献上，如王忻的《从〈颜氏家训〉管窥魏晋时期汉语词汇复音化的发展》(《古汉语研究》1998 年第 3 期)、魏达纯的《〈颜氏家训〉中反义语素并列双音词研究》(《东北师大学报》1998 年第 1 期)、周日健的《〈颜氏家训〉复音词的构成方式》(《华南师范大学学报》1998 年第 2 期)等，而在对《颜氏家训·文章》研究的论文中论及的也多是颜之推的文体观、文学思想类，而对颜之推在文章语言表达上的研究却很少见。

③ 《颜氏家训集解》(增补本)，第 269 页。

④ 《颜氏家训集解》(增补本)，第 268 页。

⑤ 《颜氏家训集解》(增补本)，第 267 页。

⑥ 《颜氏家训集解》(增补本)，第 612、613 页。

风，自成一家言。”①当然，这并不是说颜之推反对使用华丽的语言，事实上，他也主张一定程度上使用华丽的辞藻。本传所谓“词情典丽”②说明颜之推的文章不仅“典正”，且不乏一些华丽词语和语句。这点读他的《观我生赋》即可感知。尽管不同的文体有不同的表现形式，但好的文章其表现形式绝对不差，说理、叙事、抒情、描写、铺陈和词语的多变以及一定的修辞手法的运用应该都结合得非常好。颜之推所谓文章当以“华丽为冠冕”指的就是文章的这种包括用词在内的语言表现形式。

而之所以如此，当与南方梁时盛行“宫体”诗赋有很大关系。自汉以来，文学上一般讲究所谓“诗人之赋丽以则，辞人之赋丽以淫”③。到曹魏时，曹丕又在《典论・论文》中强调“诗赋欲丽”④，西晋时陆机在《文赋》中更提出了“诗缘情而绮靡”⑤的主张，而且西晋以后的文人在诗赋创作上大多都有追求文辞精雕细琢、绮靡华丽的取向，齐时的“永明体”、梁时的“宫体”，这些新的文学变体的产生，应该说就是汉以来文坛上这种诗赋追求语言表达优美结果的一种畸形发展。从现存一些诗赋来看，梁“宫体”诗赋创作除了讲究整齐的韵律节奏之外，还着重讲究辞藻的华丽。这种华丽除了表现为词汇的多用外，还表现在用词用语上的一词多义、对仗、色彩和用典等方面，因此有时为了追求这种辞藻的华丽表现形式，甚至出现了为华丽而华丽之文，而文章真正要表达的内容反而被忽视，故而颜之推说：“今世相承，趋末弃本，率多浮艳。辞与理竞，辞胜而理伏。”⑥当然，这只是文章创作上的某些走极端现象，因此颜之推还是认为在诗文语言表现形式应当以“华丽为冠冕”。考察颜之推作品，他的《古意诗二首》《观我生赋》就都有这样的特点，其中用语不仅节奏鲜明、多工整对仗，也不乏辞藻的色彩表现，且多典故运用。

然而就颜之推文章所使用的语言风格总体来说，还是偏重于平实、质朴和简易。沈约所谓：“文章当从三易：易见事，一也；易识字，二也；易读诵，三也。”⑦其中后面两点可以说都是就语言的角度而言，即做文章既要避免难字、冷僻字，又要使语言读起来通畅、流利。颜之推引沈约的这句话虽是为论说文章“用事”（即运用典故等材料）服务，但结合上下文不难看出，颜之

---

① 范文澜著：《中国通史》（第 2 册）（修订本），北京：人民出版社 1978 年版，第 665—666 页。
② 《北齐书》卷 45《颜之推传》，第 617 页。
③ （汉）扬雄著，江荣宝义疏，陈仲夫点校：《法言义疏》，北京：中华书局 1987 年版，第 49 页。
④ 傅亚庶注译：《三曹诗文全集译注》，长春：吉林文史出版社 1997 年版，第 524 页。
⑤ （晋）陆机：《文赋》，严可均辑：《全上古三代秦汉三国六朝文》（二），第 2013 页。
⑥ 《颜氏家训集解》（增补本），第 267 页。
⑦ 《颜氏家训集解》（增补本），第 272 页。

推也是首肯沈约在文章语言上的这种观点的，并深受这种思想影响，也就是说颜之推追求文章语言的平实、质朴的观点和沈约的“三易”观点是一致的。

语言正确是颜之推在文章语言运用方面的又一个要求。魏晋南北朝时期，经学在总体上是承继东汉后期郑玄的今古文经学融合之路的，如周予同先生就说：“魏、晋时代，今文学亡灭，而古文学反日趋于发扬开展。后来六朝的南北学，隋唐的疏义派，虽然虚实繁简不必尽同，但立场于古文学却无差异。”①但具体到魏晋和南北朝又有不同，其中于南北朝时期，南、北经学风格之路又有差别。李延寿在《北史·儒林传》中说：“南人约简，得其英华；北学深芜，穷其枝叶。”②南方似乎更偏重于古文经学和玄学相结合的路子而以简易、创新为长，北学则仍遵循汉代章句之学而以广博、守旧为主。南、北这种学术差异某种程度也影响着颜氏家族在学问上的取舍，颜氏是一个家传《左传》《周礼》的文化家族，于学风上主走古文经学之路，因而颜之推在学术上无疑也遵从古文经学治学之路。而古文经学重文字训诂和考证，这也就决定了颜之推及其后人在学问上颇为重视考证和文字训诂，因此，颜之推对文字的正确运用极为重视，在《家训》中除专门著有《书证》来对某些字、词、地名等考证、训诂外，在其他篇目里也多有这样的做法。其所谓：“夫文字者，坟籍根本。世之学徒，多不晓字”，“夫学者贵能博闻也”，“至于文字，忽不经怀，己身姓名，或多乖舛，纵得不误，亦未知所由。近世有人为子制名：兄弟皆山旁立字，而有名峙者；兄弟皆手傍立字，而有名机者；兄弟皆水旁立字，而有名凝者。名儒硕学，此例甚多。若有知吾钟之不调，一何可笑”③。此即说明他对文字的选择与使用的正确都极为重视。而且在《家训·文章》篇里他还说：

> 《吴均集》有《破镜赋》。昔者，邑号朝歌，颜渊不舍；里名胜母，曾子敛襟：盖忌夫恶名之伤实也。破镜乃凶逆之兽，事见《汉书》，为文幸避此名也。比世往往见有和人诗者，题云敬同，《孝经》云：“资于事父以事君而敬同。”不可轻言也。梁世费旭④诗云：“不知是耶非。”殷沄诗云：“飘飏云母舟。”简文曰：“旭既不识其父，沄又飘飏其母。”此虽悉古事，不可用也。世人或有文章引《诗》“伐鼓渊渊”者，《宋书》已有屡游

① （清）皮锡瑞著，周予同注释：《经学历史》，北京：中华书局1959年版，第2页。

② 《北史》卷81《儒林上》，第2709页。

③ 《颜氏家训集解》（增补本），第223页。

④ 费旭，王利器引《南史·何思澄传》等认为是“费昶”。参见《颜氏家训集解》（增补本）之《文章》第176页的注释。

之诮；如此流比，幸须避之。北面事亲，别舅摛《渭阳》之咏，堂上养老，送兄赋桓山之悲，皆大失也。举此一隅，触涂宜慎。①

这里，颜之推列举了几例错误运用语言的情况，说明用语错误既让人误解文意，又使人讥诮，因此不仅要求正确运用文字，还对文章中能否正确遣词用语来表情达意也颇为注重。

在颜之推看来，语言的正确运用还包括要正确使用地名，不能张冠李戴。他认为："文章地理，必须惬当。"否则误用地名便会产生歧义，他说："梁简文《雁门太守行》乃云：'鹅军攻日逐，燕骑荡康居，大宛归善马，小月送降书。'萧子晖《陇头水》云：'天寒陇水急，散漫俱分泻，北注徂黄龙，东流会白马。'此亦明珠之颣，美玉之瑕，宜慎之。"②这里颜之推认为，叙说一件事而地名远隔不相及即是一种错误。在他看来，地名与其称代所指应该相符，为叙事服务，不应逸出主题之外。这种求实的做法值得肯定。只是颜之推在这里所举例子欠妥。在文学作品里，特别是在诗歌里，为抒情表意的需要和结构上的对称工整及韵味，常常会使用借代或借喻的修辞手法，句中的地名、人名和事情等有时也就并非实指。譬如这里颜之推所提及的《雁门太守行》和《陇头水》中所用地名、人名和事情等就是借代。前一首是用借代的修辞手法来说明汉军征服匈奴和西域的胜利，也可以说是泛指汉军对少数民族战争的胜利。而后一首《陇头水》则是通过借代的修辞手法说明了陇头水"散漫"的分泻之态及走向，从而突出"天寒陇水急"的清冷气势。

颜之推认为做文章不仅语言要平实、质朴和正确地使用，还认为使用语言要得体、恰当。这又分为三种情况：其一，文章的语言应符合作者的身份，即其所说："凡代人为文，皆作彼语，理宜然矣。"其二，悼词、碑文等伤心哀情之文，如果替别人代作，注意不要以第一人称来写，免得弄成好像是为自己的亲人所作，这于写作者本人不恰当也不适宜。他说："至于哀伤凶祸之辞，不可辄代。蔡邕为胡金盈作《母灵表颂》曰：'悲母氏之不永。然委我而夙丧。'又为胡颢作其父铭曰：'葬我考议郎君。'《袁三公颂》曰：'猗欤我祖，出自有妫。'王粲为潘文则《思亲诗》云：'躬此劳悴，鞠予小人；庶我显妣，克保遐年。'而并载乎邕、粲之集，此例甚众。"其三，不适合于现今语言环境的语言不可用，特定的语言只能用于特定的时代和特定的人物。颜之推认为："古人之所行，今世以为讳。"语言的环境改变了，用语也就不一样，因而用词要尽量做到不为后人所歧解。譬如他说："陈思王《武帝诔》，遂深永蛰之

① 《颜氏家训集解》（增补本），第274页。
② 《颜氏家训集解》（增补本），第292页。

思;潘岳《悼亡赋》,乃怆手泽之遗。是方父于虫,匹妇于考也。”①这样的用语在魏晋可能被视为妥帖,但到南北朝时则被视为语病了,有把父亲比拟为冬天的蛰伏之虫或把母亲当作父亲之嫌者。事实上,有颜之推这样的看法者在南朝时不乏其人。刘勰在《文心雕龙·指瑕》中就说:“古来文才,异世争驱;或逸才以爽迅,或精思以纤密;而虑动难圆,鲜无瑕病。陈思之文,群才之俊也,而武帝诔云‘尊灵永蛰’,明帝颂云‘圣体浮轻’。浮轻有似蝴蝶,永蛰颇疑于昆虫,施之尊极,岂其当乎! 左思七讽,说孝而不从,反道若斯,余不足观矣。潘岳为才,善于哀文,然悲内兄,则云感口泽,伤弱子,则云心如疑。礼文在尊极,而施之下流,辞虽足哀,义斯替矣。”②萧绎在《金楼子·立言》里也认为:“古来文士,累世争驱,而虑动难圆,鲜无瑕病。陈思之文,群才之隽也,《武帝诔》云:‘尊灵永蛰。’《明帝颂》云:‘圣体浮轻。’‘浮轻’有似于蝴蝶,‘永蛰’可拟于昆虫,施之尊极,不其嗤乎!”③以此而言,为文用词用语适合情景、逻辑上一致、比拟恰当已为南北朝时文人对文章创作的一个基本取向。

而且在颜之推看来,表述哀伤凶祸之语不能过分放大,须适合逝者身份,尽管这些在以前可能不讲究,但在南北朝时期此类用语已经被视为僭越。他举例说:“蔡邕《杨秉碑》云:‘统大麓之重。’潘尼《赠卢景宣诗》云:‘九五思龙飞。’孙楚《王骠骑诔》云:‘奄忽登遐。’陆机《父诔》云:‘亿兆宅心,敦叙百揆。’《姊诔》云:‘伣天之和。’今为此言,则朝廷之罪人也。”在颜之推看来,像“大麓”“九五”“登遐”“亿兆宅心”“视天之和”这些用语一般都用于天子、皇帝等最高统治者,而非用于一般王公大臣,更不能用于一般官僚士大夫了,否则就是对朝廷的亵渎和冒犯,是对上不尊的表现,也是一种没有伦理意识的体现。颜之推认为用语应适合当时的语言环境这自然是正确的,他把某些语言看作禁语,认为使用它们会成为“朝廷的罪人”,这在当时来说可能有其正确的地方,但就今天而言,类似这种情况只能算是夸张或不得体而已,算不上是什么“罪人”。不过,颜之推在此阐明的语言使用的一条准则,即特定的用语用于特定的场合和人物,即使在今天和将来仍然是不可违背的原则,也须认真遵守,可以说这也是语文学习、教学、研究和文章写作的一个重要方面。而且颜之推在这里还明确了一点,那就是语言的运用需要注意对象、环境,即要有针对性,不可不分场合、情景、对象而用之。

① 《颜氏家训集解》(增补本),第280—281页。

② (梁)刘勰著,周振甫注:《文心雕龙注释》,第444页。

③ (梁)萧绎撰,陈志平、熊清元疏证校注:《金楼子疏证校注》,上海:上海古籍出版社2014年版,第892页。

他说:“王粲《赠杨德祖诗》云:‘我君饯之,其乐泄泄。’不可妄施人子,况储君乎?”①又说:“挽歌辞者,或云古者《虞殡》之歌,或云出自田横之客,皆为生者悼往告哀之意。陆平原多为死人自叹之言,诗格既无此例,又乖制作本意。”②这些可以说就属于这种情况。

此外,颜之推还认为在文章语言运用上要注重用事、用典的吻合、恰当,万不可张冠李戴或望文生义。他说:“自古宏才博学,用事误者有矣……《诗》云:‘有鹭雉鸣’,又曰:‘雉鸣求其牡。’《毛传》亦曰:‘鹭,雌雉声。’又云:‘雉之朝雊,尚求其雌。’郑玄注《月令》亦云:‘雊,雄雉鸣。’潘岳赋曰:‘雉鹭鹭以朝雊’是则混杂雄雌矣。《诗》云:‘孔怀兄弟’,孔,甚也;怀,思也,言甚可思也。陆机《与长沙顾母书》,述从祖弟士璜死,乃言:‘痛心拔脑,有如孔怀。’心既痛矣,即为甚思,何故方言有如也?观其此意,当谓亲兄弟为孔怀。”③在颜之推看来,语言人人都会说,但要用得恰好,用得精当,非认真不可,用事、用典要做到吻合、恰当须对所用之事、之典非常熟悉或有过多方考证。

总之,在颜之推看来,语言是做文章所不可缺少的基本功。因而他追求在语言运用上的平实、质朴和简易,但也并不反对一定程度上对华丽辞藻的运用;他还认为词语的运用不能让后人产生歧解,语言环境改变了,用语也要随之而改变。由此他非常强调正确地使用语言,既要求文章中的地名符合实际,又要求文章中的用语得体、恰当,符合人物身份,而特定的语言只能为特定的人物所用。

二、文章的风格

自东晋以降,南北文风颇不一致,总体而言,“江左宫商发越,贵于清绮,河朔词义贞刚,重乎气质。气质则理胜其词,清绮则文过其意,理深者便于时用,文华者宜于咏歌”④。南方的文风体现出的是格调清秀、文辞华丽、情酣意畅,便于抒发情怀;而北方则是格调质朴、文平语实、说理致密,便于言说事理。而到了齐梁之际,南方的文风又有所改变。萧齐永明末年,“时盛为文章,吴兴沈约、陈郡谢朓、琅邪王融以气类相推毂,汝南周颙善识声韵。约等文皆用宫商,将平上去入四声,以此制韵,有平头、上尾、蜂腰、鹤膝。五

① 《颜氏家训集解》(增补本),第 281 页。
② 《颜氏家训集解》(增补本),第 285 页。
③ 《颜氏家训集解》(增补本),第 287 页。
④ 《隋书》卷 76《文学传·序》,第 1730 页。

字之中，音韵悉异，两句之内，角徵不同，不可增减。世呼为‘永明体’。”①这种“永明体”讲究按宫、商、角、徵、羽来布局诗句中的节律变化，讲究对字词的精挑细选，是颇见知识功底的创作模式②，在当时文学创作上影响深远，占据了南方文坛主流。在它的影响下，萧梁时又产生了“宫体”文学。“宫体”又叫“徐庾体”，史书载其形成曰：

> 时肩吾为梁太子（指晋安王萧纲）中庶子，掌管记。东海徐摛为左卫率。摛子陵及信，并为抄撰学士。父子在东宫，出入禁闼，恩礼莫与比隆。既有盛才，文并绮艳，故世号为徐庾体焉。③

事实上，这种“宫体”起自于徐摛，史载：“及长，遍览经史。属文好为新变，不拘旧体。”“摛文体既别，春坊尽学之，‘宫体’之号，自斯而起。”④而其子徐陵也学乃父，“其文颇变旧体，缉裁巧密，多有新意”⑤。其时，庾信也和徐摛父子俱在萧纲宫中，好尚相同，文风一致，因而“宫体”也叫“徐庾体”。这种“宫体”的兴起迅速代替了“永明体”而成为南方文人竞相学习效仿的一种风格。不过，“宫体”的兴起和流行却并不被认可，甚至遭致诸多批评，如《隋书·文学》就认为：“梁自大同之后，雅道沦缺，渐乖典则，争驰新巧。简文、湘东，启其淫放，徐陵、庾信，分路扬镳。其意浅而繁，其文匿而彩，词尚轻险，情多哀思。格以延陵之听，盖亦亡国之音乎！”⑥可见，从“永明体”到“宫体”（或叫“徐庾体”）的发展并没有带来诗赋的创作上的真正革新和进步，它们所改变的都只是诗的音律声调和用韵乃至内容⑦。

颜之推其时正生活在“永明体”转向“徐庾体”以及“徐庾体”逐步兴盛之时，因而也就不能不受到这样一种风靡于朝野文士阶层的文风影响，但颜

---

① 《南史》卷48《陆慧晓传附绛兄厥传》，第1195页。

② 刘师培在《中国中古文学史讲义》中“齐梁文学”一节对此有较详细论述。（上海：上海古籍出版社2011年版，第76—91页）此外，胡大雷在《“永明体”一联声律规则还原——以比照不同时期“齐梁调诗”作分析》（《南京师范大学文学院学报》2009年第1期）中对“永明体”的声律规则作了探讨，蔡平、张学松的《〈南齐书·陆厥传〉“永明体”内涵辩证》（《中州学刊》2012年第5期）对“永明体”的声律和声韵也作了深入探讨。

③ 《周书》卷41《庾信传》，第733页。

④ 《梁书》卷30《徐摛传》，第446—447页。

⑤ 《陈书》卷26《徐陵传》，第335页。

⑥ 《隋书》卷76《文学传·序》，第1730页。

⑦ 参见傅刚的《宫体诗论》（《中国典籍与文化》2004年第1期）。不过，目前也有不少学者在探讨“宫体”诗带来的积极价值，如许云和的《欲色异相与梁代宫体诗》（《文学评论》1996年第5期），骆玉明、吴仕逵的《宫体诗的当代批评及其政治背景》（《复旦学报》1999年第3期），曹旭、文志华的《宫体诗与萧纲的“文学放荡论”》（《上海师范大学学报》2010年第4期）等。

之推又非完全为此风左右，而是立足其家世文章“典正”之体而辅以“流俗”①文风，将二者有机结合，最后形成了独有的“词情典丽”②之文风。也就是说，颜之推在文章风格上最终追求的是家世文风和流俗文风相结合的“词情典丽”风格。这种“词情典丽”既不同于“流俗”文章即颜之推所谓含“郑、卫之音”③者，也不同于其家世文章纯“典正”之体。从颜之推所谓“吾家世文章，甚为典正”和“文章当以理致为心肾，气调为筋骨，事义为皮肤，华丽为冠冕。今世相承，趋末弃本，率多浮艳”以及“今世文章音律谐靡，章句偶对，讳避精详”④等综合考察，他文章风格的“典丽”是以“典”为主为体，以“丽”为表为用，“典”中有“丽”，“丽”依“典”而存。其中“丽”是指“音律谐靡，章句偶对，讳避精详”等文辞而言，即兼具当时文坛流行的“宫体”某些色彩。颜之推认为这种“华丽”只能作为冠冕即文章的表现形式，而不能作为主体，否则就会造成过多的华丽辞藻淹没了文章的内容思想、过多的用事遮盖了文章才华，所谓：“辞与理竞，辞胜而理伏；事与才争，事繁而才损。”⑤而“典”不仅有上文所说语言运用上的风格平实、质朴，还包括其所谓“吾家世文章，甚为典正”中的“典正”。这种“典正”，结合颜之推所论，可知它指的是文章说理上的精微、内容上的严肃端正、文章思想上的健康和积极向上，传播的是一种正面因素的情感，而非有靡靡郑、卫之音。不过，从颜之推所论可知，他文章风格上的“典”不仅有对其“家世文章”之“典正”风格的继承，也有对古人之文体风格的继承。其所谓“宜以古之制裁为本，今之辞调为末，并须两存，不可偏弃也”⑥，似不单单对后人作如此说，他自己当也践行之。如此，其文章最后风格被以“典丽”称之，说明其家世文章“典正”风格和“古之制裁”有很大的相同和共通之处，甚至很大程度上可以说二者其实就是一种文体风格。以古文经学为治学之路的颜氏在文章风格上走的也是古人文体之路⑦，即“古之制裁”风格，只不过颜氏在这种文章体裁风格上另有内容严肃端正、思想健康的优点，在说理精微上也有所建树，而于“宏材逸气，体度风格”上把握得并不是那么好，所以颜之推在《文章》篇中便对此作出了强调。

这种“古之制裁”的古文风格当为汉魏风格。从前文所论“颜氏家风”

① 《颜氏家训集解》（增补本），第269页。
② 《北齐书》卷45《颜之推传》，第617页。
③ 《颜氏家训集解》（增补本），第269页。
④ 《颜氏家训集解》（增补本），第267—269页。
⑤ 《颜氏家训集解》（增补本），第267页。
⑥ 《颜氏家训集解》（增补本），第268—269页。
⑦ 这点在本章第四节第一部分有较详细论述。

可知，颜氏专以儒学立家，用功于经学而以《礼》《传》为传家之业始于曹魏时期，因此，颜氏作文风格的形成也应始于这一时期而为汉魏风格。这种风格主体上讲求的是语言平实、质朴，内容上端正、典雅，长于说理叙事，抒情却不煽情，表意却无淫意。如果再结合颜之推所谓“古人之文，宏材逸气，体度风格，去今实远”，“宜以古之制裁为本”来看，这种“古之制裁”风格还包括文章取材的广度、深度从大处着眼，起转承合的一气呵成，用语的博雅以及文章所蕴含和表现出来的情感气势，或磅礴或遒劲或清峻。这种风格和当时流行的“徐庾体”即“宫体”是根本不相同的风格。时俗流行的所谓“徐庾体”风格，从颜之推所论“今世”“流俗”“偶于世”等文章特点不难看出，其风格即是萧纲所主张的“放荡”①，也即萧绎所谓“惟须绮縠纷披，宫徵靡曼，唇吻遒会，情灵摇荡”②。在颜之推眼里，这种文体风格的特征是，其一，“趋末弃本，率多浮艳。辞与理竞，辞胜而理伏；事与才争，事繁而才损。放逸者流宕而忘归，穿凿者补缀而不足”③。其二，多含靡靡“郑、卫之音”④。其三，“音律谐靡，章句偶对，讳避精详”。可以说颜之推对这种文体风格特征的概括把握恰抓住其本质，以致后来唐人对“宫体”的评价也几乎如此，所谓：“其体以淫放为本，其词以轻险为宗。故能夸目侈于红紫，荡心逾于郑、卫。”⑤对“宫体”这三种特点，颜之推肯定和赞同的只有第三点，认为其“贤于往昔者多矣”，因而在此后为文中也主动吸收之，从而最终形成了他的“典丽”文章风格。

由此，我们也可看到，对梁时兴起并被文士所捧赞的所谓“徐庾体”这种新变体裁，颜之推并不完全认可。事实上，由其所谓“必有盛才重誉，改革体裁者，实吾所希”⑥可看出，无论徐氏父子还是庾氏父子抑或是萧纲、萧绎兄弟等所致力倡导进行的这种新变体改革，在他眼里都不算是对文章体裁的

---

① （梁）萧纲：《诫当阳公大心书》，严可均辑：《全上古三代秦汉三国六朝文》（三），第3010页。

② （梁）萧绎撰，陈志平、熊清元疏证校注：《金楼子疏证校注》，上海：上海古籍出版社2014年版，第770页。

③ 《颜氏家训集解》（增补本），第267页。

④ 所谓“郑、卫之音”，《礼记·乐记》曰：“郑卫之音，乱世之音也，比于慢矣。桑间濮上之音，亡国之音也。”“郑音好滥淫志，宋音燕女溺志，卫音趋数烦志，齐音敖辟乔志，此四者，皆淫于声而害于德。”就“宫体”诗文而言其所表现出的“郑、卫之音”现存诗作和评价来看，则多指色欲、淫邪、放荡等形态和缠绵悱恻、柔软温香、哀思怨恨等情感的描写，所以许云和才有《欲色异相与梁代宫体诗》（《文学评论》1996年第5期）的论述。不过，许先生文中认为“宫体”诗人对色欲异相的描写一如佛经上对色欲等的描绘，旨在揭示色欲异相的丑恶等，这恐怕是过高估计“宫体”诗的创作者的思想境界了。

⑤ 《周书》卷41《庾信传》，第744页。

⑥ 《颜氏家训集解》（增补本），第267页。

真正改革。在他看来,只有“盛才重誉”者才能对文章体裁进行真正改革,而这也就在很大程度上否定了“徐庾体”的改革价值,从而也就间接否认了徐氏父子、庾氏父子和萧氏兄弟等为“盛才重誉”者。

颜之推和徐氏父子、庾氏父子以及梁简文帝、梁元帝都处在同一个时代,他有此观点并非仅仅只是因为他家的文章未能被编于《西府新文》上——这可能只是其中一个很重要的原因。事实上,他的这种观点也正是当时相当一部分文士的观点。这从这些文士所撰文章之风格特点上即可看出,如萧藻就是“善属文辞,尤好古体”①,吴均也是“文体清拔有古气,好事者或敩之,谓为‘吴均体’”②,裴子野也是“为文典而速,不尚丽靡之词,其制作多法古,与今文体异,当时或有诋诃者,及其末皆翕然重之”③,刘之遴也是“好属文,多学古体,与河东裴子野、沛国刘显常共讨论书籍,因为交好”④。再从王褒留下的诗文来看,他也是一个坚持古体风格创作之人。由此可见,萧梁时南方文坛在流行的“徐庾体”之外还是有那么一群不迎合流俗而坚持古体风格的人存在。这也就是说,以徐氏父子和庾氏父子为代表推出的“宫体”风格文学虽其时占据文坛之风骚,但并非为南方文人都接受。

不同于这些文士完全坚持古体风格而拒绝新变体裁“宫体”,颜之推并未完全摒弃“宫体”做法,应该说他对这种文体还是有一定认可的。这不仅因为“宫体”在南方文坛上一度颇为流行,独领风骚,也与梁简文帝、梁元帝偏爱这一文体有关,所谓:“上好是物,下必有甚者矣。”⑤颜氏和萧绎有一定的渊源,萧梁皇室子弟为文喜好对颜之推应有一定的影响。况且以文化扬名家族之思想也让颜之推对这种新变体裁不会轻易忽视,此不但因为其家世文章“讫无一篇”被收录于《西府新文》而颇为遗憾,更因为萧绎所编“诗赋铭诔书表启疏二十卷,吾兄弟始在草土,并未得编次,便遭火荡尽,竟不传于世。衔酷茹恨,彻于心髓”⑥,从而影响了颜氏家族在士族中以文化名家的声誉,而且他到北齐后,正因缘于北齐后主喜爱“近代轻艳诸诗”⑦才得以登上北齐朝廷而走近后主,并因推动文林馆成立而掌知文林馆事务,从而仕途命运有了一个根本转折,这一切应该使颜之推对流行文坛的“宫体”文学有一定新的认识,而不是去完全否定之。毕竟文章还有服务于社会的功利

① 《梁书》卷23《萧藻传》,第362页。
② 《梁书》卷49《吴均传》,第698也。
③ 《梁书》卷30《裴子野传》,第443页。
④ 《梁书》卷40《刘之遴传》,第574页。
⑤ 《礼记·缁衣》,见陈戍国点校:《周礼·仪礼·礼记》,第508页。
⑥ 《颜氏家训集解》(增补本),第269页。
⑦ 《北齐书》卷45《文苑传》,第603页。

性一面，所谓："歌谣文理，与世推移，风动于上，而波震于下者也"，"文变染乎世情，兴废系乎时序"①，"文章合为时而著，歌诗合为事而作"②，而且"风格的结构直接取决于时代的处世态度，时代社会意识的深刻需求，从而成为该文化精神内容的符号"③。所以颜之推对于流行的"宫体"风格的做法，教育后人学习时只要"去泰去甚"④，不过分为之即可。当然，颜之推并不是主张文章创作即遵行这种风格，他坚持的仍是将家世文章"典正"风格、"古之制裁"和流行的"宫体"风格中合理的一面即"今世音律谐靡，章句偶对，讳避精详"相结合，从而做到"宜以古之制裁为本，今之辞调为末，并须两存，不可偏弃也"⑤这样一种风格，也就是以"典正"为内容之体，以"华丽"为形式，二者结合为"词情典丽"，这才是颜之推主张的文章风格。日本学者铃木虎雄也看到了这点，他说："可见颜之推是要求文学创作兼备理气事义与华丽辞调两方面，主张在重视继承古代诗文的体格风神的同时，也应当运用当时已经发达的音韵对偶等修辞手法。这实为一种极为稳妥的不偏不倚之论。"⑥这种对两种文体风格的折中、调和可以说是一种融合，是古、今文体的融合，是"掇彼清音，简兹累句，各去所短，合其两长，则文质彬彬，尽美尽善矣"⑦的理论和先导。后来隋唐时期的文章观可以说就是沿着这一思路发展的，所谓"考其殿最，定其区域，摭'六经'百氏之英华，探屈、宋、卿、云之秘奥。其调也尚远，其旨也在深，其理也贵当，其辞也欲巧。然后莹金璧，播芝兰，文质因其宜，繁约适其变，权衡轻重，斟酌古今，和而能壮，丽而能典，焕乎若五色之成章，纷乎犹八音之繁会。夫然，则魏文所谓通才足以备体矣，士衡所谓难能足以逮意矣。"⑧

三、文章的内容

文章是否有内容、内容如何，这决定文章是否有生命力、有多大生命力。颜之推对这点也有深刻认识，其所谓"文章当以理致为心肾，气调为筋骨，事

① （梁）刘勰著，周振甫注：《文心雕龙注释》，第476、479页。

② （唐）白居易：《与元九书》，（唐）白居易著，顾学颉校点：《白居易集》，北京：中华书局1979年版，第962页。

③ 〔前苏联〕M·C·卡岗著，凌继尧译，李实校：《文化系统中的艺术——论问题的提出》，《世界艺术与美学》（第六辑），北京：文化艺术出版社1985年版，第146页。

④ 《颜氏家训集解》（增补本），第267页。

⑤ 《颜氏家训集解》（增补本），第268页。

⑥ 〔日〕铃木虎雄著，许总译：《中国诗论史》，南宁：广西人民出版社1989年版，第98页。

⑦ 《北史》卷83《文苑传》，第2782页。

⑧ 《周书》卷41《庾信传》，第745页。

义为皮肤，华丽为冠冕”①。除了后面两者是就文章的表现形式而言之外，前二者基本上都是围绕文章内容来论的。其中“理致”是指精微的说理，即文章的内容思想。一篇文章必须围绕一个内容思想来展开，没有内容思想的文章如同一个人没有心肾一样，而心肾是人维持最基本生命的基础，人若没有心肾也就没有生命力、没有灵魂，而文章没有理致也是如此。在颜之推看来，内容思想是一篇文章得以成立的基础，否则只能是文字、词语等的组合而不能称之为文章。颜之推还认为文章的内容思想的表达应当前后一致，不能出现前后矛盾，他说：“凡诗人之作，刺箴美颂，各有源流，未尝混杂，善恶同篇也。陆机为《齐讴篇》，前叙山川物产风教之盛，后章忽鄙山川之情，殊失厥体。其为《吴趋行》，何不陈子光、夫差乎？《京洛行》，胡不述赧王、灵帝乎？”②

“气”与“文”的关系，早在三国曹丕就有经典性论说，以为“文以气为主”③，但事实上，“在曹丕之前，王充已经研究并指出了作家的生理之气在创作中的作用”④。只不过到曹丕时，鲜明地提出了“文以气为主”。而据寇效信先生考论，曹丕所主张“文以气为主”中的“气”“应该包括作家的生理之气，即体力和生理机能”，“曹丕在《典论·论文》中所说的作家之气，是与感情密不可分的”，“可以说是情感、志趣、个性的统名”，“总之，作品之气和作家之气一样，在曹丕那里，是一个统体的、未分的概念。它统属感情、风格等等”。⑤ 而颜之推所谓文章以“气调为筋骨”中的“气调”很大程度上应该也有曹丕“文以气为主”的“气”的含义在内，当指的是文章起承转合表现出来的逻辑顺畅和情感气势。一篇文章有了内容思想，这就保证了它最基本的生命，但有生命只证明它是一个生命体。如同一个人，虽然有生命，但筋骨有所短缺，这人也就只能躺在床上，不能行走；人筋骨正常方能自如行走、奔跑、跳跃。所以颜之推认为，对一篇文章来说，逻辑和蕴含的情感气势就是文章的“筋骨”，文章只有有了严密的逻辑和鲜明的情感气势，才能彰显出生命力。不过，情感又有喜、怒、哀、乐、怨、憎，又是飘忽的，所以它往往又会影响文章的气势或为磅礴宏大，或为清峻冷傲，或为活泼奔逸，或为迂缓从

① 刘勰在《文心雕龙·附会》中却认为：“夫才童学文，宜正体制。必以情志为神明，事义为骨髓，辞采为肌肤，宫商为声色。”（参见刘勰著，周振甫注：《文心雕龙注释》，第462页）这和颜之推在文章创作思想方面稍有不同。只不过，刘勰此论早于颜之推，并且在永明体产生前后，故比较讲究语言的声律变化。

② 《颜氏家训集解》（增补本），第286页。

③ （魏）曹丕：《典论·论文》，严可均辑：《全上古三代秦汉三国六朝文》（二），第1098页。

④ 寇效信：《曹丕“文以气为主”辩》，《陕西师范大学学报》1994年第2期。

⑤ 寇效信：《曹丕“文以气为主”辩》，《陕西师范大学学报》1994年第2期。

容，等等。一如后来史家所说："原夫文章之作，本乎情性。覃思则变化无方，形言则条流遂广。虽诗赋与奏议异轸，铭诔与书论殊涂，而撮其指要，举其大抵，莫若以气为主，以文传意。"①正因为这样，颜之推在强调文章要有逻辑和情感气势时又认为，文人作文章时，往往因为情性所致而思想飘逸、纵横、恣肆，以至说事、论理时常常或由着思想率意驰骋，或由着情感奔放不羁，肆意指责讥讽，随性针砭，即其所谓"放逸者流宕而忘归"，结果道理是说了、情感也得到了宣泄，但也可能因此而得罪了人，甚至引来杀身之祸。所以颜之推认为："凡为文章，犹人乘骐骥，虽有逸气，当以衔勒制之，勿使流乱轨躅，放意填坑岸也。"②这就是说，文章要有逻辑和情感，但逻辑和情感的表达是需要严密控制的，不可随心所欲，任意放纵，"当以衔勒制之"，即要保持在一定的限度和范围内，遵守一定的路径来走，这样才不至于"填坑岸"。颜之推这种不衔制文章情感气势即会带来生命危险的看法，一定程度上可以说是南北朝后期文人创作中的某种共识，如姚察就说："夫文者妙发性灵，独拔怀抱，易邈等夷，必兴矜露。大则凌慢侯王，小则慠蔑朋党，速忌离訧，启自此作。"③

颜之推对文章内容的用典也颇为重视，其所谓以"事义为皮肤"中的"事义"就是就文章的用典来说的④。文章的主题思想确定了，但它和文章的逻辑、情感表达则依赖于文章所选材料，特别是诗赋中的"用典"。"用典"也叫"用事"，虽然只是文章的表现形式，但"用典"恰当不仅可以很好而巧妙地抒情表意，使说理严密而深邃，为文章要表达的整个思想服务，使文章增色，从而能很好地提高文章质量。如果"用典"失当非但不能清楚地表达主旨，还可造成文繁事累，所谓："事与才争，事繁而才损。""穿凿者补缀而不足。"⑤对于用典不当这点，颜之推列举了不少例子：

> 自古宏才博学，用事误者有矣；百家杂说，或有不同，书傥湮灭，后人不见，故未敢轻议之。今指知决纰缪者，略举一两端以为诫。《诗》云："有鷕雉鸣。"又曰："雉鸣求其牡。"《毛传》亦曰："鷕，雌雉声。"又

---

① 《周书》卷41《庾信传·史臣曰》，第744—745页。

② 《颜氏家训集解》（增补本），第266页。

③ 《梁书》卷50《颜协传》，第727—728页。

④ 刘勰则以"事义为骨髓"（见《文心雕龙注释》，第462页）。二人对文章创作所论角度不同，因而"事义"所指内涵也就不同。颜氏所谓"事义"但指用典，而通观刘氏之语"夫才童学文，宜正体制。必以情志为神明，事义为骨髓，辞采为肌肤，宫商为声色"，可知其所谓"事义"是指文章的说理和所用材料（包括用典）。

⑤ 《颜氏家训集解》（增补本），第267页。

云："雉之朝雊，尚求其雌。"郑玄注《月令》亦云："雊，雄雉鸣。"潘岳赋曰："雉鷕鷕以朝雊。"是则混杂其雄雌矣。《诗》云："孔怀兄弟。"孔，甚也，怀，思也，言甚可思也。陆机《与长沙顾母书》，述从祖弟士璜死，乃言："痛心拔脑，有如孔怀。"心既痛矣，即为甚思，何故方言有如也？观其此意，当谓亲兄弟为孔怀。《诗》云："父母孔迩。"而呼二亲为孔迩，于义通乎？《异物志》云："拥剑状如蟹，但一螯偏大尔。"何逊诗云："跃鱼如拥剑。"是不分鱼蟹也。《汉书》："御史府中列柏树，常有野乌数千，栖宿其上，晨去暮来，号朝夕乌。"而文士往往误作乌鸢用之。《抱朴子》说项曼都诈称得仙，自云："仙人以流霞一杯与我饮之，辄不饥渴。"而简文诗云："霞流抱朴碗。"亦犹郭象以惠施之辨为庄周言也。《后汉书》："囚司徒崔烈以锒铛锁。"锒铛，大锁也，世间多误作金银字。武烈太子亦是数千卷学士，尝作诗云："银锁三公脚，刀撞仆射头。"为俗所误。

颜之推凭渊博的知识以考证的手法指出了对典故的望文生义和不能很好理解，即是造成古今用事错误或缺陷的原因所在。因此，对于"用事"，颜之推比较推崇沈约，他说："邢子才常曰：'沈侯文章，用事不使人觉，若胸臆语也。'深以此服之。祖孝徵亦尝谓吾曰：'沈诗云："崖倾护石髓。"此岂似用事邪？'"①因此颜之推自己在文章"用事"方面也就特别注意。尽量使之自然而不给人穿凿和补缀之感。这点除从《观我生赋》里可见之外，也可从他的《古意诗二首》可以看出：

其一曰：

十五好诗书，二十弹冠仕。楚王赐颜色，出入章华里。作赋凌屈原，读书夸左史。数从明月燕，或侍朝云祀。登山摘紫芝，泛江采绿芷。歌舞未终曲，风尘暗天起。吴师破九龙，秦兵割千里。狐兔穴宗庙，霜露沾朝市。璧入邯郸宫，剑去襄城水。未获殉陵墓，独生良足耻。悯悯思旧都，恻恻怀君子。白发窥明镜，忧伤没余齿。

其二曰：

宝珠出东国，美玉产南荆。随侯曜我色，卞氏飞吾声。已加明称

① 《颜氏家训集解》(增补本)，第272页。

物，复饰夜光名。骊龙旦夕骇，白虹朝暮生。华彩烛兼乘，价值讵连城。常悲黄雀起，每畏灵蛟迎。千刃安可舍，一毁难复营。昔为时所重，今为时所轻。愿与浊泥会，思将垢石并；归真川岳下，抱润潜其荣。

这两首诗里，颜之推用事算是比较多了，几乎是句句用典，但读起来却并不给人累赘冗杂之感，而且在这两首《古意诗》中，所用之典故皆能恰如其分地表达颜之推的思想感情，且看不出有穿凿的痕迹。第一首读后，颜之推一生的大致经历、知识的渊博和情感都可以体会。第二首读后，颜之推自许之情、博学之识、高名之誉及其一时不为时用、想与世沉浮而又意欲隐退、留名后世的思想和感情也都借典故表达了出来。王钟陵先生对这两首诗所表达的思想感情评价为："无论是过去经历的津津追怀，还是对于朝市迁革的沉痛回叙，又还是对于现时心情的表达，都令人感到一种深沉的力量。"①

一篇文章不仅要讲究运用语言，还要从主题思想和逻辑情感、用典等内容上精心构织，另外还要在文体风格上准确地把握，所以作文很难，因此颜之推认为："学问有利钝，文章有巧拙。钝学累功，不妨精熟；拙文研思，终归蚩鄙。但成学士，自足为人。必乏天才，勿强操笔。"②这里，颜之推将钻研学问和撰写文章区别开来，在他看来，学问可以慢慢地长时间积累，最终会有所收获，而文章的写作则需要有很大的悟性、才华和激情，否则仅像做学问那样长时间冥思苦想是写不出好文章的。因此，对那些既乏才思又爱自我炫耀善作诗文者，颜之推是极其鄙视的。他说："吾见世人，至无才思，自谓清华，流布丑拙，亦以众矣，江南号为诊痴符。"③那么颜之推是不是认为没有天才就不可以写文章呢？事实不然，其所谓"必乏天才，勿强操笔"指的是没有天生的文学才华就不要轻易去写文章，更不要率尔在众人面前显摆，其意并不是认为就不能去写文章了。固然文章创作"既需要各方面知识的积累，更需要特殊的思维方式——形象思维"④，但事实上在颜之推看来，只要能把握体裁，正确地表达意思，就可以撰写文章，还可以成为文士，他说："自古执笔为文者，何可胜言。然至于宏丽精华，不过数十篇耳。但使不失体裁，辞意可观，便称才士；要须动俗盖世，亦俟河之清乎！"只不过他要求后人要做到"学为文章，先谋亲友，得其评裁，知可施行，然后出手；慎勿师心自

① 王钟陵：《中国中古诗歌史》，南京：江苏教育出版社 1988 年版，第 790 页。
② 《颜氏家训集解》（增补本），第 254 页。
③ 《颜氏家训集解》（增补本），第 254 页。
④ 陶启君：《〈颜氏家训·文章〉篇文学思想述评》，《四川师范大学学报》1987 年第 5 期。

任，取笑旁人也”①。

四、文章的价值

文章之所以能流传，就在于它有一定的价值。颜之推认为：

> 夫文章者，原出“五经”：诏命策檄，生于《书》者也；序述论议，生于《易》者也；歌咏赋颂，生于《诗》者也；祭祀哀诔，生于《礼》者也；书奏箴铭，生于《春秋》者也。朝廷宪章，军旅誓诰，敷显仁义，发明功德，牧民建国，施用多途。至于陶冶性灵，从容讽谏，入其滋味，亦乐事也。行有余力，则可习之。

颜之推从“宗经”的角度对文章的来源、风格、用途和价值作了划分，在他看来，所有文章皆出自于儒家“五经”，其作用虽各不相同，但其价值不外乎广布教化、经国致用和抒情表意、审美愉悦。颜之推这种“宗经”的文章分类观可能是魏晋南北朝时期文士的一种普遍共识，如刘勰在《文心雕龙·宗经》里也阐述了文章的“宗经”说：

> 故论说辞序，则《易》统其首；诏策章奏，则《书》发其源；赋颂歌赞，则《诗》立其本；铭诔箴祝，则《礼》总其端；纪传盟檄，则《春秋》为根：并穷高以树表，极远以启疆，所以百家腾跃，终入环内者也。

一旦把文章的起源归向于儒家经典即“宗经”，那么文章的思想及其价值也就不可避免地被束缚于儒家思想范围之内并被打上儒家思想道德的烙印：“故文能宗经，体有六义：一则情深而不诡，二则风清而不杂，三则事信而不诞，四则义直而不回，五则体约而不芜，六则文丽而不淫。”②如此，不论是文章的思想阐释还是情感表述也就都被规范和笼罩在儒家思想之下，文章的价值也就自然体现为对儒家思想仁、义、礼、智、信、忠、孝、勇等的宣传。即如颜之推作《家训》的目的，虽然他自己说：“非敢轨物范世也，业以整齐门内，提撕子孙。”③但事实上他真正的用意还在于“且劝一伯夷，而千万人立清风矣；劝一季札，而千万人立仁风矣；劝一柳下惠，而千万人立贞风矣；劝一史鱼，而千万人立直风矣。故圣人欲其鱼鳞凤翼，杂沓参差，不绝于世，

---

① 《颜氏家训集解》(增补本)，第254—257页。

② (梁)刘勰著，周振甫注释：《文心雕龙注释》，第19页。

③ 《颜氏家训集解》(增补本)，第1页。

岂不弘哉？”①可见颜之推作《家训》并不单纯为训诫其子孙而是有其深意的，即通过它来推行儒家思想的教化，而最后他的《家训》也真的起到了这样的作用。如清人何孟春在《余冬序录》中就认为：“是虽一家之云，而岂姁姁私焉其子孙哉？”②王钺也说：“北齐黄门颜之推《家训》二十篇，篇篇药石，言言龟鉴，凡为人子弟者，可家置一册，奉为明训，不独颜氏。”③由此也就不难看出，颜之推所谓“朝廷宪章，军旅誓诰，敷显仁义，发明功德”，其实就是认为文章要发挥它的推行儒家仁义思想，彰显有功、讨伐有罪，以及对民众进行教化的作用。

而且从文章“宗经”理念出发，颜之推认为文章有经国之用途，所谓“牧民建国，施用多途”④。其实文章的“经国”之用早在三国曹魏时，曹丕就有所论，其曰：“盖文章，经国之大业，不朽之盛事。年寿有时而尽，荣乐止乎其身；二者必至之常期，未若文章之无穷。”⑤第一次将文章的价值提高到“经国”的地步，这使后人对文章的功用有了进一步的深刻认识。东晋挚虞就说：“文章者，所以宣上下之象，明人伦之叙，穷理尽性，以究万物也。”⑥颜之推所谓文章“牧民建国，施用多途”，虽不能说是对曹丕的文章“经国”说的直接继承，但应该深受其影响。从“宗经”角度出发，文章的布教化、敦仁义也就成了经国之一途；其他如行军打仗，奏章誓语、号令露布都需要用到文章，而管辖一方，牧民理事，迎送往来，不仅要上传下达，还要执行政令，推行施政措施，进行春秋祭祀等，也都要用到檄、教、书、诔等多种文体，这些可以说同样为文章的“经国”之用。因此，颜之推所说“文史之臣，取其著述宪章，不忘前古”，应该也有这方面的意思。

当然，在强调文章经国致用和教化作用的同时，颜之推也认为文章还有另外一个重要作用和价值，那就是给人带来审美愉悦之感和对人的情感、性格的熏陶。他说，文章“陶冶性灵，从容讽谏，入其滋味，亦乐事也”⑦。而这种“陶冶性灵”最重要的表现就是诗文能给人带来强烈“入其滋味”的审美情趣享受。如颜之推认为：

王籍《入若耶溪》诗云：“蝉噪林逾静，鸟鸣山更幽。”江南以为文外

① 《颜氏家训集解》（增补本），第312—313页。
② 《颜氏家训集解》（增补本），第6页。
③ 《颜氏家训集解》（增补本），第1页。
④ 《颜氏家训集解》（增补本），第237页。
⑤ （魏）曹丕：《典论·论文》，严可均辑：《全上古三代秦汉三国六朝文》（二），第1098页。
⑥ （晋）挚虞：《文章流别论》，严可均辑：《全上古三代秦汉三国六朝文》（二），第1905页。
⑦ 《颜氏家训集解》（增补本），第237页。

断绝，物无异议。简文吟咏，不能忘之，孝元讽味，以为不可复得，至《怀旧志》载于《籍传》。范阳卢询祖，邺下才俊，乃言："此不成语，何事于能？"魏收亦然其论。《诗》云："萧萧马鸣，悠悠旆旌。"《毛传》曰："言不喧哗也。"吾每叹此解有情致，籍诗生于此耳。

兰陵萧悫，梁室上黄侯之子，工于篇什。尝有《秋诗》云："芙蓉露下落，杨柳月中疏。"时人未之赏也。吾爱其萧散，宛然在目。颍川荀仲举、琅邪诸葛汉，亦以为尔。而卢思道之徒，雅所不惬。

何逊诗实为清巧，多形似之言；扬都论者，恨其每病苦辛，饶贫寒气，不及刘孝绰之雍容也。虽然，刘甚忌之，平生诵何诗，常云："'蘧车响北阙'，懂懂不道车。"又撰《诗苑》，止取何两篇，时人讥其不广。刘孝绰当时既有重名，无所与让；唯服谢朓，常以谢诗置几案间，动静辄讽味。简文爱陶渊明文，亦复如此。江南语曰："梁有三何，子朗最多。"三何者，逊及思澄、子朗也。子朗信饶清巧，思澄游庐山，每有佳篇，亦为冠绝。①

在这里，不仅可以看出颜之推对诗文创作的审美分析，也可看出他对诗描摹的意境有深刻认识和体会。不论是王籍的"蝉噪林逾静，鸟鸣山更幽"，还是萧悫的"芙蓉露下落，杨柳月中疏"，都表现出来了一种静中有动、以动衬静、动静结合之美，这些诗句所创作出来的清新脱俗、自然雅静之境界和情致都可通过丰富的想象而获得，是一种言外之意，是一种言、意、象的完美结合。而颜之推所谓何逊诗"实为清巧"其实也是对清新脱俗的美的欣赏。可以说，诗文所创作出来的美感不仅带给人意象上的审美愉悦，更在人细细体会之中对人的心灵、情性产生一种潜移默化的美的陶冶作用。这也就是颜之推所谓"入其滋味，亦乐事也"。

魏晋南北朝时期，人们对文章除教化之外的抒发性灵的旨趣已形成共识，如袁宏认为："夫诗颂之作，有自来矣。或以吟咏情性，或以纪德显功。"②萧子显说："文章者，盖情性之风标。"③梁昭明太子也说："吟咏性灵，岂惟薄伎。属词婉约，缘情绮靡。"④陈吏部尚书姚察也认为："夫文者妙发性灵，独拔怀抱"⑤，"自楚、汉以降，辞人世出，洛汭、江左，其流弥畅。莫不

① 《颜氏家训集解》(增补本)，第295—299页。

② 《晋书》卷92《袁宏传》，第2394页。

③ 《南齐书》卷52《贾渊传·史臣曰》，第907页。

④ 《梁书》卷8《昭明太子传》，第170页。

⑤ 《梁书》卷50《颜协传》，第727页。

思侔造化，明并日月，大则宪章典谟，裨赞王道，小则文理清正，申纾性灵。至于经礼乐，综人伦，通古今，述美恶，莫尚乎此。”①北周宇文逌也说：“弘孝敬，叙人伦，移风俗，化天下，兼夫吟咏情性，沉郁文章者，可略而言也。”②事实上，文章既能宣布教化，规范行为，或状物写景，抒发性灵，也就能对人的心灵产生陶冶作用，故而荀子说：“人之于文学，犹玉之与琢磨也。”③梁钟嵘就认为阮籍的“《咏怀》之作，可以陶性灵，发幽思。言在耳目之内，情寄八荒之表。洋洋乎！会于《风》《雅》，使人忘其鄙近，自致远大，颇多慷慨之词”④。即使于北朝那些注重经世致用者而言，他们也在较大程度上认可诗文这种抒发性灵和陶冶情操的旨趣。如：“齐世有席毗者，清干之士，官至行台尚书，嗤鄙文学，嘲刘逖云：‘君辈辞藻，譬若荣华，须臾之玩，非宏才也；岂比吾徒千丈松树，常有风霜，不可凋悴矣！’刘应之曰：‘既有寒木，又发春华，何如也？’席笑曰：‘可哉！’”⑤这里“千丈松树”和“寒木”是指经世致用的才干，“春华”则是指文章所具备的抒发情性之功能及其带来的审美情趣和意韵。可以说，把抒发和陶冶性灵情志视为文章教化作用外的审美旨趣和作用，已成为其时一种较为普遍之共识。

然而综观颜之推的文章思想，不难看出，在文章的价值功用上，他又是把文章的审美情趣和对人性格、情感的陶冶作用和价值看作次于文章的教化和经国之用的。所谓：“行有余力，则可习之。”⑥这表明他把文章的经国致用和教化放在了文章价值和功用的首位，要求后人学习的也主要是这些，至于陶冶性灵的旨趣则被他放在了次要地位。之所以如此，这与颜之推历经乱世、仕宦四朝而形成的阅历和务实思想分不开，也与中国古代社会政治运转特点有着很密切的关系。在梁世，那些被重用的文士很大程度上莫不是因为擅作“诏命策檄”“书奏箴铭”等“朝廷宪章，军旅誓诰”；而颜之推在萧绎湘东王府邸到萧绎称帝时能获得较好待遇，其中重要因素也正是善作此类文章；他被俘长安能立即被推荐到西魏阳平公李远处的原因之一也是因为他“工尺牍”⑦；到北齐后能在政治上有所作为，最初也多获益于对诗文的娴熟。可以说，这些经历不能不让他体会和认识到不同体裁的文章在不

① 《陈书》卷34《文学传·序》，第453页。

② （北周）宇文逌：《庾信集序》，（北周）庾信撰，（清）倪璠注，许逸民校点：《庾子山集注》，第49页。

③ （战国）荀子撰，（清）王先谦集解，沈啸寰、王星贤点校：《荀子集解》，第508页。

④ （梁）钟嵘著，张怀瑾评注：《钟嵘诗品评注》，天津：天津古籍出版社1997年版，第194页。

⑤ 《颜氏家训集解》（增补本），第265页。

⑥ 《颜氏家训集解》（增补本），第237页。

⑦ 《北齐书》卷45《颜之推传》，第617页。

同场合各有其用，而且在不同的社会发展阶段、不同的社会制度下以及作者不同的地位、处境下，文章的价值主次之别和取舍也都不同，而最为南北朝所重的则是文章服务于政治的经国致用和教化功用，故而颜之推也就把文章的怡情愉悦、陶冶性灵的作用放在了次要之位。

五、文人的操守

中国是一个有悠久历史文明的国家，而文人究竟产生于何时则很难给出一个确定的答案，不过就现有文献来说，“文人”一词最早是在《诗经·大雅·江汉》里出现，所谓：“厘尔圭瓒，秬鬯一卣，告于文人，锡山土田。”如何界定文人，各个时代标准不一样，因而这里也就只能宽泛地说，文人就是指占有文化知识的人，它可以说是一个群体，也可以说是一个阶层，而且于中国封建社会里，“文人”和“士人”“士大夫”概念多有交叉，有时候则可以互代。

应该说至少在曹丕以前，几乎没有人将文人的操守作为一个特定的对象提及并注重之。战国时代，文人基本上也就是士人，他们立业立身依凭的是出众的计谋、应世的才华、变化无穷的策略等，而各诸侯国国王、卿看重的也都是他们的学识、口辩和才华，尤为重要的是能使诸侯王富国强兵、称霸一方的实际才能，因而于操守几乎不以为重。汉武帝以后，注重文人品德操守的趋势可能有所增强，因此李陵事件才会导致司马迁受腐刑摧残。东汉继西汉以儒术治国，并且将儒家思想道德作为评判人才的一个极为重要的方面，故而也就更多地注意读书人或士大夫的品德问题。而汉末“清议”之风的兴起和“月旦评”的产生，对士人品德的修炼尤起到了一定程度上的强调作用，许多人为了获得世人的称誉和良好名声，便厉行修身以树名节。不过，这其中也多有为邀名声而矫揉造作、沽名钓誉者，这在某种程度上又可以说削弱了文人严格修身的自律性。汉末，军阀割据，战乱频仍，曹操为了重建统一而揽用人才，颁布“唯才是举”法令，对人才的品德和操行要求似有所放松，但实质也颇为注重①。不同的生存环境往往会影响人的行为，而不同的政治环境同样也会不同程度地影响着文人的言行。因而于文人而言，真正“一日三省吾身”以严格修身，从而品格不为人所非者，其实并非很多，所以这才有曹丕在《又与吴质书》中所说：“观古今文人，类不护细行，鲜能以名节自立。”②其后刘勰在《文心雕龙》中也作如是观：“略观文士之疵：相

① 这点在张旭华所著《九品中正制研究》中有所揭示，可参见张旭华著：《九品中正制研究》，北京：中华书局 2015 年版，第 70—88 页。

② 《三国志·魏书》卷 21《王粲传》，第 602 页。

如窃妻而受金,扬雄嗜酒而少算,敬通之不循廉隅,杜笃之请求无厌,班固谄窦以作威,马融党梁而黩货,文举傲诞以速诛,正平狂憨以致戮,仲宣轻脆以躁竞,孔璋偬恫以粗疏,丁仪贪婪以乞货,路粹餔啜而无耻,潘岳诡诪于愍怀,陆机倾仄于贾郭,傅玄刚隘而詈台,孙楚狠愎而讼府,诸如此类,并文士之瑕累。"①虽然刘勰一连排比出了十六个文人的短处或缺点,但其中有的缺点并非操守方面问题,如扬雄嗜酒。不过,继曹丕之后,刘勰又一次在论及文学时,对文人操守给予更多重视和评价。可以说,文人操守在魏晋南北朝时期已经随着文学的兴盛及其功用的突显而渐被重视起来。毕竟文人作为文化的重要载体,起着文化的先导、传播和践行等多重示范作用,因此文人的操行自然也就被更多关注。

在这样一种文化氛围下,不论是从儒教的维护者立场出发,还是从家训的教导出发,颜之推在论及文章时对文人的操行也都给予了高度关注,对古来文人甚至包括某些帝王不注重言行而带来的缺点给予了指责,其曰:

> 然而自古文人,多陷轻薄。屈原露才扬己,显暴君过;宋玉体貌容冶,见遇俳优;东方曼倩,滑稽不雅;司马长卿,窃赀无操;王褒过章《僮约》;扬雄德败《美新》;李陵降辱夷虏;刘歆反覆莽世;傅毅党附权门;班固盗窃父史;赵元叔抗竦过度;冯敬通浮华摈压;马季长佞媚获诮;蔡伯喈同恶受诛;吴质诋忤乡里;曹植悖慢犯法;杜笃乞假无厌;路粹隘狭已甚;陈琳实号粗疏;繁钦性无检格;刘桢屈强输作;王粲率躁见嫌;孔融、祢衡,诞傲致殒;杨修、丁廙,扇动取毙;阮籍无礼败俗;嵇康凌物凶终;傅玄忿斗免官;孙楚矜夸凌上;陆机犯顺履险;潘岳干没取危;颜延年负气摧黜;谢灵运空疏乱纪;王元长凶贼自诒;谢玄晖侮慢见及。凡此诸人,皆其翘秀者,不能悉纪,大较如此。至于帝王,亦或未免。自昔天子而有才华者,唯汉武、魏太祖、文帝、明帝、宋孝武帝,皆负世议,非懿德之君也。自子游、子夏、荀况、孟轲、枚乘、贾谊、苏武、张衡、左思之俦,有盛名而免过患者,时复闻之,但其损败居多耳。②

颜之推以儒家仁、义、忠、孝、礼、智、信等标准来衡量古来文人的言行和性格,并对他们"负世议"、不能"免过患"作了分析。认为主要原因就在于文章这种体裁便于人抒发"性灵",从而使人自以为是,只知冒进而忽视对别人的尊重等,所谓:"每尝思之,原其所积,文章之体,标举兴会,发引性灵,使

① (梁)刘勰著,周振甫注:《文心雕龙注释》,第525页。
② 《颜氏家训集解》(增补本),第237—238页。

人矜伐,故忽于持操,果于进取。今世文士,此患弥切,一事惬当,一句清巧,神厉九霄,志凌千载,自吟自赏,不觉更有傍人。加以砂砾所伤,惨于矛戟,讽刺之祸,速乎风尘,深宜防虑,以保元吉。”①颜之推的这种分析在今天看来虽有可商榷之处,因为人的行为过失是由多种因素造成,正如马斯洛所说:“某种行为的产生,绝不是由单纯的惟一的需要或者单一的因素来决定的。”“也可以这样说,大多数行为由多种动机促成。在动机决定因素的范围内,任何行为都往往由几个或者全部基本需要同时决定,而不是由其中的一个决定。”②但在南北朝时期,颜之推的这种分析可以说又有其道理。刘勰在《文心雕龙》里就说:“故文能宗经,体有六义:一则情深而不诡,二则风清而不杂,三则事信而不诞,四则义直而不回,五则体约而不芜,六则文丽而不淫。”③如果文章皆能依次而为,那也就不存在“标举兴会,发引性灵,使人矜伐”而至于“忽于持操,果于进取”的“轻薄”了。与颜之推持同样观点者还有陈吏部尚书姚察,他说:“魏文帝称古之文人,鲜能以名节自全。何哉?夫文者妙发性灵,独拔怀抱,易邈等夷,必兴矜露。大则凌慢侯王,小则傲蔑朋党,速忌离忧,启自此作。若夫屈、贾之流斥,桓、冯之摈放,岂独一世哉,盖恃才之祸也。”④而与颜之推一样以儒教衡量文人品行者则有北周的杨遵彦,他在《文德论》中就“以为古今辞人皆负才遗行,浇薄险忌,唯邢子才、王元景、温子昇彬彬有德素”⑤。可见,魏晋南北朝时期,尽管儒家思想在思想界一统地位已经丧失,但在社会上一直秉承儒家思想的文人、学者还是把文人的操行纳入儒家思想的规范中来评判和拷问,并认为很大程度上文人失节之因由就在于文学创作。而颜之推对文人操守的注重不仅是对时代文学创作的某种呼应,也是他力求修身、以儒立业扬名思想的必然要求。

综上,颜之推作为一个出生于世业儒学的家族且历经南、北的学者,在盛行的“文章,经国之大事”和“立德、立功、立言”三不朽思想以及社会环境等综合影响下,同时也在吸取前人的成果之上,他形成了自己的文学观。在文章的语言运用上,他强调正确运用语言,在不同的语言环境使用不同的语言,依不同的身份使用不同的语言;在文章风格上,他既不放弃家世文章的“典正”,又不舍弃时俗文体的合理发展,所以主张文体上“宜以古之制裁为本,今之辞调为末,并须两存,不可偏弃也”。在文章内容上,他强调文章要

---

① 《颜氏家训集解》(增补本),第238页。
② (美)马斯洛著,成明编译:《马斯洛人本哲学》,北京:九州出版社2006年版,第44页。
③ (梁)刘勰著,周振甫注:《文心雕龙注释》,第19页。
④ 《梁书》卷50《颜协传》,第727—728页。
⑤ 《魏书》卷85《温子昇传》,第1876页。

有思想性并富有感情，以及能正确和恰当地选用典故；在文章价值上，他认为，文章首先在于服务教化和实现经国之用，其次才是它的审美愉悦体会和感受；而在文人操行方面，颜之推认为文人应该“宗经”，这样才能避免“陷于轻薄”和“忽于持操，果于进取”。颜之推所提出的这一系列观点，大多从实际出发，适应现实需要，在文学创作上也有很大的指导意义，正如罗根泽先生所说：“北朝的文学理论，在当时最有权威的恐怕是苏绰，到现在最值得论述的却是颜之推。”①钱钟书也认为：“之推《家训》论文甚精，观此篇自注，亦征其深解著作义法，非若谢灵运、张渊徒能命笔，不识体要也。”②甚至今人认为：“颜之推的文论，在某些重要方面对于南北朝文学思想具有总结性的意义。”③

第二节　颜之推与史学

一、颜之推的史学意识

作为“三为亡国之人”的颜之推生于乱世，一生颠沛流离，备尝艰苦，亲身经历和耳闻目睹了这时期的政治斗争和社会变革，因此在他写下的《观我生赋》和《颜氏家训》中也就包含了诸多这时期的历史资料，特别是对他曾经出仕的梁末和北齐后期政治生活作出了一些真实记录，并对其灭亡之因作出了一定反省。从这个角度来讲，《观我生赋》和《颜氏家训》并非仅仅一般文学著作，也是历史记载文献。由此，可以看出，在颜之推身上体现有较为强烈的史家意识④。具体而言，这些史家意识主要表现在以下几方面。

（一）对后三国政治社会变革的反映

后三国是相对于前三国魏、蜀、吴三个政权对峙而言。南北朝后期，南北再次出现了三个政权梁、东魏和西魏互相对立的局面，虽然三者之间发生的政治、军事、外交斗争远没有魏、蜀、吴三国来得那么轰轰烈烈和长久，但其时人们乃至后人自不妨以三国比之。为区别前三国而便于研究，今人始

---

① 罗根泽：《中国文学批评史》（一），北京：古典文学出版社1957年版，第252页。

② 钱钟书：《管锥篇》，北京：中华书局1979年版，第85页。

③ 王运熙、杨明著：《中国文学批评通史·魏晋南北朝卷》，上海：上海古籍出版社1985年版，第597页。

④ 目前学界关于颜之推史学思想方面的研究成果主要为程时用的《论〈颜氏家训〉的史学特征》（《临沂师范学院学报》2008年第3期），但程文对《颜氏家训》中涉及的一些历史虽有一定论述，却过多论及了丧葬、避讳、信仰、礼仪、称谓等风俗方面内容，从而对《颜氏家训》中记载的历史事件分析的并不多，且对颜之推的史学意识等也没有涉及。

有以后三国称之者。笔者以为尚可,便沿用这一称谓。①

在颜之推所著《观我生赋》和《颜氏家训》中,对后三国政权的政治、军事就有不少记载。

一是对梁末政治的记载。首先是对侯景之乱事变的反映。在《观我生赋》中对侯景之乱的记载颇为详细,追述了事变的缘起、发展和造成的后果。其中对造成侯景之乱的直接缘由,颜之推以为是梁武帝收养萧正德为长子后又将其送回不予收养之事,导致了萧正德助纣为虐而迎纳侯景,并与侯景沆瀣一气等情况。其曰:②

> 问我良之安在,钟厌恶于有梁。养傅翼之飞兽,梁武帝纳亡人侯景,授其命,遂为反叛之基。子贪心之野狼。武帝初养临川王子正德为嗣,生昭明后,正德还本,特封临贺王。犹怀怨恨。经叛入北而还,积财养士,每有异志也。初召祸于绝域,重发衅于萧墙。正德求征侯景,至新林,叛投景,景立为主,以攻台城。

对侯景之乱给梁政权造成的灾难,颜之推也作了真实记载。如:"犇虏快其余毒,缧囚膏乎野草","慨黍离于清庙,怆麦秀于空廛,鼖鼓卧而不考,景钟毁而莫悬,野萧条以横骨,邑阒寂而无烟。畴百家之或在,覆五宗而翦焉。独昭君之哀奏,唯翁主之悲弦"。

这其中,颜之推对梁武死后,继位的萧纲仍受侯景掌控、最后被废杀的情况也作了一定程度上的反映。如:"武皇忽以厌世,白日黯而无光,既飨国而五十,何克终之弗康。嗣君听于巨猾,每凛然而负芒。""贼弃甲而来复,肆犕距之雕鸢,积假履而弑帝。"

其次,叙述了梁元帝萧绎征兵潇湘与侄儿兵戎相斗等情况。于这其中,颜之推认为造成萧詧之子和萧绎争斗的原因在于,梁武帝在昭明太子死后重立皇位继承人时立长不以嫡。他说:

> 世祖赫其斯怒,奋大义于沮漳。授犀函与鹤膝,建飞云及艅艎,北征兵于汉曲,南发餫于衡阳。湘州刺史河东王誉、雍州刺史岳阳王詧并隶荆州都督府。昔承华之宾帝,实兄亡而弟及;昭明太子薨,乃立晋安王为太子。逮皇孙之失宠,叹扶车之不立。嫡皇孙驩出封豫章王而薨。间王道之多难,各私求于京邑,襄阳阻其铜符,长沙闭其玉粒。

---

① 参见拙著《后三国梁末北迁士人研究》之"绪论",第1—2页。

② 下面引文中凡涉及小一号字体皆为颜之推自注文。

子既殒而姪攻，昆亦围而叔袭，褚乘城而宵下，杜倒戈而夜入。孝元以河东不供船艎，乃遣世子方等为刺史。大军掩至，河东不暇遣拒。世子信用群小，贪其子女玉帛，遂欲攻之，故河东急而逆战，世子为乱兵所害。孝元发怒，又使鲍泉围河东。而岳阳宣言大猎，即拥众袭荆州，求解湘州之围。时襄阳杜岸兄弟怨其见劫，不以实告，又不义此行，率兵八千夜降，岳阳于是遁走。河东府褚显族據投岳阳。所以湘洲见陷也。

再次，对萧绎的勤王军胜利平定侯景之乱的情况也作了某种记录。如："遏西土之有众，资方叔以薄伐；永宁公以司徒为大都督。抚鸣剑而雷咤，振雄旗而云窣，千里追其飞走，三载穷于巢窟，屠蚩尤于东郡，挂郅支于北阙。"

同样，在《颜氏家训》里也有关于侯景之乱事变的一定反映，只不过它没有《观我生赋》记载叙述得那么全面和详细，它只是对其中某一个细节方面作了些记载，以反映当时梁朝廷军队的某些状况。如：

侯景初入建业，台门虽闭，公私草扰，各不自全。太子左卫率羊侃坐东掖门，部分经略，一宿皆办，遂得百余日抗拒凶逆。于时，城内四万许人，王公朝士，不下一百，便是恃侃一人安之，其相去如此。①

此记载反映了梁武末年建康城内军队中缺乏将帅统领之情况。对侯景之乱所造成的后果，《家训》中也有记载，如："侯景之乱，王公将相，多被戮辱，妃主姬妾，略无全者。"②

此外，《颜氏家训》对梁末士族的生活情况也有反映，如在《勉学》中就说：

梁朝全盛之时，贵游子弟，多无学术，至于谚云："上车不落则著作，体中何如则秘书。"无不熏衣剃面，傅粉施朱，驾长檐车，跟高齿屐，坐棋子方褥，凭斑丝隐囊，列器玩于左右，从容出入，望若神仙。明经求第，则顾人答策；三九公宴，则假手赋诗。当尔之时，亦快士也。及离乱之后，朝市迁革，铨衡选举，非复曩者之亲；当路秉权，不见昔时之党。求诸身而无所得，施之世而无所用。被褐而丧珠，失皮而露质，兀若枯木，泊若穷流，鹿独戎马之间，转死沟壑之际。

① 《颜氏家训集解》（增补本），第136页。
② 《颜氏家训集解》（增补本），第363页。

最后，对梁江陵政权被西魏无端侵略和倾覆作了反映。在《观我生赋》中，颜之推以亡国之痛面对现实，对西魏无端兴兵攻陷江陵所作野蛮行为作了记录。其曰：

> 惊北风之复起，惨南歌之不畅，秦兵继来。守金城之汤池，转绛宫之玉帐。孝元自晓阴阳兵法，初闻贼来，颇为厌胜，被围之后，每叹息，知必败。徒有道而师直，翻无名之不抗。孝元与宇文丞相断金结和，无何见灭，是师出无名。民百万而囚虏，书千两而烟炀，溥天之下，斯文尽丧。怜婴孺之何辜，矜老疾之无，夺诸怀而弃草，踣于途而受掠。冤乘舆之残酷，轸人神之无状，载下车以黜丧，掩桐棺之藁葬。云无心以容与，风怀愤而憀恨。井伯饮牛于秦中，子卿牧羊于海上，留钏之妻，人衔其断绝，击磬之子，家缠其悲怆。

这其中既点出了西魏无端侵略江陵和梁元帝放弃抵抗之事实①，又对西魏军惨无人道地屠杀百姓乃至梁元帝的行为作了反映，可以说西魏对江陵造下的罪恶是天怒人怨。

二是对北朝政权政治的反映。颜之推虽在高洋统治时由西魏逃入北齐，但他真正出仕北朝在武成帝河清末年，也就是说，他真正深入接触北齐政治生活是在河清末年以后，因此颜之推也就对这以后的北齐政治有较多反映。如在《观我生赋》中说：

> 予武成之燕翼，遵春坊而原始，唯骄奢之是修，亦佞臣之云使。武成奢侈，后宫御者数百人，食于水陆，贡献珍异，至乃厌饱，弃于厕中。裤衣悉罗缬锦绣珍玉，织成五百一段。尔后宫掖遂为旧事。后主之在宫，乃使骆提婆母陆氏为之，又胡人何洪珍等为左右，后皆预政乱国焉。用夷吾而治臻，昵狄牙而乱起。祖孝徵用事，则朝野翕然，政刑有纲纪矣。骆提婆等苦孝徵以法绳己，谮而出之。于是教令昏僻，至于灭亡。

颜之推在河清末年入仕，尽管只是赵州功曹参军，一个地方州府上的官员，但他已深感北齐政治上的种种弊端，后来调入朝廷后就更进一步切身感受到北齐政治的腐败和凶险。上面这些文字可以说既反映了武成帝高湛和

① 颜之推以为西魏是无端入侵江陵，这只是从他的角度而言。若综合考虑，西魏突袭江陵蓄谋已久固然是一方面，但另一方面梁元帝萧绎在外交上的不当举措也为西魏提供了一定借口。参见拙著《后三国梁末北迁士人研究》，第64—65页。

后主高纬在位时不理朝政、奢侈昏庸的腐败情况，也反映了北齐后期政治上一方面存在汉族贵族和鲜卑贵族的政治斗争，另一方面则是鲜卑贵族控政而致国乱灭亡的情况。

同时，他对北齐自梁末侯景之乱以来趁火打劫而不断蚕食梁疆域的事实作了记载：

> 日太清之内衅，彼天齐而外侵，始蹙国于淮浒，遂压境于江浔。侯景之乱，齐氏深斥梁家土宇，江北、淮北唯余庐江、晋熙、高唐、新蔡、西阳、齐昌数郡。至孝元之败，于是尽矣，以江为界也。获仁厚之麟角，克俊秀之南金，爰众旅而纳主，车五百以敻临。齐遣上党王涣率兵数万纳梁贞阳侯明为主。

侯景叛乱东魏，梁武帝却置梁、东魏多年友好外交不顾而纳侯景，对此事高氏朝廷可谓一直耿耿于怀，所以它不但通过外交手段逼迫侯景再次叛乱梁朝，还在侯景乱梁之际，大举侵占梁的北方领土。与此同时，它还假惺惺地在萧绎于江陵登基称帝后与萧绎重建友好关系，敦睦友好；可是在西魏陷落江陵后即企图扶持萧渊明为梁主，从而控制梁政治。① 可以说，颜之推在赋中对高氏乘侯景之乱侵略梁朝的记载正印证着高氏政权借侯景以乱梁、弱梁乃至控制和占有梁之意图。

同样，《颜氏家训》对北齐政治也有所反映。如《教子》篇曰："齐朝有一士大夫，尝谓吾曰：'我有一儿，年已十七，颇晓书疏，教其鲜卑语及弹琵琶，稍欲通解，以此伏事公卿，无不宠爱，亦要事也。'"②这其实反映了北齐政界为鲜卑贵族当权和把持朝政，以及汉族士人中某些人为取得权势对鲜卑勋贵逢迎巴结的情况。对这种鲜卑勋贵占据北齐政权用事情况，《慕贤》中也有反映，如：

> 齐文宣帝即位数年，便沈湎纵恣，略无纲纪；尚能委政尚书令杨遵彦，内外清谧，朝野晏如，各得其所，物无异议，终天保之朝。遵彦后为孝昭所戮，刑政于是衰矣。斛律明月齐朝折冲之臣，无罪被诛，将士解体，周人始有吞齐之志，关中至今誉之。此人用兵，岂止万夫之望而已也！国之存亡，系其生死。③

---

① 关于北齐这时期的外交，笔者在《后三国时期外交与政局的变迁》(《许昌学院学报》2009年第3期)有较详细论述，可参见。

② 《颜氏家训集解》(增补本)，第21页。

③ 《颜氏家训集解》(增补本)，第138页。

此外,《省事》篇对北齐政权政以贿成之情况也有一定揭露。其曰:“齐之季世,多以财货托附外家,喧动女谒。拜守宰者,印组光华,车骑辉赫,荣兼九族,取贵一时。而为执政所患,随而伺察,既以利得,必以利殆,微染风尘,便乖肃正,坑阱殊深,疮痏未复,纵得免死,莫不破家,然后噬脐。”①

三是对梁末用人和吏治情况的反映。梁朝用人情况基本上继承了晋、宋、齐的国策,那就是优待士族,挤压和役使寒族。对此,《颜氏家训》中即有不少反映。如《涉务》中就曰:“故江南冠带,有才干者,擢为令仆已下,尚书郎中书舍人已上,典掌机要。其余文义之士,多迂诞浮华,不涉世务;纤微过失,又惜行捶楚,所以处于清高,盖护其短也。至于台阁令史,主书监帅,诸王签省,并晓习吏用,济办时须,纵有小人之态,皆可鞭杖肃督,故多见委使,盖用其长也。”②又如:“上车不落则著作,体中何如则秘书。”可以说,这些记载既反映出士族在南北朝时期一方面继续享受着“贵仕素资,皆由门庆,平流进取,坐至公卿”③的待遇,一方面则逐渐演变为社会寄生虫而失去积极进取精神的状况。而“朝市迁革,铨衡选举,非复曩者之亲;当路秉权,不见昔时之党”④则又反映出了士族仕宦几乎都依靠特权门资和社会关系的这一现象。

于梁末吏治,《颜氏家训》也有涉及。如“梁世被系劾者,子孙弟侄,皆诣阙三日,露跣陈谢;子孙有官,自陈解职。子则草屩粗衣,蓬头垢面,周章道路,要候执事,叩头流血,申诉冤枉。”官吏犯罪,家人申诉方式是否合乎礼制则成为量刑轻重依据之一,这说明梁朝吏治多参礼制,多受儒家礼的影响,事实上在很大程度上已经把礼作为司法评判的一种主要依据。这点还表现在:“江南诸宪司弹人事,事虽不重,而以教义见辱者,或被轻系而身死狱户者,皆为怨仇,子孙三世不交通矣。”⑤此又表明梁司法体系中不但已把“春秋大义”奉为量刑裁判标准之一,也作为履行职责标准之一。

(二)对历史事件的反思

作为一个史学家或具有史学意识者,对过去历史,他要做的不仅是有选择的记载,还要给予一定反思后的评论,以便给后人更好地鉴往知来的启示。这点可以说在《颜氏家训》和《观我生赋》中都有一定反映。

一是对梁末政治的反思。对梁末政治衰败之因,颜之推虽没有以政论

① 《颜氏家训集解》(增补本),第335页。
② 《颜氏家训集解》(增补本),第318页。
③ 《南齐书》卷23《王俭传》,第438页。
④ 《颜氏家训集解》(增补本),第148页。
⑤ 《颜氏家训集解》(增补本),第120页。

文的形式给出专门阐述,但在《颜氏家训》和《观我生赋》中还是列出了一些,不过它们又多是颜之推以某种社会现象或结合某种政治、社会现象的形式呈现出来的。这其中,颜之推为我们揭示梁政权衰败一个主要原因就是过分优待士族,致使士族缺乏进取精神,以致他们倚仗先祖之功和士族特权,多不学无术,缺少经世之才,还占据着大量官爵。这些上文已有所论。另一个原因则是梁士族崇尚虚华而缺少务实精神,更缺少实际事务的操作能力。他说:

梁世士大夫,皆尚褒衣博带,大冠高履,出则车舆,入则扶侍,郊郭之内,无乘马者。周弘正为宣城王所爱,给一果下马,常服御之,举朝以为放达。至乃尚书郎乘马,则纠劾之。及侯景之乱,肤脆骨柔,不堪行步,体羸气弱,不耐寒暑,坐死仓猝者,往往而然。①

又说:

江南朝士,因晋中兴,南渡江,卒为羁旅,至今八九世,未有力田,悉资俸禄而食耳。假令有者,皆信僮仆为之,未尝目观起一墢土,耘一株苗;不知几月当下,几月当收,安识世间余务乎?故治官则不了,营家则不办,皆优闲之过也。②

在颜之推看来,放眼梁末以士族为代表的士大夫阶层,多见他们"耻涉农商,差务工伎,射则不能穿札,笔则才记姓名,饱食醉酒,忽忽无事,以此销日,以此终年。或因家世余绪,得一阶半级,便自为足,全忘修学;及有吉凶大事,议论得失,蒙然张口,如坐云雾;公私宴集,谈古赋诗,塞默低头,欠伸而已"③。所以颜之推认为他们"难可以应世经务也"④,由此,这些士大夫也就不能对维护梁政权起到任何支撑和促进作用。士族如此衰败,而梁政权尚纵容之,予以高官厚爵,这也就自然导致官僚阶层普遍堕政、慵懒无为、不思进取。然而梁末官场腐败和风气不振还不止此,在士族享乐、尚文的氛围中,武职越来越被轻贱,非但士族少为之,就是原本武职出身者也不再希

① 《颜氏家训集解》(增补本),第322页。
② 《颜氏家训集解》(增补本),第324页。
③ 《颜氏家训集解》(增补本),第143页。
④ 《颜氏家训集解》(增补本),第317页。

望后人从事武职，“不习武事”①似乎已成为梁末普遍现象，这也导致侯景之乱时，梁建康城内乏将而戍之局面。这里颜之推虽然没有说明侯景之乱后梁政权日暮途穷的根源就是梁末士大夫的堕政，但他诸多有关梁末士大夫的论说至少说明了梁末士大夫精神上的懈怠、空虚与堕政亦是梁政权在侯景之乱乃至梁末政局不举的一个重要原因。

颜之推对梁末侯景之乱的原因也作了反思。在《观我生赋》中，他认为其根本之因在于“梁武帝纳亡人侯景，授其命，遂为反叛之基”；对侯景之所以能攻陷郢州致使萧方诸被杀，他认为是萧绎“仗御武于文吏，委军政于儒生”的结果，即“以虞预为郢州司马，领城防事。以鲍泉为郢州行事，总摄州府也”，最后造成“王凝坐而对寇，向诩拱以临兵”，从而在“宋子仙、任约步道偷郢州城，(虞)预无备”②情况下，郢州城终于陷落。

二是对北齐政治的反思。颜之推因为后半生几乎都是在北齐度过，所以于北齐末年的政治状况颜之推不仅较为熟悉，给予了较多记载和反映，如上文所述，亦有对其政治上失败的不少反思。如在《颜氏家训》中，对高齐后主晚年信用群小并让其把持朝政的历史，颜之推就有画龙点睛的评论。他认为：“张延隽之为晋州行台左丞，匡维主将，镇抚疆场，储积器用，爱活黎民，隐若敌国矣。群小不得行志，同力迁之；既代之后，公私扰乱，周师一举，此镇先平。齐亡之迹，启于是矣。”③在《观我生赋》中，他对北齐末年衰政原因也作了思考，认为武成王高湛“后宫御者数百人”及“唯骄奢之是修”的原因之一就是“亦佞臣之云使”，在用人上，“祖孝徵用事，则朝野翕然，政刑有纲纪矣。骆提婆等苦孝徵以法绳己，谮而出之。于是教令昏僻，至于灭亡”。而后主又因“诚怠荒于度政”，才造成北周军队“惋驱除之神速，肇平阳之烂鱼，次太原之破竹”，“迷识主而状人，竞已栖而择木，六马纷其颠沛，千官散于犇逐”④的结果。

(三)寓褒贬爱憎于文字间

除了以文学笔调来记录历史事件并给予评论性的反思外，颜之推的史家意识还体现在他或直接或间接地把自己对人物、事件的爱憎与褒贬寄寓于字词句之中。如“勤王逾于十万，曾不解其扼吭，嗟将相之骨鲠，皆屈体于犬羊。台城陷，援军并问讯二宫，致敬于侯景也”，便用“屈体”“犬羊”直接表达了对侯景之乱时梁之将领投降侯景这一卑鄙行为的谴责。在《颜氏家

① 《梁书》卷56《侯景传》，第863页。
② 《北齐书》卷45《颜之推传》，第620页。
③ 《颜氏家训集解》(增补本)，第140页。
④ 《北齐书》卷45《颜之推传》，第624页。

训》中,他所谓:“吾见世中文学之士,品藻古今,若指诸掌,及有试用,多无所堪。居承平之世,不知有丧乱之祸;处庙堂之下,不知有战陈之急;保俸禄之资,不知有耕稼之苦;肆吏民之上,不知有劳役之勤,故难可以应世经务也。”①则是通过对比的形式将梁末以士族为代表的士大夫只善纸上谈兵而不通实务的情况表现出来,但字里行间又表现出颜之推对这些士大夫的轻视、贬斥。再如其所谓:“吾见名臣贤士,临难求生,终为不救,徒取窘辱,令人愤懑。”②也是以诸如“愤懑”“临难求生”“窘辱”等词语直接对人物加以褒贬。类似的例子在《颜氏家训》和《观我生赋》中还有不少,这里就不一一列举了。

总之,不论是《颜氏家训》还是《观我生赋》,颜之推都以文学纪实的方式在一定程度上对梁末后三国的历史作了记载,对一些事件和人物还给予了反思和评论。而颜之推也在这样叙述和记录的文字中寄寓了自己对人、事的爱憎之情、褒贬之意,显示出他效仿和遵行儒家圣人“春秋笔法”的做法,从而从一个侧面体现出了他对儒家是非伦理道德标准的坚持。南宋时,叶适就说:“颜之推学博文丽,《观我生赋》不失雅正之体,叙梁齐间事,可以考正,非江南文士所能及也。”③因此可以说,颜之推不仅是一个传统的士大夫,更是一个极具史家意识的学者。

二、颜之推的史学观

尽管颜之推没有撰写专门的史书,但从《颜氏家训》和《观我生赋》中所记载和反映的关于梁末后三国时期的一些史事可看出,颜之推不仅对历史记载有明确的责任感,还有着对后世传播历史的使命感,并且深得著史之法。可能正因为有着厚重的史学意识,对著史亦颇有经验和章法,所以入隋后,他被诏为内史,并参与对魏收《魏书》之修改。虽然由颜之推等人修撰的《魏书》没有传承下来,我们无法进一步领会颜之推的史笔、史识,但透过《颜氏家训》和《观我生赋》,我们依然不难看出颜之推史学观之大概。

(一)以儒家是非来评判事物

颜之推出生于儒学世家,又沿先人足迹继续坚持儒学为传家之业,所以不论他的立身、处世,还是他对下一代的教育中,我们都可以看出,他始终都以儒家思想为衡定事物的标准,以儒家所是为是,以儒家所非为非。这反映在他的历史观上也就表现为:

---

① 《颜氏家训集解》(增补本),第317页。

② 《颜氏家训集解》(增补本),第363页。

③ (宋)叶适著:《习学记言序目》,北京:中华书局1977年版,第518页。

一是以儒家的立身观来评判士人的立世得失。儒家重生命，更重道义。孔子说："志士仁人，无求生以害仁，有杀身以成仁"①，"君子食无求饱，居无求安，敏于事而慎于言，就有道而正焉"②，"富与贵是人之所欲也，不以其道得之，不处也；贫与贱是人之所恶也，不以其道得之，不去也。君子去仁，恶乎成名？君子无终食之间违仁，造次必于是，颠沛必于是"③。再如曾子曰："吾日三省吾身：为人谋而不忠乎？与朋友交而不信乎？"④孟子也说："富贵不能淫，威武不能屈，贫贱不能移，此之谓大丈夫。"⑤子夏曰："贤贤易色；事父母，能竭其力；事君，能致其身；与朋友交，言而有信。虽曰未学，吾必谓之学矣。"⑥可见，儒家言必称仁，行必为义，为人忠信孝悌，坚守道义、洁身自好是其修身立世的基本原则。两汉以来以儒家思想治国，因此士大夫无论修身、言论、做事、修史、处世也无不遵行之。

颜之推深受儒家思想之影响，他认为："夫生不可不惜，不可苟惜。涉险畏之途，干祸难之事，贪欲以伤生，谗慝而致死，此君子之所惜哉；行诚孝而见贼，履仁义而得罪，丧身以全家，泯躯而济国，君子不咎也。"在他看来，士大夫学的是儒家忠义，言行举动自然也应该符合儒家忠义，知行必须合一；在生存和道义二者间，应该选择道义而不是贪生怕死，应该做孟子所说的大丈夫。所以他颜之推就这样做了，由西魏逃亡北齐借道回南就是这样的行为。由此，对现实中诸名臣贤士"临难求生，终为不救，徒取窘辱"之行为，他感到非常"愤懑"⑦。所以在《观我生赋》里，他用"嗟将相之骨鲠，皆屈体于犬羊"来贬斥梁之将相在建康陷落后"致敬于侯景"⑧之丑态；在《颜氏家训·勉学》中盛赞北齐宦者田鹏鸾至死不屈于北周的同时，对北齐投降之将相大加贬斥，以为"比敬宣之奴不若也"⑨。此外，在《养生》篇，他又对吴郡太守张嵊"建义不捷，为贼所害，辞色不挠"⑩和鄱阳王世子谢夫人守节骂贼而亡的行为盛赞不已，在《文章》篇里又推崇"不屈二姓，夷、齐之节也"⑪。

同样，评价历史人物时，颜之推遵循的也是儒家的品德标准及王道思

---

① 《论语·卫灵公》，见程树德集释：《论语集释》（四），第 1073 页。
② 《论语·学而》，见程树德集释：《论语集释》（一），第 52 页。
③ 《论语·里仁》，见程树德集释：《论语集释》（一），第 232 页。
④ 《论语·学而》，见程树德集释：《论语集释》（一），第 18 页。
⑤ 《孟子·滕文公下》，见（清）焦循正义，沈文倬点校：《孟子正义》，第 419 页。
⑥ 《论语·学而》，见程树德集释：《论语集释》（一），第 30 页。
⑦ 《颜氏家训集解》（增补本），第 362 页。
⑧ 《北齐书》卷 45《颜之推传》，第 619 页。
⑨ 《颜氏家训集解》（增补本），第 202 页。
⑩ 《颜氏家训集解》（增补本），第 363 页。
⑪ 《颜氏家训集解》（增补本），第 258 页。

想。如在论及玄学时,他评何晏、王弼等玄学名士曰:

> 何晏、王弼,祖述玄宗,递相夸尚,景附草靡,皆以农、黄之化,在乎己身,周、孔之业,弃之度外。而平叔以党曹爽见诛,触死权之网也;辅嗣以多笑人被疾,陷好胜之阱也;山巨源以蓄积取讥,背多藏厚亡之文也;夏侯玄以才望被戮,无支离拥肿之鉴也;荀奉倩丧妻,神伤而卒,非鼓缶之情也;王夷甫悼子,悲不自胜,异东门之达也;嵇叔夜排俗取祸,岂和光同尘之流也;郭子玄以倾动专势,宁后身外己之风也;阮嗣宗沈酒荒迷,乖畏途相诫之譬也;谢幼舆赃贿黜削,违弃其余鱼之旨也:彼诸人者,并其领袖,玄宗所归。①

在颜之推眼里,这些名士固为玄学领袖人物,但无不有这样或那样的缺点和不足,因此也就难逃被杀被刑被讥甚至短命等结局,至于"其余桎梏尘滓之中,颠仆名利之下者,岂可备言乎!"站在儒教立场上,颜之推认为这些人擅长的不过是"清谈雅论,剖玄析微,宾主往复,娱心悦耳,非济世成俗之要也"②。更为重要的一点是,他以儒家中庸处世思想来衡量诸人的言行,于是看谁都不免有一二不足和缺点。由此观之,大凡对儒家思想有言行上背离或偏离者,甚至是不以儒家思想为重之玄学名士,颜之推都会挑剔指责。不知在数说这些玄学名士陷"桎梏尘滓之中"或为"颠仆名利之下者"时,颜之推是否忘记自己毕命奔趋和要求子孙努力去追求的也是名利,事实上,他自己正是一个深陷"桎梏尘滓之中"和"颠仆名利之下者"。

对站在儒家思想对立面的玄学名士,颜之推不惜笔墨予以挞伐,而对历史上其他文学名士,他也从立身不稳、言行不端来予以指责。此可见上文所引他所说的"自古文人多陷轻薄"中所列举。不难看出,颜之推所列的这些名士有的确以文学著名,但也有不少同样以儒学或以坚守儒家思想著称者,如刘歆、班固、马融、蔡邕、孔融等,颜之推一概论以文人轻薄,不免也有失轻率。不过,如果相比颜之推所说"自子游、子夏、荀况、孟轲、枚乘、贾谊、苏武、张衡、左思之俦,有盛名而免过患者,时复闻之"③,就可发现,颜之推又是以儒家的"品德人伦"来衡量、品鉴这些人的。可以说,儒家的伦理观和价值观已经成为颜之推臧否历史人物最基本的依据和准绳。

二是以儒家思想评判历史。在民族关系方面,儒家主张"夷夏之辨"而

---

① 《颜氏家训集解》(增补本),第186—187页。
② 《颜氏家训集解》(增补本),第187页。
③ 《颜氏家训集解》(增补本),第238页。

“内诸夏而外夷狄”①,汉晋以来这种夷夏有别的意识在社会上愈加根深蒂固,不但前有班固“夷狄之人贪而好利,被发左衽,人面兽心。其与中国殊章服,异习俗,饮食不同,言语不通”②之说,后又有江统《徙戎论》之出现,且汉西晋以来,少数民族首领自身也有着这种强烈的华夏和夷狄之别意识。如三国时鲜卑轲比能就说:“我夷狄虽不知礼仪。”③十六国时西北首领段匹磾就说:“吾夷狄慕义。”④所以尽管北魏时孝文帝进行过汉化改革,一度使洛阳尽显“礼仪富盛,人物殷阜”“帝京翼翼,四方之则”⑤的盛况,但这种夷夏有别意识在南北朝后期士人阶层中依然鲜明存在。颜之推即深具这种意识,他说:“内诸夏而外夷狄,骤五帝而驰三王。”并说:“大道寝而日隐,《小雅》摧以云亡。”⑥在他看来,中原周边民族本是和中原汉人生活在不同地域的不同民族者,他们本应该安分守己,而不应侵入中原汉人生活地区。他们的入侵不但使得中原政权覆灭,也使汉文化遭受摧残、儒道沦丧。虽然颜氏的这种看法并非全面,但也一定程度上点出了西晋末年周边民族入主中原过程中进行的杀戮、抢劫、焚烧等给中华民族的发展进程造成了延缓。因此在对待文化继承和传播上,颜之推主张汉文化的本位性和正统性以及对中原母语的尊重,反对迎合世俗、谄媚当权而习鲜卑语。对此顾炎武叹曰:“嗟乎!之推不得已而仕于乱世,犹为此言,尚有《小宛》诗人之意。彼奄然媚于世者,能无愧哉!”⑦再如对待女性在家庭中的地位,颜之推有“妇主中馈”云云,这其实也正是以儒家思想来评定妇女在家庭之地位和作用者。如《易·家人》就说:“无攸遂,在中馈。”唐孔颖达疏曰:“妇人之道,巽顺为常,无所必遂。其职所主,在于家中馈食供祭而已。”⑧《诗经》说:“无非无仪,唯酒食是议。”⑨也认为女子终身从事的主要事务就是家庭内的酒食置办。

(二)尚《春秋》之褒贬以扬善惩恶

《春秋》本为春秋时期鲁国史书,后经孔子笔削才成为儒家经典著作之一,并为后世儒学门徒所奉习。自汉以来,《春秋》就被看作“上明三王之

---

① 李学勤主编:《十三经注疏·春秋公羊传注疏》,北京:北京大学出版社1999年版,第400页。

② 《汉书》卷94《匈奴传》,第3834页。

③ 《三国志·魏书》卷30《鲜卑传》,第839页。

④ 《晋书》卷63《段匹磾传》,第1711页。

⑤ (北魏)杨衒之著,杨勇校笺:《洛阳伽蓝记校笺》,北京:中华书局2006年版,第114页。

⑥ 《北齐书》卷45《颜之推传》,第618页。

⑦ (清)顾炎武著,(清)黄汝成集释,栾保群、吕宗力校点:《日知录集释》,石家庄:花山文艺出版社1990年版,第603页。

⑧ 李学勤主编:《十三经注疏·周易正义》,第159页。

⑨ 李学勤主编:《十三经注疏·毛诗正义》,北京:北京大学出版社1999年版,第691页。

道，下辨人事之纪，别嫌疑，明是非，定犹豫，善善恶恶，贤贤贱不肖，存亡国，继绝世，补敝起废，王道之大者也”①的经书。经过孔子删定的《春秋》倡导了一种以一字定褒贬的“空言”载道著史方法，从而使逆臣贼子为之惧。这也成了后世著史评史的一种范式：寓褒贬于材料和字句之间，以达到扬善惩恶的目的。

颜氏一门以《周官》《左传》为家传之业，要求子孙“绍家世之业”的颜之推对春秋大义并不陌生，对《春秋》以“空言”载道的笔法颇为熟悉。所以在《颜氏家训》和《观我生赋》中，他也多仿效春秋书法将对人、事的褒贬和对是非的看法寓于字句之中，甚至直接坦言之。如在《颜氏家训》中，颜之推记录羊侃抗击侯景时曰：“侯景初入建业，台门虽闭，公私草扰，各不自全。太子左卫率羊侃坐东掖门，部分经略，一宿皆办，遂得百余日抗拒凶逆。”②就褒赞了羊侃在侯景之乱时维护建康的能力和举措，而此处“凶逆”便是贬斥祸乱梁朝的侯景。再如他用“贼弃甲而来复，肆觜距之雕鸢，积假履而弑帝”来指侯景叛梁及其跋扈气势和逼害梁武帝事件，其中“贼”“肆”“弑”即有鲜明的贬斥色彩；此外又用“徒有道而师直，翻无名之不抗”③来叙说西魏毫无凭据的背信弃义对江陵进行侵略。在记载北齐张延隽在北齐政权中的作用时，他则说：“张延隽之为晋州行台左丞，匡维主将，镇抚疆场，储积器用，爱活黎民，隐若敌国矣。群小不得行志，同力迁之。”④这其中就用了“匡维”“镇扶”“储积”“爱活”等词褒赞张延隽在北齐疆场上保民安边、抗衡北周入侵的不可替代的位置和作用，而用“群小”贬指穆提婆等人。在《观我生赋》里也不乏这样以褒贬来扬善惩恶的地方。如在“养傅翼之飞兽，子贪心之野狼”中，颜之推就以“飞兽”贬指侯景，以“贪心之野狼”来贬指萧正德。此外，赋中还以“巨滑”“雕鸢”“蚩尤”“郅支”等词语来指代侯景以示贬斥，用“屈体”“犬羊”来贬斥建康陷落后梁之将士投降侯景的行为。白寿彝先生说：“褒贬是建立在真实的历史事实之上，议论是置于具体的历史环境之中，并非空洞抽象地议论褒贬，与不顾客观事实的驰骋议论性质完全不同。”⑤颜之推一生经历了侯景乱梁、建康的陷落、江陵政权的灭亡，然后又经历被俘北周、东奔北齐、任职北齐、北齐灭亡和再次被俘北周等，可谓是屡遭废兴、迭经磨难，其对事件、人物的评价正来自亲身经历及其所拥有的学养。

---

① 《史记》卷130《太史公自序》，第3297页。

② 《颜氏家训集解》(增补本)，第136页。

③ 《北齐书》卷45《颜之推传》，第619—622页。

④ 《颜氏家训集解》(增补本)，第140页。

⑤ 白寿彝主编，向燕南、张越、罗炳良著：《中国史学史》(第5卷)，上海：上海人民出版社2006年版，第290页。

所以说,颜之推虽以儒家价值观和伦理观为准则,但其用以彰善瘅恶的褒贬并非强立文义,擅加与夺,皆依据于事实。

三、以史为鉴

所谓前车之覆,后车之鉴,“一生而三化,备荼苦而蓼辛”的颜之推从乱世中、从实践中获得最大的收获就是鉴往知来,他不但以历史上发生的人、事成败经验与教训为借鉴,也以曾经发生在现实中的诸多人事为鉴,以修正自己的言行并昭示后人。因此,我们可以看到在《家训》和《观我生赋》中有不少地方他都在有意识地将梁末以来发生的史事笔录出来以供后人参考、以为史鉴。如在《观我生赋》里,他围绕自己“一生而三化”,将梁末从侯景之乱到萧绎的作为,再到西魏灭江陵及江陵人被迫北迁、北齐对梁疆域的侵夺、北齐后期政治腐败之种种现象都叙述出来并加以自注和评点。《观我生赋》不仅是颜之推对自己一生经历的反观、记录和思考,也是为让他人尤其是士人从他一生经历的种种政治大事件中总结教训,以规矩言行。其次,以历史上的成败之事来引导后人言行。如在教导后人“绍家世之业”时,他引用历史上名人用功儒学而取得大成就的例子:“曾子七十乃学,名闻天下;荀卿五十,始来游学,犹为硕儒;公孙弘四十余,方读《春秋》,以此遂登丞相;朱云亦四十,始学《易》《论语》;皇甫谧二十,始受《孝经》《论语》:皆终成大儒。”①以此来勉励后人勤苦用功于儒学,并用何晏、王弼、嵇康等玄学名士或不得善终,或不获善名来警告后人不可学玄学、从流俗,只可学习儒学和其他诸子学说中有益于生存技能知识者。再如在《文章》篇中,他用司马迁、扬雄等文人缺点来引导后人无论学习还是做文章都不可放任性格和情绪或乖张或凌人或自赏,须“深宜防虑,以保元吉”②。可以说,《家训》中这样以史为鉴的地方更随处可见,此就不一一列举了。

四、直笔不曲

实践是检验真理的唯一标准,任何虚假都经不起实践的检验。由南到北,身仕四朝,颜之推深切地认识到了任何事物都来不得虚假,那些“明经求第,则顾人答策;三九公宴,则假手赋诗”的士族子弟,最后要么是“鹿独戎马之间,转死沟壑之际”。要么是“莫不耕田养马”③。所以颜之推无论是说国家大事,还是个人小事,抑或一般俗事,都实事求是。而且在江陵他作为员

① 《颜氏家训集解》(增补本),第173页。
② 《颜氏家训集解》(增补本),第238页。
③ 《颜氏家训集解》(增补本),第148页。

外郎参校过正史，在北齐时他参与整理过诸多典籍，在隋时他又身经魏收所著《魏书》为人汹汹指责为“秽史”而参与重新修撰之事，加上历史上直笔书史者为人所赞颂，曲笔记录者为人所诟骂，这些对颜之推都有借鉴和警醒作用，对他形成史家素养都有极大帮助，因而他在以文字记录历史事件时也多为直笔不曲。所谓直笔，钱大昕说：“史家纪事唯在不虚美，不隐恶，据事直书，是非自见。若各出新意，掉弄一两字以为褒贬，是治丝而棼之也。”①也就是说，直笔即对历史的记载要据实直书，无善不加、有恶不隐，不能随意偏离事实或歪曲事实甚至依据个人好恶来对人、事随意褒贬，否则就会造成有恶不显、有善不彰，导致媚俗欺世。颜之推虽不以史家垂名，但无论是在《家训》中，还是在《观我生赋》里，他对这时期人、事的记录基本上都做到了秉笔直书，有迹可循，可检诸正史。而且在《观我生赋》里他的自注就是对史实的客观记录。如：“武帝初养临川王子正德为嗣，生昭明后，正德还本，特封临贺王。犹怀怨恨。经叛入北而还，积财养士，每有异志也。”及“正德求征侯景，至新林，叛投景，景立为主，以攻台城”。就是对萧正德为何要勾结侯景反叛梁武帝作了简明叙述，这和正史所记“（景）知正德有恨于衍，密与交通，许推为主。正德以船数十舫迎之”“景济江，立以为主，以趣建业”②几乎没有差别，甚至更为详细。颜之推为梁末士大夫，萧绎曾为其主，但对萧绎和侄儿萧誉、萧詧的骨肉相残及其恶果，颜之推同样给予了实事求是的记载。如：“孝元以河东不供船艎，乃遣世子方等为刺史。大军掩至，河东不暇遣拒。世子信用群小，贪其子女玉帛，遂欲攻之，故河东急而逆战，世子为乱兵所害。孝元发怒，又使鲍泉围河东。而岳阳宣言大猎，即拥众袭荆州，求解湘州之围。时襄阳杜岸兄弟怨其见劫，不以实告，又不义此行，率兵八千夜降，岳阳于是遁走。河东府褚显族遽投岳阳。所以湘州见陷也。”③颜之推出仕北齐后，在北齐做了他一生最高官职，且北齐后主对他也较为宠信，但涉及北齐政治史实的记载，他一样不虚不隐。如对北齐趁侯景乱梁之际侵占梁土的事实他如实笔录：“侯景之乱，齐氏深斥梁家土宇，江北、淮北唯余庐江、晋熙、高唐、新蔡、西阳、齐昌数郡。至孝元之败，于是尽矣，以江为界也。”④其他如北齐武成帝末年，鲜卑勋贵操控政治、武成帝和后主的奢侈等事实他也都作了如实反映或记录。同样，《家训》对后三国时期各方面资料的记录也真实可信，无任何虚夸和隐蔽。如其中提到的刘瓛、裴之礼、北

① （清）钱大昕：《十驾斋养新录》，上海：上海书店1983年版，第301页。
② 《魏书》卷98《岛夷萧衍传》，第2184页。
③ 《北齐书》卷45《颜之推传》，第620页。
④ 《北齐书》卷45《颜之推传》，第623页。

齐武成帝子琅邪王等事件都可与正史互参、印证。

值得一提的是，颜之推对这时期史实的一些记载还可弥补正史之不足，如："中原冠带随晋渡江者百家，故江东有《百谱》，至是在都者覆灭略尽。"这些文字记载即是对晋末渡江士族被编入百家谱的记载；又："王司徒表送秘阁旧事八万卷，乃诏：'比校部分，为正御、副御、重杂三本。左民尚书周弘正、黄门侍郎彭僧朗、直省学士王珪、戴陵校经部，左仆射王褒、吏部尚书宗怀正、员外郎颜之推、直学士刘仁英校史部，廷尉卿殷不害、御史中丞王孝纯、中书郎邓荩、金部郎中徐报校子部，右卫将军庾信、中书郎王固、晋安王文学宗菩善、直省学士周确校集部也。'"是对梁元帝在江陵石渠阁整校侯景之乱后所收集书籍的记载，一定程度上可以弥补梁文化发展资料的缺失。其余如《家训》里有关何逊、魏收、卢询等论诗，魏收爱慕任昉和邢子才赏服沈约等事件的记载都可以补文学史之不足。

综上，颜之推虽留下的著作不多，也非有史著，且其本人也非完全以史家闻名，但在历经磨难后总结人生经验、教训时，他却以一定的史学观有意识地记载了一些涉及后三国时期的历史人物和事件，做到了记史言事鉴往来，立身行事传王道，故而后人对其著作之一的《家训》就评曰："其识该，其辞微，其心危，其虑详，其称名小而其指大，举类迩而见义远。"①可以说，颜之推对当代历史的记载无疑是一种对历史书写责任的自觉担当。颜之推史学观形成之因一方面与他受传家之业儒学的思想影响有极大关系，这直接导致他对人物和事件的看法与评论始终以儒家的伦理观和价值观为衡量标准，并效仿《春秋》笔法寓褒贬于字句之间；另一方面则与他由南入北后的生存感悟即务实致用，以及参与修撰《魏书》的经历有重要关联，这使他对所反映的后三国时期的人物、事件皆能直笔如实记载，并以之为借鉴，教育后人。

第三节 颜之推的教育思想

《颜氏家训》尽管只是颜之推教育子孙立身处世的一部著作，可对后世却有着广泛的影响，以至在宋、明、清被不断翻刻、印刷。这不仅因为它包含了适应统治阶级所需要的人才培养的内容、方式和标准，也蕴含着对下一代

① （明）张稚圭：《重刻颜氏家训序》，《颜氏家训集解》（增补本），第616页。

教育的思想①。这些教育思想不仅反映了魏晋南北朝时期士人的某些教育理念,也反映了这时期士人对教育的认识。当然,颜之推的教育思想更多的还是反映了他自己在经历南北政权后沉淀下来的对教育的认知和体会。具体而言,其内容主要表现在以下多个方面。

一是认为孩童时代的教育是人一生中不可或缺的最重要教育。如同盖房子,最重要的就是打好房基。房基不牢,此后房子不管建构得如何华丽、壮观,它迟早都会倒塌。人的成长也是如此,必须从小就接受良好的教育,对此古人认为:"子能食食,教以右手;能言,男'唯'女'俞';男鞶革,女鞶丝。六年,教之数与方名。"②后来,孟母为教子以义,连续搬迁了三次。可以说,对孩子进行良好的教育已成为古人的共识。不过,至少在南北朝之前,人们对孩子的早教认知似还没有达到完全成熟,多还只停留在基本常识的基础上。南北朝时期,家族发展被放置在了士人生活的重要位置,这样,为了获取家族的良好声誉,家族就必须重视对后人的良好教育。基于这样的社会环境,颜之推对孩子的教育也有了进一步认识,而且他的这种认知似已经超越了魏晋南北朝时期的士人觉悟。他不但认为孩童时代的教育是人一生中最为重要的教育,还把它分为胎儿时期、婴幼儿时期和儿童时期三个阶段。而且在每个阶段他都给出了教育内容和方式。就胎儿时期而言,他说:"古者,圣王有胎教之法:怀子三月,出居别宫,目不邪视,耳不妄听,音声滋味,以礼节之。"这就是说,人在母体胎儿时期就已经对外界有感知了,母亲所见、所听、所感和所思都会影响到胎儿的意识,影响到他以后的成长,因此,这是一个非常重要的教育时期,要从视觉、听觉、味觉、触觉、思想等多方面让孕妇处在一个良好的环境之下,从而使胎儿有一个良好的外界感知。到孩子出生后,即在他的婴幼儿时期,对他的教育更马虎不得、不可有丝毫懈怠。颜之推说:"生子咳嚔,师保固明孝仁礼义,导习之矣。凡庶纵不能尔,当及婴稚,识人颜色,知人喜怒,便加教诲,使为则为,使止则止。比及数

① 对颜之推的教育思想学界有不少论述,如周国光的《颜之推的教育思想》(《贵州社会科学》1984年第2期)从颜之推教育思想产生的背景、对士族教育的揭露、教育作用和目的、教育内容、教育方法、早期教育和终身教育、家庭教育方面探讨了颜之推的教育思想,庾国琼的《颜之推的教育思想》(《四川师范大学学报》1984年第3期)则从家庭教育、学习的专和博、勤学与"眼学"方面论述了颜之推的教育思想,段文阁的《〈颜氏家训〉中的家庭道德教育思想初探》(《齐鲁学刊》1989年第3期)则从家庭道德教育时机、教育的方法、教育的一般过程探讨颜之推教育思想,李交发的《颜之推的家庭教育思想浅析》(《湘潭大学学报》1990年第1期)则从早教、人才培养和思想形成原因三方面研究了颜之推的教育思想。其余有关颜之推的教育思想的研究虽不乏新颖角度,但内容大多未超出以上研究成果,可以说这些成果虽从不同角度论说了颜之推的教育思想,然其所论要么已超出真正意义上的教育思想范围,要么则论述不足。

② 《礼记·内则》,见陈成国点校:《周礼·仪礼·礼记》,第396页。

岁,可省笞罚。”①在他看来,在孩子有认知能力的时候,就必须对他进行一定的社会规范和基本的礼节教育,特别是进行“孝、仁、礼、义”的道德规范教育,没有条件进行规范系统礼仪教育的家庭也要教导孩子学会察人颜色而知进退,懂得哪些话该讲哪些话不该讲,以避免其蛮横胡来,做出与社会、家庭礼节不协调的事情。事实上,魏晋南北朝时期,一般士大夫家庭对孩子的教育既比以往更为重视也比过去加大了力度,至少表现在以往儿童时期才学习的内容被前移置于幼儿时期。一如颜之推所说:“士大夫子弟,数岁已上,莫不被教,多者或至《礼》《传》,少者不失《诗》《论》。”②而且由颜之推所谓“孔子云‘少成若天性,习惯如自然’是也。俗谚曰:‘教妇初来,教儿婴孩。’诚哉斯语”③等话语中不难看出,他是积极赞成这种在幼儿时期即对孩子进行专门知识学习和知识体系结构建立的。到儿童时期,他认为这是孩子教育的又一个重要时期。他说:“人生小幼,精神专利,长成以后,思虑散逸,固须早教,勿失机也。吾七岁时,诵《灵光殿赋》,至于今日,十年一理,犹不遗忘;二十之外,所诵经书,一月废置,便至荒芜矣。”④在这里,颜之推以自身体会来说明,人在儿童时期不仅精神旺盛,而且能专心致志,这是学习的一个非常重要的阶段,错过这样的黄金学习时期,成年后学习就会事倍功半,因此,他主张必须抓住儿童时期多对孩子进行教育、督促其学习。可见,在颜之推的教育理念中,对孩子的教育不再仅仅是一般的简单的认知教育,而是决定他以后是否成才、是否有教养和能否振兴家族的教育,因此这种教育又是一个分阶段递进式的系统化教育,步步皆需重视。

二是强调了后天学习和受教育对一个人成长、成才的重要性,并且认为人的一生就是一个不断受教育和学习的过程。囿于对自然界认识的有限性以及自古以来形成的宗教似信仰,古人总认为有一个主宰人、国家等命运的天及鬼神世界的存在,因而在论及人的成才时不免受此影响,从而认为有生而知之者,如孔子曰:“生而知之者上也,学而知之者次也;困而学之,又其次也;困而不学,民斯为下矣。”⑤又曰:“唯上智与下愚不移。”⑥可见,孔子认为人是有上智、中智和下愚之分的。荀子继承了孔子的这种观念,所以也认为“人生而有知”⑦,他也认为人有“生而知之者”的。颜之推持的正是儒家

① 《颜氏家训集解》(增补本),第 8 页。
② 《颜氏家训集解》(增补本),第 143 页。
③ 《颜氏家训集解》(增补本),第 8 页。
④ 《颜氏家训集解》(增补本),第 172 页。
⑤ 《论语·季世》,见程树德集释:《论语集释》(四),第 1158 页。
⑥ 《论语·阳货》,见程树德集释:《论语集释》(四),第 1185 页。
⑦ (战国)荀子撰,见(清)王先谦集解,沈啸寰、王星贤点校:《荀子集解》,第 395 页。

这种上智下愚论,他认为:"生而知之者上,学而知之者次。""必有天才,拔群出类,为将则暗与孙武、吴起同术,执政则悬得管仲、子产之教。"①"上智不教而成,下愚虽教无益,中庸之人,不教不知也。"但他接着又说"古者,圣王有胎教之法"②,"自古明王圣帝,犹须勤学"③,这就是说,即使是"圣王""明王圣帝",也要通过后天的教育和学习才能成才。这里,颜之推其实也就告诉了人们,不教而成的"上智"和"生而知之者"在生活中是不存在的或很难有的,所以人都要通过后天学习、受教育才会成才。而且他还认为:

> 人有坎壈,失于盛年,犹当晚学,不可自弃。孔子云:"五十以学《易》,可以无大过矣。"魏武、袁遗,老而弥笃,此皆少学而至老不倦也。曾子七十乃学,名闻天下;荀卿五十,始来游学,犹为硕儒;公孙弘四十余,方读《春秋》,以此遂登丞相;朱云亦四十,始学《易》《论语》;皇甫谧二十,始受《孝经》《论语》:皆终成大儒,此并早迷而晚寤也。世人婚冠未学,便称迟暮,因循面墙,亦为愚耳。幼而学者,如日出之光,老而学者,如秉烛夜行,犹贤乎瞑目而无见者也。

在颜之推看来,人生最重要的学习阶段自然为幼小和年轻时,从这时期开始就一直坚持学习,自然会收益很多,但如果在这时期失去学习机会,仍可以在随后的日子里继续学习,而这并不影响人成才和成就事业。这也就意味着,人只要后天去努力学习,不管什么时候都不迟,并且也都会有所收获。事实上,颜之推在这里还提出了一种观点,那就是人一生中持续的教育和学习不仅必须也极为重要,即人的一生就是一个不断受教育和学习的过程。他说:"士大夫子弟,数岁已上,莫不被教","及至冠婚,体性稍定;因此天机,倍须训诱"。④ 又说:"王大司马母魏夫人,性甚严正。王在湓城时,为三千人将,年逾四十,少不如意,犹捶挞之,故能成其勋业。"如果再综合他的胎教说、婴幼儿早教论、儿童学习论、晚学论等即可看出,颜之推积极主张人一生都必须学习,并且要持续不断地接受教育才会有越来越多的成就可言,这也就是说,人的一生都是一个不间断地受教育和学习的成长过程。

基于此,颜之推除了日常对子训教外,又著《家训》,以针对其子成人后和自己死后对儿孙进行教育。也因此,颜之推的教育观有了不同层次、不同

---

① 《颜氏家训集解》(增补本),第158页。
② 《颜氏家训集解》(增补本),第8页。
③ 《颜氏家训集解》(增补本),第143页。
④ 《颜氏家训集解》(增补本),第143页。

方面的内容：有孩子的，也有成人的；有成家之前的，也有成家之后的；有个体内在修为方面的，也有外在为人处世方面的；有家庭方面的，也有社会国家方面的；等等。综观《家训》内容，它其实就是将人的成长过程看作一个不断受教育和学习过程而面对人在不同人生阶段所进行的说教。

三是颜之推认为教育要讲究方法。在颜之推看来，人是需要通过后天的教育和学习才能成长成才和取得成就的，因而这就需要教育得法，有方可言，不论是对孩子还是对成年人，都需要讲究方式方法。他说："禁童子之暴谑，则师友之诫不如傅婢之指挥；止凡人之斗阋，则尧、舜之道不如寡妻之诲谕。"①他认为方法得当，则事半功倍，教育能起到正确的引导作用；方法不当，则事倍功半，教育非但不能起到应有的引导、规范和潜移默化的作用，甚至可能还会使孩子的品性脱轨，对孩子走上歧路起着推波助澜的不利作用。因而，在他看来，对孩子的教育方法其实涉及的就是如何把握好"爱"的适度准则。首先，他认为在孩子教育上爱不是只爱不教。他说："父母威严而有慈，则子女畏慎而生孝矣。"否则，"无教而有爱"，"饮食运为，恣其所欲，宜诫翻奖，应诃反笑，至有识知，谓法当尔。骄慢已习，方复制之，捶挞至死而无威，忿怒日隆而增怨。逮于成长，终为败德"。② 在他看来，对孩子的教育，爱和奖励固然必要，但也不可放松约束和惩戒，否则只有宠爱、溺爱、放纵就只会导致他们犯错甚至犯罪而"终为败德"。因此他主张对孩子的教育要做到有爱也有教。

其次，他认为爱不是文过饰非、誉过其实。在颜之推看来，对孩子的教育固然需要爱，但这种爱要做到实事求是，一切从实际出发，要让孩子正确认识自己的得失，不能文过饰非、誉过其实。他举例说："梁元帝时，有一学士，聪敏有才，为父所宠，失于教义：一言之是，遍于行路，终年誉之；一行之非，掩藏文饰，冀其自改。年登婚宦，暴慢日滋，竟以言语不择，为周逖抽肠衅鼓云。"③这就是说，对孩子取得的成绩要实事求是地予以表扬和鼓励，切不可过高称誉。当孩子有过错时，就要适时指出，帮其纠正，而不能混淆是非、善恶不分。否则，该褒扬时奖励，该惩戒时也是面誉，这只能让孩子分不清对错、是非、善恶和真假，从而认为自己说什么做什么都是对的，以至于没有了顾忌，而得以任意妄为，甚至为非作歹、作奸犯科。一如司马光所说："然则爱而不教，适所以害之也。""其溺于私爱者，往往亲其无能而下其贤，

① 《颜氏家训集解》（增补本），第 1 页。

② 《颜氏家训集解》（增补本），第 8 页。

③ 《颜氏家训集解》（增补本），第 13 页。

则祸乱由此而兴矣。”①可以说,颜之推对父母对孩子不当地过分地赞誉之教是极不赞成的。

再次,颜之推认为爱不是纵容。爱之以礼,成之以德,才能教以成才。在颜之推看来,没有分寸、没有原则地一味宠爱、溺爱,只会使孩子的性格在宠爱、溺爱中畸形化,不知天高地厚,不知礼节、进退和刑罚,而在纵容中逐渐走向犯罪。他举例说,北齐武成帝的儿子琅邪王,与太子同母所生,深得父母宠爱,以至衣服饮食,和太子一般无二。到太子即位称帝后,太后仍然对他宠爱异常,这使得琅邪王不但“礼数优僭,不与诸王等,太后犹谓不足,常以为言。年十许岁,骄恣无节,器服玩好,必拟乘舆”,终因擅自矫诏斩宰相和动用士兵而落得一个“幽薨”②的结局。

再者,颜之推认为父母对子女的爱需要公平、公正。在他看来,一个家庭中父母对子女的爱必须公平公正,不分彼此、一视同仁。否则,厚此薄彼,不但会因此产生家庭矛盾,还会使兄弟反目成仇。他说:“人之爱子,罕亦能均,自古及今,此弊多矣。贤俊者自可赏爱,顽鲁者亦当矜怜,有偏宠者,虽欲以厚之,更所以祸之。共叔之死,母实为之;赵王之戮,父实使之。刘表之倾宗覆族,袁绍之地裂兵亡,可为灵龟明鉴也。”③在这里,颜之推以历史上兄弟之间走向敌对、仇杀的例子证明了父母对子女偏宠之爱带来的后果只有百害而无一利。非但如此,在《后娶》篇中,他又说:

> 凡庸之性,后夫多宠前夫之孤,后妻必虐前妻之子,非唯妇人怀嫉妒之情,丈夫有沈惑之僻,亦事势使之然也。前夫之孤,不敢与我子争家,提携鞠养,积习生爱,故宠之;前妻之子,每居己生之上,宦学婚嫁,莫不为防焉,故虐之。异姓宠则父母被怨,继亲虐则兄弟为仇,家有此者,皆门户之祸也。④

在颜之推看来,对子女的爱有失公平、公正,不仅会导致子女在家庭中地位的相互不平等和得到不公平待遇,还会人为地在夫妻之间、父母和子女之间、子女之间和亲戚之间造成一系列家庭矛盾,从而致使亲情疏远、人伦背逆。无论从教育学还是心理学角度来说,颜之推的看法无疑都非常正确。长者对下一代关爱的不公正、不公平,必然会导致下一辈心理平衡的缺失,

① (宋)司马光著,王宗志注释:《温公家范》,天津:天津古籍出版社 1995 年版,第 39 页。
② 《颜氏家训集解》(增补本),第 16 页。
③ 《颜氏家训集解》(增补本),第 19 页。
④ 《颜氏家训集解》(增补本),第 37 页。

那些关心和爱护被剥夺且心理承受能力差者，自然会因此产生逆反、甚至仇恨心理，其言语和行为也会因此改变。于是，本应培养孝亲仁爱、宽宏信义的家庭教育却因合理、均等的爱的缺失而变成破坏家庭人伦关系和血缘纽带的主要因素，这使得家庭教育也就失去了其应有的教化之功能和意义。

最后，颜之推认为爱不可以“狎”和“简”。他说：“父子之严，不可以狎；骨肉之爱，不可以简。简则慈孝不接，狎则怠慢生焉。”在他看来，一方面因为存在着所谓“父子异宫”和“抑搔痒痛，悬衾箧枕”等子女对父母长辈必须要尽到的晨昏定省的问候、侍奉礼节，即所谓的“不狎之道”和“不简之教”；另一方面又因为“《诗》有讽刺之辞，《礼》有嫌疑之诫，《书》有悖乱之事，《春秋》有邪僻之讥，《易》有备物之象：皆非父子之可通言，故不亲授耳。”①即在对孩子的教育上，有一些内容如涉及男女身体的构造和生儿育女之事等，都是父母不可以或不方便亲自去教子女的，所以他主张父母不亲教其子。颜之推的这种思想其实是受儒家思想影响，一方面因为《礼记·内则》中规定了子女对父母的必要礼节②，一方面又如《白虎通·辟雍》所说：“父所以不自教子何？为渫渎也。又授之道当极说明阴阳夫妻变化之事，不可父子相教也。”③因此在颜之推看来，如果父母亲教其子，那么父母与子女之间必然会产生“简”“狎”关系，从而子女也就缺少对父母必要的礼节和侍奉行为，进而导致子女对父母态度的不敬重与随意，最后也就不会有孝的产生。由此他也就反对父母对子女的爱陷入“狎”和“简”的地步。

基于以上，颜之推认为对孩子的正确教育方法应是爱而有教，爱要有礼有节，教要“宜思勤督训”④，只有正确把握了爱与教的关系，子女才能遵礼，“畏慎而生孝矣”⑤，并“成其勋业”而最后“传业扬名”⑥。

四是颜之推主张教育应具有务实性、致用性。综观《家训》可发现，颜之推用了不少文字阐述了这样一个教育理念，即教育要务实、致用，不可以和现实生活脱节。辗转南北、历经坎坷的经历使颜之推认识到：“积财千万，不如薄伎在身。”从而认为父母对子女的教育必须具备实际意义，能用之于实践。首先，他认为这是生存所需。他说：“父兄不可常依，乡国不可常保，一

① 《颜氏家训集解》（增补本），第15页。

② 参见陈成国点校：《周礼·仪礼·礼记》，第388—397页。

③ 见（清）陈立撰、吴则虞点校：《白虎通疏证》卷6《辟雍》，北京：中华书局1994年版，第257页。

④ 《颜氏家训集解》（增补本），第12页。

⑤ 《颜氏家训集解》（增补本），第8页。

⑥ 《颜氏家训集解》（增补本），第608页。

旦流离，无人庇荫，当自求诸身耳。”①经历乱世的颜之推从实践中认识到，如果所学不能用于实际，那么一旦遇到乱世和变故，就可能会饿死。他举例说，梁朝兴盛时期，士族多不学无术，除了模仿神仙吃穿玩乐外便没有了其他本领，因此，“及离乱之后……求诸身而无所得，施之世而无所用”，最后就只能处于“鹿独戎马之间，转死沟壑之际”②。其次，他认为教育如果不务实就会导致所学脱离现实生活，读书人也就不能将所学转化为生活能力，从而多成为废物。颜之推认为教育上“末俗已来”，多存在“空守章句，但诵师言，施之世务，殆无一可”的现象，这一方面造成了“世人读书者”只知“吟啸谈谑，讽咏辞赋”，至于“军国经纶”则“略无施用”③，即使能“品藻古今，若指诸掌”，但一遇到实践问题，又表现出“多无所堪”④的现象；另一方面往往则又闹出“博士买驴，书券三纸，未有驴字”的笑话。所以在他看来，这种所教和所学皆无益于现实生活，对实际工作也没有丝毫用处。因此，他告诫子孙说：“今勤无益之事，恐非业也。”⑤这就是说，教育和学习都要能“施之世务”⑥，即能应用于现实，而不是去做无用之事。可见，颜之推主张的是一种积极务实的教育观。

东晋门阀政治统治之后，世族控制政治的权力虽被削弱，但他们在政治上的特权和地位仍然被特殊照顾，这也使他们无需掌握真才实学和经世致用本领一样可以仕途通达，从而使他们无心向学而只贪图纵欲享乐。这就导致了寒族兴起并逐渐用事成为南北朝时期的一种发展趋势。而寒族在世族依然享有众多特权的政治环境下，若想要博得不错的仕宦出身并取得社会地位，他们就必须依靠军功或勤苦攻读，以及对世事处理能力的培养来提高自己的水平，这样，在寒族士人阶层也就形成了重视实务的意识。此为南朝社会情况。于北朝而言，则尤重实际能力。不论是北魏，还是后来北魏分裂后的东魏（北齐）和西魏（北周），其政权都是依靠实际能力和水平建立起来的，能在朝廷中博取官职的汉士族也莫不是依凭自身经国之用的学识和办事能力，这也使得重经世致用知识和才能一直为北方社会普遍共识。因而颜之推的务实教育也正是这时期南北社会现实的反映。

五是颜之推认为要重视教育环境的影响和作用。孟母三迁说明了在孩子成长过程中，环境有着不可忽视的影响作用。同样，在《家训》中，颜之推

① 《颜氏家训集解》（增补本），第 157 页。
② 《颜氏家训集解》（增补本），第 148 页。
③ 《颜氏家训集解》（增补本），第 166 页。
④ 《颜氏家训集解》（增补本），第 317 页。
⑤ 《颜氏家训集解》（增补本），第 177 页。
⑥ 《颜氏家训集解》（增补本），第 176 页。

也认为环境在教育中有非常重要的作用。他说:“圣王有胎教之法:怀子三月,出居别宫,目不邪视,耳不妄听,音声滋味,以礼节之。”不仅说明对胎儿要进行教育,还明确地指出了环境对胎儿的发育和成长至关重要。他又说:“自古奸臣佞妾,以一言陷人者众矣!况夫妇之义,晓夕移之,婢仆求容,助相说引,积年累月,安有孝子乎?此不可不畏。”这说明在一个是非颠倒、黑白不分的环境里,人的品格形成会受其影响,其成长不可避免地要被打上这一环境的烙印。特别是对于一个未成年的孩子,环境的影响尤为巨大。他指出:“人在年少,神情未定,所与款狎,熏渍陶染,言笑举动,无心于学,潜移暗化,自然似之;何况操履艺能,较明易习者也?是以与善人居,如入芝兰之室,久而自芳也;与恶人居,如入鲍鱼之肆,久而自臭也。墨子悲于染丝,是之谓也。”①可见在他看来,环境对一个人的学习和成才有着至关重要的影响,须慎重对待,从而要选择一个较好的对象交往以获取一个很好的成长环境。

六是颜之推认为品德修养是教育中最重要的内容之一。中国人自古就非常重视人的品德,所以两汉的察举制把品德作为考察的重要内容,延及曹魏实行的九品中正制,仍然把品德作为用人的最重要内容来考察。此后,西晋以降至南北朝,政府主要用人制度仍沿袭曹魏九品中正制不变,这样,品德也就始终为政府用人的最重要的衡量标准之一。颜之推生活在南北朝时期,社会上重品德之事实自然让他感同身受,因此他也就表现出对品德教育高度重视的理念,一如尤雅姿所说:“可知守道崇德,乃之推教育内容之首务。”②具体来说,主要体现在③:其一,在人格方面,他认为要做到不攀附权贵、不趋炎附势。在《教子》篇,他举例说:“齐朝有一士大夫,尝谓吾曰:‘我有一儿,年已十七,颇晓书疏,教其鲜卑语及弹琵琶,稍欲通解,以此伏事公卿,无不宠爱,亦要事也。”颜之推因此对儿子说:“若由此业自致卿相,亦不愿汝曹为之。”④不难看出,在颜之推眼里,趋炎附势、攀结权贵实是一种令人所不齿的行为,更何况是通过学习鲜卑文化来达到这样的目的。不但如此,颜之推还让子孙谨记其先人遗训:“仕宦不可过二千石,婚姻勿贪势家。”⑤以此要求子孙不能过于热衷权势,也不要去攀附权贵。其二,在社会

① 《颜氏家训集解》(增补本),第127—128页。

② 尤雅姿:《颜之推及其家训之研究》,台北:文史哲出版社2005年版,第163页。

③ 尤雅姿认为颜之推的品德教育在于“父子当亲,君臣有义,夫妇有别,长幼有序,朋友有信之日用人伦中”(参见尤雅姿著《颜之推及其家训之研究》,第163页),此固然不错,亦为颜之推品德教育内容,但这只是颜之推对儿孙品德教育内容之一,并非全部。

④ 《颜氏家训集解》(增补本),第21页。

⑤ 《颜氏家训集解》(增补本),第343页。

风习方面，颜之推认为要遵礼守义。前文已论，“礼”自西周以来就一直为统治阶层和一般百姓所普遍认同，也为所有统治者所倡导，遵礼守礼不仅能带来社会上普遍的孝亲尊长，也利于政权的稳定和家庭的和睦，因此颜之推认为“礼为教本，敬者身基”①。在《家训》中他不但大量引用《礼》的文字作为日常生活中所必须遵行的准则，还批评“世人多蔽”，“少长周旋，如有贤哲，每相狎侮，不加礼敬”，“失教之家，阍寺无礼”②等，以此要求子孙都能遵礼守礼。在遵礼守礼的同时，颜之推也倡导仁义。他说：“世人读书者，但能言之，不能行之，忠孝无闻，仁义不足。”③所以要求做人要“肠不可冷，腹不可热，当以仁义为节文尔”④。其三，在社会责任方面，颜之推认为人活着就要有益于社会和国家。他说：“君子处世，贵能克己复礼，济时益物。”⑤“士君子之处世，贵能有益于物耳，不徒高谈虚论，左琴右书，以费人君禄位也。”⑥又说：“行诚孝而见贼，履仁义而得罪，丧身以全家，泯躯而济国，君子不咎也。”这就是告诉人们，人活着不能只是消耗社会的资源和财富，还要对社会有所贡献，甚至为了高尚的情操、为了国家的利益，可以牺牲个人的生命，而绝不是“临难求生”⑦。其四，在为人处世方面，颜之推主张应该厚道不竞。他认为人要为善虚己，不可损人利己，特别是用到别人的文章、智慧和成果时，千万不可据之为己有，须标明之或称赞之。所谓：“用其言，弃其身，古人所耻。凡有一言一行，取于人者，皆显称之，不可窃人之美，以为己力；虽轻虽贱者，必归功焉。窃人之财，刑辟之所处；窃人之美，鬼神之所责。”⑧而且在他看来，为争功利、邀名誉，互相争夺而“须求趋竞，不顾羞惭，比较材能，斟量功伐，厉色扬声，东怨西怒”⑨，这样的行为是可耻的，是不可以学习的。

可以说，在颜之推眼里，生活中处处都能显示出士大夫的修养和品德，因此也就必须处处重视之，以至于“借人典籍，皆须爱护，先有缺坏，就为补治；此亦士大夫百行之一也”⑩。可见，品德教育实为颜之推教育思想中不可忽视的重要内容。

七是颜之推主张学贵专精而又博学多艺的通才教育。才艺双全不仅是

① 《颜氏家训集解》（增补本），第 166 页。
② 《颜氏家训集解》（增补本），第 124 页。
③ 《颜氏家训集解》（增补本），第 166 页。
④ 《颜氏家训集解》（增补本），第 338 页。
⑤ 《颜氏家训集解》（增补本），第 395 页。
⑥ 《颜氏家训集解》（增补本），第 315 页。
⑦ 《颜氏家训集解》（增补本），第 362 页。
⑧ 《颜氏家训集解》（增补本），第 132 页。
⑨ 《颜氏家训集解》（增补本），第 335 页。
⑩ 《颜氏家训集解》（增补本），第 55 页。

今人的追求，在古代，它也是学子和教育追求和要达到的目标。早在西周时代，最初的较为系统的中国教育就已经规定了贵族子弟的学习内容包括礼、乐、射、御、书、数，即所谓的“六艺”。《周礼·保氏》曰：“养国子以道，乃教之六艺：一曰五礼，二曰六乐，三曰五射，四曰五御，五曰六书，六曰九数。”①《周礼·大司徒》也说，大司徒当“以乡三物教万民而宾兴之：一曰六德，知、仁、圣、义、忠、和；二曰六行，孝、友、睦、姻、任、恤；三曰六艺，礼、乐、射、御、书、数”②。可见，在西周时六艺教育已在一定程度上被推广为全民性教育，只不过对全民进行的六艺教育和专门对“国子”进行的六艺教育在内容范围和深度、广度上可能有所不同，要求不一样而已。从《家训》内容看，颜之推在教育上也积极提倡博学多艺的通才教育。除在《勉学》篇里要求重点掌握儒家经典和百家之说外，在《风操》篇，他也提到了“礼”，在《杂艺》篇，他又提到了书法、绘画、音乐、医术、弹棋、射、卜筮、算术、博弈（指围棋之类等耗费智力和精力的活动）、投壶等诸方面士人当学习的内容。不难看出，这些内容其实也还是包括在《周礼》所说的“六艺”之内。颜之推认为如琴、棋、书、画、射、卜、医、博弈等方面虽不需要花费主要精力来钻研、精通之，但也需要掌握知识的大体，如此既可以用来“消愁释愦”“畅神情”，又可于“有时疲倦，则傥为之，犹胜饱食昏睡，兀然端坐耳”③，即一方面为娱乐、排解心情之用，一方面也能陶冶情操，另外还能为保证日常的身体健康起到作用。事实上，对一个士人要学习的内容，颜之推所主张的还不止这些，如上文所论，对于那些有助于生活和生存的有关“农工商贾，厮役奴隶，钓鱼屠肉，饭牛牧羊”等方面的技能和知识，他也都要求“博学求之”以利于事。

当然，在颜之推看来，也并不是所学越广博就越好。他说：

> 古人云：“多为少善，不如执一；鼫鼠五能，不成伎术。”近世有两人，朗悟士也，性多营综，略无成名，经不足以待问，史不足以讨论，文章无可传于集录，书迹未堪以留爱玩，卜筮射六得三，医药治十差五，音乐在数十人下，弓矢在千百人中，天文、画绘、棋博，鲜卑语、胡书，煎胡桃油，炼锡为银，如此之类，略得梗概，皆不通熟。惜乎，以彼神明，若省其异端，当精妙也。

① 《周礼·保氏》，见李学勤主编：《十三经注疏·周礼注疏》，北京：北京大学出版社 1999 年版，第 352 页。

② 《周礼·大司徒》，见李学勤主编：《十三经注疏·周礼注疏》，第 266 页。

③ 《颜氏家训集解》（增补本），第 589—591 页。

这就是说,知识和技能广博固然非常重要,也为人所羡慕,但更重要的是,不能博而不精、广而不专。在广博的基础上,能精通一门或几门学业,那才是最重要的。所以在颜之推看来,对知识和技能的学习不仅要有广博的一面,还要有对某一知识精深的一面。只有把精和博结合起来,在专业精深的基础上做到博学多艺才能算是一个人才,也即其所谓"德艺周厚,则名必善焉"①。可见颜之推提倡的是一个学贵专精而又博学多艺的通才教育。

综上,可发现,颜之推在《家训》中阐述了较多的教育思想,这些教育思想不仅涉及了教育的实用性、公正性和公平性,还涉及了教育的持续性和时效性;不仅对教育的内容有一定规定和强调,而且对教育方式、方法也作了要求,甚至对教育培养中的人才价值也多有论说。这些教育思想非但在当时有其实用性和适用性,就是在此后也一直保持其重要的参考价值,因此清人王钺才说:"北齐黄门颜之推《家训》二十篇,篇篇药石,言言龟鉴,凡为人子弟者,可家置一册,奉为明训,不独颜氏。"②事实上,《家训》中的这些教育思想即使在今天仍有其积极意义。

第四节　颜之推学术思想之特点

不论是从自身的遭遇,还是从耳闻目睹同时代其他士人的命运,颜之推都深切地体会到不管是立身处世,抑或是为人做事,都必须积极务实,来不得丝毫虚假。因而在乱世中他不但逐步形成了一种务实思想,在学术思想上也形成了务实之特点。主要表现在:学术上重实事求是、生存上重知识和技能的经世致用。

一、学术上重实事求是

魏晋南北朝文化是对秦汉文化的继承和发展,而两汉重儒学。在董仲舒"罢黜百家,独尊儒术"思想被汉武帝采纳以后,儒学在文化界和思想界的一统地位便被牢固确定,非但政府设有五经博士,为其置弟子,政府用人从此也多偏向选用接受儒家思想文化系统教育者,故而学问者无不多偏为治儒家经典者,儒学的经学化因此在两汉达到兴盛。西汉有今文经学的独尊,后汉有古文经学的兴盛。但今文经学一方面自董仲舒时开始融进灾异、符瑞、天人感应思想的阐发,逐渐发展为谶纬学而神学化,至于在学术上逐渐失去创新和发展;另一方面它的章句释义又渐发展演变成"分文析字,烦言

① 《颜氏家训集解》(增补本),第303页。
② 《颜氏家训集解》(增补本),第1页。

碎辞,学者罢老且不能究其一艺”①,“异端纷纭,互相诡激,遂令经有数家,家有数说,章句多者或乃百余万言,学徒劳而少功,后生疑而莫正”②。所以后来史家感叹曰:“章句渐疏,而多以浮华相尚,儒者之风盖衰矣。”③这样,今文经学最后便因为其烦琐迂阔的释义和神学化而致虚诞,变得越来越不为人们所接受,从而在发展上难以为继。相反,古文经学自其产生后,因为追求的是对经文本义的理解和典章制度的阐明,表现出的是一种实事求是的简易学风,所以在和今文经学的斗争中逐渐获得越来越多的认可。到东汉后期,古文经学家郑玄以古文经学为基础,吸纳今文经学之长,网罗众家,遍注群经后,今古文经学实质已被进行了一次较为彻底的总结,今古文经学之争也因此结束。此后经学也就只有郑玄一家之言在被广为传播,而且随着东汉的衰亡,儒学的兴盛也由此告一段落。

进入魏晋南北朝时期,一方面战乱的频繁、政权的纷起和衰亡、少数民族入主中原使官学的发展几陷于停滞,另一方面借此机会兴盛的外来佛教和本土成长起来的道教、新崛起的玄学又迅速发展,儒学因此不免呈现出一种萎缩式微之态。如《魏略》曰:“从初平之元,至建安之末,天下分崩,人怀苟且,纲纪既衰,儒道尤甚。至黄初元年之后……申告州郡,有欲学者,皆遣诣太学。太学始开,有弟子数百人。至太和、青龙中,中外多事,人怀避就。虽性非解学,多求诣太学。太学诸生有千数,而诸博士率皆粗疎,无以教弟子。弟子本亦避役,竟无能习学,冬来春去,岁岁如是。……正始中,有诏议圜丘,普延学士。时郎官及司徒领吏二万余人,虽复分布,见在京师者尚且万人,而应书与议者略无几人。又是时朝堂公卿以下四百余人,其能操笔者未有十人,多皆相从饱食而退。”④儒学之衰由此可见一斑。然而诚如王仲荦先生所说:“因为儒家思想对巩固封建社会的伦常秩序来讲,是最适合统治阶级的需要的”,“所以统治阶级还是要发展儒家思想的”。“也就是说,虽然玄学和佛教思想都很活跃,但儒家思想的统治地位,仍然没有动摇”。⑤可以说,儒学尽管在这时期于发展上表现出衰微趋势,但仍被作为官方之学,而且被私学奉为主流学说,特别是儒家思想很大程度上仍被这一时期的统治者作为施政主导思想之一,因而使它一定程度上又要比其他学说思想对士人阶层的影响要稍稍强势。表现在经学上,魏前期虽依然以郑学为主,

① (汉)刘歆:《移书让太常博士》,(清)严可均辑:《全上古三代秦汉三国六朝文》(一),第348页。

② 《后汉书》卷35《郑玄传》,第1213页。

③ 《后汉书》卷79《儒林传上·序》,第2547页。

④ 《三国志·魏书》卷13《王朗传附王肃传》注引《魏略》,第420—421页。

⑤ 王仲荦:《魏晋南北朝史》,上海:上海人民出版社1979年版,第875页。

但魏晋之际以及西晋时期则出现了与郑玄经学相对立的王肃学派，并且因王肃与司马氏有姻亲关系，王学还被立为官学。然而与此同时，又出现了王弼、何晏等以义理、思辨哲学思维来解释《易学》的新路子。应该说，魏晋时期经学仍然有一定程度的发展，特别是魏晋之际因玄学兴起而出现的以义理和思辨相结合解经，更是对经学发展的一个重大变革，它不但带来了思想上的变化，也使学术上兴起思辨之风。而后随着西晋短暂政治统治的结束、中原世家大族的南渡，立足江左的东晋政权不但延续了西晋的玄学之风，也继承了其学术上以义理、思辨见长的创新之风，并且还和这时期江左兴盛的佛学在辩论、探讨中相互借鉴，在博采其长的基础上更显标新立异，从而使经学的发展渐去其迂阔、烦琐而为简约、精深。南朝承东晋而立，在文化学术上自然也沿袭了东晋的这种风格。在北方，因为环境的改变，使其继承的仍是汉末某些陈旧的学术风格，即学术上沿袭、崇尚的是烦琐的章句之学。于是南北虽同是继承汉末以来的经学之路，却形成两种不同风格的治学模式①。一如《隋书》对此所作总结："南北所治，章句好尚，互有不同。江左《周易》则王辅嗣，《尚书》则孔安国，《左传》则杜元凯。河、洛《左传》则服子慎，《尚书》《周易》则郑康成。《诗》则并主于毛公，《礼》则同遵于郑氏。大抵南人约简，得其英华，北学深芜，穷其枝叶。考其终始，要其会归，其立身成名，殊方同致矣。"②

颜氏以传儒家《礼》《传》立家，是一个不折不扣的以经学立足立身的文化世家，汉末以来经学在发展上的这种变化必然也影响着颜氏家族在经学上的取舍态度。③ 一方面如前文第一章所论，颜氏在汉末魏初始迁往琅邪孝悌里时即确立以文化立家的主旨。另一方面经学发展至汉末曹魏时，崇尚的多为郑学，所谓"经生皆从郑氏，不必更求各家"④。而郑学虽吸纳了今文经学不少长处，但毕竟还是以古文经学为基础，且以训诂为长，而且颜氏在魏晋以后所传之《周礼》《左传》，在东汉后期发展上表现出的是"杜、郑、贾、马注《周礼》《左传》，不用今说"⑤，郑玄注《周礼》即采贾、马之说，而《左传》为服子虔所注，而"郑、服之学本是一家"⑥，这也就是说，颜氏所传《周

① 可参见李金河的《魏晋南北朝经学述论》（《山东大学学报》1997 年第 1 期）和孔毅的《魏晋南北朝时期南北经学异同论》（《云南社会科学》1993 年第 1 期）有关这时期南北经学发展的相关论述。

② 《隋书》卷 75《儒林传・序》，第 1705—1706 页。

③ 尽管重庆师范大学硕士研究生基圣军在其硕士毕业论文《颜之推经学思想的几个问题》（2011）中注意到了颜之推与经学的关系，但对颜氏家族与经学之关系却未能注意，而目前其他研究者也很少予以关注。

④ （清）皮锡瑞著，周予同注释：《经学历史》，北京：中华书局 1959 年版，第 142 页。

⑤ （清）皮锡瑞著，周予同注释：《经学历史》，第 148 页。

⑥ （清）皮锡瑞著，周予同注释：《经学历史》，第 170 页。

礼》《左传》不论是从郑学，还是从东汉后期的杜、郑、贾、马之学，其走的都是古文经学路子，这也就决定了颜氏所传《周礼》《左传》在学术上走的是古文经学之路。而这也导致了颜氏家族人员在作文章时不免受学术文风之影响，在思想内容上宗经、在语言风格上尚正尚典，朴质中不失思想，平实中不失简易，“典正”从而也就渐成为颜氏此后家世文章之风格。

历经南北的颜之推，在感受南北学术之风后，对于北方治学崇尚空守章句不能用于实践的经学路子很不以为然，甚至嗤之以鼻。① 他说：“学之兴废，随世轻重。汉时贤俊，皆以一经弘圣人之道，上明天时，下该人事，用此致卿相者多矣。末俗已来不复尔，空守章句，但诵师言，施之世务，殆无一可。”他认为这些人常常是“风操蚩拙，相与专固，无所堪能，问一言辄酬数百，责其指归，或无要会”。因此，颜之推在治学上便不大取这种墨守成规、拘泥旧说而又绵长空洞的章句释义方式，他在继承家学之路即崇古文经学考证、训诂长处的同时又兼采南方注重简约、精微的学术之风，注重知识学习和为文的实用性，从而形成一种务实的学术思想。如他说：“夫圣人之书，所以设教，但明练经文，粗通注义，常使言行有得，亦足为人；何必‘仲尼居’即须两纸疏义，燕寝讲堂，亦复何在？以此得胜，宁有益乎？”②这种不为章句所拘但得要义精微的思想便是南方学术风格。事实上，颜之推在治学上不仅承继了南方这种不拘章句，重简约和精深做法，也极为注重去浮躁、虚诞而重实事求是的务实风格。③ 具体而言，表现为四个方面。

其一，重虚心求学。他说：“夫学者所以求益耳。见人读数十卷书，便自高大，凌忽长者，轻慢同列；人疾之如仇敌，恶之如鸱枭。如此以学自损，不如无学也。”④对这种浅尝辄止又自以为是且傲慢长者的人，颜之推是鄙视的。他认为，学问来自于学与问，自以为是是妄自尊大，而空守章句不作变通又是拘泥守旧，不切合实际，这些都不是应有的学问之道。学问应在请教、讨论中才能有所获取和发展，所以他主张要虚心求学。为此他引经据典论曰：“《书》曰：‘好问则裕。’《礼》云：‘独学而无友，则孤陋而寡闻。’盖须切磋相起明也。见有闭门读书，师心自是，稠人广坐，谬误差失者多矣。”认

---

① 皮锡瑞引《北史·儒林传》论曰：“北学，《易》《书》《诗》《礼》皆宗郑氏，学出于一也。”（皮锡瑞著，周予同注释：《经学历史》，第 170 页）但由颜之推所谓“博士买驴，书券三纸，未见驴字”和“末俗以来不复尔，空守章句，但诵师言”及其在经学上的主张“何必‘仲尼居’即须两纸疏义”可看出，北方在经学上并不是完全崇尚郑学，更多的可能还是崇尚汉代今文经学的“家法”之路。

② 《颜氏家训集解》（增补本），第 176—177 页。

③ 对颜之推的务实学风，虽然学界有关《颜氏家训》或颜之推文章中如段文阁的《〈颜氏家训〉中的家庭道德教育思想初探》（《齐鲁学刊》1989 年第 3 期）、张亚群的《务先王之道，绍家世之业——颜之推思想辨析》（《齐鲁学刊》1992 年第 4 期）等有所论及，但都缺乏深入分析论证。

④ 《颜氏家训集解》（增补本），第 171 页。

为闭门做学术多有望文生义、自以为是之弊，往往会因此弄出笑话。他举例曰：

>《穀梁传》称公子友与莒挐相搏，左右呼曰“孟劳”。“孟劳”者，鲁之宝刀名，亦见《广雅》。近在齐时，有姜仲岳谓：“‘孟劳’者，公子左右，姓孟名劳，多力之人，为国所宝。”与吾苦诤。时清河郡守邢峙，当世硕儒，助吾证之，赧然而伏。又《三辅决录》云：“灵帝殿柱题曰：‘堂堂乎张，京兆田郎。’”盖引《论语》，偶以四言，目京兆人田凤也。有一才士，乃言：“时张京兆及田郎二人皆堂堂耳。”闻吾此说，初大惊骇，其后寻愧悔焉。江南有一权贵，读误本《蜀都赋》注，解“蹲鸱，芋也”，乃为“羊”字；人馈羊肉，答书云：“损惠蹲鸱。”举朝惊骇，不解事义，久后寻迹，方知如此。元氏之世，在洛京时，有一才学重臣，新得《史记音》，而颇纰缪，误反“颛顼”字，顼当为许禄反，错作许缘反，遂谓朝士言：“从来谬音‘专旭’，当音“专翾’耳。”此人先有高名，翕然信行；期年之后，更有硕儒，苦相究讨，方知误焉。《汉书·王莽赞》云：“紫色蛙声，余分闰位。”谓以伪乱真耳。昔吾尝共人谈书，言及王莽形状，有一俊士，自许史学，名价甚高，乃云：“王莽非直鸱目虎吻，亦紫色蛙声。”又《礼乐志》云：“给太官挏马酒。”李奇注：“以马乳为酒也，揰挏乃成。”二字并从手。揰挏，此谓撞捣挺挏之，今为酪酒亦然。向学士又以为种桐时，太官酿马酒乃熟。其孤陋遂至于此。太山羊肃，亦称学问，读潘岳赋“周文弱枝之枣”，为杖策之杖；《世本》“容成造历”，以历为碓磨之磨。①

不难看出，在颜之推所举例子中，不论是北齐的姜仲岳或是某一才士，还是江南的某一权贵，也不论是某才学重臣，还是某一俊士，抑或是太山羊肃，他们之所以误解句义或名词，多因为在读书时既没有考证也没有虚心向他人请教，就望文生义，即宣之于大庭广众之下，最后引起他人的嗤鄙。

在批评他人自以为是不虚心做学问的同时，颜之推自己则显示出虚心求学的态度。如他说：“初读《庄子》‘螅二首’，《韩非子》曰：‘虫有螝者，一身两口，争食相龁，遂相杀也。’茫然不识此字何音，逢人辄问，了无解者。”②一直到后来他见《古今字帖》载此字，方知乃“虺”字。可见，在颜之推看来，学问就是在学的基础上虚心求问。

① 《颜氏家训集解》（增补本），第206页。
② 《颜氏家训集解》（增补本），第226页。

其二,重“眼学”。在学问上颜之推强调要虚心求学,那么是不是听说到的东西都是知识,都需学习呢?这里,颜之推又强调一点,那就是要“眼学”。所谓“眼学”即对听到的事物和知识要亲自予以核实和钻研,所谓“谈说制文,援引古昔,必须眼学,勿信耳受”。不能以道听途说为真实,一定要予以尽可能的查证、考证。一则,传言有可能产生于虚假;二则,传言可能产生偏误:或偏离事实或夸大其辞。因此道听途说即“耳学”,就很难确证所学的真实性。颜之推说:

> 江南闾里间,士大夫或不学问,羞为鄙朴,道听途说,强事饰辞:呼征质为周郑,谓霍乱为博陆,上荆州必称陕西,下扬都言去海郡,言食则糊口,道钱则孔方,问移则楚丘,论婚则宴尔,及王则无不仲宣,语刘则无不公干。凡有一二百件,传相祖述,寻问莫知原由,施安时复失所。庄生有乘时鹊起之说,故谢朓诗曰:“鹊起登吴台。”吾有一亲表,作《七夕》诗云:“今夜吴台鹊,亦共往填河。”《罗浮山记》云:“望平地树如荠。”故戴暠诗云:“长安树如荠。”又邺下有一人《咏树》诗云:“遥望长安荠。”又尝见谓矜诞为夸毗,呼高年为富有春秋,皆耳学之过也。①

颜之推这里所举证的“耳学”,都存在耳闻即为实而不求实际情况如何这一问题。不过上述所辩也有的并不确切。譬如,就“道钱则孔方”来说,《汉书·食货志》载“钱圆函方”,孟康注曰:“外圆而内孔方也。”②此后晋鲁褒在所著《钱神论》中也说:“钱之为体,有乾坤之象,内则其方,外则其圆。”“亲之如兄,字曰‘孔方’,失之则贫弱,得之则富昌。”③即以“孔方”指代钱,而后人因此亦称钱为孔方兄,一直延续到今天。当然,与望文生义的错误用事相反,严谨的学者还是能恰到好处地习用古人之说。如就“树如荠”来说,薛道衡就有诗句曰:“遥原树若荠,远水舟如叶。”④孟浩然诗中亦有:“天边树若荠,江畔洲如月。”⑤但不管怎样,耳听为虚,眼见为实,颜之推强调去除“耳学”求“眼学”,实是提倡脚踏实地去做学问,是做学问务实的表现,也是真正做学问的途径。今天依然有其重要的价值和意义。

---

① 《颜氏家训集解》(增补本),第215页。

② 《汉书》卷24《食货志下》,第1149页。

③ 《晋书》卷94《鲁褒传》,第2437页。

④ (隋)薛道衡:《敬酬杨仆射山斋独坐诗》,逯钦立辑校:《先秦汉魏晋南北朝诗》,北京:中华书局1983年版,第2683页。

⑤ (唐)孟浩然:《秋登兰山寄张五》,(清)彭定求等编:《全唐诗》,北京:中华书局1960年版,第1618页。

其三,重钻研。知识来源于点滴积累,也得自于锲而不舍的钻研,这点不是死守章句旧说所能达到的。颜之推一生都颇为注重对学问的钻研。他对知识的掌握,除了一学二问之外,即得益于对知识的不断钻研。没有学术上的钻研精神,是很难获取渊博的知识的。对此,颜之推深有体会。他说:"吾尝从齐主幸并州,自井陉关入上艾县,东数十里,有猎闾村。后百官受马粮在晋阳东百余里亢仇城侧。并不识二所本是何地,博求古今,皆未能晓。及检《字林》《韵集》,乃知猎闾是旧䜌余聚,亢仇旧是䅭䜌亭,悉属上艾。时太原王劭欲撰乡邑记注,因此二名闻之,大喜。"①此次对地名的探求不仅证明了颜之推对学问的孜孜钻研,也使他丰富了知识,并对他人于此地名的记载做出了贡献。再如颜之推说:"尝游赵州,见柏人城北有一小水,土人亦不知名。后读城西门徐整碑云'洦流东指',众皆不识。吾案《说文》,此字古魄字也,洦,浅水貌。此水汉来本无名矣,直以浅貌目之,或当即以洦为名乎?"②类似例子在《家训》中还有记载,此就不列举了。可见,一遇到不懂的或不认识的字、地名等事物,颜之推都会进行探究,直到明了此事。如果没有对学问的钻研精神,他也就不能最后明了"洦流东指"等的意义,也就不会有渊博之知识而为后人目之为"之推为学,自是通人一流"③了。

其四,重考证。周予同先生说:"今文学以孔子为政治家,以'六经'为孔子致治之说,所以偏重于'微言大义',其特色为功利的,而其流弊为狂妄。古文学以孔子为史学家,以'六经'为孔子整理古代史料之书。所以偏重于'名物训诂',其特色为考证的。"④颜之推为南北朝时期一大学问家,上文已论,他承继的是汉魏以来的古文经学治学之路,而这也正是颜氏家族治学之路,这点从上文所论颜氏家族治经学中不难看出,因而这也使得颜之推非常注重考证。事实上,颜之推在《家训》中为说理而举许多例子都证明了他的这种重考证学风的存在。如《文章》篇曰:

> 《诗》云:"有鹭雉鸣。"又曰:"雉鸣求其牡。"《毛传》亦曰:"鹭,雌雉声。"又云:"雉之朝雊,尚求其雌。"郑玄注《月令》亦云:"雊,雄雉鸣。"潘岳赋曰:"雉鹭鹭以朝雊。"是则混杂其雄雌矣。⑤

---

① 《颜氏家训集解》(增补本),第225页。
② 《颜氏家训集解》(增补本),第227页。
③ 朱东润:《中国文学批评史大纲》,上海:上海古籍出版社2001年版,第77页。
④ (清)皮锡瑞著,周予同注释:《经学历史》,北京:中华书局1959年版,第2页。
⑤ 《颜氏家训集解》(增补本),第287页。

颜之推之所以能做到这一点，除了博学之外，还在于他对文章用语进行了考证。这点除了上文所引一些文字段落中多有体现外，《书证》篇里这样的例子更是比比皆是。再摘两例如下：

《诗》云："参差荇菜。"《尔雅》云："荇，接余也。"字或为"莕"。先儒解释皆云："水草，圆叶细茎，随水浅深。"今是水悉有之，黄花似莼，江南俗亦呼为"猪莼"，或呼为"荇菜"。刘芳具有注释。而河北俗人多不识之，博士皆以参差者是苋菜，呼"人苋"为"人荇"，亦可笑之甚。①

《月令》云："荔挺出。"郑玄注云："荔挺，马薤也。"《说文》云："荔，似蒲而小，根可为刷。"《广雅》云："马薤，荔也。"《通俗文》亦云"马蔺"。《易统通卦验玄图》云："荔挺不出，则国多火灾。"蔡邕《月令章句》云："荔似挺。"高诱注《吕氏春秋》云："荔草挺出也。"然则《月令注》荔挺为草名，误矣。河北平泽率生之。江东颇有此物，人或种于阶庭，但呼为旱蒲，故不识马薤。讲《礼》者乃以为马苋；马苋堪食，亦名豚耳，俗名马齿。江陵尝有一僧，面形上广下狭；刘缓幼子民誉，年始数岁，俊晤善体物，见此僧云："面似马苋。"其伯父縚因呼为"荔挺法师"。縚亲讲《礼》名儒，尚误如此。②

颜之推对字、词、句的运用可以说几乎都作了考证，而考证其实就是学术上的实事求是。颜之推重考证，一方面固然是继承汉魏以来古文经学治学之路，另一方面应该也是针对南北朝时期学术上浮躁、贪名而不务实际之风而为之，此外与他因坎坷生活经历而养成的务实严谨的治学态度当也有很大关系。

其五，重治学的知行合一。受家族以儒学传家并始终在现实生活中认真履行儒家思想这一品格影响，以及来自于乱世的经历体会，颜之推在治学和为人处世上强调的是知行合一，即所学所讲须和行为能合拍、相一致。一方面，他严厉谴责"世人读书者，但能言之，不能行之，忠孝无闻，仁义不足"，即知、行脱节，嘴上说的是一套，行的又是另一套等现象；另一方面则积极主张所行应该和所学一致。首先，他认为学习的目的就是开阔视野并以之指导、规范自己的言行。他说："夫所以读书学问，本欲开心明目，利于行耳。未知养亲者，欲其观古人之先意承颜，怡声下气，不惮劬劳，以致甘腝，惕然惭惧，起而行之也；未知事君者，欲其观古人之守职无侵，见危授命，不忘诚

① 《颜氏家训集解》（增补本），第 409 页。
② 《颜氏家训集解》（增补本），第 418 页。

谏,以利社稷,恻然自念,思欲效之也。”①在他看来,读书做学问的目的并不在于做官发财、图谋个人私利,更不是去危害社会,而在于学会如何做人处世,即如何孝敬父母、如何为官清廉、如何忠君报国、如何谦虚自省、如何舍利取义、如何谨慎对事,等等。这也就是说,读书求学问的目的就是为自己的言行作很好的指导,以便于正确地行事。由此,他特别提到了北齐宦者田鹏鸾在文林馆学习时的表现,盛赞其“学以成忠”,而厉斥北齐诸多将相“比敬宣之奴不如也”②。其次,他认为学习的作用就在于完善个体人格,从而更好地服务于社会。他说:“古之学者为己,以补不足也;今之学者为人,但能说之也。古之学者为人,行道以利世也,今之学者为己,修身以求进也。”不难看出,颜之推在比较了古今文人读书求学问目的的同时,也隐含着他对古今文人读书求学问各自目的的态度。对古人读书求学问用来补不足以修身、行道以利社会的高洁志向,他积极赞同,但对今人读书求学问之功利目的则既有取也有舍。他反对今人的“但能说之也”的重口头上夸夸其谈来论道而不付之于实际行为的一面,但对其“修身以求进益”的学习目的表示认可和肯定,他认为这是弥补行为品格不足的一面,和曾子“一日三省吾身”的修身求进步做法是一致的。所以他说:“所以学者,欲其多知明达耳。”③“夫学者犹种树也,春玩其华,秋登其实;讲论文章,春华也,修身利行,秋实也。”④在他看来,学习就是让自己增加知识、明晓事理的,学者无论讲道还是做文章,追求的应该都是自身的修养、进步和对社会的贡献,即不但以理论指导个人的正确行为,还要以之引导他人乃至群体之正确行为,从而不仅利于自身进步,也利于社会和谐。其三,注重知识更注重行为。在颜之推看来,学习知识固然重要,但人的相应行为更重要,若不能将所学以品行表现出来,则给人无德无学的感觉。他说:“借人典籍,皆须爱护,先有缺坏,就为补治,此亦士大夫百行之一也。济阳江禄,读书未竟,虽有急速,必待卷束整齐,然后得起,故无损败,人不厌其求假焉。或有狼籍几案,分散部帙,多为童幼婢妾之所点污,风雨虫鼠之所毁伤,实为累德。”⑤可见,颜之推看重的更多的是读书人的行为,因而对于那些“读数十卷书,便自高大,凌忽长者,轻慢同列”的行为,颜之推则视之为“以学自损,不如无学也”⑥。

其六,主张学以致用。学以致用可以说是颜之推治学上的一个显著特

① 《颜氏家训集解》(增补本),第166页。
② 《颜氏家训集解》(增补本),第202页。
③ 《颜氏家训集解》(增补本),第158页。
④ 《颜氏家训集解》(增补本),第171页。
⑤ 《颜氏家训集解》(增补本),第55页。
⑥ 《颜氏家训集解》(增补本),第171页。

点，这不仅反映在他的“夫所以读书学问，本欲开心明目，利于行耳”方面，还反映在他主张的知识学习必须能用之于实践，即学习须对生活有实用性这点上。他说：“世人读书者，但能言之，不能行之，忠孝无闻，仁义不足；加以断一条讼，不必得其理；宰千户县，不必理其民；问其造屋，不必知楣横而棁竖也；问其为田，不必知稷早而黍迟也；吟啸谈谑，讽咏辞赋，事既优闲，材增迂诞，军国经纶，略无施用。”在他看来，这种读书求学问的行为实际上是虚浮不实的，除了“材增迂诞”之外，所学并无益于生存和生活，对世务更无任何作用，从而也就难免“为武人俗吏所共嗤诋”①。对此种做学问的方式，他坚决反对，要求后人所学须能“济世成俗”②，“不徒高谈虚论，左琴右书”③。此外，颜之推的学以致用还表现在“济功业”上。他说：“夫圣人之书，所以设教，但明练经文，粗通注义，常使言行有得，亦足为人；何必‘仲尼居’即须两纸疏义燕寝讲堂，亦复何在？以此得胜，宁有益乎？光阴可惜，譬诸逝水。当博览机要，以济功业。”④在颜之推看来，人生很短，没有那么多时间可浪费在对生活不起任何作用的知识学习和敷陈上，应取其精华而为“扬名立业”服务，即“以济功业”，这才是重要的。此其一。其二，他认为要学习有利于生存和生活的知识。一方面从乱世见闻中“虽百世小人，知读《论语》《孝经》者，尚为人师；虽千载冠冕，不晓书记者，莫不耕田养马”的现象，他总结出“以此观之，安可不自勉耶?”从而要求子孙要“常保数百卷书，千载不为小人也”⑤。另一方面则强调了“爰及农商工贾，厮役奴隶，钓鱼屠肉，饭牛牧羊，皆有先达，可为师表，博学求之，无不利于事也”⑥，即积极主张向士大夫们瞧不起的农工商、厮役奴隶等学习一技之长，认为在这些人身上都有可值得学习的地方。在他看来，只有不断地学习自己所不知道的却又利于个体发展的知识和技能才能成就功业。可以说，颜之推的经世致用治学思想是积极务实的，它并不受身份贵贱、等级尊卑等因素制约。

二、知识和技能上重经世致用

非同常人的人生经历不仅使颜之推认识到做学问要实事求是，也让他认识到处世态度要积极务实，即人活着不仅要掌握知识和技能，而且所学知识和技能还必须能经世致用。当然，通观《家训》，颜之推所谓经世致用的知

① 《颜氏家训集解》(增补本)，第 166 页。
② 《颜氏家训集解》(增补本)，第 187 页。
③ 《颜氏家训集解》(增补本)，第 315 页。
④ 《颜氏家训集解》(增补本)，第 177 页。
⑤ 《颜氏家训集解》(增补本)，第 148 页。
⑥ 《颜氏家训集解》(增补本)，第 162 页。

识首先莫过于对儒家学说的掌握了。

颜之推出生于南朝萧梁一朝,萧梁在选举制上实行的是九品中正制,因此优待士族制,但对素族或寒族也多有任用,如天监八年(509),梁武帝就曾颁布诏书曰:“学以从政,殷勤往哲,禄在其中,抑亦前事。朕思阐治纲,每敦儒术,轼闾辟馆,造次以之。故负帙成风,甲科间出,方当置诸周行,饰以青紫。其有能通一经、始末无倦者,策实之后,选可量加叙录。虽复牛监羊肆,寒品后门,并随才试吏,勿有遗隔。”①这也就意味着,即使是寒族,只要能通经,对儒家学说有所掌握,也就都有机会入仕。而南北朝实际情况也正是这样,一如陈吏部尚书姚察所说:“夏侯胜有言曰:‘士患不明经术;经术明,取青紫如拾地芥耳。’朱异、贺琛并起微贱,以经术逢时,致于贵显,符其言矣。”②颜氏家族本就是一个世传儒学的文化名族,而颜之推能二十岁不到即为萧绎左常侍和镇西墨曹参军,后又出任萧绎儿子萧方诸的书记,也源于他学习并通晓儒学之结果。加上乱世之下,“当尔之时,诚驽材也。有学艺者,触地而安。自荒乱已来,诸见俘虏。虽百世小人,知读《论语》《孝经》者,尚为人师;虽千载冠冕,不晓书记者,莫不耕田养马”。这使得入北的颜之推更深刻地认识到儒学乃为经国致用的首选之学。

同时,北朝是一个与南朝制度、统治者的民族迥然不一的社会,是被颜之推等南方士人看作胡虏所建立的政权统治。如萧齐时垣崇祖上书齐明帝就说:“淮北士民,力屈胡虏,南向之心,日夜以冀。”③颜之推也认为:“尔其十六国之风教,七十代之州壤,接耳目之不通,咏图书而可想。”④不管南方人怎么看待北方政权,而于北朝而言,也不论是北魏,还是其分裂后的东魏(北齐)和西魏(北周),其政权的建立无不经过了沙场力战和血拼,它不存在南方那样的士族环境及其政治格局,因此也就不会有东晋南朝那样优容士族的特权政策。所以北朝政府用人不论文、武,重视的都是实际能力和才干,而它们于儒学又都普遍重视。譬如在北齐,史载:“齐制:诸郡并立学,置博士助教授经”,“诸郡俱得察孝廉,其博士、助教及游学之徒通经者,推择充举。射策十条,通八以上,听九品出身;其尤异者亦蒙抽擢。”⑤西魏、北周文化虽不是很发达,但于儒学却一直颇为重视。北周武帝不仅建立有太学,还设置露门学。史载:“高祖保定三年,乃下诏尊太傅燕公为三老。帝于是服

① 《梁书》卷2《武帝纪》,第49页。
② 《梁书》卷38《贺琛传》,第551页。
③ 《南齐书》卷25《垣崇祖传》,第460页。
④ 《北齐书》卷45《颜之推传》,第623页。
⑤ 《北齐书》卷44《儒林传·序》,第583页。

衮冕，乘碧辂，陈文物，备礼容，清跸而临太学。袒割以食之，奉觞以酳之。斯固一世之盛事也。”①天和二年(567)七月，“甲辰，立露门学，置生七十二人”②。

南北社会的舆情、自身的经历和学养以及不同政权都力图振兴、发展儒学的举动使颜之推进一步认识到，无论如何世变，也无论地处南北，唯有坚守儒学并学有所成才会有前途，加上颜氏本身又以儒学传家，所以颜之推也就大力提倡学习儒家学说，要求后人掌握儒家经典，以便承平之时可以之经国治世理民，乱世之际亦可以之为生存之本。

不过，乱世生活又使他认识到，任何事不可偏执其一，所以从务实的角度出发，颜之推又说：“以此观之，安可不自勉耶？若能常保数百卷书，千载终不为小人也。”③“夫明“六经”之指，涉百家之书，纵不能增益德行，敦厉风俗，犹为一艺，得以自资。”④这也就是说，在首先读好儒家经典的前提下，为增加生存资本，他也要求习读百家之书，即凡能生存致用的知识，他都强调要学。至于老、庄之书，诸多前人之鉴使他认为无须去学，因为“非济世成俗之要也”⑤。

而综合《家训》所说，颜之推所要求掌握的儒家知识主要体现在以下几个方面。

首先，掌握《论语》《孝经》《左传》《礼记》等儒家经典。魏晋南北朝时期，一方面儒学衰微，南、北真正用功于儒学者并不是很多，甚至于北齐政权下还出现了“诸郡并立学，置博士、助教授经。学生俱差逼充员，士流及豪富之家，皆不从调。备员既非所好，坟籍固不关怀”⑥等现象；而另一方面又如上文所论，政府为了巩固统治的需要，一般情况下又多给予通经者较好待遇，这使得通晓儒家经典上可谋取仕宦、以学立名，最低也可作生计之资，而不至于为奴婢为农民，即颜之推所谓：“千载终不为小人也。”⑦

其次，须明了南、北实际社会中的礼学知识，特别是在丧礼上要学会取舍。如：“南人冬至岁首，不诣丧家；若不修书，则过节束带以申慰。北人至岁之日，重行吊礼；礼无明文，则吾不取。南人宾至不迎，相见捧手而不揖，

① 《周书》卷45《儒林传·序》，第806页。
② 《周书》卷5《武帝纪上》，第74页。
③ 《颜氏家训集解》(增补本)，第148页。
④ 《颜氏家训集解》(增补本)，第157页。
⑤ 《颜氏家训集解》(增补本)，第187页。
⑥ 《北齐书》卷44《儒林传·序》，第583页。
⑦ 《颜氏家训集解》(增补本)，第148页。

送客下席而已；北人迎送并至门，相见则揖，皆古之道也，吾善其迎揖。”①又，“江南凡遭重丧，若相知者，同在城邑，三日不吊则绝之；除丧，虽相遇则避之，怨其不己悯也。有故及道遥者，致书可也；无书亦如之。北俗则不尔。江南凡吊者，主人之外，不识者不执手；识轻服而不识主人，则不于会所而吊，他日修名诣其家。”②“二亲既没，所居斋寝，子与妇弗忍入焉。”③又，《礼》云：“忌日不乐。”在颜之推看来，这些“礼”的知识虽都来源于儒家经典，但又都因时而有南北不同的变化，因而也都是入乡随俗所必须了解或掌握的，可因事择而用之。不过，从现实角度考虑，他又认为：“《礼经》：父之遗书，母之杯圈，感其手口之泽，不忍读用。政为常所讲习，雠校缮写，及偏加服用，有迹可思者耳，若寻常坟典，为生什物，安可悉废之乎？既不读用，无容散逸，惟当缄保，以留后世耳。”④故而他虽强调遵守丧礼，但又反对泥古不化，认为遵守丧礼的某些小的方面也可有所变通，没有必要死守之。所谓：“礼缘人情，恩由义断，亲以噎死，亦当不可绝食也。”⑤

再次，要掌握避讳的知识。魏晋以降，避讳颇盛，甚至萧齐一朝为精准避讳而于朝堂之上悬挂须避讳字之榜文，所谓“朝堂榜志，讳字悬露”⑥。可见南、北朝避讳并未有所减少。由此，颜之推认为对先人和长辈须避讳，“凡避讳者，皆须得其同训以代换之”⑦，但也不是任何时候都必须这样。在他看来，虽然“《礼》云：‘见似目瞿，闻名心瞿。’有所感触，恻怆心眼；若在从容平常之地，幸须申其情耳。”但是到了一定的环境下，“必不可避，亦当忍之；犹如伯叔兄弟，酷类先人，可得终身肠断，与之绝耶？又：‘临文不讳，庙中不讳，君所无私讳。’益知闻名，须有消息，不必期于颠沛而走也。”这也就是说，尽量做到适时变通而不拘泥于教条，否则当会被世人所讥笑，有失士大夫风操。如他举例说：“梁世谢举，甚有声誉，闻讳必哭，为世所讥。又有臧逢世，臧严之子也，笃学修行，不坠门风；孝元经牧江州，遣往建昌督事，郡县民庶，竞修笺书，朝夕辐辏，几案盈积，书有称‘严寒’者，必对之流涕，不省取记，多废公事，物情怨骇，竟以不办而退。此并过事也。”⑧在颜之推看来，避讳到如此地步已经影响到生活和工作，实在大可不必，至于为避讳而以其他名词

① 《颜氏家训集解》(增补本)，第 77 页。
② 《颜氏家训集解》(增补本)，第 96 页。
③ 《颜氏家训集解》(增补本)，第 104 页。
④ 《颜氏家训集解》(增补本)，第 107 页。
⑤ 《颜氏家训集解》(增补本)，第 105 页。
⑥ 《南齐书》卷 46《王慈传》，第 802 页。
⑦ 《颜氏家训集解》(增补本)，第 65 页。
⑧ 《颜氏家训集解》(增补本)，第 61 页。

代替而致张冠李戴，在他看来就更显得荒谬了。他说："或有讳云者，呼纷纭为纷烟；有讳桐者，呼梧桐树为白铁树，便似戏笑耳。"①

另外，须掌握文字方面的知识。颜之推认为时下士大夫对于"郡国山川，官位姓族，衣服饮食，器皿制度，皆欲根寻，得其原本；至于文字，忽不经怀，己身姓名，或多乖舛，纵得不误，亦未知所由"②。事实上，在魏晋南北朝，专攻小学方面的人也不是很多。对于那些士大夫而言，普遍的兴趣都在文史类和常识性知识上。小学方面的知识一则较难，不作一定的学术上钻研很难把握；二则也不为人所重，这也导致时人很少去学习之。但颜之推认为这些知识不可不掌握，所谓："夫文字者，坟籍根本。世之学徒，多不晓字：读'五经'者，是徐邈而非许慎；习赋诵者，信褚诠而忽吕忱；明《史记》者，专徐、邹而废篆籀；学《汉书》者，悦应、苏而略《苍》《雅》。不知书音是其枝叶，小学乃其宗系。"③因而他教导后人要多注重字词读音等知识。在颜之推的教导之下，其子孙在这方面还真的作了坚持不懈的探讨，以至于以后颜氏在文字小学方面的成就独树一帜。

最后，掌握文章的撰写④。于文章，颜之推虽没有直接说明它可作为济身之用，但综合其对文章的理论思想，可看出颜之推认为文章是应该多加掌握的一门经世致用的技术学问。虽然他认为"但成学士，自足为人。必乏天才，勿强操笔"⑤。可是对于因"工尺牍"得以在俘往长安途中被荐至弘农阳平公李远府为书记，后来又以文才得任于北齐文林馆并因之升迁为黄门侍郎的颜之推来说，他深知文章为生存、仕宦所不可缺少的技术学问，可以为经世之用，所以他希望后人在文章方面多用功而掌握之。可见，凡是涉及生存生活有实用性的文化知识，颜之推都引导和鼓励后人学习掌握之。

除了须掌握以儒学为代表的文化知识外，颜之推的务实治学观还表现在要求掌握各种有益于经世致用的生活技能。针对时下一般士大夫"耻涉农商，差务工伎，射则不能穿札，笔则才记姓名，饱食醉酒，忽忽无事，以此销日，以此终年"，"治官则不了，营家则不办"等情况，颜之推清醒地认识到："夫食为民天，民非食不生矣，三日不粒，父子不能相存。耕种之，茠锄之，刈获之，载积之，打拂之，簸扬之，凡几涉手，而入仓廪，安可轻农事而贵末业哉？"⑥从而要求凡涉及生活技能之知识都应该去虚心学习之，所谓："爰及

---

① 《颜氏家训集解》(增补本)，第 65 页。
② 《颜氏家训集解》(增补本)，第 223 页。
③ 《颜氏家训集解》(增补本)，第 220 页。
④ 上文已论述过颜之推在文章方面的相关理念，这里乃从务实的角度再略加述论。
⑤ 《颜氏家训集解》(增补本)，第 254 页。
⑥ 《颜氏家训集解》(增补本)，第 324 页。

农商工贾,厮役奴隶,钓鱼屠肉,饭牛牧羊,皆有先达,可为师表。博学求之,无不利于事也。”①魏晋南北朝时期,除了政府所控制的编户齐民所从事的国家经济外,还存在士族私人庄园经济。这时期士族地主在政府政策优待之下,大量占有土地农田,封山霸水,使其私人庄园经济发展超过国家经济的增长。在士族庄园经济中,除了盐不能生产外,其他物质生活用品基本都可生产。正如颜之推在《家训》中所说:“生民之本,要当稼穑而食,桑麻以衣。蔬果之畜,园场之所产;鸡豚之善,埘圈之所生。爰及栋宇器械,樵苏脂烛,莫非种殖之物也。至能守其业者,闭门而为生之具以足,但家无盐井耳。”②因为庄园生产涉及多种行业,不懂生产、不会经营自然无法使其正常运转和发展,即使可以奴婢经营之,但不会管理庄园也不能使之正常运转和发展,如此也就使士族丧失其经济来源;而没有了经济基础,又何谈家族的发展、兴盛? 因此,无论是从个人生存而言,还是就家族今后发展来说,士族都必须懂一些书本之外的生活和生产技能,所以颜之推也就积极主张向农商工贾、贩夫走卒、屠夫钓者、厮役奴隶等多学一些生活技能,以提高发展家族的能力。

此外,凡有益于提高生活质量、增加生活情趣、增进与他人交往的技能,颜之推认为也都可修习之。如射箭技术,他说:“弧矢之利,以威天下,先王所以观德择贤,亦济身之急务也。”“河北文士,率晓兵射,非直葛洪一箭,已解追兵,三九宴集,常縻荣赐。”在颜之推看来,“弧矢之利”大则关乎军国战争之胜败且可因之察贤辨才,小则也可因宴集等机会获得朝廷赏赐,所以他认为是“济身之急务”。可能正是因为射箭技术关乎事大,主要用之于“济身”,所以对那种把射箭技术用于狩猎之行为,颜之推是极不赞成的。他说:“虽然,要轻禽,截狡兽,不愿汝辈为之。”③再如乐、书、数等方面知识,颜之推从生存生活角度也认为,作为士大夫可会但不可专更不能溺。譬如于颜氏一门来说,书法修习早已行之并传承不绝,且颜腾之就“善草、隶书,有风格”,颜之推父亲颜协也是“工于草隶”④,而颜之推本人更是“幼承门业,加性爱重,所见法书亦多,而玩习功夫颇至”,然而他却并不希望子孙以书法擅名,所谓:“慎勿以书自命。虽然,厮猥之人,以能书拔擢者多矣。故道不同不相为谋也。”⑤原因何在,他说:“然而此艺不须过精。夫巧者劳而智者忧,

① 《颜氏家训集解》(增补本),第162页。
② 《颜氏家训集解》(增补本),第43页。
③ 《颜氏家训集解》(增补本),第581页。
④ 《梁书》卷50《颜协传》,第727页。
⑤ 《颜氏家训集解》(增补本),第570页。

常为人所役使，更觉为累；韦仲将遗戒，深有以也。”①原来他担心以书法著名了就会为权要甚至帝王所役使。只是让他没想到的是，至其五世孙颜真卿便“善正、草书，笔力遒婉”②，被后人誉为一代书法大家。

其他如算术，颜之推虽认为“亦是六艺要事，自古儒士论天道，定律历者，皆学通之”。但在以儒学为素业和以生存为第一要务的心理下，颜之推也认为“然可以兼明，不可以专业”③。在医术方面他也作同样看法，以为“医方之事，取妙极难，不劝汝曹以自命也。微解药性，小小和合，居家得以救急，亦为胜事”④。至于其他娱乐方面，也是要求但懂而不必追求精妙，如博弈，“有时疲倦，则傥为之，犹胜饱食昏睡，兀然端坐耳”，围棋“有手谈、坐隐之目，颇为雅戏；但令人耽愦，废丧实多，不可常也”，“弹棋亦近世雅戏，消愁释愦，时可为之”⑤。

总之，对于历仕四朝、辗转南北的颜之推来说，因为经历了较多的生死危难，所以总结经验教训时便有了积极务实的态度，这使得他在治学上有了一种经世致用的态度。于是，不论在做学术上，还是在学习知识和技艺上，都以务实为原则，以经世致用为标准，对于那些适宜生存和有益于生活的知识、技艺以及能安邦治国、有助于民生的知识及技能，他都认为应该努力学习并有所掌握，而对于那些可能有济于立身并且很大程度上也有益于日常养生的娱乐方面知识和技艺，他也强调在生存、保命并取得仕宦的基础之上学习之，只是认为不可专攻之或沉溺之，更不可以此为生，以免遭致屈辱和灾祸。

本章小结

仕宦南北、历经东西，出生于以儒学传家的颜氏家族，又处在重家族发展的魏晋南北朝时期，颜之推孜孜追求的即是以文化成名、以文化兴家。在实现这一目标过程中，虽然他曾濡染玄学，也涉足道教，更信奉佛教，但他并没有因此忽略和遗忘“务先王之道，绍家世之业”的以文化名家、兴家的使命，所以尽管生活中几经坎坷和危难，他始终都奉儒家学说为圭臬，为立身扬名之基业。由此，围绕立身、扬名、兴家，他在积极倡导重儒学、以儒兴家

① 《颜氏家训集解》（增补本），第567页。
② 《新唐书》卷153《颜真卿传》，第4861页。
③ 《颜氏家训集解》（增补本），第587页。
④ 《颜氏家训集解》（增补本），第588页。
⑤ 《颜氏家训集解》（增补本），第591—594页。

的基础上，于学术上也形成了自己独有思想，那就是在“宗经”基础和前提下，于文学上积极主张以家族“典正”文风、“古之制裁”和时俗风尚之“华丽”相结合构建的“词情典丽”为文章创作之理论，即“以理致为心肾，气调为筋骨，事义为皮肤，华丽为冠冕”，并于这其中谆谆告诫后人在文章写作时，勿因文章逸气“使流乱轨躅，放意填坑岸也”。

惩于自身的国亡家迁，更感叹于羁旅他乡和政权变化所带来的诸多伤痛，颜之推反躬自省，又以一个士大夫应有的历史责任感，不但通过文学笔调以《观我生赋》反映和记载了后三国梁末、北齐和北周的某些历史，也在《颜氏家训》中反思并笔录了梁末士族政治、生活的腐败以及士大夫们“但能言之，不能行之，忠孝无闻，仁义不足”的应世心态。

鉴于历史，体会于现实生活，颜之推因此在教育上也形成了自己的教育理念，那就是主张对孩子的教育不仅要早教，如果可能的话，还应进行胎教，在儿童时期更应该因其“精神专利”而督促其学习，引导其成长，千万不能过分溺爱和宠爱之，从而使其长大非但不能成才，甚至还因此“败德”。在教育内容上，他则主张宜以儒家学说为重并旁及百家学说。这其中，他认为品德教育又至关重要，以为是关乎孩子长成以后为人处世之重要因素。当然，对孩子的教育，他认为还应该多注意环境的影响，更要注意对孩子教育的公平、公正，否则，父母的教育就只会给孩子今后的生活造成不应有的矛盾，甚至可能还会因此导致不应该发生的事件，或产生无法弥补的伤痛。

而从乱世中走过来的颜之推体会更深切的是，要想立身扬名、发展家族，特别是对他这样的以文化传家的家族来说，就必须把经世致用作为做学术、入仕和生活的第一要素，这又使他形成了务实的学术思想，从而在学术上重虚心求学、重眼学、重知行合一、重学习对生活的实用性，特别是注重对儒学为代表的实用知识和技能的获取。由此，他不但强调应把儒家经典的学习和掌握放在第一位，也注重对其他诸多知识的获取，甚至对那些被历来士大夫所轻贱的行业如农工商、屠宰贩运等知识，他也从生计之角度认为应多加学习之。至于那些士大夫所应具备的射、医、算、书、琴等提高生活质量和增进交往的技术知识，他则从“济身之急务”和避祸之心理衡量之，或认为须掌握之，或认为略通之即可。

总之，通观颜之推读书求学问思想，不难看出，在学术上他的主要宗旨就是学以致用，通过学以致用、“济世成俗”来达到他立身扬名、兴家旺族，“尊先王之道，绍家世之业”的目的。

第七章　颜之推的社会思想

在风云变幻的南北朝后期，政权的变迁和政治斗争的残酷使得不少士人不是被填坑、放逐就是被掳、流离，即使有幸免之人，不少也是或郁郁寡欢而以愁死，或仕宦中辍而贫穷至老，或游走权贵之门以保元吉，或信奉佛道寄托余生，能在这其中由俘虏囚徒而重新为士大夫，并在羁旅中屡屡越险渡危，常保仕宦不坠的士人，恐怕少之又少，但颜之推绝对是其中比较突出的一个。从南到北、仕宦四朝，他不但没有丢命，而且还彰显了忠、孝、仁、义、勇等诸多儒家品质。让人刮目相看的是，在信守"君子当守道崇德，蓄价待时，爵禄不登，信由天命"前提下，他不仅仕宦不坠，在北齐后期还曾颇得后主信任，官至黄门侍郎。个中因素虽然众多，但与其乱世下不断形成的处世思想不无关系，与其社会关爱情怀亦有着一定联系。

第一节　颜之推的处世思想

颜之推一生遭遇多变，坎坷较多，这使他比别人对国家、社会、人事有更多的细致观察和深入思考，在这观察和思考中他也不断总结经验和教训，适时改进并确立着自己的处世思想。只不过他的处世思想的改进和确立不是为了更好地迎合权势、巴结贵族、拉帮结派、图谋私利，或诋毁、损伤别人而夸耀、抬高自己。通过他为训教子孙撰写的《颜氏家训》不难看出，他不断改进处世思想理念，其实是让自己更好地遵从儒家的道德价值观，正身立世，更好地活命，也更好地服务于社会。具体而言，主要体现在修身立命、孝悌和家、传业扬名、中庸变通、谨慎寡欲、务实致用、仁义有为等七个方面，这七个方面体现了颜之推一生最主要的处世思想。其中修身立命是他于乱世中活下来的思想基础和技术基础，孝悌和家和传业扬名是他承继颜氏家风而立足社会、延家兴族的基本要求，中庸变通是他历经南、北而"三为亡国之人"却仕宦四朝而不坠的人生态度，谨慎寡欲是他一生入世经历和学养累积形成的生活信条，务实致用是他历经乱世、面对生活确定的基本原则，而仁义有为则是他一生关爱社会、勇于承担社会责任的人生标准。不难看出，颜之推的这些处世思想实质上都不脱儒家思想之范畴，它是在儒家思想观念指导下，以现实为参照物，通过不断自我调整使自己更加适合和顺应社会发展的应世理念。

一、修身立命

如前所论,魏晋南北朝是一个政权频繁更迭的乱世,尽管汉末以来,儒家思想因本身发展的原因和本土宗教道教及外来佛教兴盛的冲击,已经显得左支右绌而趋于式微,但对于不少以文化传家的士族来说,他们还是执着地固守着儒学。他们不但自己修习着儒家经典,也要求自己的后人传承之,甚至他们还如两汉士人一样,不遗余力地将儒家学说不断地运用于现实政治生活理念中,希望即使是在乱世之中,政权的统治者也能以儒教来约束自己的言行,并按儒术来治国理民。而经过两汉几百年的发展和传播,儒学的思想观念不仅在社会上层,就是在中下层也都有着深刻影响,因此,魏晋南北朝统治者也就不能也无法撇开儒家思想。尽管在现实生活中对它的执行程度和真实效果另当别论,但因官方的文化体系和舆论,统治者仍然不得不不时拿儒教来说话,明令对儒学的修习和推广。譬如曹氏①、司马氏和宋、齐、梁、陈各朝君主,乃至北朝的北魏、东魏(北齐)和西魏(北周)等鲜卑族建立的政权,莫不以儒教作为教化工具,以德和孝来作为用人的主要依据,以礼来作为日常普遍的行为规范,等等。而这些无疑又在文化层面最低程度上,激励着那些以儒学传家的文化士人对儒学的坚定不移地承传和践行以及对儒学的维护。

然而政治有它理性的一面,也有它虚伪欺骗的一面。魏晋之际,当以世代服膺儒教著称的司马氏以大臣身份欺人孤儿寡母、篡夺君王的帝位时,一些同样奉守儒家思想的世家大族竟也同声附和着,甚至助纣为虐,一如鲁迅先生所说:“魏晋时代,崇奉礼教的看来似乎很不错,而实在是毁坏礼教,不信礼教的。”“因为魏晋时所谓崇奉礼教,是用以自利,那崇奉也不过偶然崇奉。”②因此,这自然也就引起士人阶层中那些真正以儒家思想为安身立命者的愤怒、迷惘和绝望,于是以崇尚自然的道家思想便在某些看不惯甚至抵制当权者利益的士人中兴起,他们借老庄的自然思想来抗衡当权者以所谓的名教来欺世盗名的言行,主张“越名教而任自然”③,甚至发出“无君而庶

① 学界不少论者皆以为曹氏政权尚法而抵儒,事实不然,处于汉末那种意识形态里里外外都渗透着儒家思想的情况下,即使曹氏想摆脱儒家思想的束缚也摆脱不了。参见拙文《论曹操对儒家思想的矛盾心理》,《湖南师范大学社会科学学报》2014 年第 4 期。

② 鲁迅:《魏晋风度及文章与药及酒之关系》,《鲁迅全集》(第三卷),北京:人民文学出版社 2005 年版,第 535 页。

③ 《晋书》卷 49《嵇康传》,第 1369 页。

物定,无臣而万事理"①之言论,并认为君臣之立实是造成人们钩心斗角,以强欺弱、以智诈愚的渊薮,所谓:"君臣既立,众慝日滋。"从而认为"古者无君胜于今世"②,他们冀以道家无为思想和某些反礼教、遁隐山林的言行唤醒更多士人对儒教的捍卫。然而在朝代更迭之际,对真理的坚守扛不住当权者举起屠刀的威胁和以利禄予以的诱惑,苟惜生命、享受高爵厚禄替代了为道义献身的价值追求。于是,被扭曲的思想和价值观摇身一变,反而在另一个层面堂而皇之甚至理所当然地成为了合法、合理的存在,而被污损的名教在政治风雨的冲刷、剥蚀后却又被污损它的人群用作指导政治、思想、教化的权威。而一些以儒家思想为人生准则的诚实者以为天道昭昭、大道恒在,于是依旧欣然继续坚持和奉守着儒家的伦理道德准则。当虔诚信奉儒家思想的颜见远目睹梁武帝以臣子的身份抢夺了萧齐王朝的政权时,他感到了天变,也感到了无奈和不可理解,他怎么也想不通儒家伦理道德怎么还可以真的以另一种方式来诠释:以卑犯尊、以下犯上、以武力篡夺还可以美名曰"禅让","窃钩者诛,窃国者为诸侯"原来不是庄子纸上的偏激言论,而是现实中真实的政治演变。士子抗命,徒有其形,无力回天,他只能愤而不食以身殉节,以自己对萧齐王朝的忠贞履行了自己以为人生准则的儒家思想。可是这并不能改变现实,一方面如同司马氏抢夺曹氏政权后依然以儒教来标榜一样,梁武帝对自己夺取族人帝位的行径丝毫没有任何内疚和汗颜,反而美化曰:"代终之符既显,革运之期已萃,殊俗百蛮,重译献款,人神远迩,罔不和会。""宁济之功,属当期运。"③他把自己抢夺族人帝位的行径看作顺天应人,不但称帝建立萧梁王朝,还大修五礼,崇尚儒学,推行儒学教化。另一方面则正如鲁迅先生所说:"再至晋末,乱也看惯了,篡也看惯了。"④当士人们看惯了权势者利用儒教进行篡夺、欺人的政治把戏后,除了助纣为虐、随波逐流者外,更多的真正尊崇名教者则以自律之心只约束着自己坚守和传播着儒家思想,而且魏晋禅代之际,因抗逆政治禅代使不少士子名流为之捐躯,这些血的教训也使此后更多的士人学会了随世沉浮或缄默其口,在朝代更迭之际以保命为先,顺世而为。

因为先祖殒命效国没有得到任何反响,从而也就显得无丝毫社会价值,这对颜之推应该是一个极为深刻的教训。所以当江陵政权被侵灭之际,自

① (晋)阮籍撰,陈伯君校注:《阮籍集校注》,北京:中华书局1987年版,第170页。
② (晋)葛洪撰,杨明照校笺:《抱朴子外篇校笺》,第509、493页。
③ 《梁书》卷2《武帝纪》,第33—34页。
④ 鲁迅:《魏晋风度及文章与药及酒之关系》,《鲁迅全集》(第三卷),北京:人民文学出版社2005年版,第537页。

己也遇到与先祖颜见远类似的尴尬处境时，又看到身边大多数高门士族媚颜苟活，颜之推及其兄颜之仪也就毫不犹豫地选择了惜身保命。此后在北齐灭亡时、在北周禅于隋时，当颜之推人生中不断经历这种政治变革时，他也就越加地为图保自己和家人的性命而作"门户"计了。正如他在《家训》中所说："夫养生者先须虑祸，全身保性，有此生然后养之，勿徒养其无生也。"①没有了生命，何言立身，何谈兴家，又何论扬名旺族，一切都无从谈起，所以不论是在《家训》中谈如何慎于交往也好，还是说在仕途上不图谋升迁也罢，抑或是诫约后人不预武事，质言之，都不过是他为达到"全身保性"目的而服务。其所谓："父兄不可常依，乡国不可常保，一旦流离，无人庇荫，当自求诸身耳。"以及"自丧乱已来，见因托风云，侥幸富贵，旦执机权，夜填坑谷，朔欢卓、郑，晦泣颜、原者，非十人五人也。慎之哉！慎之哉！"②"每见文士，颇读兵书，微有经略。若居承平之世，睥睨宫阃，幸灾乐祸，首为逆乱，诖误善良；如在兵革之时，构扇反覆，纵横说诱，不识存亡，强相扶戴：此皆陷身灭族之本也。诫之哉！诫之哉！"③等等，可以说都不过是他乱世之下强调保命全身意识的流露。

然而历经南北、仕宦四朝，让颜之推又切身地感受到要保命立身还须修身，以儒家思想为指导来修身。一生依靠儒学得以仕宦的颜之推，在乱世中同样从儒家思想中得到他的人生哲学。他深刻地认识到：修身首先必须学好儒家经典，掌握儒家学说。如前所论，他非但自己有如此切身体会，从历史上也认识到精通儒学可致宦得名，在现实中更觉察到"自荒乱已来，诸见俘虏。虽百世小人，知读《论语》《孝经》者，尚为人师；虽千载冠冕，不晓书记者，莫不耕田养马"④。所以结合颜氏老祖宗们留下来的遗训，颜之推于是在思想中形成一种坚定的理念，那就是坚持儒学不能丢、儒业不可弃。事实上他自己也一直这样身体力行着，正如他自己所说："顷世乱离，衣冠之士，虽无身手，或聚徒众，违弃素业，侥幸战功。吾既羸薄，仰惟前代，故置心于此，子孙志之。孔子力翘门关，不以力闻，此圣证也。吾见今世士大夫，才有气干，便依赖之，不能被甲执兵，以卫社稷，但微行险服，逞弄拳腕，大则陷危亡，小则贻耻辱，遂无免者。"⑤在掌握儒学的基础上，颜之推认为还要通览诸子百家学说和学习农工商各行各业技术等。⑥ 总之，凡是有利于修身

① 《颜氏家训集解》（增补本），第 361 页。
② 《颜氏家训集解》（增补本），第 347 页。
③ 《颜氏家训集解》（增补本），第 354 页。
④ 《颜氏家训集解》（增补本），第 148 页。
⑤ 《颜氏家训集解》（增补本），第 348—349 页。
⑥ 此点前文"修身"中已有所论，兹不再赘述。

的知识和技能都要努力获取。

当然,在颜之推看来,修身不仅要掌握有广博的知识和技能,还须从中进行自身的品德修养。他说:

> 夫所以读书学问,本欲开心明目,利于行耳。未知养亲者,欲其观古人之先意承颜,怡声下气,不惮劬劳,以致甘腝,惕然惭惧,起而行之也;未知事君者,欲其观古人之守职无侵,见危授命,不忘诚谏,以利社稷,恻然自念,思欲效之也;素骄奢者,欲其观古人之恭俭节用,卑以自牧,礼为教本,敬者身基,瞿然自失,敛容抑志也;素鄙吝者,欲其观古人之贵义轻财,少私寡欲,忌盈恶满,赒穷恤匮,赧然悔耻,积而能散也;素暴悍者,欲其观古人之小心黜己,齿弊舌存,含垢藏疾,尊贤容众,苶然沮丧,若不胜衣也;素怯懦者,欲其观古人之达生委命,强毅正直,立言必信,求福不回,勃然奋厉,不可恐慑也:历兹以往,百行皆然。

不管是修身以求进,还是修身利于行,在他看来,身修则可以立身,立身才可命保而仕宦。反之亦然,保命、仕宦须立身,立身须修身。可见,不论是从颜之推一生的言行来说,还是就其所著《家训》而言,他处世的首要思想可以说就是修身以立命。在他看来,也只有修身立命后才能去做“务先王之道,绍家世之业”而“传业扬名”的事情。

二、孝悌和家

“修身、齐家、治国、平天下”,这是中国儒家所一直推崇和倡导的“家国同构”和“家国一体”下的个人抱负,也是两汉以来儒学士人孜孜以求的人生理想。然而魏晋南北朝以来,中国出现南北对峙,政权时空分割的局面,加上统治阶级内部的政治斗争导致的政权演变,让士人也更多地看到了政治的残酷和虚伪,并使作为统治阶级指导思想的儒家思想(名教)也颇显尴尬而无所适从,最后不得不被依据需要而裁割。在强权面前,礼和忠只能赧然而掩面:忠被暂时搁置,礼则因需而用。于是,两汉以来以礼维系的大一统社会下的精神体系也就因支柱的折斜而崩塌,从而使儒家思想失去了其在现实政治上的固有完整性和权威性。然而统治者赖以建立政权的阶级基础又大多是受儒学影响的文化士族,甚至有的统治者本身就出生于这样的文化士族或深受儒家文化的熏陶,因而为了统治的需要,他们无论如何又都无法舍弃儒家思想,又都致力去维护名教。这样,儒家思想一方面被无情地蹂躏宰割,一方面又被拿来标榜和宣扬以为利用。如就司马氏政权而言,有学者就认为“司马氏在表面倡导儒术的同时，又对传统的儒学进行了利己的改造”①。所以司马氏政权以降，统治者皆因时而大力提倡“孝”的文化，本着“孝，德之本也，教之所由生也”②，“凡为天下，治国家，必务本而后末”，“务本莫贵于孝”，“人臣孝，则事君忠”，“夫执一术而百善至，百邪去，天下从者，其惟孝也”③，“居处不庄，非孝也，事君不忠，非孝也，莅官不敬，非孝也，朋友不信，非孝也，战阵无勇，非孝也”④的理念，希望从“夫孝，始于事亲，中于事君，终于立身”⑤，“以孝事君则忠”⑥“君子之事亲孝，故忠可移于君”⑦等一系列意识中重构家国一体的思想架构，于是重点大力推行“以孝治天下”⑧。这样，在政府的推崇下，魏晋南北朝社会便流行着浓烈的孝亲意识。而在强权逞欲、士族弄权的魏晋南北朝时期，儒家思想里所构设的士人“修身、齐家、治国、平天下”理想信条中的“治国、平天下”已经失去了其应有的现实价值和社会意义，或者说是被大打折扣。如此，士人便都在积久以来的特定社会环境中只注重“修身、齐家”以求保命和兴族，而且东汉以来，豪强大族的发展在社会上也极大地推动着士人们努力经营家族，维护自身利益意识的发展。正是由于这种政治斗争、政府行为和社会意识的共同作用，保命兴家的意识成为了魏晋南北朝时期大多数士人普遍的意识（这无疑刺激了其时士人自我生命意识的觉醒以及个体的自觉），而政权中政治斗争愈强烈或政权更迭愈频繁，这种意识在士人思想中也就愈加流行和愈加根深蒂固。

世以儒学为家业的颜氏本就讲究遵礼孝亲，在家风熏陶下成长起来的颜之推，“生于乱世，长于戎马，流离播越，闻见已多”⑨，在体会这种社会意识中又亲身感受了国破家亡、残酷政治斗争的现实，因而也就特别重视修身

① 庄庭兰：《魏晋南北朝经学发展论略》，《青海社会科学》2010 年第 4 期。

② 见李学勤主编：《十三经注疏 · 孝经注疏》，第 3 页。

③ 见张双棣、张万彬等译注：《吕氏春秋译注》，长春：吉林文史出版社 1987 年版，第 379—380 页。

④ 《礼记 · 祭义》，见陈戍国点校：《周礼 · 仪礼 · 礼记》，第 469 页。

⑤ 见李学勤主编：《十三经注疏 · 孝经注疏》，第 4 页。

⑥ 见李学勤主编：《十三经注疏 · 孝经注疏》，第 14 页。

⑦ 见李学勤主编：《十三经注疏 · 孝经注疏》，第 46 页。

⑧ 《晋书》卷 33《何曾传》载：“时步兵校尉阮籍负才放诞，居丧无礼。……因言于帝曰：‘公方以孝治天下，而听阮籍以重哀饮酒食肉于公座。宜摈四裔，无令污染华夏。’帝曰：‘此子羸病若此，君不能为吾忍邪！’”此见司马氏得政后，尽管全心希望所有由曹魏政权臣属而变为司马氏朝廷的臣属皆尽忠于司马氏，但因为自身行为让自己在政治教化上难有发言权，羞耻之心多少还有点，故而只能力推以孝治天下。因此，阮籍重孝时在晋武帝面前饮酒食肉遭何曾以孝义指摘，然晋武帝能海涵之，也是因阮氏在表面上臣服司马氏，其他又何必计较，因为自身立足政治、社会的根基也不是那么坚固啊。

⑨ 《颜氏家训集解》（增补本），第 127 页。

立命之后的“齐家”，即对家族的经营。因此他积极主张孝悌和家。首先，他强调孝亲。前文已论，在《家训》中颜之推虽没有就“孝”作专门长篇论说，可散在各篇目中“孝”的有关语句又揭示出在《家训》中他无处不重视孝、强调孝。在以儒家伦理道德为是非准则的他看来，孝不仅是立国之本，更是立家之本，因而他主张从小孩子开始就必须培养孝亲观念，对他们进行儒家的仁义诚孝的教育，所谓：“生子咳嗁，师保固明孝仁礼义，导习之矣。”“使为则为，使止则止。比及数岁，可省笞罚。”这样“父母威严而有慈，则子女畏慎而生孝矣。”①

其次，他强调要“友悌深至”，做到兄友弟恭，兄弟和睦亲善。儒家伦理思想中一个最为重要的内容就是孝悌，所谓：“入则孝，出则悌”，“其为人也孝弟，而好犯上者，鲜矣；不好犯上，而好作乱者，未之有也。君子务本，本立而道生。孝弟也者，其为仁之本与！”②《孔子家语》也曰：“孝，德之始也，悌，德之序也；信，德之厚也，忠，德之正也。”可以说，在儒家伦理道德观中，人伦之重除了孝，就是悌。故而于“悌”，许慎《说文解字》中释说：“弟，韦束之，次第也。从古字之象，意绳锁束戈之形，展转围绕，势如螺旋，寓兄弟之密也。”孝、悌可以说乃是维持和保证一个家庭团结、和谐、发展的最为重要的两个基石，也是维持血缘关系下的家族团结稳固的伦理纽带，轻之、失之则家族分裂，亲情乖张而不存，得之、重之则家族和睦，老有所养，幼有所乐。故而西晋大臣王祥在《遗令》中就说“兄弟怡怡，宗族欣欣，悌之至也”③，也要求在宗族内部发挥好兄弟友悌。从小就接受儒家道德教化和训练的颜之推，非常看重兄弟之间的友悌，他说：“兄弟者，分形连气之人也。”④“兄弟相顾，当如形之与影，声之与响；爱先人之遗体，惜己身之分气，非兄弟何念哉？”⑤又说：“兄弟不睦，则子侄不爱；子侄不爱，则群从疏薄；群从疏薄，则僮仆为仇敌矣。如此，则行路皆踖其面而蹈其心，谁救之哉？”⑥因而要求兄弟之间不能因为别人的挑拨，哪怕是自己的妻妾之间的言语是非而生疏离之心。他强调“唯友悌深至”才能“不为旁人之所移”。在颜之推看来，唯有兄弟相亲相爱、和睦互助，才能家族团结和兴旺发达而不至于陷于“行路皆踖其面而蹈其心”⑦之绝境。

---

① 《颜氏家训集解》（增补本），第 8 页。
② 《论语·学而》，见程树德集释：《论语集释》（一），第 10—13 页。
③ 《晋书》卷 33《王祥传》，第 989 页。
④ 《颜氏家训集解》（增补本），第 23 页。
⑤ 《颜氏家训集解》（增补本），第 26 页。
⑥ 《颜氏家训集解》（增补本），第 27 页。
⑦ 《颜氏家训集解》（增补本），第 27 页。

再次，为了加强家庭的和睦相处，使家庭内部少生是非，颜之推还要求慎娶甚至是不娶后妻。① 在他看来，南北对待后娶者虽然有很大不同，但不论古今，凡后娶之妻妾给家庭带来的莫不是父子之间的疏远和隔阂，甚至是家庭破败等伤痛，让人不能不汲取教训。他举例说："吉甫，贤父也，伯奇，孝子也，以贤父御孝子，合得终于天性，而后妻间之，伯奇遂放。"并因之告诫后人曰："假继惨虐孤遗，离间骨肉，伤心断肠者，何可胜数。慎之哉！慎之哉！"②为强调之，他又举现实中这种因后娶而带来家庭成员之间不可避免的矛盾产生的例子，他说："思鲁等从舅殷外臣，博达之士也。有子基、谌，皆已成立，而再娶王氏。基每拜见后母，感慕呜咽，不能自持，家人莫忍仰视。"③特别是在北方，他认为因后娶带来的矛盾十分严重。所谓：

> 河北鄙于侧出，不预人流，是以必须重娶，至于三四，母年有少于子者。后母之弟，与前妇之兄，衣服饮食，爰及婚宦，至于士庶贵贱之隔，俗以为常。身没之后，辞讼盈公门，谤辱彰道路，子诬母为妾，弟黜兄为佣，播扬先人之辞迹，暴露祖考之长短，以求直己者，往往而有。悲夫！自古奸臣佞妾，以一言陷人者众矣！况夫妇之义，晓夕移之，婢仆求容，助相说引，积年累月，安有孝子乎？此不可不畏。

中国自确立"家天下"制度以来，男人在社会生活中从此就占有了无可动摇的主导地位，男尊女卑、女人被歧视被视为理所当然。女人稍有作为便被看成是非正常的"牝鸡司晨"，而因为男人自己的无能和不理智带来的失败也往往被归咎到女人身上。于是，女人在这种理念下越来越无社会、文化地位可言。然而也因此在中国男尊女卑的意识形态下又不可避免地滋生出母因子贵的思想观念。于是历来遭受歧视待遇的女人为了能扬眉吐气和过上一种有地位、有尊严的不受指责的生活，即使这种生活仍然有其诸多的缺陷，这种所受尊重的范围也可能很狭窄，她们也还是为此不断努力争取。这样，在家庭中，她们便寄希望于亲生儿子。如果有前、后妻所养子的同时存在，或妻、妾之子的同时存在，在没有制度、规则的约束和法律的限制下，女人为了让自己生的儿子能有所出息或赢得家产，便会彼此争斗，从而也就导

① 关于颜之推对待后妻的态度，前文在家庭伦理一节中虽有一定论述，但并不是太多，这里再进行讨论，内容上似有重复，然而事实上它们是在不同角度下探讨颜之推思想所必须涉及的，因此，为了尽可能避免论述上的重复，笔者这里尽量以不同的文字阐述之。

② 《颜氏家训集解》(增补本)，第31页。

③ 《颜氏家训集解》(增补本)，第38页。

致了家庭矛盾的产生。虽然在社会中上层家庭有嫡长子继承制的传统规定,但后娶者往往也能凭借自己的能力和才智使一家之主的父亲能倾向于自己的儿子,如刘表和袁绍的妻妾,从而为自己的儿子谋取到家庭中的全部利益或部分利益。一旦后娶者不去争取或在争斗中失败,她和她的子女便大多因此失去原有的生活条件,从而过着一种贫穷生活。因此,在中国古代社会,因为既存的文化观念、传统习俗和制度法律的规定,如果后娶,那么家庭中也就很难避免因利益而带来的冲突,因而颜之推也就较为坚决地反对后娶。

另外,颜之推认为孝亲和家还须正确处理好家庭伦理之间的关系。家庭伦理关系包括父子、兄弟和夫妇关系。他说:"夫风化者,自上而行于下者也,自先而施于后者也。是以父不慈则子不孝,兄不友则弟不恭,夫不义则妇不顺矣。"在他看来,父子、夫妇、兄弟的关系都应该遵守一定的原则,才能达到彼此之间的和谐共处,从而做到慈爱、孝亲、友悌、和顺,并使这种关系构成一种伦理亲情链。一旦家庭中的这些伦理关系中的某一种出现了问题,也就是伦理亲情链有了中断,这就需要进行沟通引导。若家庭教化不能理顺逆乱之关系,就要诉之于法律而用刑罚对其加以制裁,即其所谓:"父慈而子逆,兄友而弟傲,夫义而妇陵,则天之凶民,乃刑戮之所摄,非训导之所移也。"[①]除此之外,在伦理亲情链的次层次中还要慎重处理好子婿、婆媳和娣姒之间的关系。颜之推说:"妇人之性,率宠子婿而虐儿妇。宠婿,则兄弟之怨生焉;虐妇,则姊妹之谗行焉。然则女之行留,皆得罪于其家者,母实为之。"[②]"娣姒者,多争之地也。"所以为了避免发生诸多的家庭怨望和争斗,他认为"若能恕己而行,换子而抚,则此患不生矣"[③]。然而在颜之推看来,要真正正确处理好这些家庭伦理关系,除了孝悌之外,还要辅之以家庭中对宽猛相结合法则的执行。在他看来,不论是对妻子、儿女,还是奴仆,既不能不严,也不能过猛。不严就会产生"笞怒废于家,则竖子之过立见",至于出现"饮食饷馈,僮仆减损,施惠然诺,妻子节量,狎侮宾客,侵耗乡党"[④],甚至一些奴仆若没有严格的管理便为所欲为。他举例说:"齐吏部侍郎房文烈,未尝嗔怒。经霖雨绝粮,遣婢籴米,因尔逃窜,三四许日,方复擒之。房徐曰:'举家无食,汝何处来?'竟无捶挞。尝寄人宅,奴婢彻屋为薪略尽,闻之

① 《颜氏家训集解》(增补本),第41页。
② 《颜氏家训集解》(增补本),第52页。
③ 《颜氏家训集解》(增补本),第28页。
④ 《颜氏家训集解》(增补本),第44页

顰蹙，卒无一言。”①这就是说，无原则的宽松不但使子女骄纵，还会导致奴婢自作主张，随心所欲，最后可能会因此使家庭衰败，这是颜之推所不认可的。但一味的严格刻薄也不好，他举例说：“梁孝元世，有中书舍人，治家失度，而过严刻，妻妾遂共货刺客，伺醉而杀之。”②因此，颜之推认为治家只有宽严适当才能保证家庭中一切关系在正确处理的同时能正常运行。

最后，颜之推认为和家还在于持家须俭而不吝。勤俭是中国传统的美德，出生于儒学世家的颜之推恪守孔子的教导：“奢则不孙，俭则固；与其不孙也，宁固。”③从而主张家庭生活以节俭为主。但他又说：“俭者，省约为礼之谓也；吝者，穷急不恤之谓也。”④要求不能因俭而吝，并举例道：“南阳有人，为生奥博，性殊俭吝，冬至后女婿谒之，乃设一铜瓯酒，数脔獐肉。婿恨其单率，一举尽之。主人愕然，俛仰命益，如此者再。退而责其女曰：‘某郎好酒，故汝常贫。’及其死后，诸子争财，兄遂杀弟。”⑤吝啬带来的不仅是亲情的淡薄、子女彼此关系的疏远，甚至还会引发不同程度的矛盾乃至性命的丧失，所以颜之推主张持家须“施而不奢，俭而不吝”，在节俭中做到不吝啬，在节俭中能恤穷救急。

总之，家庭在某种程度上真实地反映了一个国家社会文化生活的侧面。对中国古代士人来说，家庭不单是吃、穿、住和休息的固定物质生活栖息地，也是自己和亲人一生精神生活的场所，更是他们赖以立足社会和延续后代以及承继、发扬先人业绩并荫及后人的平台，因而他们都异常注重对家的安置和发展。而儒家为士人所设置的“修身、齐家、治国、平天下”的理想人生，也正是把中国人对家的观念及重视放在大社会背景下的最大价值化。所以，在颜之推看来，人修身后就要安置、管理好自己的家庭，不论是就父慈子孝、兄友弟恭和夫义妇顺来说，还是从正确处理子婿、婆媳和娣姒之间的关系而言，或者是就约束、用使家中的奴婢来讲，总的目标无非就是要做到孝悌和家。而从社会、国家角度来讲，家又是社会、国家构成的最小单位，也是国家治理中不可缺少和忽略的一个重要组成部分，家治理好不但可以使社会稳定，更可以产生孝子贤臣，为一个政权的稳定提供经济和人才资源。因此，治家一定程度上也就被看作治国的缩影。魏晋南北朝时期，它不仅成为士族发展家族、兴旺子孙的必要举措，也成为士人处世能力的一个标杆，善

---

① 《颜氏家训集解》(增补本)，第45页。
② 《颜氏家训集解》(增补本)，第44页。
③ 《论语·述而》，见程树德集释：《论语集释》(二)，第504页。
④ 《颜氏家训集解》(增补本)，第42页。
⑤ 《颜氏家训集解》(增补本)，第45—46页。

理家者甚至会被统治者褒奖。如《南齐书》就记载:“建元三年,大使巡行天下,义兴陈玄子四世一百七十口同居。武陵郡邵荣兴、文献叔八世同居。东海徐生之、武陵范安祖、李圣伯、范道根五世同居。零陵谭弘宝、衡阳何弘、华阳阳黑头疏从四世同居,并共衣食。诏表门间,蠲租税。又蜀郡王续祖、华阳郝道福并累世同爨。建武三年,明帝诏表门间,蠲调役。”①从这个角度来说,主张孝悌和家无疑是颜之推在修身立命后的又一重要处世思想。当然,颜之推主张以孝悌和家来处世,并不是要求家族世代生活在一起即维系大家族似的生活,毕竟大家族的构成形式并不适合社会的发展,也是落后经济的一种表现,正如陈寅恪先生所说:“从社会历史发展的角度来看,江南士大夫与庶人的异计、殊产,比之北土保持大家族制度不变,也是一个进步。”“大家族的瓦解是社会进步的反映。”②事实上,在南朝社会生活环境里成长的颜之推和其兄颜之仪、弟颜之善都是分灶而炊,其子思鲁、愍楚、游秦成家后也并不共爨,但基本都做到了孝悌和家。可见,孝悌和家乃为颜之推依照儒家伦理理念治家和处世的一种社会准则。

三、传业扬名

自春秋战国以来,士人就有扬名天下的意识,《左传》就说:“太上有立德,其次有立功,其次有立言。虽久不废,此之谓不朽。”③这其实就是一种让天下士人追求建业立名的价值观体现。孔子说:“君子疾没世而名不称焉。”④《孝经》也曰:“立身行道,扬名于后世,以显父母,孝之终也。”⑤这些言论可以说都是积极主张和鼓励士人以所学去立名、扬名。在这种思想下,功名也就“为世之所重也”⑥,建立功名也就成了历代士人不变的追求,正所谓:“德音流千载,功名重泰山。”⑦由此“士或有负俗之累而立功名”⑧者,他们或立功于疆场,或扬名于学问,或展志于政治,或抗官于田园山野,于途径虽有不一,但目的无不相同。魏晋南北朝时期,选举用人又多与名望相关,家族的利益也与名望紧密相连,故而名在这时期也就有了比以前更多的功

① 《南齐书》卷55《孝义・封延伯传》,第961页。

② 万绳楠整理:《陈寅恪魏晋南北朝史讲演录》,第328—329页。

③ 《左传・襄公二十四年》,见李学勤主编:《十三经注疏・春秋左传正义》,北京:北京大学出版社1999年版,第1003页。

④ 《论语・卫灵公下》,见程树德集释:《论语集释》(四),第1102页。

⑤ 《孝经・开宗明义章》,见李学勤主编:《十三经注疏・孝经正义》,北京:北京大学出版社1999年版,第4页。

⑥ 《后汉书》卷71《朱儁传》,第2314页。

⑦ 《后汉书》卷80《郦炎传》,第2648页。

⑧ 《汉书》卷6《武帝纪》,第197页。

利性,比以往也得到了更多的重视,从而为士人更迫切地追求。一如这时期士人所言,“夫功名重赏,士之所竞”①,“进取之士以功名为先”②,甚至陆机说:“生亦何惜,功名所勤。”③竟把生命的全部价值都寄托在功名上,这也就难怪西晋重臣王祥临终遗言曰:“扬名显亲,孝之至也。”④把扬名上升到了后人对先人之孝来对待。名之对士族、士人之重要几乎盖过一切,立名、播誉以求声名远播、扬名后世几乎成为这时期士族、士人阶层社会所共同孜孜以求之必然现象,甚而也成为中古士人一种特有不变之现象。由此,以浮夸得名、以各种言行邀名在魏晋南北朝便随处可见。

正是在这样一种士人文化影响下和社会环境作用下,颜之推也就无法逃脱对名的向往和崇拜。何况为名而逐、为名而争本就是进取之士所无法避免的,因此颜之推在《家训》开头和结尾都立足于“扬名”,至于在《终制》篇中嘱咐子孙,家乡可以不恋、祖茔可以不守,但功名不可不追,所谓:“汝曹宜以传业扬名为务,不可顾恋朽壤,以取堙没也。”⑤就颜之推来说,当梁江陵政权在承圣三年(554)十一月底被西魏侵灭时,从西魏“尽俘王公以下及选百姓男女数万口为奴婢,分赏三军,驱归长安,小弱皆杀之。得免者三百余家”⑥,以及“王褒、王克、刘瑴、宗懔、殷不害及尚书右丞吴兴沈炯至长安,太师泰厚礼之”⑦可观察出,被免于俘虏命运的数百家江陵士族就是因为他们都是当时高门大族,或著名士族或文化名人,而其颜氏一门也在其中,获益之处也正在此。而且颜之推由西魏奔北齐后受到高洋“礼遇”虽不乏其他因素,但其为名士这点在较大程度上起到了很重要的作用。这点可从颜之推自我检讨的一句话中得到证明。他说:“至诚之言,人未能信,至洁之行,物或致疑,皆由言行声名,无余地也。吾每为人所毁,常以此自责。”⑧在此语中,颜之推表面上是在说自己为人处世之真诚的言语和高尚的行为不能被人所理解,自己因此常常自责,实质上则是在说自己有不错甚至播誉较广的声名。由此可看出,颜之推非但来北齐时就已著名,他在北齐生活二十多年后声名就更大了。也因此,后来在北齐被灭亡之际,当众多士族还处在惶

---

① 《晋书》卷48《段灼传》,第1340页。

② 《晋书》卷52《华谭传》,第1449页。

③ (晋)陆机:《秋胡行》,逯钦立辑校:《先秦汉魏晋南北朝诗》,北京:中华书局1983年版,第652页。

④ 《晋书》卷33《王祥传》,第989页。

⑤ 《颜氏家训集解》(增补本),第608页。

⑥ 《资治通鉴》卷65《梁纪二十一》,第5123页。《通鉴》记江陵被免于俘虏的有“三百家”,而《周书·文帝纪下》载“其免者二百余家”,这里从《通鉴》所载。

⑦ 《资治通鉴》卷65《梁纪二十一》,第5124页。

⑧ 《颜氏家训集解》(增补本),第304页。

恐惊吓之中时、众多衣冠去恭迎周武帝而无恩接时，颜之推却作为“十八学士”征往长安而受礼待；继而隋周禅代，颜之推仍居朝廷之位。这一次次从不幸边缘再次进入士大夫官僚的行列，并高居朝廷之上，如果不是他有名于当时，又岂能摆脱时局动荡所带来的诸多困厄以及沉沦之运。可以说，颜之推三为亡国之人皆能最后化险为夷，莫不是因为他的名望所致。由此，颜之推不能不体会到“名”给他所带来的益处。特别是作为儒学士人，生活在魏晋南北朝这样的追名时代，无论是从历史文化的影响来说，还是就现实的深刻启示而言，颜之推无论如何也都摆脱不了名的诱惑和对名的追求。诚如其说：“四海悠悠，皆慕名者，盖因其情而致其善耳。抑又论之，祖考之嘉名美誉，亦子孙之冕服墙宇也，自古及今，获其庇荫者亦众矣。夫修善立名者，亦犹筑室树果，生则获其利，死则遗其泽。”①因此在《颜氏家训·名实》中他对名生发出了颇有人生感慨的一段话：

> 名之与实，犹形之与影也。德艺周厚，则名必善焉；容色姝丽，则影必美焉。今不修身而求令名于世者，犹貌甚恶而责妍影于镜也。上士忘名，中士立名，下士窃名。忘名者，体道合德，享鬼神之福佑，非所以求名也；立名者，修身慎行，惧荣观之不显，非所以让名也；窃名者，厚貌深奸，干浮华之虚称，非所以得名也。

对如何得名、名在世人中的地位和影响，颜之推可以说了然于胸，一语道尽，故而追名扬名也就成为兴家延族的颜之推处世之最大追求。

那么，颜之推所追之名、所扬之名又是什么呢？

由上文所论不难看出，魏晋南北朝时期甚至上溯到东汉时期，士人之名、家族之名所带来的功利性价值已经远远超过了名本身所具有的社会效应，也远远超出了为名所作的付出，一如颜之推所说：“祖考之嘉名美誉，亦子孙之冕服墙宇也，自古及今，获其庇荫者亦众矣。夫修善立名者，亦犹筑室树果，生则获其利，死则遗其泽。”而通观《家训》之内容和主旨，颜之推不论是教导后人如何教子、治家、慎为后娶，又如何做到兄弟之间“友悌深至”，还是让他们用功于儒学并旁及百家学说和学会必要的实际技能以及处理各种事务等，或者是学会做文章、选择特定对象以交往，乃至在释、道信仰方面择佛而奉、采道术以养生，其实都不过是在确保无论何时都可生存和生活下来的前提下，让他们以学成名，进而使家族获得更大的文化声名。一句话，

① 《颜氏家训集解》（增补本），第 313 页。

颜之推追求的是个人以儒成名，弘扬的是文化家族之名。

从颜之推所论《诫兵》中可知，他是坚决反对以军功立身、以武取名的，这不但是因为颜氏家族早先追随孔子的祖先是以儒学著名，且历史上颜氏以武取名者没有一个能有较好下场，而且史上又有“夫为将三世者必败”①之论，颇为忌讳以武功将略立身成名；而以厚积家财成为世家大族或累世以取高官而为世家大族等成名也非颜之推所取，从前文所论政治伦理和社会伦理中不难看出，这既不合颜氏家风，也和颜之推仁义为怀、“仕不过二千石，婚姻不攀势家”等立身准则相冲突，更何况历仕南北政权之经历也让他耳闻目睹过很多如此名家兴族者，最后多以破家亡族而结局。相反，观东汉弘农杨氏、汝南袁氏，其所以能世代繁荣昌盛，就在于他们立足于经学传家并以之入仕，而且即使是就颜氏家族来说，其从三国到南北朝数百年能延承兴旺而不衰之根本原因也正在于以经学传家，所以颜之推借鉴历史、总结教训，最终选择的是追求以儒成名，扬家族文化之名。

然而颜之推也深知，名之获得并非易事。对此他深有感触，他说：“吾见世人，清名登而金贝入，信誉显而然诺亏，不知后之矛戟，毁前之干橹也。”②在他看来，世人不能名著久远，大多都是因为他们不能发自内心地从善如一并持之以恒，以至于然诺、名节无法前后保持一致，从而终致名誉亏损。他举例说：

> 近有大贵，以孝著声，前后居丧，哀毁踰制，亦足以高于人矣。而尝于苫块之中，以巴豆涂脸，遂使成疮，表哭泣之过。左右童竖，不能掩之，益使外人谓其居处饮食，皆为不信。以一伪丧百诚者。乃贪名不已故也。③

由此，颜之推得出教训，认为要取名成功并保持之，千万不可弄虚作假，也不可急功近利，而必须脚踏实地地做到名实相符、名实一致。为此就必须避免以下几种情形发生。其一，不可沽名钓誉。在他看来，以虚名获誉或通过不端手段取名，虽可能名显一时，但迟早都会暴露，并终为人笑。他说：“有一士族，读书不过二三百卷，天才钝拙，而家世殷厚，雅自矜持，多以酒犊珍玩，交诸名士，甘其饵者，递共吹嘘。”然而最终还是被东莱王韩晋明识破

① 《史记》卷73《王翦传》，第2341页。
② 《颜氏家训集解》（增补本），第306页。
③ 《颜氏家训集解》（增补本），第306页。

"忍笑为吾说之"①。其二,不可为获名而弄虚作假。颜之推认为,以虚假手段矫情以获取声名终不会长久,久则败。他说:"邺下有一少年,出为襄国令,颇自勉笃。公事经怀,每加抚恤,以求声誉。凡遣兵役,握手送离,或赍梨枣饼饵,人人赠别,云:'上命相烦,情所不忍,道路饥渴,以此见思。'民庶称之,不容于口。及迁为泗州别驾,此费日广,不可常周,一有伪情,触涂难继,功绩遂损败矣。"②在他看来,要避免走上这些为名之邪途、摆脱甚至消弭这些为名之邪念,就必须"修身",即其所谓:"今不修身而求令名于世者,犹貌甚恶而责妍影于镜也。""立名者,修身慎行,惧荣观之不显,非所以让名也。""厚貌深奸,干浮华之虚称,非所以得名也。"③也就是说,要真正获取名誉,就须脚踏实地地进行"修身"。而"修身"无疑就要修习儒家学说,遵行儒家思想。颜氏一门自迁至山东琅邪孝悌里后,每一代能够光宗耀祖、显名当时者,莫不是由于他们认真而忠实地践行着儒家学说、恪守着儒家思想;而颜之推总结自己一生经历,认为自己所以能"名"显于当时,也正是源于对儒学的掌握和精通,所以他传给后人处世经验之一就是传业扬名。

四、中庸变通

中庸是儒家思想中的至高境界,它讲究的是不偏不倚、执两用中、和而不同、过犹不及。不过,它也是儒家思想中最难达到的一种境界和状态,所以孔子说:"中庸其至矣乎！民鲜能久矣！"④"人皆曰予知,择乎中庸而不能期月守也。"⑤"君子依乎中庸,遁世不见知而不悔,唯圣者能之。"⑥可见中庸之境界非一般儒学之士所能贯彻实行。尽管如此,颜之推在其一生处世中还是始终追求着儒家的这种中庸之道。他一方面探求中庸之道的精深含义,另一方面则将自己对中庸之道的理解世俗化成自己日常生活中的一条条标准,以为处世方略而践行于现实生活。这点在前文已作论证,兹不赘述。

可以说正是在儒家中庸思想的推动下,颜之推不论是为官还是与人交往,或是对待事物,他在努力走着中庸之道的同时也践行着一种不拘泥于既往成规的变通思想。事实上,儒家的中庸思想本身也包含着变通思想。如孔子说:"君子之中庸也,君子而时中。"朱熹解释说:"君子之所以为中庸

---

① 《颜氏家训集解》(增补本),第309页。
② 《颜氏家训集解》(增补本),第312页。
③ 《颜氏家训集解》(增补本),第303页。
④ (宋)朱熹撰:《四书章句集注》,北京:中华书局1983年版,第19页。
⑤ (宋)朱熹撰:《四书章句集注》,第20页。
⑥ (宋)朱熹撰:《四书章句集注》,第22页。

者，以其有君子之德，而又能随时以处中也。”①这其实也就意味着，中庸不是静止不变，而是能随着事物的变化运动随时把握其发展事态而不偏不倚地对待之。在这一过程中，随着事物的发展变化，如果要能保持随之变化而不偏不倚地把握之，把握者就必须能变通而不墨守成规，如刻舟求剑或守株待兔，那就是死守僵化的教条了。其实，不仅中庸思想有变通思想，就是在儒家其他思想里也都渗透着这种变通思想。如《礼》曰：“为人臣之礼，不显谏，三谏而不听，则逃之。子之事亲也，则号泣而随之。”②再如：“笃信好学，守死善道。危邦不入，乱邦不居。国有道则仕，无道则隐。”③“邦有道不废，邦无道免于刑戮。”“道不同，则乘桴浮于海。”④

儒家思想中所蕴含的这种随时变通思想对通晓儒家学说的颜之推自然有着一种潜移默化的影响，而魏晋以降的政治演变及士人在其中的遭遇也同样对颜之推产生着重大影响。这样，颜之推在处世中自然也就有了变通思想。

颜之推的变通思想首先体现在他的权变顺世思想上。可以说，颜之推一生“三为亡国之人”而能历仕四朝以善终，就在于他的权变顺世。江陵政权被侵灭后，他没有再走其祖父颜见远以身殉国以尽忠的路子，因为历史和现实告诉他，在魏晋南北朝这样一个政权不断更迭的时代，成王败寇已为常态，政权的嬗代变换无所谓正义也无所谓非正义，正义即非正义，非正义也即正义，因而为一君尽节殉难既不能改变政治斗争变革之趋势，也无助于士风之纯洁，相反只会留伤痛于家人。故而他不再作出其祖那样的选择，但他的做法也和出使西魏军写下“柱国常山公家奴王褒”以媚颜苟活的梁末右仆射王褒之极端行为截然不同，他选择的是和众多士人一样随世沉浮、顺世而为、保命全身。在颜之推看来，虽然其行为有愧于祖父，但多少又优于高门士族王褒之言行，至少这是他在国亡之后被俘而迫于形势，并且由于周围人事的影响而作出的一种生存应变，而王褒之行为则是在国亡之前为苟活人世，甚至是为求取荣华而实行的奴颜求生之术。

其次，颜之推的变通思想体现在他能因时因事对事物的处置作出一种适时变化。这种处置上的变化在《家训》中有很多反映。颜之推是一个忠实的儒家信徒，他孝亲遵礼，但他遵礼却不是泥古不化，一如其说：“其有所不

---

① （宋）朱熹撰：《四书章句集注》，第 19 页。

② 见王文锦译解：《礼记译解》，北京：中华书局 2001 年版，第 50 页。

③ 《论语·泰伯》，见程树德集释：《论语集释》（二），第 539—540 页

④ 《论语·公冶长》，见程树德集释：《论语集释》（一），第 287、299 页。

载，及世事变改者，学达君子，自为节度，相承行之。”①所以在遵礼的前提下，在礼的某些具体方式上他又随时随世而作局部随俗的改变。譬如在称谓上，他说：“昔侯霸之子孙，称其祖父曰家公；陈思王称其父为家父，母为家母；潘尼称其祖曰家祖：古人之所行，今人之所笑也。今南北风俗，言其祖及二亲，无云家者；田里猥人，方有此言耳。”②这说明颜之推在对人称谓上，是主张依从时下流行风俗的。其余在避讳、禁忌上，颜之推率皆如此。其所谓“礼缘人情，恩由义断，亲以噎死，亦当不可绝食也”便体现了他在“礼”上的遵行和通达变化。可以说，在《风操》中颜之推将当时已经有了变化的南北礼俗列举出来传给儿孙，也就显明了他思想中的变通一面。再如当时士大夫多“耻涉农商，差务工伎”，但他却认为“爰及农商工贾，厮役奴隶，钓鱼屠肉，饭牛牧羊，皆有先达，可为师表”，从而要求子孙多多向他们学习。在南北朝士庶对立的社会中，颜之推能明确地表达向农工商贾等被视为低贱行业阶层学习的意识，这无疑应当说是他经历乱世而有的一种变通思想。在儒学的学习上，同样也体现了他的变通思想。其一，他推强烈反对死守章句，积极主张学习经典应汲取精华。他说：“夫圣人之书，所以设教，但明练经文，粗通注义，常使言行有得，亦足为人；何必‘仲尼居’即须两纸疏义，燕寝讲堂，亦复何在？”③其二，在文章创作上，他既反对“师心自任”，又不主张为作文章而穷经皓首。他说：“自古执笔为文者，何可胜言。然至于宏丽精华，不过数十篇耳。但使不失体裁，辞意可观，便称才士；要须动俗盖世，亦俟河之清乎！”因此他对儿孙的要求即是：“学为文章，先谋亲友，得其评裁，知可施行，然后出手。”④并不是要求如何如何高妙才罢。颜之推在文章创作上的这种看法虽算不上革异求新，但亦是通达之见。其三，在文章体裁上，一方面他是积极欣赏自家的家世文章的典正之体，一方面也不排斥时下兴合潮流的绮靡文风中的某些优点。因此，针对文章体裁他对儿孙的教诲是：“宜以古之制裁为本，今之辞调为末，并须两存，不可偏弃也。”这可以说既是一种中庸做法，也是一种变通处理。

总之，颜之推在辗转南北之际而能从容应世，实与他的中庸变通思想密切相关，甚至可以说，他能于乱世中保命仕宦、兴家旺族正得益于他的这种中庸变通的处世思想。综观魏晋南北朝时期士人政治生态演变，大多也都在思想、行为上自觉不自觉地保持着这样一种顺世而为的权变理念，既为保

① 《颜氏家训集解》（增补本），第 59 页。
② 《颜氏家训集解》（增补本），第 74 页。
③ 《颜氏家训集解》（增补本），第 177 页。
④ 《颜氏家训集解》（增补本），第 257 页。

全生命也为谋求家族的发展。

五、谨慎寡欲

历经坎坷，多见死亡，又几遭身危，这种乱世阅历使颜之推处世时既不能没有进取精神以谋家族发展，然又不可缺少如履薄冰之心态以虑生命之周全。而且孔子也说："必也临事而惧。"①《周易·乾》也曰："君子终日乾乾，夕惕若厉，无咎。"②《诗经·小雅·小旻》也曰："战战兢兢，如临深渊，如履薄冰。"③因此，颜之推不但仕宦于北朝时深怀"惧罹谤讟"之心，就是在晚年所撰《家训》中也将这种谨慎之态、避祸之心渗透其中。故而我们可看到，在谈文章写作时，他用"举此一隅，触涂宜慎"来说明和要求作文章用典须谨慎；举萧子晖《陇头水》诗句"天寒陇水急，散漫俱分泻，北注徂黄龙，东流会白马"④来说明作文章用地名时须慎重；用"学为文章，先谋亲友，得其评裁，知可施行，然后出手，慎勿师心自任，取笑旁人"来说明文章发表传播时须小心慎重；用"山东风俗，不通击难。吾初入邺，遂尝以此忤人，至今为悔；汝曹必无轻议也"⑤来说明要慎重对待别人的文章，不要去作任何批评；用"陈孔璋居袁裁书，则呼操为豺狼；在魏制檄，则目绍为蛇虺。在时君所命，不得自专，然亦文人之巨患也，当务从容消息之"来说明要慎重处置为文的政治对象。在谈到虚心求学、见贤思齐时，他用"与善人居，如入芝兰之室，久而自芳也；与恶人居，如入鲍鱼之肆，久而自臭也。墨子悲于染丝，是之谓也。君子必慎交游焉"，"世有痴人，不识仁义"，"蛇虺其性，毒口加诬，不识忌讳，骂辱妇之父母，却成教妇不孝己身，不顾他恨。但怜己之子女，不爱己之儿妇。如此之人，阴纪其过，鬼夺其算。慎不可与为邻，何况交结乎？避之哉"⑥来说明对交往和择邻的慎重。在说及杂艺修习时，他用"以此观之，慎勿以书自命"来说明在学习知识过程中对专门技艺的选择须慎重。在论及婚姻时，他用"或猥婿在门，或傲妇擅室，贪荣求利，反招羞耻，可不慎欤"⑦来表明对儿女婚姻的高度慎重。在说到治家时，他又用"假继惨虐孤遗，离间骨肉，伤心断肠者，何可胜数。慎之哉！慎之哉"来说明对后娶应多多慎重，等等。不难看出，颜之推不论是在生活上，还是在为文上，或是在政治仕

---

① 《论语·述而》，见程树德集释：《论语集释》（二），第 452 页。
② 见李学勤主编：《十三经注疏·周易正义》，第 4 页。
③ 见周振甫译注：《诗经译注》，北京：中华书局 2002 年版，第 310 页。
④ 《颜氏家训集解》（增补本），第 292 页。
⑤ 《颜氏家训集解》（增补本），第 279 页。
⑥ 《颜氏家训集解》（增补本），第 406 页。
⑦ 《颜氏家训集解》（增补本），第 53 页。

途上，处处都显露出他处世的谨小慎微。之所以如此，考察他一生，可知他的这种谨慎处世实与他的学养、经历以及当时他所处的现实环境等都有很大关系。

颜之推的学养、经历在前文都有论及，这里就不再多说。而考量他一生，其谨小慎微处世之心虽更多可能直接缘于亲身经历，但又与南北迥异的社会环境有着较大关系，故而这里不厌其烦地对此再作申说。颜氏自东晋颜含迁至江东，即居住在都城建业附近的长干颜家巷（今南京江宁区），历世七叶。从颜氏这七叶的仕宦来看，虽没有跨入高门士族行列，但也已经为南方本土贵族。颜之推出生于这样的家族之中，自然不可避免地成为了南朝梁末士大夫阶层中的一员。加之他聪悟又勤于学习，故而也就很快步入士大夫官僚阶层。当江陵政权灭亡后，他和一大批梁末南方士人被俘北方，由此也就不得不体会到羁旅情感，而不论是在西魏还是在北齐或北周，他也不可避免地被北朝认定为南朝的亡国士大夫。而于梁末的南北政权而言，其时北朝早已经历过北魏两百多年的发展，特别是期间又有过孝文帝的汉化改革，因而北朝已经有了相当程度上的汉化变化。对此，南朝部分士人也已注意到这点，并在一定程度上有了认同。如梁中大通二年即北魏永安三年（530），梁武帝派陈庆之护送元颢入主洛阳，但不久事败，元颢被杀，陈庆之逃回。但陈庆之由此见识到了洛阳的社会风貌，对洛阳社会呈现出的汉化局面大为叹服，因此他“钦重北人，特异于常”。人问之，则回答道：“自晋宋以来，号洛阳为荒土，此中谓长江以北，尽是夷狄；昨至洛阳，始知衣冠士族并在中原，礼仪富盛，人物殷阜，目所不识，口不能传。”并对洛阳士人的穿着加以仿效，“羽仪服式，悉如魏法”①。

当然，在大多数只生活于南朝的士人看来，北朝依然是为所谓的夷狄的少数民族所统治，其政权的性质并没有因为它的多年汉化发展而有多少改变，而且当时北朝之下鲜卑人的风俗和北方汉人某些习俗的胡化更加深了南方之人对北朝政权统治者的鄙视。如梁初陈伯之降北魏，后来梁丘迟受命作书与之，其中就说：“北虏僭盗中原，多历年所，恶积祸盈，理至燋烂。况伪孽昏狡，自相夷戮，部落携离，酋豪猜贰，方当系颈蛮邸，悬首藁街。而将军鱼游于沸鼎之中，燕巢于飞幕之上，不亦惑乎。”②这便明显反映出南方士人视北朝为虏的心理意识依然还存在着。其实一如前文不断提到的，就是颜之推本人也存在着这样较深的夷夏意识。由此，对那些被迫北迁的南方士人来说，为北虏所统治的北朝实无异为陌生的另一社会，因此进入其中也

---

① （北魏）杨衒之著，杨勇校笺：《洛阳伽蓝记校笺》，北京：中华书局2006年版，第114页。
② 《梁书》卷20《陈伯之传》，第315页。

就不免小心翼翼。

而北朝统治的政治体制和其时的南方社会又迥然有别，南方士族在政治上的特权在北朝是见不到的，因而在北朝也就很难见到士族享有如南方士族那样的特权。在北齐不但政权的主导权掌握在鲜卑贵族之手，且政府的文化主导意识也倾向于鲜卑化。汉族士人在其政权中固然可以不断出仕，甚至在某个时期可能为统治者亲信而成为执政并在政治上有所作为，但大多数时候，他们不得不背负着来自鲜卑勋贵的歧视、谮毁、迫害甚至杀戮等威胁。因此，陈寅恪先生论及北齐政治时即说："由此可见北齐的民族成见很深。这种民族成见以'化'分，非以血统分。其表现为占据统治地位的鲜卑化人，反对、排斥与杀害汉人或汉化之人。"①再联系颜之推掌知文林馆事务期间"为勋要者所嫉，常欲害之"②这件事和上文所述崔季舒与"从驾文官联名进谏"谏阻后主并州行而被杀戮之事，以及颜之推所谓"当时羁旅，惧罹谤讟"③"北方政教严切"④等言，可知北齐政治对汉族士大夫的严酷。因此，官场上"旦执机权，夜填坑谷"的事也就时常发生。正是这样的政治和社会环境，使得颜之推在北朝不得不处处小心，步步谨慎。

当然，在后三国这样一个政权对立、政治混乱、战争不断的乱世，若想立身保命、传业扬名，仅仅依靠谨慎还是远远不够的，因此颜之推在谨慎处世之外还强调寡欲。在他看来，不管是生活上还是政治上，丧命失身或家破人亡甚至是家族倾覆的大多都是由于他们欲望过多，意存贪欲之念。他举例说："齐之季世，多以财货托附外家，喧动女谒。拜守宰者，印组光华，车骑辉赫，荣兼九族，取贵一时。而为执政所患，随而伺察，既以利得，必以利殆，微染风尘，便乖肃正，坑阱殊深，疮痏未复，纵得免死，莫不破家，然后噬脐，亦复何及。"⑤又"近世嫁娶，遂有卖女纳财，买妇输绢，比量父祖，计较锱铢，责多还少，市井无异。或猥婿在门，或傲妇擅室，贪荣求利，反招羞耻"⑥，所以他信奉《礼》所言："欲不可纵，志不可满。"并进一步认为："天地鬼神之道，皆恶满盈。谦虚冲损，可以免害。"⑦因而追求寡欲守时，主张："君子当守道崇德，蓄价待时，爵禄不登，信由天命。"⑧认为这样不但可远离灾祸、确保性

① 万绳楠整理：《陈寅恪魏晋南北朝史讲演录》，合肥：黄山书社 1987 年版，第 297 页。
② 《北齐书》卷 45《颜之推传》，第 618 页。
③ 《颜氏家训集解》（增补本），第 347 页。
④ 《颜氏家训集解》（增补本），第 599 页。
⑤ 《颜氏家训集解》（增补本），第 335 页。
⑥ 《颜氏家训集解》（增补本），第 53 页。
⑦ 《颜氏家训集解》（增补本），第 345 页。
⑧ 《颜氏家训集解》（增补本），第 334 页。

命，也可待时而发，享有人生，即其所谓："有此生然后养之，勿徒养其无生也。"①可以说，颜之推正是以这种道家寡欲思想作指导才能经历不同政权而平安保命，正如其自己所沾沾自喜的那样："吾自南及北，未尝一言与时人论身分也，不能通达，亦无尤焉。"②

总之，就颜之推来说，能在乱世之下历经南、北，生活在不同政权下而仕途不断，这并非一件易事，其中的原因可能很多，但他在修身保命的前提下，能以中庸之道变通处世的同时，又做到谨慎寡欲，是一个重要方面。

六、务实致用

孔子曰："君子名之必可言也，言之必可行也。"③又曰："知之为知之，不知为不知，是为知也。"④讲求的就是为人和做学问必须言行一致和实事求是，不可弄虚造假。自小就习读儒家经典的颜之推遵从了这种品德，从乱世走出来的遭遇和耳闻目睹，也让他深切地体会到任何虚假的、华而不实的、不切实际的知识和言行都无益于生存、无益于生活。他说：

> 吾见世中文学之士，品藻古今，若指诸掌，及有试用，多无所堪。居承平之世，不知有丧乱之祸，处庙堂之下，不知有战陈之急，保俸禄之资，不知有耕稼之苦，肆吏民之上，不知有劳役之勤，故难可以应世经务也。晋朝南渡，优借士族，故江南冠带，有才干者，擢为令仆已下尚书郎、中书舍人已上，典掌机要。其余文义之士，多迂诞浮华，不涉世务。纤微过失，又惜行捶楚，所以处于清高，盖护其短也。⑤

在颜之推看来，时下的文学之士以及东晋以降所形成的优容士族制度下的士族大都是养尊处优、无所事事，已经失去了基本的生活知识和技能，他们无异于废物，是适应不了社会变化的。而事实也正如此，在梁武帝施政的五十年里，士族们更加逍遥于世，他们承西晋士族"居官无官官之心"⑥之风习，不仅养成愈加安逸、懒散、尚空谈的习惯，也更加嗤鄙勤劳实务者。如史载："自晋、宋以来，宰相皆文义自逸，敬容独勤庶务，为世所嗤鄙。时萧琛子巡者，颇有轻薄才，因制卦名离合等诗以嘲之。"以此梁朝野政风最后便形

① 《颜氏家训集解》（增补本），第361页。
② 《颜氏家训集解》（增补本），第336页。
③ 《论语·子路上》，见程树德集释：《论语集释》（三），第893页。
④ 《论语·为政下》，见程树德集释：《论语集释》（一），第110页。
⑤ 《颜氏家训集解》（增补本），第317页。
⑥ 《晋书》卷75《刘惔传》，第1992页。

成“望白署空,是称清贵;恪勤匪懈,终滞鄙俗。是使朝经废于上,职事隳于下”①这样懒政、堕政、怠政局面,从而最终形成萧梁一朝“政宽人慢”“朝经混乱,赏罚无章”②的政治风气,因此侯景之乱爆发时,建康城内平日过着富足、奢靡、悠闲的生活的士族,大部分都忍受不住艰难困厄而失去生命。史载:

> 高祖之末,建康士民服食、器用,争尚豪华,粮无半年之储,常资四方委输。自景作乱,道路断绝,数月之间,人至相食,犹不免饿死,存者百无一二。贵戚、豪族皆自出采稆,填委沟壑,不可胜纪。③

又据颜之推《观我生赋》载:“中原冠带随晋渡江者百家,至是在都者覆灭略尽。”④可见,“熏衣剃面,傅粉施朱,驾长檐车,跟高齿屐,坐棋子方褥,凭斑丝隐囊,列器玩于左右,从容出入,望若神仙”⑤的生活虽舒适而高贵,一如神仙,却也因此消磨掉了士族的进取精神和革新求变之思想,而士族阶层的士大夫们所学所图,非但不能经国致用,也不能满足实务之需。事实证明,南朝对士族的优容政策,没有使士族为政权的发展带来新的生命力,也没有给政权发展带来新气象,反而使这些士族变得愈加腐朽,“变成了大体上与实务的角色关系不大的存在”⑥,也使南方社会变得愈加脆弱。

历史和现实让颜之推认识到,要在社会上立身生存,就必须本着务实致用的思想来对待事物和处理事情。因而,他在处世上讲求的就是务实致用。这点除了表现在学问上他讲求“济世成俗”的实用性外,还表现在他用务实致用的思想观察和要求生活中其他诸方面。如为官朝廷,他讲究“不徒高谈虚论,左琴右书,以费人君禄位也”,而要能“应世经务”,即居承平之世,知有丧乱之祸,处庙堂之下,知有战陈之急,保俸禄之资,知有耕稼之苦,肆吏民之上,知有劳役之勤,也就是要求能居安思危、体察民情,把解民困苦落到实处,而绝不是流于空谈或纸上谈兵,甚而如东宫学士庾信那样,侯景之乱

---

① 《梁书》卷37《何敬容传》,第532、534页。

② 《梁书》卷3《武帝纪》,第97页。

③ 《资治通鉴》卷162《梁纪》十八,“武帝太清三年”条,第5018页。

④ 《北齐书》卷45《颜之推传》引《观我生赋》文中颜之推自注,第621页。

⑤ 《颜氏家训集解》(增补本),第148页。

⑥ 〔日〕吉川忠夫著,王启发译:《六朝精神史研究》,南京:江苏人民出版社2010年版,第214页。

中守建康朱雀门,结果看到贼兵乱箭飞来即弃军逃走。[①] 考颜之推一生可知,他非止于论说,于实践中也确这样去做。在梁时,他为萧方诸中抚军外兵参军掌管其书记时,就积极尽自己的职责辅佐萧方诸,一如其所说:“欲推心以厉物,树幼齿以先声。”[②]在生活上,他讲究要能营家置业。不但能管理好家庭,使家庭孝悌和睦,而且能知农事,通工商;即使是在对佛教的信奉上,他也讲究从实际出发,一方面是要诵读佛经、敬做法事、施舍斋供,以为“来世津梁”,另一方面则要求儿孙不要因为奉佛而“刳竭生资,使冻馁也”[③]。可以说,务实致用不仅是颜之推的人生态度,也是他的处世思想。这种思想贯穿了他的一生,也贯穿了他生活的方方面面,是他乱世中能得以生存并得以成名而贵显的重要原因之一。

然而我们不可以因此就把颜之推处世的这种务实致用思想看作功利主义思想。这两者之间截然不同,有着本质的区别。后者多是以自我为中心,从个人的利益出发来处世,而前者则是讲究做任何事情都要从实际出发,与实践相结合,做实实在在的事。虽然这其中也包括讲求个人利益的实际性,但更多的却是讲求为他,可以说,这种思想更多的是有益于社会有益于国家。因此,从这种角度而言,颜之推又是一个有情有义而非冷漠无情的士大夫。

七、仁义有为

历经乱世的颜之推,虽然在不断努力保证自己和家人生命的存在、生活的稳定,以确保家族的发展,但他并没有因此就孜孜以求个人利益,变得自私和贪婪。相反,在处世中他更多地显露出了仁义品格和有为精神。

儒家主张:“君子务本,本立而道生。孝弟也者,其为仁之本与!”以此来衡量,说颜之推是一个仁者,他应当之无愧。如前所论,颜之推一生不但把孝作为处世思想,也以之为立家之本。而颜之推尽管在居家生活方面强调要勤俭,但又要求能恤穷救急,并且说:“亲友之迫危难也,家财己力,当无所吝。”又说:“穷鸟入怀,仁人所悯,况死士归我,当弃之乎?伍员之托渔舟,季布之入广柳,孔融之藏张俭,孙嵩之匿赵岐,前代之所贵,而吾之所行也,以

① 《资治通鉴》卷167《梁纪十七》“武帝太清二年”条载:“(侯)景至朱雀桁南。太子以临贺王正德守宣阳门,东宫学士新野庾信守朱雀门,帅宫中文武三千余人,营桁北。太子命信开大桁以挫其锋,正德曰:‘百姓见开桁,必大惊骇,可且安物情。’太子从之。俄而景至,信帅众开桁,始除一舶,见景军皆著铁面,退隐于门。信方食甘蔗,有飞箭中门柱,信手甘蔗应弦而落。遂弃军走。”第4986页。

② 《北齐书》卷45《颜之推传》引《观我生赋》,第620页。

③ 《颜氏家训集解》(增补本),第602页。

此得罪,甘心瞑目。”主张处世时“当以仁义为节文尔”①。可见,颜之推一直以儒家“仁者爱人”思想为处世准则来指导行为。

在他看来,人活着并不是简单为己,也不是苟且活命,还须“仁义为怀”,帮助那些正己率人、匡益时政、有益教化者,即使因此丧失性命也在所不惜,所谓:“行诚孝而见贼,履仁义而得罪,丧身以全家,泯躯而济国,君子不咎也。”②他在以儒教徒信奉佛教后,又以儒家的仁、义、礼、智、信来诠释佛教的不杀、不盗、不邪、不酒、不妄之“五禁”说。可见,对颜之推而言,仁义既是一种思想,也是一种行为,而以仁义为怀已成为他处世的一种基本态度。

当然,颜之推的处世思想并不只是对生活环境、压力所作出的一种应变和反应,也反映了他一种自觉的、主动的参与和积极进取精神。这点除了上文所说修身立名外,还体现在他强调人生当积极有为。他说:“士君子之处世,贵能有益于物耳,不徒高谈虚论,左琴右书,以费人君禄位也。”③“君子处世,贵能克己复礼,济时益物。”④所谓“士”,《说文解字》曰:“士,事也。”段玉裁注曰:“《传》曰:通古今、辨然不,谓之士。”⑤《白虎通·义爵》也说:“士者,事也,任事之称也。故《传》曰:‘通古今、辨然不,谓之士。’”⑥这也就是说,士的职责就是以贯通古今之所学服务于国家;而所谓“君子”,其义甚多,如《易》说:“天行健,君子以自强不息;地势坤,君子以厚德载物。”《礼记》说:“博闻强识而让,敦善行而不怠,谓之君子。”⑦而孔子关于君子的论说就更多,如:“君子道人以言,而禁以行。”⑧“君子周而不比,小人比而不周。”⑨“君子义以为上,君子有勇而无义为乱。”⑩等等。不过,总括起来,“君子”就是不但能通古今之言说,还要能够积极进取,以忠、信、仁、智、义、勇、恭、敬、礼、让等规范自己的言行并教化他人以成善行,并以广博胸怀容纳他人的不足和缺点。所以在颜之推看来,士君子生活在社会上就应该修身遵礼以为世人表率,然后还要以自己所学的知识技能服务于社会和国家。因为国家的利益关系到每个人,故而他认为:“国之兴亡,兵之胜败,博学所

---

① 《颜氏家训集解》(增补本),第338页。

② 《颜氏家训集解》(增补本),第362页。

③ 《颜氏家训集解》(增补本),第315页。

④ 《颜氏家训集解》(增补本),第395页。

⑤ (汉)许慎撰,(清)段玉裁注:《说文解字注》,上海:上海古籍出版社1988年版,第20页。

⑥ (清)陈立疏证,吴则虞点校:《白虎通疏证》,北京:中华书局1994年版,第18页。

⑦ 见陈戍国点校:《周礼·仪礼·礼记》,第285页。

⑧ 见陈戍国点校:《周礼·仪礼·礼记》,第509页。

⑨ 《论语·问政》,见程树德集释:《论语集释》(一),第100页。

⑩ 《论语·阳货》,见程树德集释:《论语集释》(一),第1241页。

至，幸讨论之。入帷幄之中，参庙堂之上，不能为主尽规以谋社稷，君子所耻也。”①也即是说，如果士人不能以自己所学对国家和民族有所贡献，这应当是士人的耻辱。可见，颜之推把主动融入社会，参与社会和国家的建设发展，看作士人不可推卸的职责。

不过，这里须明确一点，颜之推所强调的士人要积极有为，并不是主张要士人在仕途上谋取升迁而“积极有为”；在仕途上，他是强烈反对以各种非正义、非道德手段，诸如阿谀奉承，贿赂收买，拉帮结派，沽名钓誉，欺骗敲诈等，来谋取官位上的升迁。他奉行的是其先人规定的仕宦不过二千石的遗训，虽然可以说这是他的中庸保身之道，但也可看出，他所主张的士人积极有为，不是为个人私利锐意进取甚至攀附权贵，而是他强调的“克己复礼，济时益物”②，有益于社会和国家甚至是普通民众。正因为有这样的意识，所以颜之推以务实的态度强调在学好儒家经典之外，还要多学百家之说，对农工商贾等凡一切有利于生计的技能，都应该予以学习和掌握。这样，从小的方面可以说是为自己修身立身服务，从大的方面来说则是将自己所掌握的才能为国家服务，而不至于“饱食醉酒，忽忽无事，以此销日，以此终年”③，或“断一条讼，不必得其理；宰千户县，不必理其民；问其造屋，不必知楣横而梲竖也；问其为田，不必知稷早而黍迟也”④。

颜之推入北后虽历仕三朝，但不管是在哪个政权之下，他都能从实际出发，积极参与北朝政权的建设和发展。在北齐时，尽管他真正担任实职的时间比较迟，可他并没有因此耿耿于怀，而是尽心地履行自己的职责。在由赵州功曹被调入朝廷，为后主挑选艳情诗作以配画时，他即尽职做好分内事务。难能可贵的是，这时期他并没有把眼光仅仅停留在为后主选诗配画上，而是顺后主所好，依凭后主对文学、文化的热衷之情，借机积极推动对北齐文化的整理，这对提高北齐士人整体文化水平无疑有着重要意义。其后当北齐武平之后经济出现困难时，他又“奏请立关市邸店之税”⑤以济军国之用。入隋后，出于儒学文士的文化自觉性，为完善朝廷所用雅乐，他又奏曰：“礼崩乐坏，其来自久。今太常雅乐，并用胡声，请冯梁国旧事，考寻古典。”⑥可见，以儒家思想为立身准则的颜之推，虽然由南入北身为羁客，“流

① 《颜氏家训集解·勉学》，第354页。

② 《颜氏家训集解·勉学》，第395页。

③ 《颜氏家训集解·勉学》，第143页。

④ 《颜氏家训集解·勉学》，第166页。

⑤ 《隋书》卷24《食货志》，第679页；（唐）杜佑撰，王文锦等点校：《通典》卷11《食货十一》，北京：中华书局1985年版，第250页。

⑥ 《隋书》卷14《音乐志》，第345页。

离”一生，“播越他乡”，但他并没有因此消沉下去，而是以儒家的仁义为怀，不断奋发有为，以己之力尽量为社会、为国家作出贡献。一如孟子所说：“故士穷不失义，达不离道”，“得志泽加于民，不得志修身见于世，穷则独善其身，达则兼善天下”。① 就颜之推而言，他的仁义有为处世理念可以说正是对孟子这种思想的践行，虽然某种程度上不免有为个人扬名之嫌，但也更多地表现了他这个阅世既深的士大夫并没有彷徨于个人的荣辱得失，而是尽心于一个士君子的职责，所思所想更多地是为社会发展作出贡献，以做到“守职无侵，见危授命，不忘诚谏，以利社稷”②。

总之，在江陵政权灭亡后，颜之推历仕北朝四个政权而仕宦不坠，并著名当时，实非偶然，其中固有他渊博知识和过人才能之因素，但亦与他阅世丰富而形成诸多守道之处世理念和经验有密切关系。当然，颜之推处世思想并不止于这些，也还涉及其他方面，但考察他一生，以上思想理念应看作他处世思想最为主要的方面。

第二节　颜之推的女性观

魏晋南北朝时期是社会动乱时期，也是思想大变革时期。一方面两汉以来左右人们意识的儒学发展衰微，另一方面外来佛教、本土道教和玄学在社会发展中不断兴盛，这种思想发展状况无疑给人们思想发展带来较大解放。而永嘉之乱后，少数民族进入中原，又把他们游牧民族奔放不羁、豪放脱俗的意识带进中原，这又使得人们思想观念发生进一步改变。一如曹文柱先生所说：“魏晋南北朝时期的文化交流同样如此，在胡文化汉化的同时，汉文化在胡风内渐的影响下，也出现了‘胡化’的现象。与两汉拘谨的汉文化相比，这时的汉文化更多了几分‘胡气’，并在文化观念、社会风俗、婚姻关系等诸多方面显示出来。”③在思想不断发生新的改变中，人们对女性的态度以及女性自身的意识也在发生着变化，从而有了比以前较多的进步意识。因此，我们不仅看到这时期女性涉足社会大多数行业，更在某些行业中涌现了出类拔萃者，甚至有的还因此形成一种传奇，如花木兰便是由民间诗人因女性从军而创作出来的一个不朽形象。其他如大到政治上女性参政，小到家庭上独自管理，女性活跃在生活中之种种现象，可以说俯拾皆是，处处

① 《孟子·尽心章句上》，见（清）焦循正义，沈文倬点校：《孟子正义》，第 890—891 页。

② 《颜氏家训集解》（增补本），第 165 页。

③ 曹文柱主编：《中国文化通史·魏晋南北朝卷》，北京：中共中央党校出版社 200 年版，第 99—100 页。

而有。

因江陵政权被侵灭而被迫入北的颜之推，不仅明显感受到了社会诸多变化，也敏锐地察觉到了这时期妇女社会地位、身份的诸多改变。由此，不同于一般士人的平庸陈见，他对女性的看法虽有某些因坚守儒家思想而带来的守旧意识，但也有不少因时变化而跳出窠臼的新识。尽管颜之推在这方面并没有作专门论说，但从《颜氏家训》中一些涉及女性的文字，还是可看出他对女性持有的诸多思想理念①。

一、脱俗的进步理念

《易》曰："乾道成男，坤道成女。"②这也就是说，在天地孕育人类过程中，男女在生命关系上天然就是相互依存并相互作用的。没有男人，这个世界不成其为世界，没有女人，这个世界也发展不了，因而男、女于人类于社会都不可或缺，其地位和作用天生相连而平等。在这点上颜之推也有明确认识，他说"夫有人民而后有夫妇，有夫妇而后有父子"③，他对女性不仅有一定的脱俗见解，还持有一定程度上的尊重。

一是重视妇女的家庭教育地位。在中国古代，妇女在家庭教育上一直有着非同寻常的作用，甚至可以说在家庭教育上妇女一直处于某种主导地位，孟母三迁便是极好的说明。女性这种家庭教育者的角色到魏晋南北朝时没有丝毫弱化，很大程度上还有不断增强的趋势，表现在社会层面上，一方面上层女性多自觉地遵行儒家礼教，以自身言行为社会担当起女性道德表率的责任。如曹操夫人卞氏就是"抚养诸子，有母仪之德"④。而后晋之司马昭夫人王氏也"母仪之教，光于邦族"⑤，明帝庾皇后也以"母仪天下，潜畅阴教"⑥而闻名。自先秦至两汉以降，王后或帝后多被要求遵从女德⑦，而她们中大多数也都把母仪之德作为人生追求，以此为天下女性作出正面的

---

① 对颜之推和《颜氏家训》的女性思想目前学界关注甚少，周国光虽在《颜之推的教育思想》(《贵州社会科学》1984 年第 2 期)一文中提到"颜之推关于妇女和妇女教育的观点是极其落后的"，在引用《家训》中关于"妇主中馈"一段文字后又说："这显然是封建地主阶级和儒家学派的传统偏见，毋庸评议！"但并没有对颜之推思想展开论述，而且周先生此论似也是对颜之推妇女或女性思想的错解。

② 《易·系辞上》，见李学勤主编《十三经注疏·周易正义》，第 259 页。

③ 《颜氏家训集解》(增补本)，第 23 页。

④ 《三国志》卷 5《武宣卞皇后传》，第 157 页。

⑤ 《晋书》卷 31《后妃上·文明王皇后传》，第 951 页。

⑥ 《晋书》卷 32《后妃下·明穆庾皇后传》，第 973 页。

⑦ 《礼记·昏义》就曰："天子听男教，后听女顺；天子理阳道，后治阴德；天子听外治，后听内职。"又曰："天子修男教，父道也；后修女顺，母道也。"见陈戍国点校：《周礼·仪礼·礼记》，第 537 页。

积极引导。在这种社会意识下,社会上的女性,无论哪个阶层,多以女德来要求自己。如西晋贾充前妻李氏即使不再为贾充所纳,依然以女德要求自己,并“作女训行于世”①。

另一方面,女性则担当着以道德规范教育子女的重任。《世说新语》就记载曰:“赵母嫁女,女临去,敕之曰:‘慎勿为好!’女曰:‘不为好,可为恶邪?’母曰:‘好尚不可为,其况恶乎?’”②自《礼记·昏义》规定女子须教以四行即“妇德、妇言、妇容、妇功”后,中国女性便被规定了要在这些方面修行。于这其中,对妇德要求又被放在首位,远重于其他,这也使中国古代女性把立德作为了人生最主要目标。因此,女性出嫁后大多在家庭中除了遵行所谓的妇人之道外,也承担着对子女道德教育的重任。

不仅如此,妇女在家庭中还担负着对子女的文化启蒙甚至教导之责。譬如曹大家早年的文化学习和教育即来自于母亲的教导,一如其说:“鄙人愚暗,受性不敏,蒙先君之余宠,赖母师之典训。”③她嫁给曹世叔后,世叔早卒,她也不得不承担起对儿子的文化教导责任。再如钟会母“性矜严,明于教训,会虽童稚,勤见规诲。年四岁授《孝经》,七岁诵《论语》,八岁诵《诗》,十岁诵《尚书》,十一诵《易》,十二诵《春秋左氏传》《国语》,十三诵《周礼》《礼记》,十四诵成侯《易记》,十五使入太学问四方奇文异训。谓会曰:‘学猥则倦,倦则意怠。吾惧汝之意怠,故以渐训汝,今可以独学矣。’雅好书籍,涉历众书,特好《易》《老子》,每读《易》孔子说鸣鹤在阴、劳谦君子、藉用白茅、不出户庭之义,每使会反覆读之,曰:‘《易》三百余爻,仲尼特说此者,以谦恭慎密,枢机之发,行己至要,荣身所由故也,顺斯术已往,足为君子矣。’”④钟会后来能取得骄人的文化成就,与其母亲的谆谆教育和引导是分不开的。事实上,一个人的成长,多与其母亲的教育密不可分。

魏晋南北朝时期,一方面整个社会形成了重视家族发展、唯家族利益至上的理念,这使得士族乃至一般士人为了博取家族在社会上的名望,无不重视家族内的文化教育和传承,于是为了提升家族内人员的文化修养和素质,家庭内也就必然极为重视自小对孩子的启蒙教育和才德训练,而这种启蒙教育和才德训练一般又多由父母担任。如此,也使得士族家族乃至一般士人之家都颇为注重联姻有名望或至少不乏教养之家族,以聘娶才识、品德、

① 《晋书》卷40《贾充传》,第1172页。

② (南朝宋)刘义庆撰,(梁)刘孝标注,余嘉锡笺疏,周祖谟等整理:《世说新语笺疏》,第669页。

③ 《后汉书》卷84《列女传·曹世叔妻》,第2786页。

④ 《三国志》卷28《钟会传》,第785页。

女工、容貌兼具之女性，以更好地养育下一代并对其作较好的早期教育，同时也维护和提升家族的名望。如《世说新语》载："王司徒妇，钟氏女，太傅曾孙，亦有俊才女德。钟、郝为娣姒，雅相亲重：钟不以贵陵郝，郝亦不以贱下钟。东海家内，则郝夫人法，京陵家内，范钟夫人之礼。"①不难看出，无论钟氏主导的王氏京陵家庭还是郝氏主持的王氏东海家庭，她们都承担着对家庭内文化、礼仪等教育重任。而另一方面，由于频繁的战争和天灾瘟疫，造成了这时期不少家庭事实上都以单亲女性家庭而存在，女性不得不独立支撑门户而抚养子女。这时期虽说一定程度上还存在同族共居、宗族相维之义，但实际上，无论南北，族人一般都很少照顾这种单亲女性家庭。特别是在南方，大多又都以小家庭形式存在，如宋时周朗就说："今士大夫以下，父母在而兄弟异计，十家而七矣。庶人父子殊产，亦八家而五矣。凡甚者，乃危亡不相知，饥寒不相恤，又嫉谤谗害，其间不可称数。"②这样，虽然宗族存在，但单个家庭生活并不会得到族内的兄弟、叔伯等帮助。如袁粲"祖母哀其幼孤，名之曰愍孙。伯、叔并当世荣显，而愍孙饥寒不足"。这种情况下，抚养教育子女的重担便完全落在了母亲身上，于是袁粲母"躬事绩纺，以供朝夕"③，将袁粲抚养成才。再如东晋巨鹿人魏缉"生未十旬"父死，母便未再嫁，而独自将魏缉养大，"缉所交游，有名胜者，则身具酒馔；有不及己者，辄屏卧不飧，须其悔谢乃食。善诱严训，类皆如是"④。又如晋时韦逞母亲"昼则樵采，夜则教逞"，使韦逞"学成名立"⑤而仕苻坚为太常。可以说，魏晋南北朝时期女性在家庭教育上的地位举足轻重，十分突显。

由南到北，留心世事的颜之推对此不乏感受和见闻，这使他在论及家庭教育时颇为重视女性的地位和作用。表现在：其一，他认为妇女在教育上可以发挥先王之道、师友教诲所不能发挥的作用。所谓："禁童子之暴虐，则师友之诫，不如傅婢之指挥；止凡人之斗阋，则尧舜之道，不如寡妻之诲谕。"⑥这就是说，在教育儿童正确的言行、解决乡里之间的争斗上，颜之推认为妇女的引导和劝教，比用老师的告诫、先王之道等更为有效，因此在他看来，妇女在教育上的地位和作用是不可忽视的。其二，他认为父亲和母亲在儿女的教育上处于同等位置。他说："父母威严而有慈，则子女畏慎而生孝

① （南朝宋）刘义庆撰，（梁）刘孝标注，余嘉锡笺疏：《世说新语笺疏》，第686页。
② 《宋书》卷82《周朗传》，第2097页。
③ 《宋书》卷89《袁粲传》，第2229页。
④ 《北史》卷91《列女传》，第2997页。
⑤ 见《晋书》卷96《列女·韦逞母宋氏》，第2521—2522页。
⑥ 《颜氏家训集解》（增补本），第1页。

矣。”[1]这也就是说，父母在家庭中对孩子的教育缺一不可，同等重要，只有父母双方共同教育，既有威严又有仁慈，子女才更易生发出孝心。当然，通观中国古代家庭，即使是单亲家庭，其教育出来的子女往往也都极具孝心，颜之推在这里所说，并不是认为只有拥有父母双方的教育，子女才会具有孝心，而是强调在家庭教育中父母双方的重要性。在男权社会里颜之推对女性教育地位有这样的认识，虽然不乏社会因素影响，但无疑也显示出他对妇女在教育地位和作用上的肯定。其三，他认为孩子的成长与母亲的教育成正相关性。在颜之推看来，子女的教养如何及其以后的成就怎样，这些都与母亲的教诲息息相关，母亲教育得当则孩子长大自有过人之处并成就一番事业。他举例说：“王大司马（王僧辩）母魏夫人，性甚严正。王在湓城时，为三千人将，年逾四十，少不如意，犹捶挞之，故能成其勋业。”[2]如果母亲教育不当则会导致孩子长大后为所欲为，甚至会因此葬送性命。他认为春秋时期“共叔之死，母实为之”[3]，并认为北齐琅邪王高俨之死也是因为他母亲对他过于溺爱所致[4]。事实上，考魏晋南北朝时期诸多士人成长过程可发现，他们的成功基本上都和母亲的正确教导有关。这除了上文所提到的诸人外，又有北朝清河房爱亲妻崔氏，即是“亲授子景伯、景光《九经》义”，最后使其子“学行修明，并当世名士”[5]，隋时郑善果母亲崔氏二十守寡，也是独自将其抚养教导成人，并成为“清吏”[6]。此外，如陶侃、韩康伯、王经、虞潭等能成为一时名士或国家栋梁，莫不得益于母亲的谆谆教导。

而且由上论可知，颜之推不但主张女性应该和男性一样获得知识教育权，还认为女性获得的知识和教育越多，其对子女的教育作用就越大。其所谓女性“如有聪明才智，识达古今，正当辅佐君子，助其不足”[7]，正说明了这点。这里颜之推不但承认女性有聪明才智，也肯定了她们对知识教育的享有权利。与孟母片面强调所谓“夫妇人之礼，精五饭，幂酒浆，养舅姑，缝衣裳而已矣”[8]，以及与后来所谓的女子无才便是德之思想相比，颜之推这种主张女性在知识和教育上同样应获得应有权力的主张，无疑是一个进步见识。

---

① 《颜氏家训集解》（增补本），第 8 页。
② 《颜氏家训集解》（增补本），第 13 页。
③ 《颜氏家训集解》（增补本），第 19 页。
④ 《颜氏家训集解》（增补本），第 16 页。
⑤ 《北史》卷 91《列女传》，第 2997 页。
⑥ 《北史》卷 91《列女传》，第 3008 页。
⑦ 《颜氏家训集解》（增补本），第 47 页。
⑧ （汉）刘向撰，王照圆补注：《列女传补注》，长沙：商务印书馆 1938 年版，第 17 页。

二是重视妇女在家庭中的管理地位及其作用。家庭必有夫妇存在方为和谐，缺少任何一方则不为完整，一如《礼记·昏义》所认为，一个国家内，“天子之于后，犹日之于月，阴之于阳，相须而后成者也”①。于一个家庭也是如此，任何事必须是夫妇“相须而后成”，否则家庭就难有和睦，甚至会影响下一代的发展，因而这也就决定了妇女在家庭中的地位和作用非男性可替代。而且在魏晋南北朝，女性在社会上的活动，诸如政治、打仗、诉讼、做生意等也越来越多地表现出她们并不输于男人，这些可以说都使颜之推认识到女性确有其自身能力，因而他也较为肯定妇女在家庭中的管理地位和作用。不过，囿于儒家男尊女卑下的男主女辅观念，在他看来，妇女在家庭内的作用虽然不可替代，但也只能享有一定的管理权。他说：“妇主中馈，惟事酒食衣服之礼耳”，“家不可使干蛊”，“必无牝鸡晨鸣，以致祸也”②。这也就是说，妇女在家庭中只能管理衣服饮食及其相关的礼仪方面之事务，至于其他方面则不宜涉足；如果让妇女在家大权独揽或代替男人处理事务而主导一切，那将会为家庭带来灾祸。为此他举例说：“世间名士，但务宽仁；至于饮食饷馈，僮仆减损，施惠然诺，妻子节量，狎侮宾客，侵耗乡党：此亦为家之巨蠹矣。”③颜之推的这种观念可以说是典型的儒家思想理念，如《易·家人》就说“无攸遂，在中馈”④，东汉班固因此也认为：“阴道理内，在中馈之象也。”⑤颜之推正继承了儒家这种保守观点。不过，他多少又受到这时期女性活动作用之影响，对妇女在家庭管理权力的认识也不是太过僵化，所以他又说：“如有聪明才智，识达古今，正当辅佐君子，助其不足。”⑥即认为对于那些有聪明才智的妇女，又可以让她们参与事情的决策建议，起辅助男性的作用。这种“辅佐君子”依两晋南北朝时期士族家庭中妇女的作用，如上文提及的“东海家内，则郝夫人之法。东陵家内，范钟夫人之礼”⑦以及“家道多由妇人”⑧“河北人事，多由内政”⑨等情景亦可看出，它表现出的并不一定就是女卑思想，而多体现出男女家庭内外分工的不同。从这点来说，颜之推对女性的态度一定程度上又是有所尊重而不是泥古不化。

---

① 《礼记·昏义》，见陈戍国点校《周礼·仪礼·礼记》，第537页。

② 《颜氏家训集解》（增补本），第47页。

③ 《颜氏家训集解》（增补本），第44页。

④ 见李学勤主编：《十三经注疏·周易正义》，第159页。

⑤ 《汉书》卷21《律历志》，第963页。

⑥ 《颜氏家训集解》（增补本），第47页。

⑦ （南朝宋）刘义庆撰，（梁）刘孝标注，余嘉锡笺疏，周祖谟等整理：《世说新语笺疏》，第666页。

⑧ 《北史》卷24《崔逞传附仲文弟叔仁传》，第879页。

⑨ 《颜氏家训集解》（增补本），第48页。

三是社会性别角度上对女性的重视。一如前文在家庭伦理思想中所论,尽管颜之推在家庭伦理关系方面基于孝亲、友悌对妻妾、后娶等有严重歧视,但站在社会角度上他对女性又有他人所不能及的进步见解。

首先,他认为男女同为"先人传体",应同等看待。魏晋南北朝时期,尽管妇女在社会生活中表现出了更多的参与性和某种自我意识,出现"妇持门户"等现象,在婚姻上也表现出较多的再嫁自由①,但社会意识的主导方面依然表现出女性地位为从属和卑弱。最明显的就是女性在生活中依然被要求遵从儒家的妇顺、妇从之道,三从四德思想也为社会所尊奉。譬如这时期史书所列《列女传》虽然不乏记载妇女在教子、守义、为家国主动担当等方面的例子,但相对而言更多地还是宣扬女性在遵守妇德、妇顺等方面突出的行为,甚至连曾被掳匈奴而归国的蔡琰,也依然坚持遵从着儒教礼规定下的妇人之道,刘聪妻刘氏虽自小饱读诗书,精通经义,"理趣超远",却仍然免不了有很深的"自古败国丧家,未始不由妇人者也"②这样的意识。一如前文所论,再加上"牝鸡之晨,惟家之索"③等理念被奉为先秦以来否定对女性在政治、家庭上的主导作用的一种经典教训总结,由此也就带来了社会上对女性地位从属和卑弱的习惯性认同。不仅汉时班昭在《女诫·卑弱》中大谈女性之从属卑弱、"继祭祀"为"女人之常道,礼法之典教矣"④,甚至于南北朝时还出现"世人多不举女,贼行骨肉","若生女者,辄持将去"⑤之现象,可见女性权益低下和地位从属、卑弱自先秦以来一直皆然⑥,到魏晋南北朝时期,它并没有因为女性的突出表现及女性自主、独立意识的增强而有多少改变。

在这种社会意识下,颜之推虽也表现出"女之为累"⑦和人伦上视妻妾为"风雨"和"雀鼠"、视后娶为"门户之祸"等轻视女性的理念,但对社会上贱视女性的态度,他又表现出较多的不满,对女性遭受某些不公正待遇也深表同情。他说:"然天生蒸民,先人传体,其如之何?世人多不举女,贼行骨

① 参见张小稳的《女性自我意识的觉醒——魏晋南北朝婚姻伦理的一个维度》(《伦理学研究》2014 年第 2 期)、秦博的《理性选择:魏晋南北朝妇女生活之考察》(《求索》2015 年第 5 期)、庄华峰的《魏晋南北朝时期的妇女再嫁》(《安徽师范大学学报》1991 年第 3 期)。

② 《晋书》卷 96《列女·刘聪妻刘氏》,第 2519 页。

③ 见李学勤主编:《十三经注疏·尚书正义》,北京:北京大学出版社 1999 年版,第 285 页。

④ 《后汉书》卷 84《列女·曹世叔妻》,第 2787 页。

⑤ 《颜氏家训集解》(增补本),第 51 页。

⑥ 尤雅姿认为中国古代存在重男轻女现象,是"因我国自古以来以农立本,农业社会最需要人力,故而向来重生丁男轻生女"。(参见尤雅姿著:《颜之推及其家训研究》,台北:文史哲出版社 2005 年版,第 180 页)此固为中国古代社会重男轻女原因之一,但非为主要原因。若以此为主要原因则谬矣。

⑦ 《颜氏家训集解》(增补本),第 51 页。

肉,岂当如此,而望福于天乎?"①在这里,颜之推不但把所生男、女看作父母"传体"而同等看待,甚至还用必受上天惩罚、不获福报来表达对生女不举的愤怒和谴责态度,此种思想已经远远超越了"产男则相贺,产女则杀之"②的意识。可见至少在人格上、在生男生女性别平等上,颜之推表现出的又是一种较为先进的女性观。

其次,他反对买卖婚姻。在对所生男、女一体看待的平等思想基础上,颜之推在婚姻上也表现出对女性某种进步的新识。他不仅遵从祖训在婚姻上反对攀附权势,而且针对北朝政权下的财婚现象也表示出强烈反对。他说:"近世嫁娶,遂有卖女纳财,买妇输绢,比量父祖,计较锱铢,责多还少,市井无异。"对这种依靠婚姻敛财和以财娶妻的现象他极为反感,认为它几等于市场上讨价还价、锱铢必较的生意买卖,非但使儿女婚姻并无多少幸福可言,反而往往只会造成"贪荣取利,反招羞耻","或猥婿在门,或傲妇擅室",所以他教育后人"可不慎与!"③,即要求一定不要把婚姻当作买卖,言下之意即要求婚姻中的男女双方乃至其家庭都要幸福、美满。在中国古代男权社会里,婚姻是否幸福多为男性及其家庭主宰,女性多为被动的接受者,故而一旦婚姻不幸,其后果便多由女性承担和背负。由此可看出,在婚姻问题上,颜之推坚决反对将儿女婚姻作为买卖交易,实质表现出的是对女性的一种尊重。

再次,他认为夫义才能妇顺。虽然颜之推在阐述兄弟之间人伦关系而论及妻妾时,较多地表现出了对妇女在家庭人伦关系上的歧视,然而就家庭中夫妇双方的人伦关系来说,他又认为"夫不义则妇不顺"④,认为夫妇关系是一种平等的、相互尊重的人伦,只有丈夫以义、以礼待妻,妻才会对丈夫恭敬和爱护、对公婆孝敬、对亲友尊重、对邻居和睦,即所谓的"顺",这就是说,妇"顺"的前提是夫"义",如果夫不"义",那么妇自然也就不会"顺",也就有理由不"顺"。而造成这样的结果在颜之推看来,理所当然地应该归罪于丈夫,因而他主张夫义才能妇顺。从这个角度而言,魏晋南北朝时期不少家庭出现悍妇、妒妇等现象,虽然不乏女子争宠、受胡风习俗影响等原因,但夫不义应该也是其中原因之一。可以说,夫义妇顺理念不仅表现出颜之推在家庭人伦关系里对妻子的尊重,也表现出对妻子的一种爱,这无疑也是一种

---

① 《颜氏家训集解》(增补本),第51页。

② (战国)韩非撰,(清)王先慎集解,钟哲点校:《韩非子集解》,北京:中华书局2003年版,第417页。

③ 《颜氏家训集解》(增补本),第51页。

④ 《颜氏家训集解》(增补本),第41页。

较为先进的女性意识，是处理家庭关系中的一种先进理念，即使于今天而言仍然有很重要的意义。

再者，他认为对待儿媳应该像对待自己的子女一样，不应分出彼此。魏晋南北朝时期儒学式微，这固然带来了这时期女性独立、自主意识的增强，也使许多女性突破了某些禁区而享受到更多的生活自由，但如上所论，儒家思想依然在不同生活层面上影响着人们的意识，所以不论在人们对待女性态度上，还是女性在自我意识上也仍然受着女德、妇道等的制约，而且魏晋南北朝是一个极重视家族发展的时期，出于家族利益的考虑，人们对女性言行的方方面面的约束也依然不少。如西晋庾衮在嫁侄女庾芳时赠给她一把荆苕做成的箕帚说："芳乎！汝少孤，汝逸汝豫，不汝疵瑕。今汝适人，将事舅姑，洒扫庭内，妇之道也，故赐汝此。匪器之为美，欲温恭朝夕，虽休勿休也。"①所有这些也就使得社会上许多家庭对待嫁进来的女性多颐指气使，甚至予以折磨，《孔雀东南飞》中的刘兰芝现象并非只在乐府中或汉末存在，在魏晋南北朝现实生活中一样有很多。正因此，颜之推说："妇人之性，率宠子婿而虐儿妇。"又说："世有痴人，不识仁义，不知富贵并由天命。为子娶妇，恨其生资不足，倚作舅姑之尊，蛇虺其性，毒口加诬，不识忌讳，骂辱妇之父母，却成教妇不孝己身，不顾他恨。但怜己之子女，不爱己之儿妇。如此之人，阴纪其过，鬼夺其算。"对这种不公正的对待甚至虐待儿媳的行为，颜之推深恶痛绝，认为这样的行为是要受到鬼神惩罚的，因此他不仅教导后人不可作如此行为，还要求他们对待这样的人要"慎不可与为邻，何况交结乎？避之哉！"②可见，在颜之推眼里，儿媳即如同自己女儿，虐待儿媳也就如同在折磨自己的骨肉，从这点来看，颜之推对待家庭中的外来女性又是关心、爱护的。

最后，颜之推对女性在社会上的作用给予了某种程度上的肯定。尽管颜之推深受儒家轻视女性思想影响，但历经南北，他对妇女在社会生活中所起到的作用还是有某种肯定的，为此他对南北女性参与社会事务的不同表现及其不同地位作了一定的如实记录。如在《家训》中他记曰："江东妇女，略无交游，其婚姻之家，或十数年间，未相识者，惟以信命赠遗，致殷勤焉。邺下风俗，专以妇持门户，争讼曲直，造请逢迎，车乘填街衢，绮罗盈府寺，代子求官，为夫诉屈。此乃恒、代之遗风乎？南间贫素，皆事外饰，车乘衣服，必贵齐整，家人妻子，不免饥寒。河北人事，多由内政，绮罗金翠，不可废阙，

① 《晋书》卷58《孝友·庾衮传》，第2281页。

② 《颜氏家训集解》（增补本），第406页。

羸马悴奴，仅充而已，倡和之礼，或尔汝之。"①又说："河北妇人，织纴组纟川之事，黼黻锦绣罗绮之工，大优于江东也。"②在感受恒代之风下的妇女与江东妇女风貌区别的同时，不难看出，颜之推对北朝女性所表现出来的独立意识和对社会事务的积极参与是持有一定的赞赏和肯定思想的，而对江东妇女"略无交游，其婚姻之家，或十数年间，未相识者"则不免表现出一种同情。

受时代女性参与社会活动的影响以及基于男女同体思想，颜之推对女性作出的对外界某些不公正、不公平的反抗行为也给予了某种肯定甚至赞赏。在《颜氏家训·治家》中，他说："梁孝元世，有中书舍人，治家失度，而过严刻，妻妾遂共货刺客，伺醉而杀之。"此事例虽是他在提及治家要宽严适度而举，但言语之下我们却可看到他只有对这位中书舍人"治家失度"的谴责而并没有对其妻妾"共货刺客"杀之的不满，甚至某种程度上他还表现出对此妻妾行为一定的肯定。事实上，对女性表现出的彰显自身高洁情操的行为，颜之推都是大加赞赏的。如侯景之乱中鄱阳王世子谢夫人，"登屋诟怒，见射而毙"。他慨叹曰："夫人，谢遵女也。何贤智操行若此之难？"③不难看出，对妇女在社会上的积极作为，颜之推总体上是持支持和肯定态度的。

可见，尽管魏晋南北朝社会上一直还存在有较严重的重男轻女现象，也存在着门阀制度下的门第婚和财婚等普遍现象，也尽管颜之推以振兴儒教为己任，并且在家庭人伦关系上有较严重的歧视女性的态度和思想，然而在思想意识方面，他还是较多地注重了在社会变化中妇女地位和作用上升的实际存在，故而在女性的社会地位和人格上，他能从伦理道德、从男女皆为父母诞育之生命出发，将生男生女一体看待，反对把儿女婚姻作为敛财手段的买卖婚姻，也能视夫妻关系为平等，在教育上尊重妇女的地位和作用，并在某种程度上肯定妇女对压迫的反抗，这些可以说是难能可贵的，也是值得大加赞赏的。特别是他的重视妇女在家庭教育中作用的思想，深远地影响着后来作家训者，如司马光在《家范》中设《母》篇来专论母亲的家庭教育与子女成才的关系，他说："为人母者，不患不慈，患于知爱而不知教也。"又说："为人母者，非徒鞠育其身使不罹水火，又当养其德使不入于邪恶，乃可谓之慈矣！"④

不过，颜之推毕竟受儒家思想影响很深，故而在许多方面他还是表现出

---

① 《颜氏家训集解》(增补本)，第48页。

② 《颜氏家训集解》(增补本)，第51页。

③ 《颜氏家训集解》(增补本)，第363页。

④ (宋)司马光著，王宗志注释：《温公家范》，天津：天津古籍出版社1995年版，第43、53页。

了对女性的陈腐意识。

二、保守的陈旧意识

颜之推自小接受的是儒教之训,对儒家学说也深有研究,并且以振兴儒学为己任,因此对儒家思想中有关女性的论说他不但熟悉,很大程度上也深受其影响,从而在生活中许多方面他对女性都表现出较大程度上的伦理轻视。

一是“女之为累”的理念。颜之推认为养女儿会增加家庭负担,女儿养得越多,家庭负担也就会越重,而且也会为世人所瞧不起。他引用前人话语说:“太公曰:‘养女太多,一费也。’陈蕃曰:‘盗不过五女之门。’”并由此感叹:“女之为累,亦以深矣。”①从而在思想中表现出“女之为累”之理念。不过,寻其根因,之推“女之为累”理念的生成与其家族在经济上的不富裕应有一定关系。颜氏家族在永嘉南渡后主要依靠仕宦俸禄养家,到了颜之推父亲和颜之推这一代,家庭在经济上尤为拮据,一如颜之推所说:“先夫人弃背之时,属时荒馑,家途穷迫”,又“先君先夫人皆未还建邺旧山,旅葬江陵东郭”②。一直到江陵陷没,颜之推都无法将父母的坟墓迁还建邺旧茔,这样的家境和社会环境自然就决定了颜之推思考和看待问题不能不考虑经济因素。而魏晋南北朝时期,士大夫为了家族声誉,养女儿不仅需要支出一定的家庭养教费用,相对于生男孩为家庭带来的现实利益而言,把女儿养大后还要嫁出去,这会给家庭带来一笔很大的支出。如果女儿养得多,这种支出也就大,势必带来家庭经济收入的大幅减少,这对只依靠俸禄养家而缺少其他经济收入来源的士大夫家庭来说,无疑是一个不小的负担。而颜之推到北方后,这种资俸禄而食的境况并没有改变,相反,其对俸禄的依赖性更大。其所谓“邺平之后,见徙入关。思鲁尝谓吾曰:‘朝无禄位,家无积财,当肆筋力,以申供养。’”③正说明之矣。考虑魏晋南北朝时期传宗接代、振兴家族理念的影响,结合男女在社会权利方面的差别以及东晋时南渡侨姓士族大多依靠俸禄的经济状况而言,颜之推所谓“女之为累”理念实为当时南北社会现实状况之反映。不过,虽然如此,从这些影响因素来看,“女之为累”理念还是反映了颜之推对女性的轻视。

二是基于“二亲殁后”维护兄弟友悌关系的对妻妾的轻视。颜之推虽然极力宣扬孝亲和家观念,但一如前文所论,他又从父母去世后兄弟之间须维

---

① 《颜氏家训集解》(增补本),第51页。

② 《颜氏家训集解》(增补本),第598页。

③ 《颜氏家训集解》(增补本),第204页。

护“友悌”关系角度认为妻、妾为“风雨”、为“雀鼠”，并从家庭人伦上视妻妾对兄弟关系的影响如同“风雨之不防”“雀鼠之不恤”。由此，在对待娣姒态度上，他也有了较深偏见，不仅认为娣姒如同行路之人，“以行路之人，处多争之地，能无间者，鲜矣”①，还认为往往由于她们的缘故导致兄弟之间反目成仇，至于骨肉相离。自先秦以来，因为财产、权力分配、继承等原因，中国人在家庭伦理上往往都存在兄弟之间由亲密、友悌走向疏远、冷漠甚至反目成仇现象，而于这个过程中，娣姒即他们各自的妻、妾往往起着很大的不良助推作用。虽然这其中也有不少娣姒使弟兄之间变得更加亲密、和睦，对父母的赡养也更为周到，但真正能这样做的女性并不是很多。因此，颜之推基于“二亲殁后”维护兄弟之间“友悌深至”关系才视他们的妻、妾为“风雨”“雀鼠”和“疏薄之人”。

虽然如前文“家庭伦理思想”所论，颜之推并没有把兄弟之间不能“友悌深至”的原因都推到他们各自的妻妾、娣姒身上，也认为有兄弟之间自身的原因，但他这种维护兄弟友悌前提下视他们的妻妾为风雨、雀鼠和疏薄之人的看法不仅是对女性的轻视，也和他主张的夫妇、父子为家庭人伦关系的核心有矛盾②。颜之推提倡父母和子女要相亲、提倡夫妇之间要相亲，但他从维护兄弟关系出发对他们的妻妾、娣姒大为贬斥，虽不至于视为仇敌，却认为要时刻提防着，殊不知这样做固然使得弟兄之间可能不受自己的妻妾因素影响而“友悌深至”了，但他们各自的家庭内部极可能就会产生隔阂、疏远，即夫妇不和、母子难亲，易言之，颜之推这种注重兄弟之情下的忽视他们妻妾或娣姒的人伦之论，其实是在教下一代夫妇不敬、母子不亲。如此，又怎能让下一代家庭建立起孝亲、和睦的理念呢？可以说，颜之推大儿子思鲁夫妻关系不和，思鲁子师古于其中难有作为，一定程度上与颜之推的这种思想不无关系。

三是视后娶之妻为“门户之祸”。南北朝时，因为政治等原因导致南北政权割据并互相对峙，所以南北在二百多年的政治、军事阻隔中形成了不少悬殊的文化观念和乡土风俗，最明显的就是，在认知方面，南北普遍表现出对某些事物认知的一定局限性，一如颜之推所说：“昔在江南，不信有千人毡帐；及来河北，不信有二万斛船。”③在经学研治方面，也是“南北所治，章句

① 《颜氏家训集解》（增补本），第28页。

② 在《颜氏家训·兄弟》中颜之推说：“夫有人民而后有夫妇，有夫妇而后有父子，有父子而后有兄弟，一家之亲，此三而已矣，自兹以往，至于九族，皆本于三亲焉，故于人伦为重者也，不可不笃。”此实际上就是认为夫妇、父子、兄弟为家庭中三种最为重要的核心伦理关系。此点在前文已有论述。

③ 《颜氏家训集解》（增补本），第379页。

好尚，互有不同"，"大抵南人约简，得其英华，北学深芜，穷其枝叶"①。在文学创作方面，南北也表现出不同特点，所谓："江左宫商发越，贵于清绮，河朔词义贞刚，重乎气质。气质则理胜其词，清绮则文过其意，理深者便于时用，文华者宜于咏歌，此其南北词人得失之大较也。"②在乡土风俗上亦然，南北风俗差距也颇为明显。

就后娶之妻而言，南北对其地位明显表现出不同。颜之推说：

> 江左不讳庶孽，丧室之后，多以妾媵终家事；疥癣蚊虻，或未能免，限以大分，故稀斗阋之耻。河北鄙于侧出，不预人流，是以必须重娶，至于三四，母年有少于子者。后母之弟，与前妇之兄，衣服饮食，爰及婚宦，至于士庶贵贱之隔，俗以为常。身没之后，辞讼盈公门，谤辱彰道路，子诬母为妾，弟黜兄为佣，播扬先人之辞迹，暴露祖考之长短，以求直己者，往往而有。③

唐长孺先生由此论曰："嫡庶区别的传统在东汉时期已有某种迹象。魏晋之际，以洛阳为中心的新思想、新风尚兴起，传统礼俗有所突破，嫡庶之分虽仍不可逾越，但庶生子的待遇和社会身份并没有受到显著的歧视。""当新思想、新风尚在河南盛行时，河北思想文化各方面大致仍旧守汉代遗风，轻视庶生子的风气大概也一如既往。永嘉乱后，至于北朝轻视庶生子之风变本加厉，至于庶生子'不预人流'，不录入家籍，甚至不被举养，超出了一般嫡庶贵贱之分的常规。"④不难看出，魏晋南北朝时期，北方家庭讲究的仍是先秦以来妻正妾从制度，遵从的是嫡长子继承制，由此妻的地位在家庭女性中最高也最重要，远优越于家庭内诸妾，这使得妻所生养的孩子在地位上也远优越于妾媵所生。⑤ 因此，妻子因故被休或死后，家主一般都会再娶妻，很

---

① 《隋书》卷75《儒林传·序》，第1705—1706页。

② 《隋书》卷76《文学传·序》，第1730页。

③ 《颜氏家训集解》(增补本)，第34页。

④ 唐长孺：《读〈颜氏家训·后娶篇〉论南北嫡庶身份的差异》，《历史研究》1994年第1期。

⑤ 《后汉书》卷73《公孙瓒传》载公孙瓒上疏曰："春秋之义，子以母贵，绍母亲为傅婢，地实微贱，据职高重，享福丰隆。有苟进之志，无虚退之心，绍罪九也。"而《三国志·魏书》卷8《公孙瓒传》注引《典略》载瓒表绍罪状曰："春秋之义，子以母贵，绍母亲为婢使，绍实微贱，不可以为人后，以义不宜，乃据丰隆之重任，忝污王爵，损辱袁宗，绍罪九也。"可见在北方社会，庶出之子若据高位、享王爵，于世俗之礼实不相宜，甚至为一罪状。有关北方社会嫡庶之别，唐长孺先生有较为详细论述，可参见他的《读〈颜氏家训·后娶篇〉论南北嫡庶身份的差异》，《历史研究》1994年第1期。

少有以妾为妻者。但前妻为大为尊,后妻于礼与其相见时皆须尊拜之①亦为其时社会风俗,由此便使后妻所生子女在地位和继承权上都在前妻所生之子之后,这样也就导致在家产和继承权等问题上,往往前妻之子拥有绝对的优先权甚至独占权,而后妻之子如果在父亲健在时不能获得某些利益,那么在父亲死后则几乎处于一无所有之窘境,这也就使得后妻为确保己之子及自身的生存而不得不争取家产和继承权,便往往对前妻之子进行不择手段的排斥、虐待,甚至残害。晋时王祥幼年即惨遭此虐。相对而言,南方因永嘉之后,河南中原士族南渡时将"新思想、新风尚"带入而不存在这样的情况②,一如颜之推所说:"江左不讳庶孽,丧室之后,多以妾媵终家事;疥癣蚊虻,或未能免,限以大分,故稀斗阋之耻。"③这无疑是家庭和妇女发展史上的一个进步,故而陈寅恪先生说:"南朝不讳庶孽比北朝鄙于侧出要进步。"④

北方这种妻正妾从制导致的后娶者独大、蛮横和残暴虽不能说全部皆尔,却也是一个较突出现象,由南入北的颜之推本就有视妻妾为雀鼠和风雨的心理。由此对后娶也就不能不持更加强烈的排斥态度。他征引史实说:

> 安帝时,汝南薛包孟尝,好学笃行,丧母,以至孝闻。及父娶后妻而憎包,分出之。包日夜号泣,不能去,至被殴杖。不得已,庐于舍外,旦入而洒扫。父怒,又逐之,乃庐于里门,昏晨不废。积岁余,父母惭而还之。⑤
>
> 吉甫,贤父也,伯奇,孝子也,以贤父御孝子,合得终于天性,而后妻

① 如《晋书·贾充传》就载曰:"初,充前妻李氏淑美有才行……父丰诛,李氏坐流徙。后娶城阳太守郭配女,即广城君也。武帝践阼,李以大赦得还,帝特诏充置左右夫人,充母亦敕充迎李氏。郭槐怒,攘袂数充曰:'刊定律令,为佐命之功,我有其分。李那得与我并!'充乃答诏,托以谦冲,不敢当两夫人盛礼,实畏槐也。……初,槐欲省李氏,充曰:'彼有才气,卿往不如不往。'及女为妃,槐乃盛威仪而去。既入户,李氏出迎,槐不觉脚屈,因遂再拜。"贾充后妻郭槐尽管嫉妒、蛮横有权势,但在见到贾充前妻时还是不自觉地行了跪拜之礼。这并非因为贾充所谓"彼有才气",而实缘于她自小就接受的女性为人后妻之礼节约束。此事《世说新语·贤媛》也有载,刘孝标曰:"且郭槐强狠,岂能就李而为之拜乎?皆为虚也。"(见刘义庆撰,梁刘孝标注,余嘉锡笺疏,周祖谟等整理:《世说新语笺疏》,第681—682页)此实为刘孝标见其一,不见其二,但知郭槐凶狠强悍一面,不见其为人后妻之自卑心而遵从儒教行事的一面。

② 唐长孺先生说:"永嘉乱后,兴起于河南的新风尚随着渡江名士传播到江南,'江左不讳庶孽'之风似亦因而兴起。"见唐长孺著:《读〈颜氏家训·后娶篇〉论南北嫡庶身份的差异》,《历史研究》1994年第1期。

③ 《颜氏家训集解》(增补本),第34页。

④ 万绳楠整理:《陈寅恪魏晋南北朝史讲演录》,合肥:黄山书社1987年版,第327页。

⑤ 《颜氏家训集解》(增补本),第39页。

间之，伯奇遂放。曾参妇死，谓其子曰："吾不及吉甫，汝不及伯奇。"王骏丧妻，亦谓人曰："我不及曾参，子不如华、元。"并终身不娶，此等足以为诫。其后，假继惨虐孤遗，离间骨肉，伤心断肠者，何可胜数。①

正是基于现实中母子相讼、兄弟贵贱相隔和历史上后娶者"惨虐孤遗，离间骨肉"的不断发生，一生都强调和重视孝悌的颜之推由此便深叹："悲夫！自古奸臣佞妾，以一言陷人者众矣！况夫妇之义，晓夕移之，婢仆求容，助相说引，积年累月，安有孝子乎？此不可不畏。"②所以尽管他对后娶者虐待前妻之子的行为也尽量去给予某种理解，认为有这样行为的后娶者都是"凡庸之性"，所谓："凡庸之性，后夫多宠前夫之孤，后妻必虐前妻之子，非唯妇人怀嫉妒之情，丈夫有沉惑之僻，亦事势使之然也。前夫之孤，不敢与我子争家，提携鞠养，积习生爱，故宠之；前妻之子，每居己生之上，宦学婚嫁，莫不为防焉，故虐之。"但这并没有使他消除对后娶者的偏见和敌意，所以他接着说："异姓宠则父母被怨，继亲虐则兄弟为仇，家有此者，皆门户之祸也。"③从而表现出对后娶者一定程度上的深恶痛绝，为此在《家训》中单列《后娶》以教训后人要慎为之，最好是不为。

事实上，魏晋南北朝时期后娶之妻也并非皆如颜之推所认为的那样"惨虐孤遗，离间骨肉"，后娶者贤良聪慧胜过前妻者也不在少数。如汉世程文矩妻穆姜即为后母，前妻四子对之"憎毁日积"，而穆姜"慈爱温仁，抚字益隆，衣食资供皆兼倍所生"④。以此不但前妻四子感激之，郡守也为其表彰。而晋时郑袤妻曹氏也是后娶者，但她却"事舅姑甚孝，躬纺绩之勤，以充奉养，至于叔妹群娣之间，咸得欢心"。其诸种行为皆为人所称，"以为赵姬之下叔隗，不足称也"⑤。郑休妻石氏也是后娶，为抚养公公的年幼庶子和前妻女儿，"九年之中，三不举子"⑥，所付出的远远超过一般女性。对此，颜之推应该也有所察觉，所以他以"凡庸之性"范定那些"惨虐孤遗，离间骨肉"的后娶者。而且即使退一步论，这时就是不娶后妻，家庭里也不一定就会和睦幸福。史载汉时冯衍"娶北地女任氏为妻，悍忌，不得畜媵妾，儿女常自操井臼"，而且在唯一的婢女病后，其妻虐待儿子似变本加厉，至于"（子）姜竟

① 《颜氏家训集解》（增补本），第 31 页。
② 《颜氏家训集解》（增补本），第 34 页。
③ 《颜氏家训集解》（增补本），第 37 页。
④ 《后汉书》卷 84《列女传・程文矩妻》，第 2793—2794 页。
⑤ 《晋书》卷 96《列女・郑袤妻曹氏》，第 2510—2511 页。
⑥ 《晋书》卷 96《列女・郑休妻石氏》，第 2511 页。

春炊,(子)豹又触冒泥涂,心为怆然。缣縠放散,冬衣不补,端坐化乱,一缕不贯”①。在魏晋南北朝,受胡风等因素影响,女性悍妒之风盛行②,至于“父母嫁女,则教以妒,姑姊逢迎,必相劝以忌。以制夫为妇德,以能妒为女工”③。娶一妻而有这样遭遇的不在少数。之推对后娶女性的一定程度上的深恶痛绝甚至于敌视,虽说是由多方面因素所造成,但最后归结到他的思想上,还是表现出他对后娶者在家庭上的社会属性的偏见,从而一定程度上反映出他对女性的轻视。即在他看来,属“凡庸之性”的女性一旦成为后娶者,也就成为残虐前妻之子的人。而且按颜之推的思想,慎娶后妻,即最好不娶,男人不幸丧偶后为了孩子就得孤守一辈子,这似乎颇为合情合理。但这种畏惧后娶的不再娶,事实上也是对女性的歧视,把大多数女性都看成一登后娶之位就不免成为“惨虐孤遗,离间骨肉”之人,这样无形之中将社会上一部分女性标签化或可以说是隐性贱化,从而使女性在社会上也就有三六九等的区别。所以说,颜之推反对后娶,其实质还是表现出了对女性的轻视。

四是坚决反对女性从事政治活动。颜之推毕竟是儒学的继承人和发扬者,所以对女性的看法总不离儒家之说。《尚书》曰:“牝鸡无晨。牝鸡之晨,惟家之索。”孔安国注云:“索,尽也。喻妇人知外事,雌代雄鸣则家尽,妇夺夫政则国亡”④也。这就是说政治的主权是男人的,女人不得干政,更不得专政,否则就会导致亡国。《尚书》中这句话是《周誓》里记载周武王讨伐商纣王时誓师所说,认为妲己干政才使得纣行暴政,是“牝鸡之晨”。这其实是中国古代男权社会下对女性参政的一种曲解。不过,颜之推却接受了这种思想,由此形成一种认识,那就是不能让牝鸡司晨,从而也就反对女性参政。这点在前文有关颜之推政治思想的论述中有论,这里就不再赘述。

三、颜之推女性观形成原因分析

出生于儒学家族的颜之推,本人勤苦学习,拥有深厚学养,再加上由南到北的亲身见闻,使他对女性的认知既不纯以儒家道德观来衡量,也不以玄学放达之士的眼光去看待,而是有着自己的思想,即既有因时之变,又循儒

① 《后汉书》卷58《冯衍传》注引冯衍《与妇弟任武达书》,第1002—1003页。

② 参见王万盈:《魏晋南北朝时期上流社会闺庭的妒悍之风》,《西北师大学报》2000年第5期;张小稳:《女性自我意识的觉醒——魏晋南北朝婚姻伦理的一个维度》,《伦理学研究》2014年第2期。

③ 《北齐书》卷28《元孝友传》,第385页。

④ 《尚书·牧誓》,见李学勤主编:《十三经注疏·尚书正义》,北京:北京大学出版社1999年版,第285页。

家之教。究其原因,笔者以为主要有以下三点:

一是缘于儒家《礼》思想的深刻影响。前文已论,颜之推家传礼学,他不仅从小接受礼的训练和学习,长大后更以儒学入世和坚持传播儒学,因而他的思想中有关妇女看法自然难以脱离儒家的道德说教,从而对儒家有关女性的陈旧观点也就有了诸多继承,即相信所谓"牝鸡之晨,惟家之索"①"哲夫成城,哲妇倾城。懿厥哲妇,为枭为鸱"②之类的经典论。确实,自中国男性家长制确立后,中国就进入到男权社会,女性在社会上的地位多为从属,这也就使得女性为获得自身地位的提高和幸福,不得不采取排斥竞争对手等手段,消除自己利益实现道路上的阻碍。由此,历史上便有了不少女性,怀有个人自私目的,或撺掇君王、干乱政治,或邀宠家长、破坏家庭亲情伦理,或为子女和自己的生存而虐待前妻之子等,致使一个本风清气正的朝廷或和睦团结的家庭,最后被弄成或乌烟瘴气、朝政混乱,或家族衰落、亲人仇视之结局。虽然造成这种情况有很多方面的原因,不能完全归咎于女性,但女性在其中的作用也不可忽视。而且自先秦以来在男权主宰的社会下,女性能干和成功主持政事、家事的则少有记载,而女性干涉男权世界致其倾覆的则多被记录和流传,这是男权社会维护男性主导权的必要举措。由此,也就必然导致视女性代替男性处理事务,或女性权利高于男性而成为家庭或政治主导,为一种不祥现象的意识流行。因此,尽管汉魏晋南北朝时期不少女性积极参与了政治、军事、经济和文化等活动,为国家和社会的发展作出了贡献,她们的自我意识也有某种提高,她们在社会上的积极作用也逐渐被认知和突出,但相对于儒家意识影响下的更多家庭中那些仍遵从儒家倡导的妇人之道的女性,以及部分女性所表现出来的争风吃醋、妒悍、不顾道德以及不择手段谋取利益等行为而言③,汉魏晋南北朝时期女性所展现出来的觉醒、知性、自我意识的提升等还是显得比较弱小,而且这些正面、积极因素及表现也只存在于妇女阶层中部分人身上而不是全部,甚至如曾被掳匈

① 《尚书·牧誓》,见李学勤主编:《十三经注疏·尚书正义》,北京:北京大学出版社 1999 年版,第 285 页。

② 《诗经·大雅·瞻卬》,见周振甫译注:《诗经译注》,北京:中华书局 2002 年版,第 489 页。

③ 干宝在《晋纪·总论》中就说:"其妇女庄栉织纴皆取成于婢仆,未尝知女工丝枲之业,中馈酒食之事也。先时而婚,任情而动,故皆不耻淫逸之过,不拘妒忌之恶。有逆于舅姑,有反易刚柔,有杀戮妾媵,有黩乱上下,父兄弗之罪也,天下莫之非也。又况责之闻四教于古,修贞顺于今,以辅佐君子者哉?"见《世说新语》。

奴而归国的蔡邕之女蔡琰遵从的依然是儒教的"礼"①,又如刘聪妻刘氏虽自小饱读诗书,精通经义,"理趣超远",却仍然免不了有很深的"自古败国丧家,未始不由妇人者也"②这样的意识,而上文提到的贾充妻李氏,即使被休也仍作如此思想。而且考察这时期士大夫的言行,他们眼里对女性的要求也依然是"妇德尚柔,含章贞吉;婉娈淑慎,正位居室"③,"贤妃助国君之政,哲妇隆家人之道,高士弘清淳之风,贞女亮明白之节"④等。可以说,魏晋南北朝时期妇女中虽然有独立个性、率性而为的女性和放达者存在,也有再醮的自由、意识和行为,但大多数女性奉行和遵从的依然还是儒教对妇女规定的妇人之道⑤。一如上文所论,她们仍然要去做"庄栉织纴""女工丝枲之业,中馈酒食之事"⑥以及孝顺公婆等事,甚至那些被颜之推称为"持门户"、主"人事"的河北家庭妇女也避免不了需完成这样的分内事,然后再主持其他。颜之推所谓"河北妇人,织纴组紃之事,黼黻锦绣罗绮之工,大优于江东也"⑦即说明了这点。这也就是说,无论南北,妇女只有在完成并且能较好地完成那些被认为是女人该完成的事后,才能被称为贤惠、婉顺、淑德等,而且也只有在这样的前提之下,她们的孝、贞、勇、义、忠、信、仁等行为才被肯定认可。这也就意味着,只要儒家的纲常思想存在、宗法家族制意识存在、贵族一夫多妻制意识存在,女性地位低下的状况就不会得到真正改变,女性所谓的独立、自由、自觉意识的苏醒也就只能是相对而言。

二是来自于颜之推南、北现实社会生活的阅历体会。颜之推仕宦南北,阅历丰富,见闻也多,他不仅耳闻目睹过江南妇女的精神风貌,也感受过北方尤其是河北一带妇女的生活风采,这使他较大程度上获得了有关妇女为

---

① 《后汉书》卷84《列女传·董祀妻》曰:"祀为屯田都尉,犯法当死,文姬诣曹操请之。……操感其言,乃追原祀罪……操因问曰:'闻夫人家先多坟籍,犹能忆识之不?'文姬曰:'昔亡父赐书四千许卷,流离涂炭,罔有存者。今所诵忆,裁四百余篇耳。'操曰:'今当使十吏就夫人写之。'文姬曰:'妾闻男女之别,礼不亲授。乞给纸笔,真草唯命。'"

② 《晋书》卷96《列女传·刘聪妻刘氏》,第2519页。

③ (晋)张华:《女史箴》,(唐)徐坚等著:《初学记》,北京:中华书局1962年版,第228页。

④ 《后汉书》卷84《列女传》,第2781页。

⑤ 《世说新语·贤媛》载许允和他妻子成婚事曰:"许允妇是阮卫尉女,德如妹,奇丑。交礼竟,允无复入理,家人深以为忧。会允有客至,妇令婢视之,还,答曰:'是桓郎。'桓郎者,桓范也。妇云:'无忧,桓必劝入。'桓果语许云:'阮家既嫁丑女与卿,故当有意,卿宜察之。'许便回入内。既见妇,即欲出。妇料其此出,无复入理,便捉裾停之。许因谓曰:'妇有四德,卿有几?'妇曰:'新妇所乏唯容尔。然士有百行,君有几?'许云:'皆备。'妇曰:'夫百行以德为首,君好色不好德,何谓皆备?'允有惭色,遂相敬重。"不难看出,这里除了称赞许允妻子有智慧外,也透露出了魏晋时期妇女尤其是贵族女性所修炼遵行以及奉为至上的,一直是儒家礼教所规定的一切,其大体不出班昭所著《女诫》内容。

⑥ 《晋书》卷5《孝愍帝纪》,第136页。

⑦ 《颜氏家训集解》(增补本),第48页。

人处世言行上的某种观感。其一，认为妻妾等妇女主家政会导致邻里不和、家族声誉受损。他说："饮食饷馈，僮仆减损，施惠然诺，妻子节量，狎侮宾客，侵耗乡党：此亦为家之巨蠹矣。"①在他看来，无论妻子还是家中僮仆都不是家庭的中心支撑或家主，因而他们处理事情和问题时往往不会从家族的声誉及发展来考虑，而多从个人好恶和私利出发来加以裁量，这也就不可避免地会导致与邻里、乡党之间误会、矛盾的产生。其二，认为妇女在家庭伦理上都存在"妇人之性"特点。他说："妇人之性，率宠子婿而虐儿妇。宠婿，则兄弟之怨生焉；虐妇，则姊妹之谗行焉。然则女之行留，皆得罪于其家者，母实为之。至有谚云：'落索阿姑餐。'此其相报也。家之常弊，可不诫哉！"②在颜之推看来，妇女在家庭中的本性就是多宠爱女婿和儿子，对媳妇则是百般刁难，又为子女争财，致使家庭里矛盾因此产生：宠爱女婿而虐待媳妇，儿子不愿意，自然心生怨气；而虐待媳妇，又促使女儿因此也欺凌之。由此，颜之推对妇女便不免有了一种轻视，甚至还有对妇女"凡庸之性"和"聪明才智，识达古今"的两种区别。其三，虽一定程度上对北方妇女活跃于社会上的行为表示赞赏，对南方妇女终年生活于家庭之内而无交游现象的大表同情，但回归到自己家庭问题上，他还是主张妇主中馈。而这也形成了之推在女性问题上某些矛盾的言行。

三是魏晋南北朝时期，女性大量参加各种活动的现实对颜之推思想的作用。魏晋南北朝时期，因战争、天灾等原因，女性为了支撑门户和抚养子女，不仅要从事养蚕纺织、家庭事务等属于女性的劳动，同时还不得不承担原本由男人承担的田间生产等重体力劳动。如刘宋沈攸之任职荆州时，以讨伐群蛮为名，将男子尽数充军，"遂使四野百县，路无男人，耕田载租，皆驱女弱"③。又如齐永泰元年(498)，沈瑀"为建德令，教民一丁种十五株桑、四株柿及梨栗，女丁半之，人咸欢悦，顷之成林"④。事实上，晋南北朝间实行的占田制、均田制等，都明确规定了妇女占有的田地数和应缴纳的税赋，这也就说明魏晋南北朝时期女性从来就没有被划定在劳动之外，她们一直都

---

① 《颜氏家训集解》(增补本)，第44页。
② 《颜氏家训集解》(增补本)，第52页。
③ 《宋书》卷74《沈攸之传》，第1937页。
④ 《梁书》卷54《沈瑀传》，第768页。

是农业生产劳动力的重要组成部分①，只不过男权社会下，人们对她们的辛苦劳作缺少必要的记载而已。魏晋南北朝时期妇女除了从事田间生产劳动外，也还有从事商业活动。如会稽陈氏有三女，“值岁饥，三女相率于西湖采菱莼，更日至市货卖，未尝亏怠”②。《南齐书·傅琰传》也载：“琰为山阴令，卖针卖糖老姥争团丝，来指琰。”③至于手工业领域如纺织、缝纫等，妇女更是承担了全部工作，一如古人所说：“一夫不耕，或受之饥；一女不织，或受之寒。”④非但如此，南、北方一定程度上都出现了妇女活跃、自主的现象。如在南方，东晋葛洪就说：“而今俗，妇女休其蚕织之业，废其玄统之务，不绩其麻，市也婆娑，舍中馈之事，修周旋之好，更相从诣，之适亲戚，承星举火，不已于行，多将侍从，暐晔盈路，婢使吏卒，错杂如市，寻道亵谑，可憎可恶，或宿于他门，或冒夜而返，游戏佛寺，观视渔畋，登高临水，出境庆吊，开车褰帏，周章城邑，杯觞路酌，弦歌行奏，转相高尚，习非成俗，生致因缘，无所不肯，诲淫之源，不急之甚。”⑤事实上，南方一旦某个朝代出现十年或数十年安稳局面的时候，这种妇女“舍中馈之事，修周旋之好”的现象就会出现。如《宋书》描述元嘉二十七年（450）之前，宋武帝、文帝统治的三十年情景时就说：“凡百户之乡，有市之邑，歌谣舞蹈，触处成群，盖宋世之极盛也。”⑥而齐武帝统治的永明年间，十许年中因为“百姓无鸡鸣犬吠之警”，也出现了“都邑之盛，士女富逸，歌声舞节，袨服华妆，桃花绿水之间，秋月春风之下，盖以百数”⑦之现象。在北方，虽少有妇女整体出游、载歌载舞景象的出现，但也较多地出现了“专以妇持门户，争讼曲直，造请逢迎，车乘填街衢，绮罗盈府寺，代子求官，为夫诉屈”，以及妇女因此“绮罗金翠，不可废缺，羸马悴奴，仅充而已，倡和之礼，或尔汝之”的妇女生活风采。再加上这时期诸多女性在

① 在一些砖画和壁画中就有不少反映了汉魏晋南北朝时期妇女从事生产的情景，如嘉峪关牌坊梁魏晋墓3、4号画砖“播种”（参见林少雄：《古冢丹青：河西走廊魏晋墓葬画》，兰州：甘肃教育出版社1999年版，第81—84页），酒泉西沟4号墓39号画砖“撒播”、5号墓34号画砖“撒播”（参见岳邦湖等编《岩画及墓葬壁画》，兰州：敦煌文艺出版社2004年版，第81、82、84页），嘉峪关魏晋壁画墓1号墓37、38号画像砖和3号墓中的18、20号画像砖以及4号墓13号画像砖（参见甘肃省文物队等著《嘉峪关壁画墓发掘报告》，北京：文物出版社1985年版，第98、99、103页）。此外还可参见刘文平、孙金会《论汉画中的妇女形象》（《南都学坛》2002年第2期）。

② 《南齐书》卷55《韩灵敏传》，第959页。

③ 《南齐书》卷53《傅琰传》，第914页。

④ 《汉书》卷24《食货志》，第1128页。

⑤ （晋）葛洪撰，杨明照校笺：《抱朴子外篇校笺》，北京：中华书局1991年版，第616—618页。

⑥ 《宋书》卷92《良吏传》，第2261页。

⑦ 《南齐书》卷53《良政传》，第913页。

政治、军事、文化、宗教等方面对社会事务的积极参与①,这一切可以说对颜之推思想有着较为强烈的冲击,因而也使得他不能不对女性的认知有一定程度上的改变,而不是拘泥不化。

综上,颜之推的女性观既有进步的一面,也有落后保守的一面,同时还有对女性思想上互相抵牾的方面。经历南北,社会现实使颜之推一方面认识到女性在家庭和社会上起着一定的积极作用,是社会发展不可缺少的一个组成部分,甚而一些有才有智的女性在社会或家庭中所担任的角色并不输于男人甚至超过男人,这使得他在思想意识上对女性有所尊重。由此,使他在家庭教育上认为女性有很大的权力甚至是男女权力平等,并且从人格和男女皆为“先人传体”角度认为生男生女皆应一视同仁;在婚姻上则强烈反对买卖婚姻;在夫妻关系上则主张夫义则妇顺等,这些思想理念即使在今天也不落后,仍为脱俗的进步意识,有它的积极意义。但一方面,受儒家思想以及社会上所见到和感受到的一些妇女生活中不理智行为和政治上的乱政扰民行径等影响,颜之推对女性在政治上和家庭中的作用和位置又总怀有一些根深蒂固的偏见和歧视,从而在儒家“亲亲”关系伦理下,基于对兄弟友悌关系的维护,而极力排斥妻妾、娣姒尤其是后妻,并在家庭管理上认为女性只可以享有中馈之权,除非真正有才智者,才可以参与家政的协商并辅佐男性,并由此坚决反对妻死再娶、反对女性独自主持全部家政,更强烈反对女性在政治上的干政和专政。颜之推的这种女性观尤其是他的陈旧意识,一定程度上影响着后来作家训者在家庭上对女性的态度。如袁采在《世范》中就认为:“妇女之言寡恩义”“婢仆之言多间斗”②,“养异性子有碍”“立嗣择昭穆相顺”“庶孽遗腹宜早办”“再娶宜择贤妇”“妇人不必预外事”③,“严内外之限”“婢妾常宜防闲”“婢妾不可不谨出入”“婢妾不可供给”“暮年不宜置宠妾”“婢妾不可不谨防”④等。应该说,袁采的这些妇女思想不完全受颜之推女性思想之影响,但也与其有某种渊源。

可以说,颜之推的女性观一方面反映了这一时期女性地位在社会上的

---

① 关于这时期女性在社会上的活动和表现,学界已有不少专论,如周兆望的《魏晋南北朝妇女对学术文化的贡献》(《文史哲》1993 年第 3 期)、李凭的《魏晋南北朝之际妇女的精神面貌》(载《文献》1993 年第 4 期)、李文才的《魏晋南北朝时期妇女社会地位研究——以上层社会妇女为中心考察》(《社会科学战线》2000 年第 5 期)、张承宗的《魏晋南北朝妇女在家庭与社会生活中的地位变化》(《浙江学刊》2009 年第 5 期)和《魏晋南北朝妇女的宗教信仰》(《南通大学学报》2006 年第 2 期)、张勇的《论魏晋南北朝大乘佛教对妇女精神风貌的影响》(《中国社会科学院研究生院学报》2008 年第 1 期)、秦博的《理性选择:魏晋南北朝妇女生活之考察》(《求索》2015 年第 5 期)等。

② (宋)袁采撰:《袁氏世范》(丛书集成本)卷 1《睦亲》,第 12—13 页。

③ (宋)袁采撰:《袁氏世范》(丛书集成本)卷 1《睦亲》,第 16—18 页。

④ (宋)袁采撰:《袁氏世范》(丛书集成本)卷 3《治家》,第 49—50 页。

变化情况，另一方面也折射了儒家思想在女性问题上对士人的影响，从而一定程度上反映了这时期士人对女性的矛盾思想。

第三节　颜之推的人文情怀

魏晋南北朝是一个风云变化颇为剧烈的时代，表现在政治上，一方面是权臣可以不用南征北战、东征西讨统一天下即可废主立威，以杀慑众，然后继之以禅代而建立起自己的政权，一方面则是南北政权的长期对峙。表现在文化思想上，一方面是两汉占统治地位的儒家思想在这时期地位迅速衰落，儒学传播由原来的官府主导转入到私学传播，一方面则是道、玄、佛等思想的兴起、普传，并极大地影响着人们的人生观和价值观。表现在自然界和社会上，一方面是天灾、瘟疫时有爆发，一方面则是战乱、人祸、外族入侵等频频发生。可以说，诸多乱象使得这时期人们深感生命的无常和脆弱，由此奉佛、求神不但成为升斗小民的精神信仰和生命寄托，也成为居庙堂之上的贵族、士人的精神安抚和人生依赖。于是重生、重家族利益的发展也就成了这时期士族立身处世的首要之重，而家族利益被置放在国家利益之上也成为魏晋南北朝时期一种普遍社会现象。因此，在出现政治变革和政权禅代时，士大夫多持惜命保身之态而摇身一变成为新朝的既得利益者，一样从容地做官、治民和论道。在这样一种社会氛围下，绝大多数士族不是汲汲于政治仕途的谋取，就是戚戚于名利财富的争夺，抑或是在歌舞、酒色和自我陶醉的世界中畅情抒意。能在经营家族利益的同时，非为谋取政治目的、也非为财富的获取，去关注他人的生存、寄予百姓困苦以同情的士族士大夫也就并不多见，因此我们也就不能不再次称赞颜之推这个为后世称之为老于世故的士大夫，在他身上我们恰恰看到了这点，或许可以称之为一种精神。

一、颜之推的人文情怀表现

一是对处于穷苦困难中人的仁义。在魏晋南北朝时期，颜氏家族虽算不上是一个高门士族，却也不是一般寒族，更非一般百姓，在士族阶层或群体里，它多少还算得上是一个文化名门。综观颜氏家族的发展可以看出，这样一个家族一直都有着跻身高门望族的愿望并为此不懈地奋斗。然也正是这样的家族，尽管它一直以来不以富裕而著称，却因为遵循着儒学家风，以儒家思想为家风之根本标准，并一直持守着儒家原本的一股正义，故而向上奋斗并没有让它成为为富不仁者、麻木冷漠者。相反，在颜氏家族成员里，我们不仅可看到不少血性的智、勇者，如有为民争利而不畏强权、不趋炎附势的颜含,有不畏杀身以死殉节的颜见远,还有后来不屈叛军的颜杲卿、颜真卿;我们也可以看到诸多崇尚仁、义、孝、悌者,如迁家琅邪孝悌里的颜盛、衣不解带侍奉兄长和寡嫂的颜含、行孝守父志的颜协。出生于这样一个家族,颜之推因此也表现出了同时代大多士族所没有的仁义。在《家训》中颜之推就说:"仁者,不杀之禁也;义者,不盗之禁也。"①因而在日常生活中,他主张以仁义为怀,行仁义之举。所谓:"穷鸟入怀,仁人所悯,况死士归我,当弃之乎? 伍员之托渔舟,季布之入广柳,孔融之藏张俭,孙嵩之匿赵岐,前代之所贵,而吾之所行也,以此得罪,甘心瞑目。""亲友之迫危难也,家财己力,当无所吝。""墨翟之徒,世谓热腹,杨朱之侣,世谓冷肠。肠不可冷,腹不可热,当以仁义为节文尔。"这就是说,对那些处于穷苦困难境地的人,不论是亲友还是其他义士,甚至一般百姓,有能力时都要尽力予以帮助,不可以冷漠无情,拒绝帮助。当然对于那些所谓的杀人侠客则又另当别论。

二是对百姓的哀怜。百姓,是国家的主体,孟子早就说过:"民为贵,君为轻,社稷次之。"然自秦汉以来,非但秦统治者视百姓为草芥,酷法威逼,任意割剥,就是两汉统治者也是口头上重视百姓,实际中却对百姓极尽所能压迫之,百姓生活因此向来苦不堪言,重不堪负。魏晋南北朝时期,百姓困苦情况更甚以往,不但时常遭受天灾、瘟疫的肆虐,还要遭受战乱带来的摧残,他们中许多人因此毙命。如曹魏青龙年中,陈群就指出:"今丧乱之后,人民至少,比汉文、景时,不过一大郡。"②虽然陈群所言可能有夸大之处,但人口大量减少则是一个不争事实。到东晋以后,大的灾乱发生虽不多,但百姓的生存状况并没有因此得到多少改变。一方面世家大族的政治地位虽有所削弱,可他们在政治、经济上的特权并没有受到多少影响,因而这时期也就成了他们兼并土地、人口最严重时期。他们或明夺土地、或低价强买、或封略山湖、或设置邸舍、或霸占津口,加上官吏贪污谋利、强征暴敛、鱼肉百姓,可以说百姓生活更加困苦不堪。而另一方面南北政权持续对峙,战争不时发生,战争的负担因此累加在百姓头上,以此故,自东晋末年以来先后也就有不断的农民起义和百姓反抗事件的发生,大的有孙恩、卢循起义和唐寓之起兵,小的起义和反抗,据缪钺先生研究,"南朝宋、齐、梁三代,共一百三十八年,农民起义约有四十次,起义地区遍及全国"③。尽管缪先生所统计的这四十次起义,今天看来有的可能不能归结到农民起义的范畴,但由此却可看出这时期不论是世家大族还是一般官僚和百姓之间的矛盾都是比较尖锐

① 《颜氏家训集解》(增补本),第 368 页。
② 《三国志·魏书》卷 22《陈群传》,第 636 页。
③ 缪钺:《南朝农民起义的地区问题》,《历史教学》1963 年第 5 期。

的。这其中除了阶级之间的对立，也还有民族之间的冲突、地方势力不同阶层之间利益的冲突，甚至可能还存在货币经济发展①带来的农民与商人之间的冲突、商人与官吏和贵族之间的冲突，等等。但不管怎样，处于统治阶层的官僚贵族或因商富裕，或因兼并发家，他们对百姓多视如草芥，不问其生死，即使其中或有三四主张重农桑、兴地利者，也多是从维护当下政权稳定出发，而少有为百姓生死利益考虑者。②

相比之下，在江陵政权灭亡时自身已经深陷缧绁的颜之推，并没有将眼光完全投注在自身的不幸上，对百姓的遭难他却给予了关注和同情。如江陵陷落时百姓遭致大量屠杀和掳掠，诸多家庭因此破亡，凄惨之状让人不忍目睹。作为其中被俘的一员，颜之推以实录的方式记载了这些惨状："民百万而囚虏"，"怜婴孺之何辜，矜老疾之无状，夺诸怀而弃草，踣于途而受掠"，"留钏之妻，人衔其断绝；击磬之子，家缠其悲怆"。这只是对江陵惨状总体上的记录，而在他的另一部著作《还冤记》（也叫《冤魂志》）中则有具体记载：

> 江陵陷时，有关内人梁元晖，俘虏一士大夫，姓刘。此人先遭侯景丧乱，失其家口，唯余小男，始数岁，躬自担负，又值雪泥，不能前进。梁元晖监领入关，逼令弃儿。刘甚爱惜，以死为请。遂强夺取，掷之雪中，杖棰交下，驱蹙使去。刘乃步步回顾，号叫断绝。辛苦顿踣，加以悲伤，数日而死。

虽然这则事实是从冤魂相报角度来记载的，但它却真实地再现了西魏军对江陵士大夫等百姓的残虐之状。作为一个封建士大夫，可能本身深受所谓的"劳心者治人，劳力者治于人。治于人者食人，治人者食于人。天下之通义也"③之影响，因而也就必然把奴役百姓看作当然之事。然颜之推能在社会巨变之际把眼光投向一般士人和百姓，至少可从他身上看到对百姓的苦难有着一份深切的同情和哀怜。否则，自身被掳且患疾的他自顾尚且不暇，哪还有什么心情去关注他人的生死？再审视一下和颜之推同时期经

① 关于南朝货币经济的发展可参见〔日〕川胜义雄著，徐谷芃、李济沧译：《六朝贵族制社会研究》之"货币经济的进展与侯景之乱"，上海：上海古籍出版社2007年版，第253—289页。

② 当然，笔者这里并不是说统治阶层或士大夫中就没有为民利益主张者。六朝时期这样的官吏和士大夫也不少，如刘宋时期周朗就曾从百姓生存出发，积极建议朝廷兴农桑、重民利（参见《宋书》卷82《周朗传》），其他为这时期史家称为良吏者也一定程度上有为百姓利益考虑者，只不过这样的官僚士大夫在这时期可以说很少。

③ 《孟子·滕文公上》，见（清）焦循正义，沈文倬点校：《孟子正义》，第373页。

历江陵之难而被迫北迁的士人沈炯、殷不害、王褒等留下的文献，在他们的笔端，除了记录和抒写个人的哀怨和感慨之外，又何尝有些许对百姓的关注和同情。对比之下，颜之推对百姓的同情也就愈显仁者之心。

三是对生命的重视。人为万物之灵，但生命只有一次，因而对生命高度重视自古皆然，“人为贵”①的思想自先秦以来已越来越多地为有识士人所重。一生经历较多坎坷的颜之推对生命更是极为重视，所以在《养生》篇里他说：“夫养生者先须虑祸，全身保性，有此生然后养之，勿徒养其无生也。”又说：“涉险畏之途，干祸难之事，贪欲以伤生，谗慝而致死，此君子之所惜哉。”颜之推的这种生命观并不单是要求自己后人要重视生命，它同样希望所有人都重视生命、珍爱生命、善对生命。事实上，从颜之推所著《还冤志》（也叫《冤魂志》）里也能看到颜之推这种重视自己生命也重视对他人生命的爱护情怀。如《还冤志》载曰：

晋西域校尉张颀，以怨杀麴俭，临死有恨言。后颀夜见白狗，自拔剑斫之不中，顷便倒地不起。左右见俭在旁，遂以暴卒。

宋下邳张稗者，家世冠族，末叶衰微，有孙女，殊有姿色，邻人求聘为妾。稗以旧门之后，耻而不与。邻人愤之，乃焚其屋，稗遂烧死。其息邦先行不知，后还亦知情状，而畏邻人之势，又贪其财而不言，嫁女与之。后经一年，邦梦见稗曰：“汝为儿子，逆天不孝，弃亲就怨，潜同凶党。”捉邦头，以手中桃杖刺之，邦因呕血而死。邦死之日，邻又见稗排门直入，张目攘袂曰：“君恃势纵恶，酷暴之甚。枉见杀害，我已上诉，事获申雪，却后数日，令若知之。”邻人得病，寻亦殂殁。

琅琊诸葛覆，永嘉年为元真太守，家累悉在扬都，唯将长子元崇送职。覆于郡病亡，元崇年始十九，送丧欲还。覆门生何法僧，贪其资货，与伴共推元崇堕水而死，因分其财。尔夜，元崇母陈氏梦元崇还，具叙亡父事，及身被杀委曲：尸骸流漂，怨酷无双，违奉累载，一旦长辞，衔悲茹恨，如何可说，歔欷不能自胜。又云：“行速疲极，困卧窗下床上，以头枕窗，母视儿眠处，足知非虚矣。”陈氏悲怛惊起，把火照儿眠处，沾湿犹如人形。于是举家号泣，便发闻。于时徐森之始除交州，徐道立为长史，道立即陈氏从姑儿也。具疏所梦，托二徐验之。二徐道遇诸葛丧船，验其父子亡日，如鬼语。乃收其行凶二人，即皆款服。依法杀之，更差人送丧扬都。

---

① （汉）刘向撰，向宗鲁校证：《说苑校证》，北京：中华书局 1987 年版，第 429 页。

《还冤志》为颜之推所收录的诸多冤魂相报之事汇集，其目的不过是宣扬因果报应。但事实上，其所记载的内容无论客观上还是主观上都能让世人警醒而不去杀、不去贪、不去盗等，从而善待他人生命、重视自己生命，不要为一己之私念和私欲就去剥夺别人生命，否则，即会得到相应的报应。这种著作可以说，一定程度上也体现着颜之推对生命重视之思想。

然而尽管颜之推非常重视生命，可他并不是因此要求对生命苟惜之，在生命观上他又表现出另一种境界来。他认为生命固然重要，但若为仁义、忠孝献身又应该在所不惜。因而在《养生》篇里他又说："行诚孝而见贼，履仁义而得罪，丧身以全家，泯躯而济国，君子不咎也。"为忠孝仁义挺身而出，甚至敢于献出生命，这种价值观不仅是儒家学说的思想，也是自古以来任何一个统治者都推崇和提倡的理念，很大程度上这也是颜氏家族立身社会所传承的一种伦理思想。颜之推宣扬这种生命观并推重之，实是在极力引导后人珍视生命的同时更加注重生命的价值和意义。一如司马迁所说："人固有一死，死有重于泰山，或轻于鸿毛。"①在大是大非面前、在道义面前，"临难求生"是颜之推所不取的，也是他所反对的。可以说，颜之推的这种生命观无疑是在引导后人让生命活得更有意义也更有价值，而不是"饱食醉酒，忽忽无事，以此销日，以此终年""全忘修学"、不思进取而"长受一生愧辱"②，它体现了一种积极向上的生命意识，符合社会伦理道德价值观。

四是对后世生存的关怀。颜之推作《家训》本身就是一种对后人生存的关爱，一如前文所论，他的《家训》并不只着眼于颜氏子孙，而是面对更多的士人、面对更广泛的社会层面。如在《家训》中他说：

> 或问曰："夫神灭形消，遗声余价，亦犹蝉壳蛇皮，兽远鸟迹耳，何预于死者，而圣人以为名教乎？"对曰："劝也，劝其立名，则获其实。且劝一伯夷，而千万人立清风矣；劝一季札，而千万人立仁风矣；劝一柳下惠，而千万人立贞风矣；劝一史鱼，而千万人立直风矣。故圣人欲其鱼鳞凤翼，杂沓参差，不绝于世，岂不弘哉？四海悠悠，皆慕名者，盖因其情而致其善耳。"

这也就是说，颜之推作《家训》的目的，更多的是在引导广大的后世之人走儒家的名教之路，立正义、行贞直、向诚善，形成一种普遍的以儒家思想为人生准则的社会风气。因此，在《家训》中，颜之推从立身处世涉及的多个方

① 《汉书》卷62《司马迁传》，第2732页。

② 《颜氏家训集解》(增补本)，第143页。

面论说，以期不管是在太平之世还是遇到任何政治变故，后人都可依其所说的涉务、省事、止足、诫兵等保全性命，然后通过慕贤、勉学，增加知识和能力，发挥文章之长服务社会，讲求风操、名实以达到名副其实，从而得以立足社会，济世益物，扬名当世，并庇荫子孙。当然，与此同时，他也期望后人身修之后做好齐家之事，要把家庭和事业的关系理顺，治理好家庭，在家庭内处理好教子、兄弟、后娶等关系，然后在养生和归心佛陀中求福佑并颐养天年。这一切可以说都体现了颜之推对后来者的期望和关怀，而这种期望和关怀，虽立足于颜之推对自己子孙的教导，但实质上它已经不再局限于个人和个体家族的发展，而是希望以一个良好的、和谐的儒、佛、道相结合的人生观来指导和影响后世之人，在修身、齐家中，也以良好的心态和正确的思想营造出一个良好的社会氛围和环境。一如后人评《家训》曰："此书虽辞质义直，然皆本之孝弟，推以事君上，处朋友乡党之间"，"不但可训思鲁、愍楚辈而已"①。

五是对道义的坚守。在颜之推一生中，尽管出现过许多难以预料的变化，有惊险，有危难，有波折，有困境，有惊喜，也有欢乐，经历过死里逃生，也体验过时来运转，然而他并没有因此老于世故而冷漠处世，也没有因求取仕宦就趋炎附势，而是一直坚守着心目中的道义：讲究忠孝、仁义，讲求礼节和风操，反对侵略、反对巧取豪夺、反对钱权交易、反对逢迎巴结，主张一切以正道求之，坚持以儒学传家、以儒家的伦理道德思想为人生的基准。在这种思想道义下，他热情助人、努力做事、扶危济困、提携后辈，以学者的姿态、以长者的仁慈处处宣扬儒学，以德感人、以道化世。颜之推这种坚守道义的举动既是对颜氏先人如颜回、颜含、颜默、颜见远等守道的继承，也有受同时代某些士人乃至其家族成员行为品格，如其哥哥颜之仪不畏权臣、不趋炎附势等的影响，同时也体现了对后人一种价值观的意志引导。也因此，在他的后人如颜真卿、颜杲卿身上就可明显看到，他们宁愿牺牲生命也不会作出任何违背儒家道德之事。因此，后人评《颜氏家训》曰："虽非子史同波，抑是王言盖代。"②

总之，颜之推一生中虽也有过个人哀怨和愤懑，所谓："向使潜于草茅之上，甘为畎亩之人，无读书而学剑，莫抵掌以膏身，委明珠而乐贱，辞白璧以安贫，尧、舜不能荣其素朴，桀、纣无以污其清尘，此穷何由而至，兹辱安所自臻。"③并认为"自春秋已来，家有奔亡，国有吞灭，君臣固无常分矣"，但总的

① （宋）沈揆：《颜氏家训跋》，《颜氏家训集解》（增补本），第 612 页。
② 《颜氏家训序》，《颜氏家训集解》（增补本），第 609 页。
③ 《北齐书》卷 45《颜之推传》，第 625 页。

考量下来，这些个人哀怨和愤懑并没有影响颜之推对国家命运的关注，也没有影响他对百姓、对后世、对他人的关爱以及对道义的坚守。可以说，颜之推不但是一个想振兴家族、谋求颜氏家族发展的士人，也是一个努力振兴儒学、传播人文关怀的思想者。

二、颜之推人文情怀形成的原因

与颜之推同时代的士人，不管是和颜氏一样被迫北迁至北朝的，还是幸运地留在南方者，考察他们的遗存诗文，可发现他们大多关注的都是自身的喜怒哀乐和家族荣衰，这可以说也是魏晋以来重家族利益发展社会特征下的一种典型表现，于此似也无须多说什么。不过，相对于这时期不少士人表里不一，特别是“一旦屈膝事人”即因存亡而改变其行为者而言，颜之推身上所表现出来的上述人文情怀就显得弥足珍贵。同为一个时代士大夫，为什么颜之推身上会表现出如此多的人文情怀？究其原因，笔者以为有以下几方面。

（一）家传儒学与儒学的人文情怀

颜之推出生于儒学传家的文化家庭，从小就接受着儒学的熏陶和训练，对儒学他不但用功颇深，对儒家思想也有独到理解，而儒学本身就渗透有浓厚的人文关怀意识，它注重生命的价值、注重人的伦理、注重人与人之间关系的和谐，更注重对道的坚守。首先，儒学表现出对人的价值和尊严的重视。“天地之性人为贵”①“人有气有生有知亦且有义，故最为天下贵也”②“天地之精所以生物者，莫贵于人”③“富贵不能淫，贫贱不能移，威武不能屈，此谓之大丈夫也”④等都强调了人的价值和尊严。其次，儒学表现出对他人、对社会的广泛关爱。孔子曰：“苟志于仁矣，无恶也”⑤，“君子笃于亲，则民兴于仁”⑥，“克己复礼为仁”“己所不欲勿施于人”，⑦“入则孝，出则悌，谨而信，泛爱众，而亲仁”⑧，“夫仁者，己欲立而立人，己欲达而达人”。⑨ 孟

① 《孝经·圣治章》，见李学勤主编《十三经注疏·孝经正义》，北京：北京大学出版社 1999 年版，第 28 页。

② （战国）荀子撰，（清）王先谦集解，沈啸寰、王星贤点校：《荀子集解》，第 104 页。

③ 《春秋繁露·人副天数》，见苏舆撰，钟哲点校：《春秋繁露义证》，第 354 页。

④ 《孟子·公孙丑上》，见（清）焦循正义，沈文倬点校：《孟子正义》，第 246 页。

⑤ 《论语·里仁》，见程树德集释：《论语集释》（一），第 230 页。

⑥ 《论语·泰伯》，见程树德集释：《论语集释》（二），第 515 页。

⑦ 《论语·颜渊》，见程树德集释：《论语集释》（二），第 817、824 页。

⑧ 《论语·学而》，见程树德集释：《论语集释》（一），第 27 页。

⑨ 《论语·雍也》，见程树德集释：《论语集释》（二），第 428 页。

子也曰:“仁者爱人”①,“亲亲仁民”②。儒家的这些经典性话语强调了个人和群体、社会之间的应然关系,强调了对他人的关爱和友善。不但如此,它的“修身、齐家、治国、平天下”理念更是把个人行为和国家、天下的关系融合到一起,是一个将个人之爱推广到全国和全天下的思想,它强调了个人修养在得到完美提升后,还应将天下苍生纳入到自身的奋斗之中。与此相联系,也就有了“穷则独善其身,达则兼济天下”的理念与之并行。而且在儒家的理论里,“老吾老以及人之老,幼吾幼以及人之幼”③进一步深化了这种由己及人的人生态度,从而将人对一己之关怀推广到他人乃至全社会。事实上,儒家仁爱思想不仅及人,往往还由人推广而及物,表现出一种普世情怀。所谓“亲亲而仁民,仁民而爱物”④说的就是这样一种思想。再次,儒家的人文精神也表现出对特定对象——百姓的关怀。孟子就说“民为贵,君为轻,社稷次之”,将百姓的生命提高到君主和政权之上,这可以说是一种自有政权以来对君权等级价值观,不说是颠覆,也是一种重新定位的思想。而事实上,没有百姓,何来君主,又何来社稷?《尚书·五子之歌》对此早就作了很好的说明,其曰:“民可近,不可下。民惟邦本,本固邦宁。”⑤“天视自我民视,天听自我民听。”⑥因而儒家也就要求统治者能“博施于民而能济众”⑦。最后,儒家的人文精神还表现在对“义”的倡导。孔子就强调“见得思义”⑧和“见利思义”⑨。孟子说:“义,人路也。”⑩“有勇而无义为盗。”⑪最后,儒家强调对仁义的实践。孔子曰:“德之不修,学之不讲,闻义不能徙,不善不能改,是吾忧也。”“我欲仁,斯仁至矣。”⑫“一日克己复礼,天下归仁焉。为仁由己,而由人乎哉?”⑬正是儒家学说体系里有广博的仁、义、关爱和利他思想渗透其中,所以某种程度上可以说它是一种人本学说,因此后人才说:

---

① 《孟子·离娄下》,见(清)焦循正义,沈文倬点校:《孟子正义》,第595页。

② 《孟子·尽心上》,见(清)焦循正义,沈文倬点校:《孟子正义》,第949页。

③ 《孟子·梁惠王上》,见(清)焦循正义,沈文倬点校:《孟子正义》,第51页。

④ 《孟子·离娄下》,见(清)焦循正义,沈文倬点校:《孟子正义》,第559页。

⑤ 《尚书·五子之歌》,见李学勤主编:《十三经注疏·尚书正义》,北京:中华书局1999年版,第177页。

⑥ 《尚书·泰誓》,见李学勤主编:《十三经正义·尚书正义》,第277页。

⑦ 《论语·雍也》,见程树德集释:《论语集释》(二),第427页。

⑧ 《论语·季世》,见程树德集释:《论语集释》(四),第1159页。

⑨ 《论语·宪问》,见程树德集释:《论语集释》(三),第972页。

⑩ (清)焦循正义,沈文倬点校:《孟子正义》,第464页。

⑪ 《论语·阳货》,见程树德集释:《论语集释》(四),第1241页。

⑫ 《论语·述而》,见程树德集释:《论语集释》(二),第439、495页。

⑬ 《论语·颜渊》,见程树德集释:《论语集释》(三),第817页。

“对人的重视与对人伦关系的强调，是儒家人生哲学的两重性格。”①儒家的这种人文情怀对接受儒家学说者自然有着一定潜移默化的作用，对其价值观自然也就有了程度不同的影响。

出生于世代以儒学传家的家族，又亲历实践而认识到儒学之重要，且自此后便以儒家思想来安身立命的颜之推，言行自然都会遵照儒家思想和精神而为之。事实上，观其所为，儒家的这些人文思想对他的价值观已起到了重要的影响，并且在所有影响他人文情怀的因素中应是最主要的。

（二）家世归心与释教因果的影响

释教传入中国为东汉明帝时，虽然这一时期为了迎合明帝的喜好可能有一些人出家为僧为尼，譬如据《大宋僧史略·东夏出家》载：“汉明帝听阳城侯刘峻等出家，僧之始也，洛阳妇女阿潘等出家，此尼之始也。”但释教因种种原因在其时并未传播开来，一如释慧皎所说：“大法初传，未有归信。”②释教在中国真正兴盛起来当在魏晋以后。就颜氏家族而言，颜之推所谓“家世归心”说明颜氏较早就已经信奉释教，并把释教作为家传宗教传承着。然将颜氏家族源流发展和佛教在中国传播综合考之，颜氏信释教最早当始于颜含，并与颜含兄颜畿死而复生及颜畿妻盲而复明有莫大关系。而这时期释教在中国不论南、北基本上已成为普遍的一种宗教信仰，并得到帝王和世族的肯定，因而颜氏将释教作为一种世代信奉的宗教也就成为必然。如此，释教的思想对颜之推自然也就有无法抹去的影响。事实上，这点从颜之推所著《归心》篇也可得到证实，那就是颜之推不仅倾心奉佛，还对释教多作宣传，并于世人对释教的某些曲解作多方面的辩护。

而释教认为，万物是生命存在的不同表现形式，皆为平等，如《妙法莲华经文句》说：“若言处处受生，故名众生者。此据业力五道流转也。”《大涅槃经》也云：“以佛性等故，视众生无有差别。”《长阿含经》也说：“尔时无有男女、尊卑、上下，亦无异名，众共生世，故名众生。”而后来之所以出现不平等、尊卑、上下之别，就在于六道轮回时各生命体“业力”不一，而业力即由各有情生命体在世上所留下的善、恶等言行所造成。以此故，释教认为人们应该持守五种禁戒，即颜之推在《归心》里所谓的戒杀、戒酒、戒邪、戒盗、戒妄。释教还认为，万物存在都有因果，众生的行为皆能导致异时的不同结果，善之业因必有善之果报，恶之业因必有恶之果报，即善因善报，恶因恶报。如《因果经》说：“欲知过去因者，见其现在果；欲知未来果者，见其现在因。”与

① 洪修平：《论儒学的人文精神及其现代意义》，《中国社会科学》2000 年第 6 期。

② （梁）释慧皎撰，汤用彤校注：《高僧传》卷 1《译经上·汉洛阳白马寺摄摩腾》，北京：中华书局 1992 年版，第 1 页。

此相联系的是释教的三世业报:(1)顺现业,即现在世造业,现在世受报;(2)顺生业,即现世所造业,下一世受报;(3)顺后业,指此生所造业,在多世以后受报。而且佛教《大宝积经》曰:"假使经百劫,所作业不亡,因缘会遇时,果报还自受。"这一切也就构成了所谓的三世因果报应说。受三世因果报应理论以及颜氏家族在颜含时所发生的异事的影响,颜之推不但编辑了《冤魂志》,也编撰了《集灵记》,来宣扬因果报应。由此,颜之推对生命的感悟和认知也就超越一般士人甚至一些同时代同样以儒学传家的士族,从而他对百姓、对众生、对后世也就多了一份同情,多了一份关爱,也多了一份责任担当,从而表现出同时代人所缺少的人文情怀。

(三)乱世经历的触动

梁末之变,颜之推亲身经历,在萧梁宗室争斗中他见证了梁元帝萧绎和侄儿萧詧、萧誉的争夺以及萧方等的被害,在侯景之乱被俘建康时见到了惨绝人寰的屠杀及其留下的废墟,所谓:"慨黍离于清庙,怆麦秀于空廛","野萧条以横骨,邑阒寂而无烟"①。在随后的江陵陷落中,颜之推更是见到了尸横遍野、饿殍枕藉和妻离子散、家破人亡的景象。到北朝后历经黄河之险来到北齐,他见到和经历的又是政治屠杀和鲜卑贵族的谮害。可以说,颜之推一生见识和经历过太多的灾难和生死,在倍加珍惜自身生命和感激、回馈他人救助自己生命的同时,他也生发出了对他人苦难的同情、对他人生存的关爱。于是,回顾以往、总结历史时,他便多了一份对生命的重视、对道义的坚守,由此他也就多了一份对众生关注的人文情怀。

正是因为在颜之推身上不仅有着儒家的深厚学养,也有着佛教慈悲情怀的熏陶,还有着过多的生死经历以及数次被他人给予帮助等多种因素的结合,他这个老于世故的士大夫在与世浮沉中才没有淡漠人情、麻木不仁,相反,他在努力振兴家族的同时多了人文情愫。

第四节 颜之推的社会关爱

东汉末年以来,中原大地不但因政治、民族之因素延续着各种战争,也因天灾、人祸流行着大大小小的瘟疫,如张仲景在《伤寒杂病论·序》中就说:"余宗族素多,向余二百,建安纪年以来,犹未十稔,其死亡者,三分有二。伤寒十居其七。"②天灾往往伴随战争而行,而汉末的战争往往又虐于天灾,

① 《北齐书》卷45《颜之推传》引《观我生赋》,第621页。

② 赵凌云编著:《简明伤寒杂病论校注及临床应用》,北京:中国广播电视出版社1999年版,第5页。

不但东汉社会曾经的繁华与和平因政治上的争斗及其引发的军阀混战而面目皆非,鲜活的生命与城镇、村落,有的也在一夜之间化为灰烬和废墟。而战争带来的不仅是财富的消耗,还有生产的破坏、人口的锐减和文化的摧残。史载:董卓乱长安时,“初,帝入关,三辅户口尚数十万,自傕汜相攻,天子东归后,长安城空四十余日,强者四散,羸者相食,二三年间,关中无复人迹”①。而关东诸豪为讨伐董卓,“众数十万,皆集荥阳及河内。诸将不能相一,纵兵钞掠,民人死者且半”②。又“《九州春秋》曰:初平中,焦和为青州刺史。是时英雄并起,黄巾寇暴,和务及同盟,俱入京畿,不暇为民保障”,“州遂萧条,悉为丘墟也”③。再如河南“鄢陵旧五六万户,闻今(西晋)裁有数百”④。面对残破的山河、狼藉的土地、备受涂炭的生灵,许多士人都不自觉地表达着对社会对生命的一份深切同情与关怀。如曹操在《蒿里行》就写道:“白骨露于野,千里无鸡鸣。生民百遗一,念之断人肠。”⑤建安七子之一的王粲在《七哀诗》中对这种因战争带来的生命不得保障的惨象也作了具体描述:“出门无所见,白骨蔽平原。路有饥妇人,抱子弃草间。顾闻号泣声,挥涕独不还。未知身死处,何能两相完。”⑥以至有的士人不由地痛心疾呼:“嗟乎,不知来世圣人救此之道,将何用也?又不知天若穷此之数,欲何至邪?”⑦战争对生命的摧残和蹂躏,激发着有正义感有社会责任心的文人士大夫对生命的关爱和对社会的关怀,甚至积极投入到对社会的救助之中,可以说这也是中国古代文人士子最值得自豪和讴歌的地方。

一、政权嬗替与士族社会心态的变化

东汉末年的军阀混战最后使统一的东汉政权演变成了魏、蜀、吴三国的鼎立,在这一过程中,为天下苍生谋利益的“有德者王”这一古代为政思想,却因军阀割据和政治伦理道德思想的分歧,为强者为王、霸者为主、顺道者昌等理念所代替,而文人士子也在各忠其主、道不同不相为谋中努力成就着自身的功名和利益。孰德孰昌本就是难得统一的认识问题,而对如何守先王之道也有不同的解读,儒家思想虽自两汉以来已成为士人立身之标准,也为社会意识形态是非之准则,但其思想中的某些变通和模糊之处也使人对

① 《后汉书》卷72《董卓传》,第2341页。
② 《三国志·魏书》卷15《司马朗传》,第467页。
③ 《三国志·魏书》卷7《臧洪传》,第232页。
④ 《晋书》卷50《庾峻传》,第1391页。
⑤ 逯钦立辑校:《先秦汉魏晋南北朝诗》,北京:中华书局1983年版,第347页。
⑥ 逯钦立辑校:《先秦汉魏晋南北朝诗》,第365页。
⑦ 《后汉书》卷49《仲长统传》,第1649—1650页。

并非走向极端的道与德难以解释清楚，因而这便使得后世对三国的形成和存在也就各是其所是、各非其所非，没有统一的令人信服的道德定论，也就使得此后士人在是非观、价值观、人生观和功名观中莫衷一是。由此，曹魏政权以“禅让”建立起统治的方式方法就为后来别有用心者竞相效仿，以至司马氏在曹魏政权建立不到几十年时间即乘机欺其孤儿寡母，而同样以禅让方式篡夺之，建立起西晋政权。随后南方的宋、齐、梁、陈以及北方的北齐、北周也莫不效司马氏篡魏而自立。于是，政治阴谋在血淋淋的屠杀中得以实现，又在此后高官厚爵的封赏中变得顺乎道义甚至成为遵循天道之有德行为，而这也使得这时期一方面政权兴亡相继、更迭频繁，另一方面士人的思想也在悄然发生着某些利己的改变。伴随着这种政权的嬗替更迭和意识形态里的改变，南北社会特别是南方便出现了一种历史上独有的士族政治格局，众多的社会观念也因之而改变。

魏晋南北朝既是政权迭起、战争不断的时期，也是继东汉以来世族势力发展的时期。以禅让方式取得政权的司马氏在政治上只维持了短暂的统一，在政治、文化、经济上并没有给社会带来多大的进步，却促使了士族利益的强势发展，因之士族在政治、经济、文化上获得了许多特权。西晋末年因最高统治权的争夺产生了八王之乱，而八王之乱使西晋自坏社稷藩篱，于是在天灾和晋末豪强、贪官共同挤压下的生活艰难的少数民族乘机崛起并相互招引进入中原大地，加入战争的抢夺之中，从而造成了永嘉之乱。永嘉之乱中，一方面是中原大部分世家大族举家或举族逃亡南方、东北和西北，另一方面则是北方周边少数民族进入中原后依靠武力纷纷建立政权，加剧争夺。西晋政权也在这个过程中结束了它的统治，北方进入了五胡十六国时期。于这一过程中，进入南方的中原士族则联合当地江左士族一道扶持司马氏在建康建立起新的汉族政权，是为东晋。由此，东晋从一开始也就带有浓厚的士族门阀政治色彩。而终东晋一朝，不但世家大族得以把持政权，士族在政治、经济、文化等方面的特权也以法律形式固化。这样，士族在政治上的优容和经济上的无忧也就促使了他们在文化上有了更多的发展，从而使士族进入了繁荣昌盛时代。进入南北朝，虽然皇权不再为士族所控制和分割，但士族仍然占据政权中最主要层面，他们依然是社会上的特权阶层，宋、齐、梁政权更迭的背后，士族在其中扮演的仍然是非常重要的角色。如此，魏晋南北朝的这种政治格局也就必然带来世家大族利益的全面发展，从而重家族利益发展也渐成为这时期社会普遍的一种现象。士族在政治上对于最高统治权的兴衰、存亡不再有根本利益上的牵扯，又促进了士族更多地注重自身地位和爵禄的增加与保持，从而某种程度上又加剧了南北朝时期政权的频繁更迭。反过来,这种政权的不断更迭又必然使士族越来越把眼光由关注国家的利益转移到完全注重家族和个人利益发展之上,“所谓高门大族者,不过雍容令仆,裙屐相高”,或“与时推迁为兴朝佐命,以自保其家世”①,家族的利益和个人的生命由此也就超越国家的利益居于首位,清人赵翼所谓“六朝忠臣无殉节者”②“江左世族无功臣”③,从这个角度来说应该很大程度上反映了这时期士族的政治心态。

也正因如此,魏晋南北朝以来,不论是乱难之际,还是承平之时,士人关注国家关注社会的意识也就并不显得那么突出,相反,“人生处世,以荣禄为重,修身履行,以纂身为名”④却成为这时期南北士族普遍的人生追求。在梁末后三国时期,随着江陵政权的倾灭,南方一大批文化精英士族被俘长安,这对已习惯于南朝生活并享有特权的士族来说,虽然悲痛之中不免会涌出许多思念故国的情怀,然羁旅他乡异国,物是人非,政治环境已然改变,他们中大多数人考虑最多的还是自己未来的生活,该怎样在这异族统治政权下生存、生活:是委屈臣服还是洁身自好,是继续效力还是淡然隐去。儒家的忠节观和“天下有道则见,无道则隐”“邦有道则仕,邦无道则可卷而怀之”的处世价值观在影响着他们,而魏晋以来“主位虽改,臣任如初”的政治生态和因此获得的家族兴旺等个人利益更昭示着一种现实的人生观。于是,我们看到,荣利取代了节操,富贵代替了羞耻,苟活仕宦替代了对道义的坚守,故不论被迫北迁东魏(北齐)的还是北迁西魏(北周)的,梁末这些亡国士人大多都选择了效力于北朝政权并为之而奋斗的人生,尽管这其中可能有屈辱、有坎坷、有艰辛。

二、颜之推的社会关爱情怀

当连续经历侯景之乱和江陵灭亡战争惊吓的梁末士人被迫来到迥异于原来生活栖息环境的北方,并面对一个侵略自己故国又俘虏自己的异族建立的政权时,虽然他们不免有痛苦和悔恨,也不免消沉和迷惘,但他们大多还是较快地适时调整了沮丧心态并以积极的人生态度融入到北朝的社会建设中,而在这一过程中,他们中不少人仍表现出一如既往的戚戚于个人的荣禄和富贵、汲汲于家族的发展与声誉之中。也正是在这样一种状态之下,这些被迫北迁的士人里(包括侯景之乱入北齐、西魏灭益州所虏入的南方士

---

① (清)赵翼著,王树民校证:《廿二史劄记校证》,北京:中华书局1984年版,第253页。

② (清)赵翼撰:《陔余丛考》,北京:中华书局1963年版,第322页。

③ (清)赵翼著,王树民校证:《廿二史劄记校证》,第253页。

④ 《周书》卷45《乐逊传》,第819页。

人)，一生“三为亡国之人”的颜之推虽然也不乏因政权变迁带来的权变处世思想和进取心态，但又显露出了在同时代大多数士人身上不多见的对社会的关爱情怀。

这种对社会的关注和关怀在颜之推一生中有多个方面表现：

其一，在乱难之际表现出普世情怀。如前文“颜之推人文情怀”所论，西魏侵灭江陵时，江陵老少皆被其祸，“江陵之陷也”，“于时甚寒，冰雪交下，老弱冻死者填满沟堑”①。在前往西魏长安途中，被俘之人又死伤不断，“人马所践及冻死者什二三”②。颜之推目睹了这一凄惨景象，时患“脚气”的他并没有仅仅沉湎于个人的不幸和侥幸之中，他伤君、痛民、忧国，以“民百万而囚虏”，“怜婴孺之何辜，矜老疾之无状，夺诸怀而弃草，踣于途而受掠”，“云无心以容与，风怀愤而憀悢。井伯饮牛于秦中，子卿牧羊于海上。留钏之妻，人衔其断绝。击磬之子，家缠其悲怆”等描述来表达对江陵百姓在政权巨变中遭难惨状的深切同情；以“冤乘舆之残酷，轸人神之无状，载下车以黜丧，掩桐棺之藁葬”来表示对惨死的梁元帝的深切同情和哀悼；以“若乃五牛之旌，九龙之路，土圭测影，璇玑审度，或先圣之规模，乍前王之典故，与神鼎而偕没”③来表达江陵文物被西魏侵略者无耻抢夺走的深深惋惜④；又以“日太清之内衅，彼天齐而外侵，始蹙国于淮浒，遂压境于江浔”⑤来表示对梁之疆域被北齐趁火打劫而掠占之愤慨。可见，在颜之推眼里，不仅有对故主惨死的哀伤，更有对江陵平民百姓的同情；不仅有对南方文化被抢夺、摧残的痛心，更有对西魏、北齐侵略南方疆域恶行的揭露。对于江陵的陷落，颜之推表现出来的不只是一个哀伤个人不幸遭遇的小我，而是更多地表露出了一个由儒家学养熏陶出来的有着正义感和是非感、关注百姓、关注国家的大我。

其二，对文化的传承与传播表现出极大的关注和重视。颜之推出生于儒学传家的文化世家，不仅自我深切体会到了儒学给他带来的实实在在的益处，也见识到了文化给他人带来的巨大变化，一如其说：“自荒乱已来，诸见俘虏。虽百世小人，知读《论语》《孝经》者，尚为人师；虽千载冠冕，不晓

---

① 《陈书》卷32《殷不害传》，第424页。

② 《资治通鉴》卷165《梁纪二十一》，第5123页。

③ 《北齐书》卷45《颜之推传》，第622—623页。

④ 日本学者吉川忠夫将颜之推此语理解为：“这大概是作为江南文人对深深扎根于他胸中的拥有传统的秩序的崩坏和随后袭来的文化断绝所表示的强烈的绝望感。”（参见吉川忠夫著，王启发译：《六朝精神史研究》，第211页）这其实是不了解颜之推作为中国古代士大夫的内心思想。

⑤ 《北齐书》卷45《颜之推传》，第623页。

书记者,莫不耕田养马”[①],又“蛮夷童丱,犹能以学成忠”[②]。这些可以说给了他很大震动,加上本着振兴儒学之心,颜之推也就在其一生中进行了多方面弘扬儒学文化的工作。主要表现在:其一,对毁弃文化典籍书籍的行为深表不满。以文化传家的颜之推一生颇为爱惜书籍,不仅强调“借人典籍,皆须爱护,先有缺坏,就为补治,此亦士大夫百行之一也”,甚至“每读圣人之书,未尝不肃敬对之;其故纸有“五经”词义,及贤达姓名,不敢秽用也”[③]。因而在江陵被攻陷,梁元帝萧绎将侯景之乱前后收集并加以整理的书籍付之一炬,使“古今图书十四万卷”[④]被烧殆尽时,颜之推虽不知道萧绎为何做如此行为,是否他真的将自己的失败和江陵政权的破灭归结于书,即其所谓“读书万卷,犹有今日,故焚之”[⑤],但颜之推对此表示了不满,其所谓:“书千两而烟炀,溥天之下,斯文尽丧。”[⑥]即不仅说明数十万卷书被烧而使文化知识和学术几近丧失,也暗指萧绎的言行使读书人斯文尽丧[⑦],既表达了对文化被摧残的痛惜和遗憾,也隐含了对梁元帝行为的不满和惋惜。其二,注重对文化典籍的整理和推动文化的发展。可能因出生于儒学之家,受奉行爱书、护书为“士大夫百行之一”理念的影响,加以曾参加过江陵石渠阁校书,故而颜之推对典籍、对文化发展格外有一种特别感情,因此到北齐为官后,一旦遇到机会,他即努力推动文化发展和对儒学的传播。所以在与萧悫、萧放和王孝式一起为后主“录古明贤烈士及近代轻艳诸诗以充图画”后,他与萧放即“意欲更广其事”,借助汉人祖珽辅政之机会,利用鲜卑宦者邓长颙说动后主“属意斯文”[⑧],以推动在更高程度、更广范围去进行文化的整理和发展工作。颜之推的这种利公、利国、利民、利千秋万代的举动终得到了北齐

① 《颜氏家训集解》(增补本),第 148 页。

② 《颜氏家训集解》(增补本),第 202 页。

③ 《颜氏家训集解》(增补本),第 55 页。

④ 《资治通鉴》卷 165《梁纪二十一》,第 5121 页。颜之推在《观我生赋》中也记曰:“北于坟籍少于江东三分之一,梁氏剥乱,散逸湮亡。唯孝元鸠合,通重十余万,史籍以来,未之有也。兵败悉焚之,海内无复书府。”(《北齐书》卷 45《颜之推传》,第 622 页。)颜之推所说“十余万”和《资治通鉴》所说“十四万”较为相符,这里从《资治通鉴》所说。

⑤ 《资治通鉴》卷 165《梁纪二十一》“元帝承圣三年”条,第 5122 页。

⑥ 《北齐书》卷 45《颜之推传》,第 622 页。

⑦ 关于梁元帝焚书之因皆以为是梁元帝所言“读书万卷,犹有今日,故焚之”,不过,笔者倒认为日本学者吉川忠夫所谓“拒绝将其委于北族人之手”(见吉川忠夫著,王启发译:《六朝精神史研究》,第 210 页),似乎更为梁元帝焚书的根本原因。江陵所聚之书籍皆为梁元帝所征集,石渠阁校书正是他诏命对这些书籍的整理,这些书多少凝聚有他的心血,梁元帝深知这是一笔宝贵的文化遗产,而今江陵陷落,家、国皆已不存,与其将这些书遗留给异族,还不如一烧了之。至于梁元帝回答西魏人何以焚书之语,笔者以为多为应付之言,一如他诓于谨说在江陵城埋有金千斤一样,非其真实意图。

⑧ 《北齐书》卷 45《文苑传·序》,第 603 页。

后主高纬的赞同和认可，于是武平四年（573）二月文林馆设立，在对北齐文化典籍进行整理的同时进行新的文化创作。一如前文所论，文林馆的成立不仅聚集了几乎所有北齐较高文化水平者参与文化整理，使北齐政府开始了建国以来第一次也是最大的一次文化整理，极大地提升了北齐政权上下对儒学文化等的重视。通过这次待诏文林馆，北齐文化士人不但编撰了《修文殿御览》《续文章流别》等典籍，也提高了文化学术水平，这对此后隋唐文化的发展起到了某种奠基作用。可以说，文林馆的设立及对北齐文化的整理、发展，某种角度来说正是颜之推力推文化发展的功绩。其三，奖励后学。孔子说："士不可以不弘毅，任重而道远。"①又曰："诲人不倦。"②孟子也说："（大丈夫）立天下之正位，行天下之正道，得志则与民由之。"③儒家主张士或君子的立身使命之一就是弘扬王道、道德，不厌其烦地进行教化的推广，并以之为自己的社会责任。以振兴儒学为己任的颜之推自然不会放过任何进行儒家思想宣传和教化的机会，加上助人向善又是他向来的处世理念，故而在他任职文林馆期间便积极而热心地帮助求学者。《家训》对此记载曰：

> 齐有宦者内参田鹏鸾，本蛮人也。年十四五，初为阍寺，便知好学，怀袖握书，晓夕讽诵。所居卑末，使役苦辛，时伺间隙，周章询请。每至文林馆，气喘汗流，问书之外，不暇他语。及睹古人节义之事，未尝不感激沉吟久之。吾甚怜爱，倍加开奖。④

这种对后学的开奖既是颜之推对后学者的积极引导，某种程度上也是对文化的传播。

其三，颜之推对南北语音标准化的努力。魏晋南北朝时期，是战乱时期也是南北各少数民族与汉族融合最为广泛的时期，而北方因为北边少数民族入主中原，形成了胡人与汉人杂居局面，因此当时的匈奴语、鲜卑语与汉语也就并相混杂。到北魏统一北方后，北方在语言上主要便有了鲜卑语和汉语并行的现象。虽然魏孝文帝曾为促进鲜卑族的进步实行包括不得说鲜卑语在内的汉化改革，但孝文帝死后，其改革措施大多未能得到继续贯彻执行，于是鲜卑语又在北魏境内流行起来。伴随着北魏的分裂，由鲜卑贵族操纵的西魏（北周）、东魏（北齐）的建立则使鲜卑语在更大范围和更大程度上

① 《论语·泰伯》，见程树德集释：《论语集释》（二），第517页。
② 《论语·述而》，见程树德集释：《论语集释》（二），第436页。
③ 《孟子·公孙丑上》，见（清）焦循正义，沈文倬点校：《孟子正义》，第246页。
④ 《颜氏家训集解》（增补本），第202页。

流行。这样北方说汉语和鲜卑语"双语"之人是比较多的。而南方江左政权中心建康所在地原为吴越故土,人们习用的语言多以吴越声调为主。中原士族南渡,把中原语言带了过去,这使得江左又流行起中原语音,即所谓的"洛下咏"。陈寅恪先生即指出:"永嘉南渡之士族,其北方原籍虽各有不同,然大抵操洛阳近旁之方言,似无疑义。故吴人之仿效北语,亦当同是洛阳近旁之方言。如洛生咏,即其一证也。"①又说:"须知永嘉南渡,侨寓建邺的胜流,都是出仕西晋,居于洛阳的名流。其远祖则又是东汉时期经明行修致身通显的儒士。而东晋、南朝的侨姓高门,源出此数百年来一脉绵延的士族,所操的语言为北语,这种北语以洛阳及其近傍语言为标准,即南朝史料中常见的'洛生咏'或'洛下书生咏'。"②而南方一些士大夫为了需要不得不学习中原语音③,以至于"东晋南朝疆域之内其士大夫无论属于北籍,抑属于吴籍,大抵操西晋末年洛阳近傍之方言",甚至吴人作诗文时也是"必依仿胜流,同用北音,以冒充士族,则更宜力避吴音而不敢用"。④ 虽然对南人学北语,有不少反对声音,如时为道教名人的葛洪就很不以为然,认为"废已习之法,更勤苦以学中国之书,尚可不须也。况于乃有转易其声音以效北语,既不能便良,似可耻可笑。所谓不得邯郸之步,而有匍匐之嗤者,此犹其小者耳"⑤。然而在江左政权下还是渐形成了以仿中原语音而又带有吴越之音的这样一个群体和语言学习趋势,而其所操之音当然并非纯正的中原语音,余嘉锡先生就认为:"然东晋士大夫侨居既久,又日与吴中士庶应接,自不免杂以吴音。况其子孙生长江南,习其风土,则其所操北语必不能尽与洛下相同。盖不纯北,亦不纯南,自成为一种建康语耳。"⑥这样到南北朝后期,南、北朝廷之上,人们所操语音也就形成了如颜之推所说那样:"南染吴、越,北杂夷虏,皆有深弊,不可具论。"⑦

经历南北的颜之推认为南、北语音皆有其不足和缺陷,他说:"其谬失轻微者,则南人以钱为涎,以石为射,以贱为羡,以是为舐;北人以庶为戍,以如

---

① 陈寅恪:《金明馆丛稿二编》,北京:生活·读书·新知三联书店 2001 年版,第 309 页。

② 万绳楠整理:《陈寅恪魏晋南北朝史讲演录》,合肥:黄山书社 1987 年版,第 339 页。

③ 南方士大夫学习中原语音,其原因既可能有陈寅恪先生所谓"此后北语、吴语成为士、庶阶级的表征"(见万绳楠整理:《陈寅恪魏晋南北朝史讲演录》,第 340 页)之因素,也可能有周一良先生所说"宋齐南士贵达者多弃吴语,易言之,即求贵达必先与侨人士大夫同流一起,虽语言末节,亦相模仿"(见周一良著:《魏晋南北朝史论集》,北京:中华书局 1963 年版,第 63 页)之动因,当然,笔者以为当还有公、私交往之需要。

④ 陈寅恪:《金明馆丛稿二编》,第 309 页。

⑤ (晋)葛洪撰,杨明照校笺:《抱朴子外篇校笺》,北京:中华书局 1997 年版,第 12 页。

⑥ (南朝宋)刘义庆撰,(梁)刘孝标注,余嘉锡笺疏:《世说新语笺疏》,第 795 页。

⑦ 《颜氏家训集解》(增补本),第 520 页。

为儒,以紫为姊,以洽为狎。如此之例,两失甚多。"[①]由此他不但分析了南、北语音之失的原因,也指出了时人对语音声读不重视之态度,并且本着"一言讹替,以为己罪矣"[②]的精神对南北音辞作出了一定纠正,从而积极倡导语言的正确读音,力推南、北语音走向统一之标准。入隋后,他和萧该、陆法言等即探讨过南、北语音的不同和偏差,这些即成为后来陆法言所著《切韵》主要材料。特别是这其中《切韵》涉及的"准则"多由颜之推和萧该决定[③],这也就使得颜之推在有关音辞方面的论述及其为纠正南北读音所作出的努力为南北文化交流以及中国音韵学的发展作出了重要贡献。

其四,颜之推申道的努力。颜之推出生于世代以儒学为业的家族,历经南北,虽然不乏见到"虽百世小人,知读《论语》《孝经》者,尚为人师"这样一种社会上对儒学学习和重视的现象,但更多呈现在他面前的却是儒学衰微、世俗风气堕落之状况。面对这种状况,作为儒门之徒的颜之推自然倍感伤怀和惋惜,于是由衷地生发出救世申道的心声,所谓:"举世溺而欲拯,王道郁以求申。"[④]他要对衰退不兴的儒学起而振之,对儒家思想振而兴之。虽然他的救世申道并不完全具有佛教上的普救众生、使之脱离红尘苦海之意义,但某种程度上也是对社会人文环境的一种提升和净化。这种颇具救世胸怀的申道努力在当时士人中非但不多,也少有儒生去这样思想。不过,颜之推却为此作出了自己坚持不懈的努力。

首先,他在理论上极力宣扬儒家思想。由《家训》可看出,颜之推不但以儒家思想贯穿首尾教育后人,其内容也几乎皆体现出对儒家"修身""齐家"的阐述。按两汉以来儒家观点来看,颜之推虽算不上是一个忠臣,但他从因时之变的角度仍把忠、孝、仁、义、礼、中庸等儒家主要思想理念作为重点来论说。而且为了达到推广儒学的目的和效果,他还大力鼓吹儒家经典的作用。这点不仅体现在他于《家训》中多次引用《诗》《书》《礼》《易》《春秋》《左传》《论语》《孝经》中语句为立论之依据,并以之为立身处世之准则,而且还表现在他于书中不断强调"圣贤之书"的作用,如:"夫圣贤之书,教人诚孝,慎言检迹,立身扬名,亦已备矣。"[⑤]"孔子云:'五十以学《易》,可以无大过矣。'""公孙弘四十余,方读《春秋》,以此遂登丞相;朱云亦四十,始学

① 《颜氏家训集解》(增补本),第520页。

② 《颜氏家训集解》(增补本),第530页。

③ 关于颜之推等南方士人对南北语音及音韵学的贡献,陈寅恪先生已有较深入的论述,可参见万绳楠整理:《陈寅恪魏晋南北朝史讲演录》,合肥:黄山书社1987年版,第335—340页。

④ 《北齐书》卷45《颜之推传》,第625页。

⑤ 《颜氏家训集解》(增补本),第1页。

《易》《论语》；皇甫谧二十，始受《孝经》《论语》：皆终成大儒。”①“汉时贤俊，皆以一经弘圣人之道，上明天时，下该人事，用此致卿相者多矣。”②等等。不难看出，在颜之推的人生观和价值观里，儒家圣人之书就是教人所以为人、怎样为人的轨世范物宝典，是人生取之不尽、用之不竭的财富，用他的话说，就是：“夫圣人之书，所以设教，但明练经文，粗通注义，常使言行有得，亦足为人。”③因此他在《家训》中也就处处都表现出“务先王之道，绍家世之业”④的意图。

其次，对违背儒家思想的不良习俗和现象作出了诸多批判。子夏曰：“君子学以致其道。”⑤在乱世之际力图将衰微的儒学振兴起来，颜之推着眼的并不仅仅是对儒家伦理教义和思想的宣扬，还在于他对违背儒家思想的社会不良风习作严厉的批判。在他看来，社会上不良风习的形成与流播正是使儒学从高高的神坛之上跌落甚而为世俗所不顾之根本原因。因此他以此为重点对之进行了深入批判。在他批判的对象中，首当其冲的是玄学。玄学自诞生后就在社会上获得广泛传播，不但正始年间何晏、王弼对“无”“自然”的探讨为学术界带来一股清新思辨之风而得到广大士子文人的热烈欢迎，其后竹林七贤林下超然物外、傲视权贵之风更为社会人士所仿效，老庄之学由此在政治、文化、思想上大为传播，至于“惠帝之世，郭象又述而广之（指庄学），儒墨之迹见鄙，道家之言遂盛焉”⑥。可以说，玄学无论在社会方面，还是在学术方面都取得了一时压倒儒学的发展势头，在统治阶层产生了广泛而深远的影响，一如今人所论，它“一方面抛弃汉儒烦琐的章句之学，以高度的抽象思维和简明深刻的哲学概括，开创了以义理解经的新风；另一方面又斩断了汉代儒学构建的天人之间的神秘联系，在一定程度上理顺了人与自然、人与社会的关系，使人们在理性化的道路上向前迈进一步”⑦，“是对汉代天人感应神学和传统礼乐名教的一种反动，在中国思想史上具有解放和精神自由的意义”⑧。不过，西晋以后玄学的发展渐脱离其积极的一面，更多地滋生出一些与社会发展不适宜的现象和风习，至于不少士人“口

---

① 《颜氏家训集解》（增补本），第 173 页。

② 《颜氏家训集解》（增补本），第 176 页。

③ 《颜氏家训集解》（增补本），第 177 页。

④ 《颜氏家训集解》（增补本），第 204 页。

⑤ 《论语·子张》，见程树德集释：《论语集释》（四），第 1312 页。

⑥ 《晋书》卷 49《向秀传》，第 1374 页。

⑦ 曹文柱：《略论魏晋南北朝时期文化结构的更新》，《魏晋南北朝史论合集》，北京：商务印书馆 2008 年版，第 74 页。

⑧ 钱国旗：《〈颜氏家训〉的社会批判思想——论颜之推对不良士风及学风的揭露和批判》，《江海学刊》2005 年第 3 期。

谈浮虚，不遵礼法，尸禄耽宠，仕不事事”①，甚者以“居官无官官之事，处事无事事之心”②为高尚、为脱俗，到后来“其甚者至于裸裎，言笑忘宜，以不惜为弘”③，从而形成了一种伤风败俗的风气，正如后人所评：“蔑弃典文，不遵礼度，游辞浮说，波荡后生，饰华言以翳实，骋繁文以惑世。搢绅之徒，翻然改辙，洙泗之风，缅焉将坠。遂令仁义幽沦，儒雅蒙尘，礼坏乐崩。”④由此谈玄尚虚也最终促成了西晋的灭亡。东晋建立后，随着中原士族的南渡，玄风再兴于江左，一直到梁末仍为兴盛，所谓“大同末，人士竞谈玄理”⑤，最后导致梁元帝也亡国丧命。唐太宗因此总结历史教训说：“孝元帝在于江陵，为万纽于谨所围，帝犹讲《老子》不辍，百寮皆戎服以听。俄而城陷，君臣俱被囚挚。庾信亦叹其如此，及作《哀江南赋》，乃云：‘宰衡以干戈为儿戏，缙绅以清谈为庙略。’此事亦足为鉴戒。”⑥

可见，玄学发展所带来的社会上空谈虚浮、不务实际之风不仅深刻地影响着士人的人生态度、思想意识，也极大地影响着政权的稳定，故而颜之推对之深加批判，把造成“王道郁”之因和“举世溺”之对象都归结到玄学之上。⑦ 在他看来，正是玄学的兴起和兴盛才导致了“王道郁”，换句话说，也就是致使儒学衰微的罪魁祸首实为玄学。其所谓“士君子之处世，贵能有益于物耳，不徒高谈虚论，左琴右书，以费人君禄位也”⑧，就是指责清谈玄学之罪。以此故，在《家训》中他对玄学及其名士便大加指责。

由对玄学的批判，颜之推又对其引起的社会上不良学风和社会现象作出批判，他说：“汉时贤俊，皆以一经弘圣人之道，上明天时，下该人事，用此致卿相者多矣。末俗已来不复尔，空守章句，但诵师言，施之世务，殆无一

---

① 《晋书》卷35《裴秀传附子頠传》，第1044页。

② 《晋书》卷75《刘惔传》，第1992页。

③ 《晋书》卷35《裴秀传》，第1045页。

④ 《晋书》卷75《范汪传附子宁传》，第1984页。

⑤ 《梁书》卷56《侯景传》，第863页。

⑥ （唐）吴兢编著：《贞观政要》，上海：上海古籍出版社1978年版，第195页。

⑦ 虽然儒学的衰败原因很多，而其中影响较大的当数佛、道、玄了，一如范文澜先生所论：“玄学也不是宗教，而统治阶级迫切需要的却是宗教，玄学必然要继经学而衰退。在经学玄学相继衰退中，佛教逐步兴盛起来，自魏晋起至隋唐止，经学在思想领域的统治地位，逐渐被佛教夺去，玄学和道教也夺得一部分，经学仅能保持传统的崇高名义。”（范文澜主编：《中国通史》第二册，北京：人民出版社1978年第5版，第385页）可见，致儒学不振的很大原因在于佛教的传播兴盛，然颜之推因家族向来归心佛教，自己又深信之，并认为“内外两教，本为一体”，故而他也就从不考虑佛教的因素。于道教，他虽不赞成修习之，但又说“神仙之事，未可全诬”，可见道教也还没有影响到他对其声讨谴责的地步。于是最后也就只剩下玄学，而玄学又历来多受批评，故而颜之推也就将儒学衰微之罪皆推到玄学之上了。

⑧ 《颜氏家训集解》（增补本），第315页。

可。”[1]又说：“江南闾里间，士大夫或不学问，羞为鄙朴，道听涂说，强事饰辞。”对此，学界已有深论，此就不再赘言[2]。

再看颜之推对不良社会现象的批判。既在“举世溺”的环境下来振兴儒学，因而对“举世溺”的弊病和不良社会现象，颜之推也就不能不给予批判，以唤醒人们对儒学的重新认识。永嘉之乱，中原大族南渡，带来了对南方诸多领域的开发，使南方经济、文化因之有了一个快速发展的局面，但这些士族也把其固有的弊病带入南方社会。东晋建立后，承西晋政策对士族倍加优待，给予了他们在选官用人、司法、经济上较多特权。王仲荦先生因此认为：“由于东晋政权是西晋政权之再版，因此就决定了东晋政权的性质。‘举贤不出世族，用法不及权贵。’”[3]这样也就导致了“公卿世族，豪侈相高，政教陵迟，不遵法度，群公卿士，皆餍于安息”[4]，“冠盖之后，势援之门，素颇力行善事，以窃虚名；名既粗立，本情更放：或假财色以交权豪，或因时运以佻荣位，或以婚姻而连贵戚，或弄毁誉以合威柄。器盈志溢，态发病出，党成交广，道通步高。清论所不能复制，绳墨所不能复弹”[5]。

对东晋以来因士族特权而造成的这种腐朽社会现象，颜之推给予了严厉批判。他说：“晋朝南渡，优借士族；故江南冠带，有才干者，擢为令仆已下尚书郎、中书舍人已上，典掌机要。其余文义之士，多迂诞浮华，不涉世务。纤微过失，又惜行捶楚，所以处于清高，盖护其短也。”[6]而这也就造成了“梁世士大夫，皆尚褒衣博带，大冠高履，出则车舆，入则扶侍，郊郭之内，无乘马者”[7]以及“梁朝全盛之时，贵游子弟，多无学术，至于谚云：‘上车不落则著作，体中何如则秘书。’无不熏衣剃面，傅粉施朱，驾长檐车，跟高齿屐，坐棋子方褥，凭斑丝隐囊，列器玩于左右，从容出入，望若神仙。明经求第，则顾人答策；三九公宴，则假手赋诗”等现象，所以颜之推认为他们一旦经历丧乱则为“求诸身而无所得，施之世而无所用。被褐而丧珠，失皮而露质，兀若枯木”[8]者。可以说，颜之推从多方面对魏晋南北朝社会上不良习俗和学风的批判以及造成这种根源的揭露为后人提供了一种历史借鉴，有益于后人对

---

① 《颜氏家训集解》（增补本），第 177 页。

② 参见钱国旗：《〈颜氏家训〉的社会批判思想——论颜之推对不良士风及学风的揭露和批判》，《江海学刊》2005 年第 3 期。

③ 王仲荦：《魏晋南北朝史》，上海：上海人民出版社 1979 年版，第 325 页。

④ 《晋书》卷 65《王导传》，第 1746 页。

⑤ （晋）葛洪撰，杨明照校笺：《抱朴子外篇校笺》，北京：中华书局 1991 年版，第 613 页。

⑥ 《颜氏家训集解》（增补本），第 318 页。

⑦ 《颜氏家训集解》（增补本），第 322 页。

⑧ 《颜氏家训集解》（增补本），第 148 页。

历史经验和教训的汲取，从而为其宣扬儒学及儒家思想起到了重要的作用。

总之，作为儒学门徒的颜之推，其社会情怀也从不偏离儒家学说和儒家思想，因而也就多由儒教为出发点和落脚点，无论是对百姓的关怀、对文化发展所作出的积极推动以及对“申道”所作出的努力，他无不以儒家学说为中心，以传播儒家思想为目的。不过，颜之推也因此对社会风气、士人思想的改变作出了一定的贡献。

本章小结

魏晋南北朝虽是一个政权不断更迭的时代，但也是一个多民族在中国大地彼此竞逐而相互学习、共同发展的时代，固然，于汉民族统治者而言，其王朝的统治中心因其他民族的竞逐不得不避让、退出中原而迁徙到以长江为天然屏障的南方。本来这应该给向来自以为高、自以为尊、自以为大的汉统治者以警醒，从而从安逸、自大中走出，居安思危，未雨绸缪，提升统治方略、增强进取意识，提高民族竞争实力，然而南渡的中原大族似乎还在自我独尊的安乐中陶醉、还在玄风带来的“居官无所事事”中沉迷。虽然“八王之乱”“永嘉之乱”致使大批百姓遭到屠杀，甚而西晋政权因之灭亡，但于已经在建康建立新政权的他们而言，那似乎只是阵痛，只是朝代兴废过程中必然发生之事。在刚开始感觉心有余悸时，他们还组织一定的反击，力图收复中原，但当权力的斗争迭起、又知北方不易收复后，南渡士族们便又沉醉于自我的世界之中了，陶然于“平流进取，坐至公卿”①的必然官运之中了，斤斤计较于个人荣辱和家族利益发展的得失之中了。即使还有那么一些士族怀有救亡图存的意识并努力践行之，最后也多陷入统治权的争夺之中，忧患意识、危亡意识在晋以降的士族这里几乎没有多少市场，甚至于某些士族为了图保安逸而主张实行“自长江以外，羁縻而已”②的弃淮保江政策。对这些享受着因特权带来安逸生活的士族而言，他们似乎已经在政权的禅代中、在权力的争夺中、在暮鼓晨钟的宗教信奉中参悟透了人生，从而放下了一切，只图保命于世，逍遥一生。于是一方面政权依然演绎着不断被权力者禅代的政治游戏，一方面士族也在重复扮演着传递“将一家物与一家”③的使者形象。那些士族自小就开始接受并用来作为安身立命之依据的儒学，却并没有在真正的现实生活中被用作安身立命之指南，大多只是作为了获取

① 《南齐书》卷23《王俭传》，第438页。

② 《晋书》卷80《王羲之传》，第2095页。

③ 《南史》卷28《褚彦回传附炤传》，第756页。

家族声誉、用以门面装饰和获取利益之手段，似乎这也成为魏晋南北朝时期士族阶层中一种较为普遍和突出的现象。因而，于魏晋南北朝的士族或士大夫而言，也就不论治国、平天下了，能真正做到修身、齐家就已经很不错了，“亦足为人”①，遑论社会情怀、关注民生、情系社稷。

正是在这样一种社会发展态势下，我们看到南北朝后期经历国灭君亡又仕宦南北、多事新朝的颜之推，虽也多染习这时期士族的某些人生观，但出生于世以儒学传家又以严格家风和认真履行儒家思想著名的颜氏家族，又使他立身处世从不偏离儒家思想，从而在儒家价值理念下构建起他一生的处世理念，并形成他的社会思想。他认真地修身立命，严格地执行孝悌和家，以传业扬名来振兴家族，在中庸变通中仕宦、处世，以务实致用的态度履行职责并教导后人，又在谨慎寡欲中工作、养生，并以仁义有为的态度和情怀去积极进取、去关注社会，因此这也就使得他虽仕多朝，却忠君尽职，对百姓安危多为关注，体现出了较多的人文情怀和社会关爱。这其中，追求以文化名家的他更是对文化的发展倾注心血。在萧梁，他辛勤于石渠阁校书；到了北齐，在机遇到来时，又为北齐的典籍整理、文化发展出谋献策、多方奔走。同样，为了以儒学为代表的文化得以发展，他对虚浮学风和不良社会现象等也作出不遗余力的批判。可以说作为一个自觉的、有担当的士大夫，颜之推不仅志在“举世溺而欲拯，王道郁以求申”②，也以其仁义情怀、务实态度尽着一个士君子所应当担当的责任。

不过，深受儒家思想影响的他，在魏晋南北朝思想意识变革时代，面对儒学的衰微，释、道、玄的兴盛，他却颇有点不平衡感。在“家世归心”和南北朝普遍崇佛的情况下，他除了为奉佛作赞歌外，就是匍匐于佛的脚下以示虔诚；而道教虽让他感觉“神仙之事，未可全诬”③，并从养生中体会延年益寿的益处，但他还是遵行了梁武帝和齐文宣帝的舍道逐佛的思想，放弃了对道教的完全尊奉而归心于释教，并在这过程中，为振兴儒学，他将儒学衰微之因归结到玄学上，从而对玄学大加挞伐，全忘了自己一生也曾受益过它。不过，颜之推骂则骂也，在这样的变革时代，尤其是在玄学带来的革新思潮冲击下，他的思想、他的人生观也不能不因之有所变化，因此他虽在处世中多以儒为是，但生活中其思想也不乏道教、玄学因素影响，在面对魏晋南北朝时期不断出现的妇女觉醒、对社会事务的积极参加的现象和局面，他对女性也有着一定的全新感受，所以对女性的认知，他并不完全拘泥于旧说，也非

① 《颜氏家训集解》(增补本)，第177页。
② 《北齐书》卷45《颜之推传》，第625页。
③ 《颜氏家训集解》(增补本)，第356页。

等同于完全守旧贱视女性者。在男女社会性别和人格平等、在妇女家庭教育权等较多方面，他都表现出了对女性看法的进步意识，甚至有的意识已远远超越时人思想，即使于今天仍有其积极意义。不过，从小就接受儒教训练的他，一生又孜孜于儒学传播，对女性的认识并不可能完全摆脱儒家思想的影响，因此他的思想中仍有诸多保守陈旧的地方，他歧视后妻，为维护兄弟之间友悌之情则从人伦、血缘的亲疏上对他们的妻妾多加贬斥，特别是对妇女参政尤持坚决反对意见。

可见，魏晋南北朝时期思想意识上的变革极大地影响着这时期士人的思想，使他们的思想意识因之也有一定程度上的改变，在诸多问题上有了不同前人的见解。置身于儒学衰微但儒学又仍被作为政治上施政思想的时代，士人们既希望继续以儒学来维护统治秩序，又不希望凡事皆因循不变。这种随着社会前进既有继承又有变革的思想意识可以说是时代变化赋予人们的，因此从这个角度来说，颜之推的思想实又反映了这时期大多数士人的思想。

结　语

如果说中国的思想历史是一个以中、和思想为主体的发展进程，那么中国历史上每一个相对的阶段性的历史发展时期也就都成为其内涵发展不可缺少的关键时期。而魏晋南北朝时期可以说正是中、和思想发展、扩容的重要阶段，某种程度上甚至可以说它是中、和思想发展承上启下的关键阶段。在魏晋南北朝历史打开的每个方面、每个层面都蕴含着这种中、和思想结构并上升为新层次的因素，尽管有时它们并非以我们所思想的面貌出现，也非以我们所认为的积极的、正面的态势出现，但它们最终却结构成了一种向上的、进取的、新生的力量，而成为中国历史上中、和思想主体发展的有力推动者，并成为了其中一个部分。

魏晋南北朝历史是一个多维度发展的历史，一方面政权更迭频繁，战争不断，杀伐横行，天灾肆虐，一方面则是人们于短暂和平时期歌舞相乐、思想交锋；一方面是儒家立功、立事、立言思想对人们人生希望的持续影响，一方面则是释教的寄托来生、脱离红尘和道教的修炼成仙、逍遥于世思想对人们意识的诱导和麻痹；一方面是南方士族坐享特权现象的蔓延，一方面则是北方士大夫居安思危、经世致用思想的流行；一方面是倡导儒教治天下，兴庠序立学传播忠孝仁义思想的顽强滋长，一方面又是以篡权夺位、弑主杀士等行为践踏着儒家价值理念现象的持续产生。因此，在这个动乱时代是以儒教为是还是高蹈自然，是“居官无官官之事，处事无事事之心”①还是“守职无侵”②、不“费人君禄位”③，是成君以忠、忠而忘家还是助纣为虐、与世推移抑或是遁隐山林，这些可以说都成为了魏晋南北朝时期士人思想中不断纠缠的意识，如何处理、如何选择，也就成为了他们如何安身立命的取舍。然而不管作怎样的选择和处理，他们总体上都表现出了对家族利益的高度重视。无论南北，家族的荣誉和发展不仅决定了士人当下的处境，也决定了子孙未来的发展，于是在政权的维护和家族的发展上，士人多视家族利益为重也就成为必然，即使偶尔有少数为政权效忠节者，也并不为时人怎么认同，甚至也不为帝王所称许。相反，那些率先能“识大局者”则不但能获得新

---

① 《晋书》卷75《刘惔传》，第1992页。

② 《颜氏家训集解》（增补本），第165页

③ 《颜氏家训集解》（增补本），第315页。

主子的更多青睐，也能于禅代之际获得更多的利益，甚至借以提升家族地位。

如此，也就不免引发士人对另一个问题的思考，即对在中原大地上建立的非汉族政权的思考。既然汉人所建政权不免为篡夺而更迭，不贰之臣又非多见，大家所重不过是家族利益，那么出仕汉人建立的不同政权和出仕非汉族政权在儒家伦理上又有多少区别呢？何况这些非汉族所建政权又都在中原大地，他们的施政思想也多偏儒，更重要的是孔子也说过“天子失官，学在四夷”①，孟子也说“吾闻用夏变夷者”②。因此，因于形势，也迫于生存，魏晋南北朝时期向来固以儒教为人生准绳的士大夫们有时也会变通，他们中不少人对出仕于建立在中原大地上的非汉民族政权由此也并不是颇为在意，于是有仕于其中，助其王化，引导其以儒术治民者，也有如南朝刘昶、王肃、萧宝寅、张景仁等因政治变故特由南朝投奔北魏政权者。而非汉民族建立的政权也多在汉士人的帮助下励精图治，渐为儒教化政权。如北魏政权就是努力逐渐汉化，到孝文帝时终成为让梁人都极为叹服的政权，所谓：“衣冠士族，并在中原；礼义富盛，人物殷阜。”甚至因此被北方某些士人认为：“我魏膺箓受图，定鼎嵩洛，五山为镇，四海为家。移风易俗之典，与五帝而并迹，礼乐宪章之盛，凌百王而独高。”③因此，到南北朝后期，尽管南方士人心中可能还坚守着“华夷之别”的防线，但当现实中沦为北方政权囚虏或逃亡入北方时，他们中不少人又欣然愿为北朝政府效命，并以得到北朝政府的官爵为荣。如梁江陵政权倾覆后被俘往长安的王褒等江陵士人，在受到西魏所授官职后即常“从容上席”，“忘其羁旅焉”④，而庾信更有“栖乌还得府，弃马复归栏。荣华名义重，虚薄报恩难”⑤之心态。这种受教于儒家思想并以之为人生准则却又因为现实所需作出某种对儒家伦理道德的背叛或偏离行为，可以说是魏晋南北朝时期大多数士人身上存在的一种矛盾现象。由此，也就使得他们的价值观和人生观呈现出多种复合色彩，从而他们的思想也就难以整齐划一，也同样呈现出多维度、多层面的内容和色调。因此，历史地、客观地来说，南北朝时期的士人行为和思想不管作如何呈现都没有多少可值得深究指责，站在他们的角度，他们作怎样的选择都是对的。然而

① 《左传·昭公十七年》，见李学勤主编：《十三经注疏·春秋左传正义》，北京：北京大学出版社 1999 年版，第 1366 页。

② 《孟子·滕文公下》，见（清）焦循正义，沈文倬点校：《孟子正义》，第 393 页。

③ （北魏）杨衒之著，杨勇校笺：《洛阳伽蓝记校笺》，北京：中华书局 2006 年版，第 113—114 页。

④ 《周书》卷 41《王褒传》，第 731 页。

⑤ （北周）庾信撰，（清）倪璠注，许逸民点校：《庾子山集注》，第 193 页。

置身于其时的历史,对他们中的许多人而言,恰恰是他们自身,从此便无法避免那种既纠结于家族利益、眼前功名而又不得不备受似乎被设定的、来自于儒家伦理道德的内心拷问,无可奈何又无法超脱,更令他们郁闷的是,他们还必须去做自身参与破坏的儒家伦理道德的宣传和教化,去做儒教的维护者。孔子曰"其身正,不令而行;其身不正,虽令不从"①,不管别人怎么看,不管是以伪善还是出自内心的真实,他们和魏晋以来的诸多破坏儒教者一样,一方面破坏儒家的伦理道德,另一方面又以传道者的面孔训教、引导他人去修身、齐家、治国、平天下。矛盾之处必有中、和思想的存在,魏晋南北朝时期士人总会在不协调甚至相冲突之处找到问题的解决点,并能以理论作出令人信服的解答,一如在嵇康、阮籍那里,名教和自然为不相容的尖锐对立思想,可到了向秀或者说是郭象这里,名教和自然则被非常和谐的统一了。同样,在南北朝后期梁末士大夫颜之推这里,我们不仅可看到如上士人行为及某些品格在他身上的表现,也可看到作为儒家思想的传道者,他如何以中、和解释诸多矛盾,并使其思想也蕴含中、和特色。

伴随梁末江陵政权的倾覆,颜之推由江南梁政权下的一个士大夫被迫作为俘囚而北迁,从此开始了一生漂泊不定的生活。而对生活在魏晋南北朝时期的许多人而言,这似乎又是一种命中注定不可避免的一个生命过程。颜之推力争摆脱这种俘囚生涯和屈仕敌国的命运,于是由最初北迁之地西魏的关中逃到了北齐统治地邺城。背负在身上的俘囚身份似乎被丢掉,屈仕敌国的宿命似乎可终结,他从此似可以轻松地以羁旅他乡异国的士人身份生活在北齐。然而南北朝后期南北东西对峙的政局却注定了他无法挣脱这种因政权变迁带来的漂泊和臣仕敌国的宿命,北齐统治者的荒淫腐败和政治的昏暗导致了北齐政权统治的短命,由此颜之推似命中注定又再一次做了关中宇文氏的俘虏,这使他不得不出仕北周,继而又因周隋禅代而成为隋的臣子,从而他一生身仕四朝,宦游南北。生之辛苦、命之坎坷于颜之推亦何酷矣!

然而命运多舛并没有消磨颜之推的意志,生活艰难也没有熄灭他的理想,反而在仕宦四朝过程中他一方面愈加感受到了家传儒学的意义,并因之坚定了走颜门传儒之路,一方面则形成了颜氏家风熏陶下的以儒家道德伦理为核心的伦理思想以及以儒学为核心的对待事物的思想理念。在其伦理思想中,他从家庭"亲亲"理念出发,既重子女对父母之孝,也重父母对子女之教;重家庭和睦中的兄弟友悌,也重血脉延续中的敬祖祭祀。从社会角度

① 《论语·子路》,见程树德集释:《论语集释》(三),第901页。

来说，他既重仁义为怀，行善远恶，又重“礼为教本，敬者身基”，在主张婚姻不攀权势的同时又表现出了某些对女性的进步意识。从政治角度而言，他虽身仕多朝，却始终维护旧主的尊严；一方面主张“蓄价待时”，一方面则强调士君子须“守法度”、不“费人君禄位”，等等。可以说，在政治和伦理思想上，颜之推坚持以儒为本的同时又不乏因时之变。而在处世思想方面，他在总结前人和自己经历的基础上则积极主张修身立命、孝悌和家、中庸变通、谨慎寡欲、振兴儒学、务实致用，从而在传业扬名中达到绍先王之道。

既在乱世中仍践行儒家思想，言行中也就不免多表现出儒家思想所含有的人文情怀和社会关爱，颜之推的思想里因此也就有了对生命的重视、对百姓生活的关注、对处在穷困境遇下弱者的同情，也有了乱世之际的普世情怀和对文化发展的积极推动。而乱世之中践行儒家思想同样也让颜之推生发出自觉的历史意识，担当起一个士大夫应有的历史责任。尽管颜之推没有以编著正史的形式来记载过往，但他却以《观我生赋》和《颜氏家训》的方式用文笔反映了一生所经历的南北朝后三国的某些史实。于这种不断总结经验、吸取教训的过程中，以文化传家的颜之推又深切地认识到了凡事务实的重要，体会到了所学须能经世致用的必要，因而他从此十分注重后人对儒学的学习、对文章的撰述。于是在这些方面他也提出了自己的见解，即既要学习以“六经”为代表的百家学说等知识，也要注重对农工商、屠夫贩夫等生活技能的掌握；在文章撰述方面则既不能一味从于流俗，也不要固守旧规，而是将颜氏家族文章风格和时尚相结合，“去泰去甚”，达到“词情典丽”即可。当然，在思想氤氲弥漫的魏晋南北朝，颜之推对其时兴盛的释、道信仰也没有置身事外，而是积极参与其中。一方面他主张虔诚信佛、诵读佛经，在因果轮回中以为“来世津梁”；另一方面则一如魏晋南北朝时期诸多士人“既崇周孔之教，兼循老、释之谈”①一样，他尽管于道教疑、信皆有，也不主张后人去买药修炼，但从没有去否定之，而是积极采其养生之术以为祛病延年之用，并谆谆教导后人多参陶弘景《太清方》而取摄生之术。

魏晋南北朝时期虽为乱世，占两汉文化学术主导之位的儒学亦为衰微，但这也正促使这时期士人在文化学术上去探求更多的未知领域，而发展家族的使命也让他们在文化学术上将触角伸向了更广范围，从而使两汉那样“以一经弘圣人之道，上明天时，下该人事，用此致卿相者多矣”②的现象不再为学界主流现象，读书人更多的是以广博为尚。由此，力求走颜氏先人之路而以文化名家的颜之推，在力主治学精深的基础上，也认为须广博为助，

① （北周）王褒著，牛贵琥校注：《王褒集校注》，北京：新华出版社 1993 年版，第 159 页。
② 《颜氏家训集解》（增补本），第 176 页。

从而在强调精通儒家经典之要义基础上旁涉百家学说，并要求力所能及地去学习农工商等技能知识。此外，从交往、防身、娱乐、养志等方面，他也认为琴棋书画、射御书数、卜筮医术等诸多技艺虽不需精通，但也应广为博求以为立身之用。

可以说，颜之推的思想不仅广博，也较为深邃，许多地方都是同时代其他士人所难以达到的。因此，颜之推的诸多思想也不同程度地影响着后世家训的创作，如宋时曾出现过《续颜氏家训》一书，其作者董正功依照《颜氏家训》篇目再作续写，除了在佛教信仰这点上与颜之推观点迥然相反之外，其余方面则多沿袭颜之推思想，“其书以《颜氏家训》列前，而正功所续者系其后，续次体例，一依原书，引据详赡，辞义宏博，视之推书如骖之靳矣”①。而司马光也受颜之推家教和家庭伦理思想影响，所著《家范》不仅论说了胎教、早教的重要性，也认为爱子要以教，而教之要以礼、以俭，并认为兄友弟恭在伦理中至关重要。特别是《家范》围绕“治家”所论及的家庭人员诸如祖、父、母、子、女、孙、伯叔父、侄、兄、弟、姑姊妹、夫、妻、舅甥、舅姑、妇、妾、乳母等，并论及他们各自责任、义务，事实上可以说正是承继颜之推所谓“夫有人民而后有夫妇，有夫妇而后有父子，有父子而后有兄弟：一家之亲，此三而已矣。自兹以往，至于九族，皆本于三亲焉，故于人伦为重者也，不可不笃”这一理念而来。观《家范》主旨以及司马光的《居家杂仪》都不外以儒家伦理道德来规范家庭中各成员的言行，秉礼而为、持礼而行，这点可以说多少也受《颜氏家训》影响。虽然在某些观念如孝的方面、妻的责任和义务方面，《家范》所论可能更详细于《颜氏家训》，也更多地表现出对儒家伦理道德的宣扬、坚守，然而也恰恰如此，《家范》所表现出的司马光之中庸变通和进步思想则远不如颜之推。事实上，考司马光在北宋一朝的政治举动，也证明了这点。再如南宋袁采也深受颜之推思想影响，他在所著《袁氏世范》中不仅和司马光一样承继了颜之推家庭教育上的早教思想，在家庭伦理、妇女思想上也多有颜之推思想影响痕迹。特别是颜之推以儒为业、主张孝亲和家、慎交、仁义、主张男女“同为先人传体”等思想对袁采思想尤有较大影响，袁采因此也在《世范》中提出了“子弟当习儒业”②、“子弟不可废学”“子弟须使有业”“人不可不孝”“顺适老人意”“孝行贵诚笃”“父子贵慈孝”“亲旧贫者随力周济”③“女子可怜宜加爱”④“人贵忠信笃敬”“公平正直人之当

---

① （清）张金吾：《爱日精庐藏书志》卷21（《续修四库全书》本），第407页。

② （宋）袁采撰：《袁氏世范》（丛书集成本）卷2《处己》，第40页。

③ （宋）袁采撰：《袁氏世范》（丛书集成本）卷1《睦亲》，第4—5页。

④ （宋）袁采撰：《袁氏世范》（丛书集成本）卷1《睦亲》，第20页。

然”“恶事可戒而不可为”“小人当敬远”①“与人言语贵和颜”“老人当敬重”“与人交游贵和易”“子弟当谨交游”②等观点,因而后世有人评其曰:“其书于立身处世之道,反覆详尽,所以砥砺末俗者,极为笃挚”,“固不失为《颜氏家训》之亚也”③。不过,且不论《袁氏世范》涉及内容有限,远不如《颜氏家训》,即使在思想上诸如博学多通、以农工商等为师、中庸变通、对女性的进步意识方面,它和司马光一样难及颜之推,甚至于到了朱熹的《朱子家训》和《与长子受之书》中,除了从儒家的礼、仁、忠、孝、义、友悌、恭、敬、顺、信方面来训示后人求学、修身、交友外,就少有别的思想了。其余如后世著名的清朝《朱柏庐治家格言》(现行《朱子家训》)除了以更加通俗化的俚语宣扬儒家思想为指导的立身、治家、处世观外,也无其他思想可言。一如周作人比较中国历史上诸家训后所说:“《颜氏家训》成于隋初,是六朝名著之一,其见识情趣皆深厚,文章亦佳”④,“在文章以外还有作者的思想与态度都很可佩服”⑤,“唐宋以来受了这道统文学的影响,一切都没有好事情,家训因此也遂无什么可看的了”⑥。不过,到了清末曾国藩时,其从修身、教子、持家、交友、用人、处世、理财、治军、为政等方面训诫子弟则注入了相对较多思想,虽然徐少锦认为其家训呈现出“使纲常名教的训教有所淡化”⑦趋势,但事实上,曾国藩不过把儒家的思想理念更多地以日常言行来体现之,如在女性观点上他说:“余家诸女,当教之孝顺翁姑,敬事丈夫,慎无重母家而轻夫家,效小家之陋习也。”⑧在论及作字时又说“礼乐不可斯须去身”⑨,等等。而且曾国藩主张兴家立业、重礼忠孝悌、讲究诗文之作、重小学训诂、注重养生、从务实致用出发主张勤学和恒学而以学为业等多有契合颜之推思想之处。事实上,在曾国藩家训中,除了治军、信仰异于颜之推外,颜之推涉及的立身、为官、治家、处世等大多思想,曾国藩也多有论及,以至李泽厚说:“从颜之推的《颜氏家训》起,就有各种封建地主阶级的‘治家格言’,到曾国藩

① (宋)袁采撰:《袁氏世范》(丛书集成本)卷1《处己》,第27—29页。

② (宋)袁采撰:《袁氏世范》(丛书集成本)卷2《处己》,第33、37页。

③ (清)永瑢、纪昀主编,四库全书总目提要编委会整理:《四库全书总目提要》,海南:海南出版社1999年版,第477—478页。

④ 周作人:《风雨谈》,石家庄:河北教育出版社2001年版,第66页

⑤ 周作人:《夜读抄》,石家庄:河北教育出版社2001年版,第107页。

⑥ 周作人:《风雨谈》,第66页。

⑦ 徐少锦、陈延斌著:《中国家训史》,西安:陕西人民出版社2003年版,第733页。

⑧ (清)曾国藩:《谕纪鸿》,(清)曾国藩著,王澧华、向志柱注释:《曾国藩家训》,长沙:岳麓书社1999年版,第145页。

⑨ (清)曾国藩:《致澄弟温弟沅弟季弟》(论学业之精不精,一切由自己作主),(清)曾国藩著,温林编:《曾国藩全集》(上),北京:京华出版社2001年版,第29页。

这里，算是达到了顶峰。”①而今人徐少锦也评曰：“《曾国藩家书》是与《颜氏家训》相媲美的仕宦家训的成熟著作。”②因此，曾国藩的家训内容不但多受《颜氏家训》内容格局之影响，其思想尤多受颜之推思想之影响。如果再将颜之推之后诸人所作家训和曾国藩家训作比较③，甚至可以说曾国藩家训思想多来自对颜之推思想的损益。不过，在某些思想上，如史学观上、文论上、人性关怀和社会关爱上以及女性的进步意识上，曾国藩依然也没有甚至无法达到颜之推思想高度，故而从思想角度来说，颜之推的某些思想是后世士大夫所难以超越的。

总之，作为一个乱世之下身宦南北的士大夫，又深受魏晋南北朝政治、文化、思想之影响，颜之推的思想打上了这个时代的鲜明色彩，不仅呈现多方面的特点，也具有多层次性，从而使他的思想无论是哪种，在以儒为本的基础上又都渗有其他思想和其他因素的影响，而总的又明显表现出两个显著特点：始终以儒家思想为衡量一切的标准，始终以中庸之道来处理一切人事，于这之中又体现着中、和特色。可以说，他的思想既是对社会现实的某种深度反映，也是魏晋以降士大夫立身处世思想的一种表现。在他的思想里既可以看到这个时代士人诸多心态的呈现，也可看到多种文化意识的兴衰，而更可以看到这个变革时代带给士人思想的巨大变化以及他们为安身立命、为文化发展所作出的积极努力和不懈追求。因此，很大程度上，颜之推的思想也正代表了这个时代文人士大夫的一种人生价值取向。

① 李泽厚：《中国近代思想史论》，北京：人民出版社 1979 年版，第 483 页。

② 徐少锦、陈延斌著：《中国家训史》，西安：陕西人民出版社 2003 年版，第 737 页。

③ 参见赵振的《中国历代家训文献叙录》对中国古代家训的介绍，济南：齐鲁书社 2014 年版。

参考文献

甲部:古籍类

一、经部类

(一)十三经注疏类

周振甫译注:《诗经译注》,北京:中华书局 2002 年版。

李学勤主编:《十三经注疏 · 尚书正义》,北京:中华书局 1999 年版。

陈戍国点校:《周礼 · 礼记 · 仪礼》,长沙:岳麓书社 1989 年版。

王文锦集解:《礼记集解》,北京:中华书局 2001 年版。

李学勤主编:《十三经注疏 · 周易正义》,北京:北京大学出版社 1999 年版。

程树德集释:《论语集释》,北京:中华书局 1990 年版。

李学勤主编:《十三经注疏 · 孝经正义》,北京:北京大学出版社 1999 年版。

李学勤主编:《十三经注疏 · 春秋左传正义》,北京:北京大学出版社 1999 年版。

(二)小学类

(东汉)许慎撰,(清)段玉裁注:《说文解字注》,上海:上海古籍出版社 1988 年版。

(唐)林宝撰,岑仲勉校记,郁贤皓、陶敏整理:《元和姓纂》(附四校记),北京:中华书局 1994 年版。

(宋)陈思:《书小史》,(清)纪昀等编:《四库全书》(文渊阁本),台北:台湾商务印书馆 1968 年版。

二、史部类

(一)正史类

(西汉)司马迁撰:《史记》,北京:中华书局 1959 年版。

(东汉)班固撰:《汉书》,北京:中华书局 1962 年版。

(刘宋)范晔撰:《后汉书》,北京:中华书局 1965 年版。

(晋)陈寿撰,(刘宋)裴松之注:《三国志》,北京:中华书局 1959 年版。

（唐）房玄龄等撰:《晋书》,北京:中华书局 1974 年版。

（梁）沈约撰:《宋书》,北京:中华书局 1974 年版。

（梁）萧子显撰:《南齐书》,北京:中华书局 1972 年版。

（北齐）魏收撰:《魏书》,北京:中华书局 1974 年版。

（唐）姚思廉撰:《梁书》,北京:中华书局 1973 年版。

（唐）姚思廉撰:《陈书》,北京:中华书局 1972 年版。

（唐）李延寿撰:《南史》,北京:中华书局 1975 年版。

（唐）李延寿撰:《北史》,北京:中华书局 1974 年版。

（唐）令狐得棻等撰:《周书》,北京:中华书局 1971 年版。

（唐）李百药撰:《北齐书》,北京:中华书局 1972 年版。

（唐）魏徵等撰:《隋书》,北京:中华书局 1973 年版。

（后晋）刘昫等撰:《旧唐书》,北京:中华书局 1975 年版。

（宋）欧阳修等撰:《新唐书》,北京:中华书局 1975 年版。

（二）编年国别传记及史评类

（汉）刘向撰,王照圆补注:《列女传补注》,长沙:商务印书馆 1938 年版。

（东汉）赵晔撰,周生春撰:《吴越春秋辑校汇考》,上海:上海古籍出版社 1987 年版。

（宋）司马光主编:《资治通鉴》,北京:中华书局 1956 年版。

徐元诰集撰:《国语集解》,北京:中华书局 2002 年版。

（唐）刘知几著,（清）浦起龙释:《史通通释》,上海:上海古籍出版社 1978 年版。

（清）顾炎武著,（清）黄汝成集释,栾保群、吕宗力校点:《日知录集释》,石家庄:花山文艺出版社 1990 年版。

（清）钱大昕:《十驾斋养新录》,上海:上海书店 1983 年版。

（清）钱大昕撰,陈文和点校:《竹汀先生日记钞》,陈文和主编:《嘉定钱大昕全集》（八）,南京:江苏古籍出版社 1997 年版。

（清）王夫之:《读通鉴论》,北京:中华书局 1975 年版。

（清）王鸣盛著:《十七史商榷》,上海:上海书店 2005 年版。

（清）赵翼著,王树民校证:《廿二史劄记校证》,北京:中华书局 1984 年版。

（清）赵翼撰:《陔余丛考》,北京:中华书局 1963 年版。

（清）永瑢、纪昀等主编:《四库全书》,台北:台湾商务印书馆 1986

年版。

（清）皮锡瑞著，周予同注释：《经学历史》，北京：中华书局 1959 年版。

沈从文、王孖著：《中国服饰史》，西安：陕西师范大学出版社 2004 年版。

（三）历史地理类

（宋）周应合：《景定建康志》，成都：四川大学出版社 2007 年版。

（宋）张敦颐著，张忱石点校：《六朝事迹编类》，上海：上海古籍出版社 1995 年版。

（清）顾祖禹：《读史方舆纪要》，北京：中华书局 1955 年版。

（四）类书会要政书类

（唐）徐坚撰：《初学记》，北京：中华书局 1962 年版。

（唐）吴兢编著：《贞观政要》，上海：上海古籍出版社 1978 年版。

（唐）杜佑撰：《通典》，北京：中华书局 1988 年版。

（宋）王钦若等编：《册府元龟》，北京：中华书局 1960 年版。

（宋）李昉等编：《太平广记》，北京：中华书局 1961 年版。

（宋）李昉等编：《文苑英华》，北京：中华书局 1966 年版。

（宋）李昉等编：《太平御览》，上海：上海古籍出版社 1989 年版。

（宋）王溥撰：《唐会要》，北京：中华书局 1955 年版。

（五）目录类

（宋）陈振孙撰：《直斋书录解题》，上海：上海古籍出版社 1987 年版。

（清）李慈铭：《越缦堂读书笔记》，北京：中华书局 1963 年版。

（清）永瑢、纪昀主编，四库全书总目提要编委会整理：《四库全书总目提要》，海南：海南出版社 1999 年版。

（清）王尧臣、钱东垣等辑释：《崇文总目》，北京：中华书局 1985 年版。

（六）金石画像类

赵万里：《汉魏南北朝墓志集释》，北京：科学出版社 1956 年版。

罗新、叶炜：《新出魏晋南北朝墓志疏证》，北京：中华书局 2005 年版。

中国古代书画鉴定组编：《中国绘画全集 1·战国—隋唐》，杭州：浙江人民美术出版社 1997 年版。

张安治主编：《中国美术全集·绘画编·原始社会至南北朝》，北京：人民美术出版社 1986 年版。

三、子部文献类

（一）诸子类

（春秋）管仲撰，黎翔凤校注：《管子校注》，北京：中华书局 2004 年版。

（战国）孟子撰，（清）焦循正义，沈文倬点校：《孟子正义》，北京：中华书局 1987 年版。

（战国）荀子撰，王先谦集解：《荀子集解》，北京：中华书局 1974 年版。

（秦）吕不韦著，陈奇猷校释：《吕氏春秋新校释》，上海：上海古籍出版社 2004 年版。

（汉）董仲舒撰，苏舆义证，钟哲点校：《春秋繁露义证》，北京：中华书局 1992 年版。

（汉）扬雄著，江荣宝义疏，陈仲夫点校：《法言义疏》，北京：中华书局 1987 年版。

（二）家训礼教类

（北齐）颜之推撰，王利器集解：《颜氏家训集解》，北京：中华书局 1993 年版。

（宋）袁采撰：《袁氏世范》（丛书集成本），北京：中华书局 1985 年版。

（清）曾国藩著，王澧华、向志柱注释：《曾国藩家训》，长沙：岳麓书社 1999 年版。

赵振：《中国历代家训文献叙录》，济南：齐鲁书社 2014 年版。

（三）小说家类

（宋）刘义庆撰，（梁）刘孝标注，余嘉锡笺疏：《世说新语笺疏》，上海：上海古籍出版社 1993 年版。

上海古籍出版社编：《唐五代笔记小说大观》，上海：上海古籍出版社 2000 年版。

（四）杂家艺术类

（梁）萧绎撰，陈志平、熊清元疏证校注：《金楼子疏证校注》，上海：上海古籍出版社，2014 年版。

（隋）谢赫、姚最撰：《续画品录》，北京：人民美术出版社 1959 年版。

（唐）张彦远撰：《历代名画记》，北京：中华书局 1985 年版。

（宋）叶适著：《习学记言序目》，北京：中华书局 1977 年版。

（五）释道类

（魏）王弼注，楼宇烈校释：《老子道德经注校释》，北京：中华书局 2008 年版。

（唐）释道宣撰：《续高僧传》（大正藏），台北：台北佛陀教育基金会出版部 1990 年版。

（唐）释道宣撰：《广弘明集》（大正藏），台北：台北佛陀教育基金会出版部 1990 年版。

（唐）释道世撰，周叔迦、苏晋仁校注：《法苑珠林校注》，北京：中华书局 2003 年版。

（北魏）杨衒之撰，杨勇校释：《洛阳伽蓝记校笺》，北京：中华书局 2000 年版。

（梁）释慧皎撰，汤用彤校注：《高僧传》，北京：中华书局 1992 年版。

（梁）僧祐编撰，刘立夫、胡勇译注：《弘明集》，北京：中华书局 2011 年版。

（晋）葛洪：《抱朴子》，上海：上海书店 1986 年版。

（晋）葛洪撰，王明校释：《抱朴子内篇校释》，北京：中华书局 1980 年版。

（晋）葛洪撰，杨明照校笺：《抱朴子外篇校笺》，北京：中华书局 1991 年版。

《道藏》第 33 册，文物出版社、上海书店、天津古籍出版社 1988 年 1 版。

王明编：《太平经合校》，北京：中华书局 1960 年版。

四、集部文献类

（一）总集类

（梁）萧统编，（唐）李善注：《文选》，北京：中华书局 1977 年版。

（明）张溥著，殷孟伦注：《汉魏六朝百三家集题辞注》，北京：中华书局 2007 年版。

（宋）郭茂倩编：《乐府诗集》，北京：中华书局 1979 年版。

（清）严可均辑：《全上古三代秦汉三国六朝文》，北京：中华书局 1985 年版。

逯钦立辑校：《先秦汉魏晋南北朝诗》，北京：中华书局 1983 年版。

《诸子集成》，上海：上海书店 1986 年影印版。

（清）彭定求编，曹寅校点：《全唐诗》，北京：中华书局 1960 年版。

（二）诗文评类

（梁）刘勰著，周振甫注：《文心雕龙注释》，北京：人民文学出版社 1981 年版。

（北周）庾信撰，（清）倪璠注，许逸民校点：《庾子山集注》，北京：中华书局 1980 年版。

（北周）王褒撰，牛贵琥校注：《王褒集校注》，北京：新华出版社 1993 年版。

（清）陈沆：《诗比兴笺》，北京：中华书局 1981 年版。

（三）别集类

（唐）颜真卿撰：《颜鲁公集》，上海：上海古籍出版社 1992 年版。

（唐）白居易撰：《白居易全集》，北京：中华书局 1979 年版。

（宋）陈亮著，邓广铭点校：《陈亮集》（增订本），北京：中华书局 1987 年版。

（清）王夫之：《船山全书》，长沙：岳麓书社 1991—1996 年版。

（清）全祖望著，朱铸禹汇校集注：《全祖望集汇校集注》，上海：上海古籍出版社 2000 年版。

（清）曾国藩著，温林编：《曾国藩全集》（上），北京：京华出版社 2001 年版。

乙部：今人学术论著类

一、国内著作类

（一）颜之推和颜氏家训研究

秦永洲：《颜之推与〈颜氏家训〉》，济南：山东文艺出版社 2004 年版。

秦元：《颜之推研究》，济南：齐鲁书社 2012 年版。

尤雅姿：《颜之推及其家训之研究》，台北：文史哲出版社 2005 年版。

张霭堂译注：《颜之推全集译注》，济南：齐鲁书社 2004 年版。

（二）史学类

1.总论类

白寿彝主编，向燕南、张越、罗炳良著：《中国史学史》（第 5 卷），上海：上海人民出版社 2006 年版。

范文澜主编：《中国通史》，北京：人民出版社 1978 年版。

范文澜著：《中国通史简编》（修订本），北京：人民出版社 1964 年版。

钱穆:《国学概论》,北京:商务印书馆 1997 年版。

徐少锦、陈延斌著:《中国家训史》,西安:陕西人民出版社 2003 年版。

2.断代类

吕思勉:《两晋南北朝史》,上海:上海古籍出版社 1993 年版。

马植杰:《三国史》,北京:人民出版社 1993 年版。

万绳楠整理:《陈寅恪魏晋南北朝史讲演录》,合肥:黄山书社 1987 年版。

王仲荦:《魏晋南北朝史》,上海:上海人民出版社 1980 年版。

王伊同:《五朝门第》,南京:金陵大学中国文化研究所 1942 年版。

3.典制、文化、外交、思想类

陈寅恪:《隋唐制度渊源略论稿》,北京:生活 · 读书 · 新知三联书店 2001 年版。

曹文柱主编:《中国文化通史 · 魏晋南北朝卷》,北京:中共中央党校出版社 2000 年版。

曹文柱主编:《中国社会通史 · 秦汉魏晋南北朝卷》,太原:山西教育出版社 1996 年版。

王仲荦著:《北周六典》,北京:中华书局 1979 年版。

阎步克:《品位与职位》,北京:中华书局 2002 年版。

黎虎:《汉唐外交制度史》,兰州:兰州大学出版社 1998 年版。

李泽厚:《中国近代思想史论》,北京:人民出版社 1979 年版。

汤用彤:《汉魏两晋南北朝佛教史》,北京:昆仑出版社 2006 年版。

4.论文集类

严耀中:《述论东魏北齐社会政治中的鲜卑语影响》,《第三届中日学者中国古代史论坛文集》,北京:中国社会科学出版社 2012 年版。

陈长琦:《战国秦汉六朝史研究》,广州:广东人民出版社 1997 年版。

曹文柱:《魏晋南北朝史论合集》,北京:商务印书馆 2008 年版。

陈寅恪:《金明馆丛稿初编》,北京:生活 · 读书 · 新知三联书店 2001 年版。

陈寅恪:《金明馆丛稿二编》,北京:生活 · 读书 · 新知三联书店 2001 年版。

毛汉光:《中国中古社会史论》,台北:台湾经联出版事业公司 1988

年版。

缪钺:《读史存稿》,北京:生活·读书·新知三联书店 1963 年版。

唐长孺:《魏晋南北朝史论拾遗》,北京:中华书局 1983 年版。

唐长孺:《魏晋南北朝史论丛》,北京:生活·读书·新知三联书店 1955 年版。

唐长孺:《魏晋南北朝史论丛续编》,北京:生活·读书·新知三联书店 1959 年版。

周一良:《魏晋南北朝史札记》,北京:中华书局 1985 年版。

周一良:《魏晋南北朝史论集》,北京:北京大学出版社 1997 年版。

5.人物类研究

葛荃:《权力宰制理性:士人、传统政治与中国社会》,天津:南开大学出版社 2003 年版。

葛荃:《立命与忠诚:士人政治精神的典型分析》,杭州:浙江人民出版社 2000 年版。

范兆飞:《中古太原士族群体研究·序》,北京:中华书局 2014 年版。

李万生:《侯景之乱与北朝政局》,北京:中国社会科学出版社 2003 年版。

洪卫中:《后三国梁末北迁士人研究》,北京:中国社会科学出版社 2014 年版。

钟仕伦:《〈金楼子〉研究》,北京:中华书局 2004 年版。

徐宝余:《庾信研究》,上海:学林出版社 2003 年版。

毛汉光:《两晋南北朝士族政治研究》,台北:台湾中国学术著作奖助委员会 1966 年版。

王永平:《中古士人迁移与文化交流》,北京:社会科学文献出版社 2005 年版。

阎步克:《士大夫演生史稿》,北京:北京大学出版社 1996 年版。

余英时:《士与中国文化》,上海:上海人民出版社 2003 年版。

詹福瑞、李金善:《士族的挽歌:南北朝文人的悲欢离合》,保定:河北大学出版社 2002 年版。

（三）文艺理论批评类

曹道衡、沈玉成:《南北朝文学史》,北京:人民出版社 1991 年版。

曹道衡:《南朝文学与北朝文学研究》,南京:江苏古籍出版社 1999

年版。

葛晓音:《汉唐文学的嬗变》,北京:中华书局 1961 年版。

罗根泽:《中国文学批评史》(一),上海:古典文学出版社 1957 年版。

刘师培著,邬国义、吴修艺编校:《刘师培史学论著选集》,上海:上海古籍出版社 2006 年版。

刘师培:《中国中古文学史讲义》,上海:上海古籍出版社 2011 年版。

李泽厚:《美学三书》,天津:天津社会科学出版社 2003 年版。

钱钟书:《管锥篇》,北京:中华书局 1979 年版。

吴先宁:《北朝文化特质与文学进程》,北京:东方出版社 1997 年版。

周建江:《北朝文学史》,北京:中国社会科学出版社 1997 年版。

朱东润:《中国文学批评史大纲》,上海:上海古籍出版社 2001 年版。

钟仕伦:《魏晋南北朝美育思想研究》,北京:中国社会科学出版社 2006 年版。

赵振:《中国历代家训文献叙录》,济南:齐鲁书社 2014 年版。

(四)考古、方志、历史地理和其他

林少雄:《古冢丹青:河西走廊魏晋墓葬画》,兰州:甘肃教育出版社 1999 年版。

岳邦湖等编:《岩画及墓葬壁画》,兰州:敦煌文艺出版社 2004 年版。

甘肃省文物队等著:《嘉峪关壁画墓发掘报告》,北京:文物出版社 1985 年版。

(清)娄近垣:《龙虎山志》,南昌:江西人民出版社 1996 年版。

卢云:《汉晋文化地理》,西安:陕西人民出版社 1991 年版。

谭其骧:《中国历史地图集》,北京:中国地图出版社 1982 年版。

马小虎:《魏晋以前个体"自我"的演变》,北京:中国人民大学出版社 2004 年版。

李世华、沈德惠编:《道藏养生书十种》,北京:中医古籍出版社 1987 年版。

刘白驹:《精神障碍与犯罪》,北京:社会科学文献出版社 2000 年版。

赵凌云编著:《简明伤寒杂病论校注及临床应用》,北京:中国广播电视出版社 1999 年版。

二、国外学术论著类

刘俊文主编,夏日新、韩昇、黄正建等译:《日本学者研究中国史论著选译》(第四卷六朝隋唐),北京:中华书局 1992 年版。

刘俊文主编,索介然译:《日本学者研究中国史论著选译》(第五卷五代宋元),北京:中华书局 1993 年版。

〔日〕内藤湖南著,夏应元、刘文柱等译:《中国史通论》北京:社会科学文献出版社 2004 年版。

〔日〕谷川道雄著:《中国中世社会与共同体》,北京:中华书局 2002 年版。

〔日〕川胜义雄著,徐谷芃、李济沧译:《六朝贵族制社会研究》,上海:上海古籍出版社 2007 年版。

〔日〕谷川道雄著,李济沧译:《隋唐帝国形成史论》,上海:上海古籍出版社 2004 年版。

〔日〕宫崎市定著,韩昇、刘建英译:《九品官人法的研究:科举前史》,北京:中华书局 2008 年版。

〔日〕矢野主税著:《魏晋百官世系表》(长崎大学史学会 1960 年版)。

〔日〕兴膳宏著,彭恩华译:《六朝文学论稿》,长沙:岳麓出版社 1986 年版。

〔法〕马塞尔·毛斯著,佘碧平译:《社会学与人类学》,上海:上海译文出版社 2003 年版。

〔美〕马斯洛著,成明编译:《马斯洛人本哲学》,北京:九州出版社 2006 年版。

〔美〕托马斯·F·奥戴、珍妮特·奥戴·阿维德著,刘润忠等译:《宗教社会学》,北京:中国社会科学出版社 1990 年版。

丙部:论文目录类

一、颜之推及颜氏家训专论类

(一)单篇论文类

陈东霞:《〈颜氏家训〉对于当代家庭教育的意义》,《松辽学刊》1999 年第 3 期。

陈东霞:《试论〈颜氏家训〉中的儒家思想》,《东岳论丛》1999 年第 3 期。

程时用:《极高明而道中庸——论颜之推的中庸思想和处世之道》,《学理论》2009 年第 11 期。

段文阁:《〈颜氏家训〉中的家庭道德教育思想初探》,《齐鲁学刊》1989 年第 3 期。

郭齐家:《颜之推的道德教育观》,《中小学管理》1994 年第 11 期。

顾向明、王大建:《〈颜氏家训〉中南北朝士族风俗文化现象探析》,《郑州大学学报》2006 年第 4 期。

韩　府:《颜之推文章学理论探要》,《山西青年管理干部学院学报》2000 年第 4 期。

贺建新、龚芸:《〈颜氏家训〉的家庭教育特色摭谈》,《湖南行政学院学报》2005 年第 6 期。

黄去非:《试论颜之推的文章观》,《武汉科技大学学报》2002 年第 2 期。

洪卫中:《颜之推的佛教观及其形成原因——兼论颜之推在儒、佛之间的价值取向》,《法音》2013 年第 10 期。

匡后丽:《颜之推家庭教育思想及其启示》,《湘潭师范学院学报》2009 年第 4 期。

刘景荣:《论颜之推的和谐教育思想》,《教育探索》2009 年第 2 期。

赖井洋:《颜之推家教伦理思想探析》,《现代哲学》1997 年第 4 期。

赖井洋:《略论颜之推两教一体及其利己主义思想》,《韶关大学学报》1998 年第 2 期。

赖井洋、赵军政:《颜之推两教一体思想初探》,《汉中师范学院学报》1998 年第 2 期。

林文宝:《颜之推及其思想述要》,《台东师大学报》1977 年第 5 期。

李交发:《颜之推的家庭教育思想浅析》,《湘潭大学学报》1990 年第 1 期。

李宗长:《由〈颜氏家训〉看颜之推的心态》,《东岳论坛》1999 年第 1 期。

梁宗华:《继周孔之道绍家世之业——略论颜之推的家教理论》,《民俗研究》2000 年第 4 期。

钱国旗:《在礼与情之间——〈颜氏家训〉对礼俗风尚的论述和辨正》,《孔子研究》2004 年第 5 期。

钱国旗:《〈颜氏家训〉的社会批判思想——论颜之推对不良士风及学风的揭露和批判》,《江海学刊》2005 年第 3 期。

秦　元:《述国事变迁观人生沉浮——颜之推〈观我生赋〉初探》,《齐鲁学刊》2003 年第 1 期。

武海燕:《〈颜氏家训〉对于当代家庭教育的意义》,《黑龙江教育学院学报》2003 年第 2 期。

唐长孺:《读〈颜氏家训·后娶篇〉论南北嫡庶身份的差异》,《历史研究》1994 年第 1 期。

陶启君:《〈颜氏家训·文章〉篇文学思想述评》,《四川师范大学学报》1987 年第 5 期。

王东生:《〈颜氏家训〉伦理思想解析》,《重庆科技学院学报》2008 年第 8 期。

王国炎:《魏晋南北朝的儒佛融合和颜之推的儒佛一体论》,《南昌大学学报》1984 年第 4 期。

王力波:《颜之推文章观形成之思想渊源别探》,《中国海洋大学学报》2003 年第 3 期。

王玲莉:《〈颜氏家训〉的人生智慧及其现代价值》,《广西社会科学》2005 年第 10 期。

王允亮:《颜之推与南北文学交流》,《中州学刊》2010 年第 3 期。

王美秀:《论颜之推的佛教信仰与身分建构的关联——以〈颜氏家训·归心篇〉为依据》,《中正大学中文学术年刊》2007 年第 1 期。

王　忻:《从〈颜氏家训〉管窥魏晋时期汉语词汇复音化的发展》,《古汉语研究》1998 年第 3 期。

魏达纯:《〈颜氏家训〉中反义语素并列双音词研究》,《东北师大学报》1998 年第 1 期。

徐中原:《略论颜之推的和谐文论思想》,《北京工业大学学报》2008 年第 4 期。

杨　民:《从〈人物志〉与〈颜氏家训〉看魏晋南北朝的人才观》,《云南民族学院学报》2002 年第 1 期。

杨仁立:《苟全性命于乱世的立身之道——简评〈颜氏家训〉》,《黔南民族师专学报》1994 年第 1 期。

庾国琼:《颜之推的教育思想》,《四川师范学院学报》1984 年第 3 期。

尹坦平:《〈颜氏家训〉的道德教育思想》,《江汉论坛》2000 年第 1 期。

张亚群:《务先王之道绍家世之业——颜之推思想辨析》,《齐鲁学刊》1992 年第 4 期。

詹祥粉:《〈颜氏家训〉伦理思想的特征及其现代意义》,《重庆社会科学》2009 年第 1 期。

周国光:《颜之推的教育思想》,《贵州社会科学》1984 年第 2 期。

周云钊、周云剑:《从〈颜氏家训〉看颜之推的文化人格》,《辽宁行政学院学报》2008 年第 2 期。

〔韩〕朴汉济:《南北朝羁旅诗人庾信之轨迹——与颜之推的情况比

较》，载《六朝文化国际学术研讨会暨中国魏晋南北朝史学会第六届年会论文集》1998 年 9 月 1 日。

（二）有关《颜氏家训》硕士毕业论文

山东师范大学李春芳：《〈颜氏家训〉中的家庭教育思想研究》（2007 年 4 月）。

黑龙江大学王艳辉：《〈颜氏家训〉家庭伦理思想与现代价值研究》（2010 年 5 月）。

兰州大学韩敬梓：《〈颜氏家训〉的家庭教育思想研究》（2006 年 5 月）。

河北师范大学田雪：《乱世沉浮中的挣扎——从〈颜氏家训〉看颜之推文化心理之矛盾性》（2009 年 3 月）。

山东大学续晓琼：《颜之推研究——从〈颜氏家训〉探讨颜之推的内心世界》（2007 年 5 月）。

西南大学袁时萍：《〈颜氏家训〉家庭伦理思想及现代启迪》（2011）。

上海师范大学苏方：《〈颜氏家训〉及其伦理内涵初探》（2010 年）。

二、史论考古类

陈金凤：《后梁政权与南北朝晚期政局》，《唐都学刊》2002 年第 3 期。

程时用、刘福英：《六朝时期颜氏家族的家风与文化》，《湖北广播电视大学学报》2006 年第 1 期。

曹文柱：《略论魏晋南北朝时期文化结构的更新》，《史学集刊》2001 年第 2 期。

高　敏：《论侯景之乱对南朝后期历史的影响》，《中国史研究》1996 年第 3 期。

洪卫中：《论政治视域下吴越文化的霸性——以隋唐之前为主要考察》，《中南民族大学学报》2011 年第 6 期。

李文玉：《琅邪颜氏家族与颜回关系考论——颜氏家族：儒家精神与文艺思想传承的个案研究之一》，《成都教育学院学报》2003 年第 3 期。

罗书华：《庾信颜之推散文学合论》，《人文杂志》2008 年第 1 期。

鲁　迅：《魏晋风度及文章与药及酒之关系》，《鲁迅全集》（第三卷），北京：人民文学出版社 2005 年版。

江中柱：《高欢、高澄父子与东魏的汉化》，《福州大学学报》2002 年第 4 期。

旷天全：《论南朝士人忠君观念》，《北京工业大学学报》2005 年第 4 期。

牟发松:《梁陈之际南人之北迁及其影响》,《中国魏晋南北朝史国际学术研讨会论文集》2004 年。

牟发松:《魏晋南北朝的天下三分之局试析》,《历史教学问题》2005 年第 1 期。

马凤岗:《论颜氏家族的家风与学风》,《临沂师范学院学报》2004 年第 4 期。

牛润珍:《释"上车不落则著作"》,《史学史研究》2001 年第 3 期。

漆泽邦:《论东魏—北齐的倒退》,《中国魏晋南北朝史学会成立大会暨首届学术讨论会论文集》1984 年版。

宋燕鹏:《论北齐文士的地理分布——以"待诏文林馆"籍贯为考察中心》,《中国历史地理论丛》2006 年第 4 期。

孙明君:《曹操与儒学》,《文史哲》1993 年第 2 期。

田余庆:《论东晋门阀政治》,《北京大学学报》1987 年第 2 期。

魏向东:《论魏晋南北朝财婚风气及其影响》,《江苏社会科学》2002 年第 5 期。

王光照:《后梁兴亡与南北统一》,《江汉论坛》1999 年第 4 期。

王光照:《梁季江陵政权始末及江左士族社会变迁》,《安徽大学学报》2005 年第 6 期。

王万盈:《魏晋南北朝时期上流社会闺庭的妒悍之风》,《西北师大学报》2000 年第 5 期。

薛瑞泽:《魏晋南北朝的财婚问题》,《文史哲》2000 年第 6 期。

周　健:《南北朝时期南北佛教界的交往》,《许昌师专学报》1995 年第 4 期。

庄华锋:《魏晋南北朝时期的妇女再嫁》,《安徽师范大学学报》1991 年第 3 期。

张旭华:《南朝九品中正制的发展演变及其作用》,《中国史研究》1998 年第 2 期。

刘文平、孙金会:《论汉画中的妇女形象》,《南都学坛》2002 年第 2 期。

南京市文物保管委员会:《南京老虎山晋墓》,《考古》1959 年第 6 期。

周萼生:《南京老虎山晋墓的地理佐证》,《考古》1960 年第 7 期。

竺可桢:《中国近五千年来气候变迁的初步研究》,《考古学报》1972 年第 2 期。

三、文学评论类

陈磊:《论“尚文”风气北传对隋及唐初统治阶层的影响》,《复旦学报》2006 年第 1 期。

蔡平、张学松:《〈南齐书·陆厥传〉“永明体”内涵辨证》,《中州学刊》2012 年第 5 期。

蔡雁彬:《从家训的性质看颜之推的文学理论——读〈颜氏家训·文章〉篇札记》,《南京航空航天大学学报》1999 年第 3 期。

胡大雷:《“永明体”一联声律规则还原——以比照不同时期“齐梁调诗”作分析》,《南京师范大学文学院学报》2009 年第 1 期。

寇效信:《曹丕“文以气为主”辩》,《陕西师范大学学报》1994 年第 2 期。

马凤岗:《论颜氏家族的家风与学风》,《临沂师范学院学报》2004 年第 4 期。

吴功正:《南北朝文学之交流》,《南京晓庄师范学院学报》2002 年第 1 期。

许云和:《欲色异相与梁代宫体诗》,《文学评论》1996 年第 5 期。

周建江、田守勇:《齐梁文风的北传及余绪》,《齐鲁学刊》1996 年第 6 期。

周建江:《论北朝社会对入北南朝士人文学的改造》,《黄淮学刊》1994 年第 3 期。

〔前苏联〕M·C·卡岗著,凌继尧译,李实校:《文化系统中的艺术——论问题的提出》,《世界艺术与美学》(第六辑),北京:文化艺术出版社 1985 年版。

四、哲学思想类

刘育霞:《论颜之推思想中的道家因素——以〈颜氏家训〉为考察中心》,《河南师范大学学报》2012 年第 2 期。

洪修平:《论儒学的人文精神及其现代意义》,《中国社会科学》2000 年第 6 期。

姜　生:《原始道教之兴起与两汉社会秩序》,《中国社会科学》2000 年第 6 期。

姜　生:《东汉原始道教与政治考》,《社会科学研究》2000 年第 3 期。

李金河:《魏晋南北朝经学述论》,《山东大学学报》1997 年第 1 期。

李翔海:《孔子的中庸思想与儒学的中道性格》,《人文杂志》1996 年第

3 期。

孔　毅:《魏晋南北朝时期南北经学异同论》,《云南社会科学》1993 年第 1 期。

陶贤都、刘伟航:《论北朝时期汉族士人的政治心态》,《许昌师专学报》2002 年第 3 期。

秦　博:《理性选择:魏晋南北朝妇女生活之考察》,《求索》2015 年第 5 期。

辛　立:《先秦儒家伦理思想的发展与变化》,《西北大学学报》1988 年第 2 期。

续晓琼:《论颜之推对道家文化的吸收——从〈颜氏家训〉引〈老子〉〈庄子〉说起》,《工会论坛》2007 年第 1 期。

庄庭兰:《魏晋南北朝经学发展论略》,《青海社会科学》2010 年第 4 期。

张小稳:《女性自我意识的觉醒——魏晋南北朝婚姻伦理的一个维度》,《伦理学研究》2014 年第 2 期。

张香凤:《试论龙虎山道教文化的底蕴》,《史学月刊》2006 年第 12 期。

朱汉民:《儒家主体性伦理和安身立命》,《求索》1993 年第 2 期。

李书有:《儒家伦理思想的基本特点》,《学术月刊》1988 年第 3 期。

朱贻庭:《先秦儒家伦理思想述略》,《历史教学问题》1984 年第 3 期。

朱越利:《论六朝贵族道教新房中术的产生》,《世界宗教研究》2001 年第 3 期。

后 记

既非学优才赡，又无睹微知著之识见，如今觍颜行走在学问之路，难免惴惴焉、栗栗焉，战战兢兢、诚惶诚恐，如临深渊，如履薄冰。尽管几经挣扎，也曾用心写出几篇文章，然再读之下，比较于他人的大作，总觉自己所谓的做学问于学问本身则不免为唐突。然工作不可不做，生活也是要过下去的，即使不能精彩，也应该问心无愧和自得其乐，因此我也就壮着胆在不能为稻粱谋的学问路上继续走着，一边为着稻粱谋，一边则希冀以自己慵懒中还未失去的一点勤奋来弥补学识中的不足而去做点不入流和不登大雅的小学问。幸运的是，小人物也能碰巧获得一份大幸运，去年我竟然通过黄山书社申报成功了国家社科基金后期资助项目，手舞之、足蹈之，皆无以表达一直以来对他人摘取国家社科基金荣耀的那份羡慕之情。于是，内心对那五个匿名评审专家、黄山书社（尤其是刘莉萍老师）以及在此书稿上帮助过我的北京师范大学恩师曹文柱老师、南京大学的胡阿祥和张学锋老师、陕西师范大学的王欣老师、华中科技大学的李传印老师等表示衷心的感谢！欣欣然之后的我自然会用功并用心在自己单薄的知识层面里和简单的知识架构中去力求完善这个国家后期资助项目，最后遵照专家的指导意见经过近一年时间的修改、完善，终于提交上辛苦成果即本书《颜之推思想研究》。

《颜之推思想研究》虽然再次通过了专家的匿名评审，得到了国家社科规划办的首肯而得以出版，但限于本人学识，书中仍然不免存在一些缺点和不足，譬如就颜之推家世的追述和颜之推的著作而言，我就考证得不够详细，对颜之推的某些思想如对士文化的揭示等，我也没有作出研究，再如因为资料有限，文中对《颜氏家训》中某些文字的引用不免出现重复，特别是文中某些语句表达，因为未能很好斟酌不免存在不精炼、不简易之处，等等。因此，我只能说，我用心地努力去完善《颜之推思想研究》了，即使未能使她成为一部精品，却也从未想过让她成为次品。

很佩服颜之推历经乱世和不断的困境后，始终有忠有勇、有仁有义、有智有爱,“三为亡国之人”仍不坠士大夫凛然正气和奋发图强之志气,于兹,吾则缺乏也,恂恂焉、怡怡焉,不胜向往之,故无论过往,人在途中,还须继续努力!正所谓:“路漫漫其修远兮,吾将上下而求索。”

洪卫中

2016 年 10 月 23 日